Benjamin Rausch

# Unternehmensbewertung mit zukunftsorientierten Eigenkapitalkostensätzen

GABLER EDITION WISSENSCHAFT

**Rechnungswesen und Unternehmensüberwachung**

Herausgegeben von
Professor Dr. Hans-Joachim Böcking und
Professor Dr. Michael Hommel

Die Schriftenreihe präsentiert Ergebnisse der betriebswirtschaftlichen Forschung zu den Themengebieten Financial Accounting, Business Reporting, Business Audit, Business Valuation und Corporate Governance. Die Beiträge dieser Reihe verfolgen das Ziel, Vorgaben der Gesetzgebung, der nationalen und internationalen Standardsetter sowie Empfehlungen der Wirtschaftspraxis mittels des Instrumentariums der betriebswirtschaftlichen Theorie zu beschreiben, zu analysieren und insbesondere vor dem Hintergrund der Anforderungen des Kapitalmarktes weiterzuentwickeln.

Benjamin Rausch

# Unternehmensbewertung mit zukunftsorientierten Eigenkapitalkostensätzen

Möglichkeiten und Grenzen der Schätzung von Eigenkapitalkostensätzen ohne Verwendung historischer Renditen

Mit einem Geleitwort von Prof. Dr. Hans-Joachim Böcking

GABLER EDITION WISSENSCHAFT

Bibliografische Information Der Deutschen Nationalbibliothek
Die Deutsche Nationalbibliothek verzeichnet diese Publikation in der
Deutschen Nationalbibliografie; detaillierte bibliografische Daten sind im Internet über
<http://dnb.d-nb.de> abrufbar.

Dissertation Universität Frankfurt, 2007

1. Auflage 2008



Lektorat: Frauke Schindler / Sabine Schöller

Der Gabler Verlag ist ein Unternehmen von Springer Science+Business Media.
www.gabler.de



Umschlaggestaltung: Regine Zimmer, Dipl.-Designerin, Frankfurt/Main
Gedruckt auf säurefreiem und chlorfrei gebleichtem Papier
Printed in Germany

ISBN 978-3-8350-0832-8

**Meiner Mutter und meinem Bruder**

## Geleitwort

Im Rahmen der kapitalmarktoreniterten Unternehmensbewertung wird häufig ein auf der Kapitalwertmethode beruhendes Gesamtbewertungsverfahren (z.B. Discounted Cashflow- oder Ertragswertverfahren) angewendet. Zur Schätzung eines risikoangepassten Diskontierungssatzes insbesondere des erwarteten Eigenkapitalkostensatzes wird regelmäßig auf Preisbildungsmodelle auf dem Kapitalmarkt wie das Capital Asset Pricing Model (CAPM) zurückgegriffen. Unbefriedigend ist einerseits, dass die Größen des erwarteten Eigenkapitalkostensatzes im CAPM üblicherweise fast ausnahmslos aus historischen Renditen geschätzt werden. Aus der Sicht des Zukunftsbezogenheitsprinzips der Unternehmensbewertung ist diese Vermengung zukünftiger Cashflows mit historischen Renditegrößen konzeptionell unbefriedigend. Andererseits wird mit der Verwendung eines einzigen Eigenkapitalkostensatzes der laufzeitkongruenten Bewertung der einzelnen Cashflows nicht Rechnung getragen.

Herr Rausch greift diese Probleme auf und sucht nach Möglichkeiten, die Bestandteile der erwarteten periodenspezifischen Eigenkapitalkostensätze unter Beachtung des Zukunftsbezogenheitsprinzips ohne Verwendung historischer Renditen zukunftsorientiert zu schätzen. Seine Überlegungen leitet Herr Rausch aus den Grundlagen der Unternehmensbewertung sowie der Preisbildung auf dem Kapitalmarkt ab und erörtet die Probleme der Risikoberücksichtigung im Rahmen der Unternehmensbewertung. Nach der Diskussion der zukunftsorientierten Schätzung von risikolosen Zinssätzen folgt der Schwerpunkt der Arbeit, die zukunftsorientierte Schätzung von Betafaktoren. Hier erörtet Herr Rausch anhand der Grundlagen der Bewertung von Optionen die Möglichkeiten zur Ermittlung impliziter Volatilitäten und impliziter Korrelationen und zeigt deren Einsatzmöglichkeiten zur zukunftsorientierten Schätzung von Betafaktoren auf. Die Arbeit schließt nach einer Diskussion der zukunftsorientierten Schätzung von Marktrisikoprämien und einer thesenförmigen Zusammenfassung.

Mit seiner detaillierten Untersuchung leistet Herr Rausch einen herausragenden Beitrag zur Forschung im Bereich der kapitalmarktorientierten Unternehmensbewertung. Aufgrund der intensiven und umfassenden Auseinandersetzung mit den neuesten Entwicklungen auf dem Gebiet der kapitalmarktorientierten Unternehmensbewertung ist die Lektüre dieser Arbeit Vertretern aus Wissenschaft und Praxis als Pflichtlektüre zu empfehlen.

Professor Dr. Hans-Joachim Böcking

# Vorwort

Die vorliegende Arbeit entstand während meiner Tätigkeit als wissenschaftlicher Mitarbeiter an der Professur für Betriebswirtschaftslehre, insbesondere Wirtschaftsprüfung und Corporate Governance der Johann Wolfgang Goethe-Universität Frankfurt am Main. Sie wurde vom Fachbereich Wirtschaftswissenschaften der Johann Wolfgang Goethe-Universität Frankfurt am Main im Februar 2007 als Dissertation angenommen.

Mein herzlicher Dank gilt meinem akademischen Lehrer Herrn Prof. Dr. Hans-Joachim Böcking, der mir nicht nur die Möglichkeit zur Promotion an seiner Professur eröffnete, sondern auch die Entstehung der Dissertation mit großem Engagement förderte und mir stets den fachlichen wie auch zeitlichen Freiraum für mein Forschungsvorhaben einräumte. Besonderer Dank gebührt auch Herrn Prof. Dr. Ralf Ewert für die freundliche und äußerst zügige Übernahme des Koreferats. Den weiteren Mitgliedern der Prüfungskommission, Herrn Prof. Dr. Michael Hommel und Herr Prof. Dr. Roland Eisen, danke ich für die zur Begutachtungsphase zeitnahe Disputation.

Eine solche Arbeit kann jedoch nur gelingen, sofern das Arbeitsumfeld und die Arbeitsatmosphäre an der Professur stimmen. Meinen Kolleginnen und Kollegen danke ich daher sehr herzlich. Sie haben mit ihrer unerschöpflichen Diskussionsbereitschaft mich stets mit fachlichen Ratschlägen und konstruktiver Kritik unterstützt. Während der vielen auch außerhalb der Arbeitszeit verbrachten Stunden in geselliger Runde sowie bei gemeinsamen Aktivitäten mit Kolleginnen und Kollegen anderer Professuren sind enge Freundschaften entstanden.

Besonders bedanken möchte ich mich bei Herrn Dr. Andreas Dutzi, Herrn Dr. Christian Herold, Herrn Dr. Christian Korn, Frau Dr. Katrin Müller, Herrn Prof. Dr. Matthias Schabel, Frau Dr. Andrea Szczesny, Herrn PD Dr. Louis Velthuis und Herrn Dr. Philipp Wiederhold, deren außergewöhnliche Hilfsbereitschaft keinesfalls als selbstverständlich angesehen werden kann und meine besondere Wertschätzung verdient. Mein herzlicher Dank gilt insbesondere Herrn Prof. Dr. Robert Gillenkirch, der mir mit seinem unglaublichen Interesse für das Thema der Dissertation in zahlreichen Diskussionen über so manches widerspenstige fachliche Problem hinweggeholfen hat und damit maßgeblich zum Gelingen der Dissertation beigetragen hat.

Herrn Dr. Christian Herold, Frau Dr. Katrin Müller sowie Frau Christine Rausch danke ich darüber hinaus besonders für die mit außerordentlicher Sorgfalt und Akribie übernommene redaktionelle Überarbeitung des Manuskripts. Selbstverständlich gehen verbliebene Fehler alleine zu meinen Lasten. Der Interessengemeinschaft Frankfurter Kreditinstitute danke ganz herzlich ich für den großzügigen finanziellen Beitrag zur Drucklegung der Dissertation.

Mein größter Dank gilt zweifelsohne meiner Mutter Ulrike Rausch und meinem Bruder Marcus Rausch, die mir nicht nur eine hervorragende Ausbildung ermöglicht haben, sondern mich bei meinen privaten wie beruflichen Zielen stets uneingeschränkt und mit außergewöhnlichem persönlichen Einsatz in allen Belangen bedingungslos unterstützt haben. Ihnen ist diese Arbeit gewidmet.

Benjamin Rausch

# Inhaltsverzeichnis

**Inhaltsverzeichnis** ..... XI

**Tabellenverzeichnis** ..... XV

**Abbildungsverzeichnis** ..... XVI

**Abkürzungsverzeichnis** ..... XVII

**Verzeichnis der verwendeten Symbole** ..... XXI

**1 Einleitung** ..... 1
1.1 Ausgangspunkt und Untersuchungsrahmen ..... 1
1.2 Zielsetzung und Problemstellung der Arbeit ..... 6

**2 Grundlagen der Unternehmensbewertung und Preisbildung auf dem Kapitalmarkt** ..... 14
2.1 Finanzwirtschaftliche Abgrenzung und Definition der Cashflows des zu bewertenden Unternehmens ..... 14
2.2 Unsicherheit zukünftiger Cashflows ..... 18
2.3 Anlass und Zweck der Unternehmensbewertung ..... 20
2.4 Risikoberücksichtigung im Rahmen der Unternehmensbewertung ..... 22
2.4.1 Übergang von der subjektiven zur kapitalmarktorientierten Unternehmensbewertung ..... 22
2.4.2 Definition des Kapitalmarkts für Wertpapiere ..... 27
2.4.2.1 Einperiodiges Modell ..... 27
2.4.2.1.1 Wertpapiere und Eigenschaften des Kapitalmarkts ..... 27
2.4.2.1.2 Arbitragemöglichkeiten und Law of One Price ..... 29
2.4.2.1.3 Duplikation und Vollständigkeit ..... 33
2.4.2.2 Mehrperiodiges Modell ..... 34
2.4.3 Risikoneutrale Bewertung ..... 36
2.4.3.1 Einperiodiges Modell ..... 36
2.4.3.2 Mehrperiodiges Modell ..... 38
2.4.4 Capital Asset Pricing-Model ..... 40
2.4.4.1 Einperiodiges Modell ..... 40
2.4.4.2 Mehrperiodiges Modell ..... 44
2.4.5 Kritische Würdigung der kapitalmarktorientierten Unternehmensbewertungsansätze ..... 49
2.5 Zukunftsorientierte Schätzung periodenspezifischer Eigenkapitalkostensätze ..... 51

**3 Zukunftsorientierte Schätzung von risikolosen Zinssätzen** ..... 54
3.1 Einleitung ..... 54
3.2 Grundlagen der Zins- und Renditestruktur ..... 55
3.2.1 Zinssätze aus Null-Kuponanleihen ..... 55
3.2.2 Renditen aus Kuponanleihen ..... 57
3.3 Notwendigkeit der Verwendung von risikolosen Zinssätzen aus Null-Kuponanleihen ..... 59
3.3.1 Theoretischer Kuponeffekt ..... 59

3.3.2 Duration und Konvexität festverzinslicher Wertpapiere ... 67
3.3.3 Duration und Konvexität des Marktwerts des Unternehmens ... 77
3.3.3.1 Vorbemerkung ... 77
3.3.3.2 Endliche Lebensdauer des Unternehmens ... 80
3.3.3.3 Unendliche Lebensdauer des Unternehmens ... 83
3.3.3.4 Einsatzmöglichkeiten der Duration und Konvexität des Marktwerts des Unternehmens ... 85
3.3.4 Würdigung ... 90
3.4 Ermittlung impliziter risikoloser Terminzinssätze ... 91
3.4.1 Empirische Schätzung risikoloser Zinssätze von (hypothetischen) Null-Kuponanleihen ... 91
3.4.2 Einperiodige implizite Terminzinssätze und die Irrelevanz prognostizierter risikoloser Zinssätze zukünftiger Perioden ... 97
3.4.3 Würdigung ... 102

**4 Zukunftsorientierte Schätzung von Betafaktoren ... 104**
4.1 Einleitung ... 104
4.2 Grundlagen der Bewertung von Optionen in stetiger Zeit ... 106
4.2.1 Definition von Optionen ... 106
4.2.2 Stochastische Prozesse in stetiger Zeit ... 111
4.2.2.1 Ausgangspunkt und Kapitalmarktmodell ... 111
4.2.2.2 Wiener Prozesse und geometrische Brown'sche Bewegung ... 112
4.2.2.3 Lemma von Itô ... 115
4.3 Black-Scholes-Modell ... 117
4.3.1 Europäische Optionen auf dividendenlose Aktien ... 117
4.3.2 Erweiterungen des Black-Scholes-Modells ... 121
4.3.2.1 Europäische Optionen auf Dividenden zahlende Aktien ... 121
4.3.2.2 Amerikanische Optionen ... 129
4.3.3 Zwischenergebnis ... 137
4.4 Ermittlung einer impliziten Volatilität ... 140
4.4.1 Historische und implizite Volatilität ... 140
4.4.2 Verfahren zur Ermittlung der impliziten Volatilität ... 144
4.4.2.1 Numerische Näherungsverfahren ... 144
4.4.2.2 Analytische Approximationsverfahren ... 146
4.4.3 Möglichkeiten der praktischen Ermittlung einer impliziten Volatilität ... 149
4.4.4 Würdigung der impliziten Volatiliät als Schätzung für die Volatilität der unsicheren zukünftigen Rendite ... 156
4.5 Ermittlung einer impliziten Korrelation ... 158
4.5.1 Ansatz zur Ermittlung der impliziten Korrelation mit Hilfe der Portfoliotheorie ... 158
4.5.2 Ansatz zur Ermittlung der impliziten Korrelation aus Austauschoptionen ... 160
4.5.2.1 Definition und Eigenschaften von Austauschoptionen ... 160
4.5.2.2 Bewertung von europäischen Austauschoptionen ... 163
4.5.2.3 Verfahren zur Ermittlung der impliziten Korrelation aus europäischen Austauschoptionen ... 166
4.5.2.4 Würdigung des Ansatzes zur Ermittlung der impliziten Korrelation aus Austauschoptionen ... 169
4.5.3 Ansatz zur Ermittlung der impliziten Korrelation aus Optionen auf das Minimum oder Maximum zweier riskanter Wertpapiere ... 170

4.5.3.1 Definition und Eigenschaften von Minimum-/Maximumoptionen ..... 170
4.5.3.2 Bewertung von Minimumoptionen ..... 173
4.5.3.3 Verfahren zur Ermittlung der impliziten Korrelation ..... 176
4.5.3.4 Möglichkeiten einer praktischen Ermittlung der impliziten Korrelation ..... 178
4.5.3.4.1 Definition und Eigenschaften einer Doppel-Aktienanleihe ..... 178
4.5.3.4.2 Duplikation einer Doppel-Aktienanleihe und arbitragefreier Preis einer Put-Minimumoption ..... 181
4.5.3.4.3 Ermittlung des Marktpreises der in einer Doppel-Aktienanleihe enthaltenen Put-Minimumoption ..... 185
4.5.3.4.4 Ermittlung der impliziten Korrelation aus einer Put-Minimumoption ..... 187
4.5.3.4.5 Würdigung des Ansatzes zur Ermittlung der impliziten Korrelation aus Maximum-/Minimumoptionen ..... 193
4.6 Ermittlung eines impliziten Betafaktors ..... 194
4.6.1 Einperiodiges Modell ..... 194
4.6.2 Mehrperiodiges Modell ..... 197
4.6.3 Würdigung ..... 200

**5 Zukunftsorientierte Schätzung von Marktrisikoprämien ..... 203**
5.1 Einleitung ..... 203
5.2 Notwendigkeit und Unmöglichkeit der zukunftsorientierten Schätzung der erwarteten Rendite des Marktportfolios ..... 204

**6 Thesenförmige Zusammenfassung ..... 207**

**Anhang 1: Ableitung des Vegas einer Call-Austauschoption ..... 215**

**Anhang 2: Doppel-Aktienanleihe (Allianz AG/DaimlerChrysler AG) ..... 218**

**Anhang 3: Partielle Ableitung der Preisfunktion einer Put-Minimumoption nach der Korrelation ..... 219**

**Literaturverzeichnis ..... 227**

# Tabellenverzeichnis

Tabelle 1: Geschätzte risikolose Zinssätze (hypothetischer) Null-Kuponanleihen am 10.10.2006 (normale Zinsstruktur) ... 60

Tabelle 2: Bewertung von Anleihen bei normaler Zinsstruktur am 10.10.2006 ... 62

Tabelle 3: Fiktiv angenommene risikolose Zinssätze von Null-Kuponanleihen am 10.10.2006 (inverse Zinsstruktur) ... 63

Tabelle 4: Bewertung von Anleihen bei inverser Zinsstruktur am 10.10.2006 ... 64

Tabelle 5: Durationen und modifizierte Konvexität von Anleihen zur Schätzung von Bewertungsfehlern ... 75

Tabelle 6: Vergleich des geschätzten maximalen Bewertungsfehlers mit dem tatsächlichen maximalen Bewertungsfehler ... 76

Tabelle 7: Relativer Anteil des diskontierten erwarteten Restwerts am gesamten Marktwert des Unternehmens bei konstanten erwarteten Cashflows des Bewertungsobjekts ... 79

Tabelle 8: Berechnungsgrundlagen für die Marktwerte der Unternehmen ... 87

Tabelle 9: Veränderung der Marktwerte der Unternehmen bei einer Erhöhung des erwarteten Eigenkapitalkostensatzes um 0,25 Prozentpunkte ... 88

Tabelle 10: Geschätzte Veränderung der Marktwerte der Unternehmen bei einer Erhöhung des erwarteten Eigenkapitalkostensatzes um 0,25 Prozentpunkte ... 89

Tabelle 11: Einperiodige implizite Terminzinssätze am 10.10.2006 ... 100

Tabelle 12: Put-Call-Parität für europäische Optionen ... 110

Tabelle 13: Arbitragefreie Preisuntergrenze eines europäischen Calls auf eine dividendenlose Aktie ... 131

Tabelle 14: Arbitragefreie Preisuntergrenze eines europäischen Puts auf eine dividendenlose Aktie ... 135

Tabelle 15: Jahresanteilige Restlaufzeit der Optionen mit Fälligkeitsmonat Nov. 2006, Dez. 2006, Mrz. 2007 und Jun. 2007 ... 151

Tabelle 16: Implizite Volatilitäten aus ausgewählten Aktienoptionen ... 153

Tabelle 17: Put-Call-Parität für europäische Austauschoptionen ... 163

Tabelle 18: Put-Call-Parität für europäische Minimumoptionen ... 173

Tabelle 19: Duplikationsportfolio der Doppel-Aktienanleihe (ISIN DE000BHF6713) ... 184

Tabelle 20: Implizite Volatilitäten aus den Marktpreisen der am nächsten am Geld liegenden Optionen unterschiedlicher Restlaufzeiten auf die Allianz AG und die DaimlerChrysler AG ... 189

Tabelle 21: Ermittlung der impliziten Korrelation aus einem fiktiven Marktpreis einer Put-Minimumoption ... 192

Tabelle 22: Eigenschaften der Doppel-Aktienanleihe (Allianz AG/DaimlerChrysler AG) ..... 218

## Abbildungsverzeichnis

Abbildung 1: Marktwert des Bewertungsobjekts mit mehrperiodigem Cashflowstrom im CAPM ..... 52

Abbildung 2: Anwendbarkeit des BS- bzw. BSM-Modells ..... 138

Abbildung 3: Arbitragefreier Marktpreis der in der Doppel-Aktienanleihe (ISIN DE000BHF6713) enthaltenen Put-Minimumoption in Abhängigkeit von der Korrelation ..... 190

## Abkürzungsverzeichnis

| | |
|---|---|
| Abs. | Absatz |
| Abschn. | Abschnit(te) |
| AER | American Economic Review *(Zeitschrift)* |
| AG | Aktiengesellschaft/Die Aktiengesellschaft *(Zeitschrift)* |
| AI | Annahme hinsichtlich des Investors |
| AktG | Aktiengesetz (Stand: 24.8.2004) |
| AKU | Arbeitskreis Unternehmensbewertung des IDW e.V. |
| ALV | Börsenkürzel der Allianz AG |
| AM | Annahme hinsichtlich der Eigenschaften des Kapitalmarkts |
| ARCH | Autoregressive Conditional Heteroskedasticity |
| AR | Accounting Review |
| | |
| BB | Betriebs-Berater *(Zeitschrift)* |
| BFuP | Betriebswirtschaftliche Forschung und Praxis *(Zeitschrift)* |
| BS | Black-Scholes |
| BSM | Black-Scholes-Merton |
| bzw. | beziehungsweise |
| | |
| CAPM | Capital Asset Pricing Model |
| CBOE | Chicago Board Options Exchange |
| const. | Konstant |
| | |
| DAA | Doppel-Aktienanleihe |
| DAX® | Deutscher Aktienindex (eingetragenes Markenzeichen der Deutsche Börse AG, Frankfurt/Main) |
| DB | Der Betrieb *(Zeitschrift)* |
| DBW | Die Betriebswirtschaft *(Zeitschrift)* |
| DCF | Discounted Cash Flow |
| DCX | Börsenkürzel der DaimlerChrysler AG |
| Dez. | Dezember |
| d.h. | das heißt |

| | |
|---|---|
| DStR | Deutsches Steuerrecht *(Zeitschrift)* |
| et al. | et alii |
| EUREX | European Exchange |
| e.V. | eingetragener Verein |
| EWMA | Exponentially Weighted Moving Average Model |
| FAJ | Financial Analysts Journal (*Zeitschrift*) |
| FB | Finanz Betrieb *(Zeitschrift)* |
| Fn. | Fußnote |
| FN-IDW | IDW Fachnachrichten *(Zeitschrift)* |
| GARCH | Generalized Autoregressive Conditional Heteroskedasticity |
| GE | Geldeinheit(en) |
| GmbH | Gesellschaft mit beschränkter Haftung |
| Hrsg. | Herausgeber |
| IAS | International Accounting Standards |
| IBM | International Business Machines |
| IDW | Institut der Wirtschaftsprüfer in Deutschland e.V. |
| IFRS | International Financial Reporting Standards |
| ISIN | International Securities Identification Number |
| JB | Journal of Business *(Zeitschrift)* |
| JF | Journal of Finance *(Zeitschrift)* |
| JFE | Journal of Financial Economics *(Zeitschrift)* |
| JFQA | Journal of Financial and Quantitative Analysis *(Zeitschrift)* |
| Jg. | Jahrgang |
| Jun. | Juni |
| krp | Kostenrechnungspraxis *(Zeitschrift)* |
| KuK | Kredit und Kapital *(Zeitschrift)* |
| Mrz. | März |

| | |
|---|---|
| m.w.N. | mit weiteren Nachweisen |
| NBER | National Bureau of Economic Research |
| No. | Number |
| Nov. | November |
| Nr. | Nummer |
| NSS | Nelson-Siegel-Svensson |
| | |
| o. | ohne |
| | |
| p.a. | per annum |
| | |
| RechKredV | Verordnung über die Rechnungslegung der Kreditinstitute und Finanzdienstleistungsinstitute (Stand: 22.5.2005) |
| RNM | risikoneutrales Martingalmaß |
| RWTH | Rheinisch-Westfälische Technische Hochschule |
| | |
| sbr | Schmalenbach Business Review (*Zeitschrift*) |
| S&P | Standard & Poor's |
| S. | Seite |
| SE | Societas Europaea |
| sog. | sogenannte/-r/-s |
| Sp. | Spalte |
| | |
| Ts. | Taunus |
| Tz. | Textziffer |
| | |
| u.a. | unter anderem |
| | |
| Vgl. | Vergleiche |
| Vol. | Volume |
| | |
| WiSt | Wirtschaftswissenschaftliches Studium *(Zeitschrift)* |
| WISU | Das Wirtschaftsstudium *(Zeitschrift)* |
| WKN | Wertpapierkennnummer |

| | |
|---|---|
| WP | Wirtschaftsprüfer |
| WPg | Die Wirtschaftsprüfung *(Zeitschrift)* |
| WpHG | Gesetz über den Wertpapierhandel (Wertpapierhandelsgesetz) (Stand: 28.10.2004) |
| XETRA® | Exchange Electronic Trading System, eingetragenes Markenzeichen der Deutsche Börse AG, Frankfurt |
| z.B. | zum Beispiel |
| ZfB | Zeitschrift für Betriebswirtschaft |
| zfbf | Schmalenbachs Zeitschrift für betriebswirtschaftliche Forschung (bis 1963 ZfhF) |
| ZfhF | Zeitschrift für handelswissenschaftliche Forschung (ab 1964 zfbf) |

## Verzeichnis der verwendeten Symbole

| | |
|---|---|
| $a$ | Driftrate eines stochastischen Prozesses/ Zufallsvariable |
| | |
| $b$ | *cost of carry rate*/Störparameter eines stochastischen Prozesses/Zufallsvariable |
| $B$ | Preis einer Null-Kuponanleihe |
| $B^{\max}$ | maximaler Wert einer Null-Kuponanleihe |
| $B^{\min}$ | minimaler Wert einer Null-Kuponanleihe |
| $\Delta B^{\max}$ | maximaler Bewertungsfehler einer Kuponanleihe |
| | |
| $c$ | Höhe der Kuponzahlung |
| $C$ | Preis eines europäischen Calls |
| $C^{a}$ | Preis eines amerikanischen Calls |
| $C_{mkt}$ | Marktpreis eines europäischen Calls |
| $C^{ex}$ | Preis einer europäischen Call-Austauschoption |
| $C^{\min}$ | Preis einer europäischen Call-Minimumoption |
| $C^{\min}(0)$ | Preis einer europäischen Call-Minimumoption mit Ausübungspreis null |
| $CF$ | Cashflow |
| $CON^{mod}$ | modifizierte Konvexität einer Anleihe |
| $CON^{mod,V}$ | modifizierte Konvexität des Marktwerts des Unternehmens |
| $CON^{mod,VR}$ | modifizierte Konvexität des Marktwerts des Unternehmens unter Berücksichtigung eines vom erwarteten Eigenkapitalkostensatz abhängigen Restwerts |
| $\operatorname{cov}(.)$ | Kovarianz |
| | |
| $d$ | Hilfsparameter im Modell von Margrabe oder Stulz/infinitesimales Inkrement |
| $d_1$ | Hilfsparameter im BS-/BSM-Modell |
| $d_1^{x,I/II}$ | Hilfsparameter im BS-Modell nach Korrektur einer Dividendenzahlung vom Typ I/II |
| $d_2$ | Hilfsparameter im BS-Modell |
| $d_2^{x,I/II}$ | Hilfsparameter im BS-Modell nach Korrektur einer Dividendenzahlung vom Typ I/II |

| | |
|---|---|
| $D$ | Dividendezahlung einer Aktie |
| $DUR^{Mac}$ | Macaulay-Duration einer Anleihe |
| $DUR^{mod}$ | modifizierte Duration einer Anleihe |
| $DUR^{Mac,V}$ | Macaulay-Duration des Marktwerts des Unternehmens |
| $DUR^{Mac,VR}$ | Macaulay-Duration des Marktwerts des Unternehmens unter Berücksichtigung eines vom erwarteten Eigenkapitalkostensatz abhängigen Restwerts |
| $DUR^{mod,V}$ | modifizierte Duration des Marktwerts des Unternehmens |
| $DUR^{mod,VR}$ | modifizierte Duration des Marktwerts des Unternehmens unter Berücksichtigung eines vom erwarteten Eigenkapitalkostensatz abhängigen Restwerts |
| | |
| $e$ | Euler'sche Zahl |
| $E$ | Ausübungspreis einer Option |
| $\mathbb{E}[.]$ | Erwartungswert |
| $E^{cum,I/II}$ | Ausübungspreis einer Option ohne Korrektur um eine Dividende vom Typ I/II |
| $E^{x,I/II}$ | Ausübungspreis einer Option nach Korrektur um eine Dividende vom Typ I/II |
| $E^{\circ}$ | abgezinster Ausübungspreis |
| $EP$ | Paket-Ausübungspreis |
| | |
| $F$ | Nominalwert einer Anleihe |
| $\mathcal{F}$ | Filtration/Informationsstand |
| | |
| $g$ | Wachstumsrate |
| $G(.)$ | nicht stochastische Funktion |
| | |
| $h$ | Einheiten einer bestimmten Aktie |
| | |
| $i$ | Laufindex/Bezeichnung des Bewertungsobjekts |
| | |
| $j$ | Laufindex zur Bezeichnung eines bestimmten Umweltzustands |
| $J$ | Anzahl aller möglichen Umweltzustände |

| | |
|---|---|
| $K$ | Preis einer Kuponanleihe |
| $k$ | Anzahl der während der Optionslaufzeit anfallenden Dividenden |
| $K^{\max}$ | maximaler Wert einer Kuponanleihe |
| $K^{\min}$ | minimaler Wert einer Kuponanleihe |
| $\Delta K^{\max}$ | maximaler Bewertungsfehler einer Kuponanleihe |
| | |
| $l$ | Laufindex zur Bezeichnung eines bestimmten Wertpapiers |
| $L$ | Anzahl aller riskanten Wertpapiere |
| $\ln(.)$ | natürlicher Logarithmus |
| | |
| $m$ | Laufindex zur Bezeichnung eines bestimmten Wertpapiers/Einheiten eines Wertpapiers |
| $\mathbf{m}$ | Portfoliovektor |
| $M$ | Marktportfolio/Marktindex |
| $M(.)$ | Verteilungsfunktion der bivariaten Normalverteilung |
| $\max\{.\}$ | Maximum |
| $\min\{.\}$ | Minimum |
| | |
| $n$ | Einheiten eines Wertpapiers/Laufindex/Anzahl der während/außerhalb der Optionslaufzeit anfallenden Dividenden |
| $\mathbf{n}$ | Portfoliovektor |
| $n(.)$ | Dichtefunktion der Standardnormalverteilung |
| $N(.)$ | Verteilungsfunktion der Standardnormalverteilung |
| | |
| $p$ | Preis eines Wertpapiers |
| $\mathbf{p}$ | Vektor der Preise aller Wertpapiere |
| $P$ | Preis eines europäischen Puts |
| $\mathbf{P}$ | subjektives Wahrscheinlichkeitsmaß |
| $\mathcal{P}$ | Potenzmenge |
| $P^{ex}$ | Preis einer europäischen Put-Austauschoption |
| $P^{\min}$ | Preis einer europäischen Put-Minimumoption |
| $P^{a}$ | Preis eines amerikanischen Puts |
| $P_{mkt}$ | Marktpreis eines europäischen Puts |
| $PF$ | Kennzeichnung eines Portfolios |

| | |
|---|---|
| $prob(.)$ | Wahrscheinlichkeit eines Ereignisses |
| | |
| $q$ | risikoneutrale Wahrscheinlichkeit |
| $\mathbf{Q}$ | risikoneutrales Wahrscheinlichkeitsmaß |
| | |
| $r$ | konstanter, erwarteter Eigenkapitalkostensatz |
| $r_f$ | konstanter, diskreter, risikoloser Zinssatz einer Anlage |
| $r_{f,s}$ | diskreter, risikoloser Zinssatz einer Anlage von $t$ bis $s$ |
| $r_{fc}$ | konstanter, stetiger risikoloser Zinssatz einer Anlage |
| $r_{Dc}$ | konstante, stetige Dividendenrendite |
| $r_{Dd}$ | konstante, diskrete Dividendenrendite |
| $r_M$ | (zukünftige) Rendite des Marktportfolios |
| $\mathbb{R}$ | Menge der reellen Zahlen |
| $RA$ | Risikoabschlag |
| $Rg(.)$ | Rang einer Matrix |
| | |
| $s$ | Zeitpunkt |
| $S$ | Preis eines riskanten Wertpapiers |
| $S^*$ | kritischer Preis einer Aktie |
| $S^\circ$ | mit einer konstanten stetigen Dividendenrendite diskontierter Aktienkurs |
| $\mathbb{S}[.]$ | Sicherheitsäquivalent |
| $S^{cum,I/II}$ | Preis einer Aktie mit Anspruch auf Dividende vom Typ I/II |
| $S^{ex}$ | fiktives riskantes Wertpapier auf das Verhältnis zwischen zwei riskanten Wertpapieren |
| $S^{\min}$ | minimaler Preis zweier Wertpapiere |
| $S^{x,I/II}$ | Preis einer Aktie ohne Anspruch auf Dividende vom Typ I/II |
| $S^{x,I/II*}$ | Kritischer Preis einer Aktie ohne Anspruch auf Dividende vom Typ I/II |
| $StZ$ | Stückzinsen |
| | |
| $t$ | Zeitpunkt/Bewertungszeitpunkt |
| $T$ | Zeitpunkt, Ende der Laufzeit/des Detailplanungszeitraums |
| | |
| $u$ | Zeitpunkt |
| $U(.)$ | Nutzenfunktion |

| | |
|---|---|
| $V$ | Marktwert/Restwert/Grenzpreis des Unternehmens |
| $\mathrm{var}(.)$ | Varianz |
| | |
| $w$ | Wachstumsrate |
| $W$ | Wiener Prozess |
| $x$ | Marktwertanteil eines Wertpapiers am Gesamtmarktwert eines Portfolios |
| $X$ | Zahlung eines Wertpapiers/stochastischer Prozess |
| $\mathbf{X}$ | Matrix der Zahlungen aller Wertpapiere |
| | |
| $Y$ | Wert eines Portfolios |
| $y$ | (interne) Rendite einer Anleihe |
| | |
| $z$ | Risikoprämie/Zufallsvariable |
| $Z$ | Zahlung einer Anleihe |

Griechische Symbole

| | |
|---|---|
| $\beta$ | Betafakator |
| $\beta_0$ | Parameter der Schätzung im NSS-Verfahren |
| | |
| $\delta$ | Maß für die Genauigkeit |
| $\Delta$ | absolute Veränderung einer Variablen |
| | |
| $\varepsilon$ | Zufallsvariable |
| | |
| $\lambda$ | Marktpreis des Risikos |
| $\Lambda$ | partielle Ableitung der Preisfunktion einer Option nach der Volatilität (Vega) |
| $\Lambda^{ex}$ | partielle Ableitung der Preisfunktion einer Austauschoption nach der Volatilität (Vega) |
| | |
| $\mu$ | Driftrate |
| | |
| $\nu$ | Elastizität des Barwerts einer Anleihe |

| | |
|---|---|
| $\omega$ | Elementarereignis/Umweltzustand |
| $\Omega$ | Menge aller Elementarereignisse/Umweltzustände |
| | |
| $\pi$ | Pi |
| $\prod$ | Produkt |
| | |
| $\rho$ | Korrelationskoeffizient/Korrelation |
| | |
| $\sigma, \sigma^2$ | Standardabweichung, Varianz/Kovarianz |
| $\hat{\sigma}$ | implizite Volatilität |
| $\hat{\sigma}_0$ | Startwert zur Ermittlung der impliziten Volatilität |
| $\hat{\sigma}_{0,high}$ | oberer Startwert zur Ermittlung der impliziten Volatilität |
| $\hat{\sigma}_{0,low}$ | unterer Startwert zur Ermittlung der impliziten Volatilität |
| $\sum$ | Summe |

Sonstige Symbole

| | |
|---|---|
| $\in$ | Element |
| $\forall$ | für alle |
| ^ | Kennzeichnung einer geschätzten/impliziten Größe |
| ~ | Kennzeichnung einer unsicheren Größe/Zufallsvariable |
| $\varnothing$ | leere Menge |
| $\partial$ | mathematische Ableitung |
| § | Paragraph |
| % | Prozent, vom Hundert |
| $\sqrt{\ }$ | (Quadrat-)Wurzel |
| ® | eingetragene Markenbezeichnung |
| & | und |
| $\infty$ | unendlich |
| $\sim$ | verteilt nach |
| $\approx$ | näherungsweise, ungefähr gleich |

# 1 Einleitung

## 1.1 Ausgangspunkt und Untersuchungsrahmen

Die Aufgabe der Unternehmensbewertung besteht in der zweckadäquaten[1] und zeitpunktbezogenen[2] Ermittlung des Werts sämtlicher, den (potenziellen) Unternehmenseignern (Investoren) zur Zielrealisierung dienenden, zukünftig zufließenden Zielbeiträge.[3] Als bewertungsrelevante Zielbeiträge können alle den Investoren Nutzen stiftenden Komponenten angesehen werden. Aufgrund umfangreicher Schätz- und Operationalisierungsprobleme nicht finanzieller Nutzenkomponenten (z.B. Macht, Prestige), erfolgt hinsichtlich der zu bewertenden Zielbeiträge regelmäßig eine Einschränkung auf die finanziellen Nutzenkomponenten, die den Investoren zur Verfügung stehen und diesen einen Nutzen im Sinne der Konsumbedürfnisbefriedigung stiften.[4] Zur Bewertung zukünftiger finanzieller Nutzenkomponenten im Sinne zukünftiger Nettozahlungsmittelzuflüsse an die Investoren (Cashflows) wird im Schrifttum eine Vielzahl von Unternehmensbewertungsverfahren unterschieden.[5] Dabei stehen die auf der Kapitalwertmethode als dynamische Methode der Investitionsrechnung[6] aufbauenden Gesamtbewertungsverfahren, zu denen neben den Discounted Cashflow-Verfahren (DCF-Verfahren) auch das Ertragswertverfahren zählt,[7] im Mittelpunkt der wissenschaftlichen Diskussion.[8]

Wie alle dynamischen Methoden der Investitionsrechnung zeichnen sich auch die Gesamtbewertungsverfahren neben einer Beachtung der Zielsetzung des Investors durch eine Berücksichtigung der zeitlichen Struktur der zukünftigen Cashflows und durch einen Vergleich der bewertungsrelevanten Cashflows des zu bewertenden Unternehmens (Bewertungsobjekt) mit der besten, sich mit einer Investition in das Bewertungsobjekt vollständig ausschließenden Al-

---

1 Vgl. Moxter (1983), S. 5–9; Böcking (2003), S. 62.

2 Vgl. Moxter (1983), S. 168–173.

3 Vgl. zur alleinigen Relevanz zukünftiger Zielbeiträge bzw. zum Zukunftsbezogenheitsprinzip Moxter (1983), S. 116–118; Münstermann (1970), S. 20–21.

4 Vgl. Drukarczyk (1995), S. 332; Ballwieser/Leuthier (1986), S. 546; Großfeld/Stöver/Tönnes (2005), S. 9.

5 Vgl. zu einem Überblick über die Unternehmensbewertungsverfahren z.B. Ballwieser (2004), S. 8–10, 111; Drukarczyk (2003), S. 129–135; Coenenberg/Schultze (2002), S. 601.

6 Vgl. zu den Methoden der dynamischen Investitionsrechnung z.B Kruschwitz (2005), S. 44–117. Vgl. auch Zimmermann (2000), S. 77–116; Rolfes (2003), S. 9–48.

7 Vgl. zu den DCF-Verfahren z.B. Baetge/Niemeyer/Kümmel (2005), S. 265–360; Nowak (2003), S. 27–42; Drukarczyk (2001), S. 3–13; zum Ertragswertverfahren im Vergleich zu den DCF-Verfahren z.B. Drukarczyk (1995); Ballwieser (1993), S. 153–163, 166–168.

8 Dies zeigt sich an dem überwiegenden Anteil, den die Gesamtbewertungsverfahren innerhalb der Literatur zur Unternehmensbewertung einnehmen. Vgl. z.B. die jüngsten Monographien von Kruschwitz/Löffler (2006); Wiese (2006); Ballwieser (2004); Nowak (2003); Richter (2002).

ternative aus.[9] Diese beste Alternative kommt im Rahmen der Gesamtbewertungsverfahren im Kalkulationszinsfuß zum Ausdruck, der folglich die Rendite der besten alternativen Mittelverwendungsmöglichkeit widerspiegelt.[10] Dabei übernimmt der Kalkulationszinsfuß sowohl die finanzmathematische Funktion der Berücksichtigung des Zeitwerts des Gelds als auch die ökonomische Funktion des Vergleichs mit der besten alternativen Mittelverwendungsmöglichkeit des Investors (Vergleichsobjekt) im Sinne des Opportunitätskostenprinzips.[11] Gemeinsam verkörpern beide Funktionen das Ziel, von dem bekannten Preis des Vergleichsobjekts auf den (unbekannten) Wert eines Unternehmens zu schließen.[12] Dieser Schluss gelingt mit Hilfe der Kapitalwertmethode durch die Diskontierung der zukünftigen Cashflows des zu bewertenden Unternehmens mit dem im Kalkulationszinsfuß ausgedrückten internen Zinsfuß (der internen Rendite) des Vergleichsobjekts, der das Verhältnis zwischen den zukünftigen Cashflows und dem Preis des Vergleichsobjekts beschreibt. Folglich stellt der Barwert der zukünftigen Cashflows den gesuchten Unternehmenswert dar.

Die Suche nach dem sachgerechten Kalkulationszinsfuß eröffnet neben der Prognose der zukünftigen Cashflows des Bewertungsobjekts ein weites Forschungsgebiet, auf dem sowohl aus theoretischer als auch aus praktischer Sicht zahlreiche Problemfelder nur scheinbar gelöst sind.[13] Hinzu kommt, dass dem Kalkulationszinsfuß ein erheblicher Einfluss auf die Höhe des Unternehmenswerts bescheinigt wird, der eine sachgerechte und möglichst präzise Schätzung des Kalkulationszinsfußes unabdingbar macht.[14] Die Höhe des Kalkulationszinsfußes wird jedoch maßgeblich durch die ökonomische Vergleichsfunktion beeinflusst, zu deren Erfüllung eine Reihe von Äquivalenzgrundsätzen zwischen dem Bewertungs- und dem Vergleichsobjekt einzuhalten sind.[15]

Da die zukünftigen Cashflows des Bewertungsobjekts lediglich im theoretischen Ausnahmefall vollständiger Information mit Sicherheit bekannt sind (sichere Erwartungen), kommt der theoretisch korrekten und zugleich praktisch durchführbaren Berücksichtigung der Unsicher-

---

9 Vgl. Schwetzler (1996), S. 1082; Schultze (2003), S. 63–64; vgl. auch Moxter (1961), S. 193–194; Sieben/Schildbach (1979), S. 456.

10 Vgl. Ballwieser/Leuthier (1986), S. 549; Sieben (1977), S. 65; IDW (2005), S. 555.

11 Vgl. Hachmeister (2000), S. 253; Ballwieser/Coenenberg/Schultze (2002), Sp. 2415.

12 Vgl. Moxter (1983), S. 11; Ballwieser (1993), S. 159; Sieben (1977), S. 63; Coenenberg (1970), S. 792.

13 Vgl. hierzu z.B. die Arbeit von Wiese (2006).

14 Vgl. Ballwieser (2002), S. 736; Timmreck (2004), S. 61.

15 Vgl. Wagner/Jonas/Ballwieser/Tschöpel (2006), S. 1006. Vgl. zu den Äquivalenzgrundsätzen ausführlich Moxter (1983), S. 155–201; Ballwieser (2004), S. 82–107.

heit und damit dem Grundsatz der Risikoäquivalenz die zentrale Bedeutung zu.[16] Die Kernaussage des Risikoäquivalenzgrundsatzes besteht darin, dass die Cashflows des Bewertungs- und des Vergleichsobjekts hinsichtlich ihrer Risikodimension äquivalent sein, d.h. dieselbe Menge an bewertungsrelevantem Risiko aufweisen müssen. Der sachgerechte Kalkulationszinsfuß wird daher von der Art der Berücksichtigung des Risikos determiniert, die durch eine Anpassung der erwarteten Cashflows um einen Risikoabschlag erfolgen kann, so dass zur Diskontierung der sicherheitsäquivalenten, als risikolos angesehenen Cashflows der Kalkulationszinsfuß einer sicheren Anlage (risikoloser Zinssatz) zu verwenden ist (Sicherheitsäquivalentmethode).[17] Alternativ können die erwarteten (unsicheren) Cashflows mit Hilfe des um einen Risikozuschlag angepassten risikolosen Zinssatzes diskontiert werden (Risikozuschlagsmethode).[18]

Daneben sind nach dem Grundsatz der Laufzeitäquivalenz die zu unterschiedlichen Zeitpunkten anfallenden Cashflows des Bewertungsobjekts mit den Kalkulationszinsfüßen zu diskontieren, die den zwischen dem Bewertungsstichtag und dem Zeitpunkt des Cashflows liegenden Zeitraum laufzeitgerecht berücksichtigen. Da bereits die Höhe des risikolosen Zinssatzes regelmäßig von der Laufzeit der sicheren Anlage abhängt, kann nur in Ausnahmefällen von einem einheitlichen, d.h. konstanten risikolosen Kalkulationszinsfuß im Zeitablauf ausgegangen werden. Daher wird ein konstanter risikoloser Zinssatz den Zeitwert des Geldes der zu unterschiedlichen Zeitpunkten anfallenden Cashflows regelmäßig nicht sachgerecht berücksichtigen können und folglich zu nicht zweckgerechten Unternehmenswerten führen. Vielmehr ist in Abhängigkeit von der unterstellten Lebensdauer des Bewertungsobjekts eine Vielzahl von laufzeitspezifischen Kalkulationszinsfüßen zu berücksichtigen.

Während die rein formale Berücksichtigung des Risikos oder laufzeitspezifischer Kalkulationszinsfüße im Rahmen der Gesamtbewertungsverfahren keine größeren Schwierigkeiten bereitet, ergeben sich im Zusammenhang mit dem Grundsatz der Laufzeitäquivalenz und dem Zukunftsbezogenheitsprinzip Probleme bei der Schätzung der sachgerechten Höhe der Risi-

---

16 Vgl. zum Grundsatz der Risikoäquivalenz Schwetzler (1996), S. 1082; Ballwieser (2004), S. 89–100; Baetge/Krause (1994), S. 434–435.

17 Vgl. Laux (1971), S. 527; Ballwieser (1993), S. 155–157; Schwetzler (1996), S. 1082; Langenkämper (2000), S. 41–42; Obermaier (2004), S. 2761.

18 Vgl. Laux (1971), S. 527; Richter (2003), S. 59; Langenkämper (2000), S. 43–48. Gleichwohl können im Kalkulationszinsfuß neben einem Risikozuschlag etwaige Wachstums- und/oder Inflationsabschläge vorzunehmen sein. Vgl. Drukarczyk (2003), S. 501–516; Ballwieser (1997), S. 2395–2396; Ballwieser (1988), S. 800–811.

koanpassung (Risikoab- oder -zuschlag).[19] Aus dem Zukunftsbezogenheitsprinzip der Unternehmensbewertung, wonach allein die zukünftig erwarteten Cashflows des Bewertungsobjekts bewertungsrelevant sind, folgt für den Kalkulationszinsfuß unmittelbar, dass dieser die erwartete zukünftige Rendite der besten alternativen Mittelverwendungsmöglichkeit unter Beachtung der Äquivalenzgrundsätze zu verkörpern hat.[20] Folglich müssen der Risiko- und der Laufzeitäquivalenzgrundsatz ebenfalls zukunftsorientiert interpretiert und umgesetzt werden. Damit verlangt das Zukunftsbezogenheitsprinzip nicht nur eine zukunftsorientierte Schätzung der Cashflows, sondern auch eine zukunftsorientierte Schätzung der laufzeitspezifischen Kalkulationszinsfüße. Die zukunftsbezogene Unternehmensbewertung erfordert somit neben der zukunftsorientierten Schätzung laufzeitspezifischer risikoloser Zinssätze auch die zukunftsorientierte Schätzung der laufzeitspezifischen Risikoabschläge von den erwarteten Cashflows (Sicherheitsäquivalentmethode) oder der laufzeitspezifischen Risikozuschläge auf die laufzeitspezifischen risikolosen Zinssätze (Risikozuschlagsmethode).

Den zentralen Ausgangspunkt der Arbeit stellt daher die Fragestellung dar, ob bzw. inwieweit Möglichkeiten zu einer zukunftsorientierten Schätzung laufzeitspezifischer und risikoangepasster Kalkulationszinsfüße bestehen. Die Einschränkung der Untersuchung auf die zukunftsorientierte Schätzung laufzeitspezifischer und risikoangepasster Kalkulationszinsfüße erfolgt vor dem Hintergrund, dass die auf die risikolosen Zinssätze vorgenommenen Risikozuschläge unter bestimmten Bedingungen in die äquivalenten Risikoabschläge von den erwarteten Cashflows transformiert werden können.[21] Die Beantwortung der Fragestellung sowie die Beurteilung bestehender Ansätze zur Schätzung laufzeitäquivalenter und risikoangepasster Kalkulationszinsfüße hängt jedoch von dem zugrunde gelegten Untersuchungsrahmen ab.

Zur Festlegung des Untersuchungsrahmens werden in Kapitel 2 ausgehend von einer finanzwirtschaftlichen Abgrenzung des Bewertungsobjekts sowie einer inhaltlichen und zeitlichen Definition des Umfangs der erwarteten Cashflows aus den Grundlagen einer zweckadäquaten Unternehmensbewertung die Grundzüge eines subjektiven (auch: individualistischen) Unternehmensbewertungsansatzes erläutert.[22] Im Rahmen eines subjektiven Unternehmensbewer-

---

[19] Neben den Grundsätzen der Laufzeit- und der Risikoäquivalenz sind die Grundsätze der Steuer- und Ausschüttungsäquivalenz für Unternehmensbewertungen in der Praxis von zentraler Bedeutung. Vgl. Wagner/Jonas/Ballwieser/Tschöpel (2006), S. 1006–1007; Obermaier (2004), S. 2761.

[20] Vgl. Wagner/Jonas/Ballwieser/Tschöpel (2006), S. 1014; IDW S 1 (2005), Tz. 124.

[21] Vgl. ausführlich Wiese (2006), S. 13–20. Darüber hinaus wird die Risikozuschlagsmethode als „gängige Praxis" bezeichnet. Vgl. Richter (2003), S. 59; ähnlich Großfeld/Stöver/Tönnes (2005), S. 4.

[22] Siehe Kapitel 2.1–2.3.

tungsansatzes erfolgt die Ermittlung der Risikoanpassung durch Rückgriff auf periodenspezifische (subjektive) Bernoulli-Sicherheitsäquivalente der mehrwertigen Cashflows. Da die individuelle Risikopräferenz eines Investors regelmäßig nicht bekannt oder im konkreten Einzelfall nicht bzw. nur schwer zu ermitteln ist, wird auf einen weniger subjektiven, kapitalmarktorientierten Unternehmensbewertungsansatz zurückgegriffen, der ohne explizite Kenntnis der investorindividuellen Risikopräferenz auskommt.[23]

Die kapitalmarktorientierte Unternehmensbewertung bildet damit zwar den Rahmen der weiteren Untersuchung, erfordert jedoch zur Schätzung der Höhe der Risikoanpassung eine Theorie oder ein Modell über die Preisbildung auf dem Kapitalmarkt. Um Aussagen über die Preisbildung treffen zu können, wird von der Existenz eines vollkommenen Kapitalmarkts ausgegangen und unterstellt, dass Geld den Investoren auf dem Kapitalmarkt (Kapitalmarktteilnehmer) stets einen positiven Grenznutzen stiftet, um als zentrales Konzept der Preisbildung auf dem Kapitalmarkt die Arbitragefreiheit etablieren zu können.[24] Mit Hilfe der Arbitragetheorie können nicht nur wesentliche Aussagen über die Preisbildung auf Kapitalmärkten abgeleitet werden, sondern auch ein theoretisch überzeugender Ansatz zur Risikoanpassung (risikoneutrale Bewertung).[25] Allerdings stellt sich die risikoneutrale Bewertung für Zwecke der Unternehmensbewertung nur in Ausnahmefällen als operational heraus.[26] Infolgedessen wird zur Quantifizierung der Risikoanpassung im Rahmen der Unternehmensbewertung auf ein Kapitalmarktmodell wie das *Capital Asset Pricing Model* (CAPM) zurückgegriffen,[27] das in seiner Standardform einen linearen Zusammenhang zwischen der erwarteten Rendite einer riskanten Kapitalmarktanlage (riskantes Wertpapier) und der Menge des bewertungsrelevanten (systematischen) Risikos auf einem sich im Gleichgewicht befindenden Kapitalmarkt[28] über einen einperiodigen Planungshorizont herstellt.[29] Mit Hilfe dieses Zusammenhangs, der unter bestimmten Annahmen auf einen mehrperiodigen Zeitraum übertragen werden kann,

---

[23] Siehe Kapitel 2.4.1. Vgl. zu einer Unterscheidung zwischen subjektiven und kapitalmarktorientierten Ansätzen zur Risikoadjustierung z.B. Drukarczyk (2003), S. 136–143; Kruschwitz (2002a), S. 12; Obermaier (2004), S. 2761–2762. Hering (2006) spricht in diesem Zusammenhang auch von einer investitions- und einer finanzierungstheoretischen Unternehmensbewertung. Vgl. Hering (2006), S. 21–150, 153–243.

[24] Siehe Kapitel 2.4.2.

[25] Vgl. Kruschwitz/Löffler (2006), S. 26–28; Wiese (2006), S. 47–48; Timmreck (2004), S. 67–69.

[26] Siehe Kapitel 2.4.3.

[27] Vgl. Haugen (2001), S. 210–211; Wagenhofer/Ewert (2003), S. 105; Stehle (2004), S. 912.

[28] Da die Arbitragefreiheit eine notwendige Bedingung für die Existenz eines Gleichgewichts auf einem Kapitalmarkt darstellt, bilden die Überlegungen zu den Arbitragemöglichkeiten in Kapitel 2.4.2.1.2 zugleich die Grundlage für die zentralen Aussagen des *Capital Asset Pricing Model* (CAPM).

[29] Siehe Kapitel 2.4.4.1.

sind die zu einer laufzeitäquivalenten Bewertung der Cashflows des Bewertungsobjekts benötigten risikoangepassten Kalkuationszinsfüße aus theoretischer Sicht als einperiodige erwartete Renditen risikoäquivalenter Wertpapiere definiert, die im Rahmen der kapitalmarktorientieren Unternehmensbewertung als erwartete periodenspezifische Eigenkapitalkostensätze (kurz: Eigenkapitalkosten) des Bewertungsobjekts interpretiert werden.[30]

## 1.2 Zielsetzung und Problemstellung der Arbeit

Wird im mehrperiodigen Kontext der kapitalmarktorientierten Unternehmensbewertung an der Verwendung des (einperiodigen) CAPM zur theoretischen Erklärung der erwarteten periodenspezifischen Eigenkapitalkostensätze festgehalten,[31] setzt sich der erwartete Eigenkapitalkostensatz additiv aus der Rendite eines risikolosen Wertpapiers (risikoloser Zinssatz) und einer Komponente zur Risikoanpassung (Risikoprämie) für die entsprechende Periode zusammen. Die Höhe der Risikoanpassung stellt wiederum das Produkt des als Betafaktor bezeichneten relativen Risikomaßes und der Marktrisikoprämie der Periode dar.[32] Da die Bestandteile der erwarteten Eigenkapitalkostensätze auf dem Kapitalmarkt nicht unmittelbar beobachtet werden können, müssen diese für Zwecke der kapitalmarktorientierten Unternehmensbewertung prognostiziert bzw. geschätzt werden. Mit Ausnahme der Verfahren zur Ermittlung stichtagsaktueller risikoloser Zinssätze aus Zinsstrukturkurven, versuchen die bislang vorliegenden Verfahren fast ausnahmslos die Bestandteile der erwarteten Eigenkapitalkostensätze auf der Grundlage historisch beobachteter Renditen auf dem Kapitalmarkt zu schätzen.

Bei der Schätzung des risikolosen Zinssatzes wird regelmäßig auf die in der Vergangenheit beobachteten „quasisicheren" Renditen von Anleihen der öffentlichen Hand zurückgegriffen, wobei nicht selten langfristige, historische Durchschnittswerte als Schätzung für den risikolosen Zinssatz verwendet werden.[33] Dagegen wird zur Schätzung des Betafaktors überwiegend eine Regressionanalyse über die in der Vergangenheit realisierten Renditen eines bestimmten

[30] Siehe Kapitel 2.4.4.2.

[31] Zu einer kritischen Würdigung des kapitalmarktorientierten Unternehmensbewertungsansatzes siehe Kapitel 2.4.5.

[32] Intuitiver kann die Risikoprämie auch als Produkt des Marktpreises pro Einheit des bewertungsrelevanten Risikos und der Menge des bewertungsrelevanten Risikos beschrieben werden. Siehe Kapitel 2.4.4.

[33] Im Folgenden wird, wie in der Literatur üblich, auf eine explizite Unterscheidung zwischen „quasisicheren" und risikolosen Zinssätzen, Renditen, Wertpapieren oder Schuldnern verzichtet und einheitlich von risikolosen Zinssätzen, Renditen, Wertpapieren oder Schuldnern gesprochen. Zur Unterscheidung siehe Kapitel 3.1.

riskanten Wertpapiers und eines, das Marktportfolio repräsentierenden Aktienindexes durchgeführt,[34] wobei das Steigungsmaß der Regressionsgerade den Betafaktor des riskanten Wertpapiers darstellt.[35] Ähnlich verhält es sich bei der Schätzung der Marktrisikoprämie, die überwiegend durch einen langfristigen Durchschnittswert aus den Renditedifferenzen zwischen allen riskanten und den risikolosen Wertpapieren vorgenommen wird.[36] Diese Verfahren sind jedoch konzeptionell unbefriedigend, da die erwarteten zukünftigen Cashflows des Bewertungsobjekts nicht mit in der Vergangenheit realisierten, sondern mit erwarteten zukünftigen Renditen risikoäquivalenter Wertpapiere verglichen bzw. diskontiert werden müssen. Damit verstößt die Verwendung vergangenheitsbezogener Durchschnittswerte grundsätzlich gegen das Zukunftsbezogenheitsprinzip, nachdem die am Stichtag vorliegenden Verhältnisse für die Bewertung des Unternehmens maßgeblich sind und die in der Vergangenheit beobachteten (durchschnittlichen) Verhältnisse bestenfalls zufällig die am Stichtag vorhandenen Erwartungen der Kapitalmarktteilnehmer über die zukünftigen Renditen der Wertpapiere widerspiegeln.[37]

Die Zielsetzung der Arbeit besteht daher in der Suche nach Möglichkeiten zur zukunftsorientierten Schätzung der erwarteten Eigenkapitalkostensätze ohne Rückgriff auf vergangenheitsbezogene Kapitalmarktrenditen. Diese Suche kann auch mit Blick auf die Verfahren zur Schätzung eines erwarteten Eigenkapitalkostensatzes aus Gewinnprognosen von Finanzanalysten nicht als abgeschlossen angesehen werden.[38] Zwar gelingt mit Hilfe dieser Verfahren die Schätzung eines Eigenkapitalkostensatzes als interne Rendite unter der Annahme, dass die am Bewertungsstichtag beobachtbare Marktkapitalisierung eines Unternehmens und die bekannten Gewinnprognosen bestimmter Finanzanalysten zutreffend die Erwartungen der Kapitalmarktteilnehmer widerspiegeln.[39] Gegen eine solche Schätzung eines erwarteten Eigenkapitalkostensatzes können ebenfalls konzeptionelle Einwendungen vorgebracht werden. Zunächst entspricht die Summe aller Finanzanalysten nicht der Summe aller Kapitalmarktteil-

---

[34] Siehe Kapitel 4.1.

[35] Vgl. Daske/Gebhardt/Klein (2006), S. 20; Ballwieser (1993), S. 165; Baetge/Krause (1994), S. 440–442; Berner/Rojahn/Kiel/Dreimann (2005), S. 712.

[36] Siehe Kapitel 5.1.

[37] Vgl. ähnlich Helmis/Timmreck/Richter (2002), S. 303; McNulty/Yeh/Schulze/Lubatkin (2002), S. 116; Nowak (2003), S. 89; Pratt (1998), S. 5–6.

[38] Vgl. zu einem Überblick über diese Verfahren und empirischen Ergebnisse Ballwieser (2005), S. 322–335; Daske/Gebhardt/Klein (2006), S. 4–12. Zu praktischen Problemen vgl. Daske/Wiesenbach (2005), S. 413–419. Vgl. im Zusammenhang mit der Messung von Eigenkapitalkosten unter Einbezug des Publizitätsumfangs des Unternehmens Ewert (1999), S. 43.

[39] Vgl. Ballwieser (2005), S. 323.

nehmer, womit angenommen werden muss, dass die bekannten Gewinnprognosen von Finanzanalysten stammen, die als eine für die Preisbildung auf dem Kapitalmarkt repräsentative Gruppe angesehen werden können. Alternativ müsste unterstellt werden, dass alle (anderen) Kapitalmarktteilnehmer ihre Kapitalmarkttransaktionen auf der Grundlage der Gewinnprognosen dieser Finanzanalysten treffen.[40] Überdies können empirische Untersuchungen des Verhaltens und der Prognosen von Finanzanalysten regelmäßig zeigen, dass Finanzanalysten einerseits zu optimistische und damit verzerrte Prognosen abgeben und anderseits zu Überreaktionen auf neu eintreffende Informationen neigen.[41] Abschließend muss hinsichtlich aller Verfahren, die entweder einen einheitlichen historischen Durchschnittswert oder eine einheitliche interne Rendite als konstanten erwarteten Eigenkapitalkostensatz zur Bewertung des Unternehmens heranziehen, angemerkt werden, dass grundsätzlich keine laufzeitäquivalente Bewertung der einzelnen Cashflows erfolgt, da diese nur in Ausnahmefällen gelingt.

Der Ansatz zur Schätzung eines erwarteten Eigenkapitalkostensatzes aus Gewinnprognosen von Finanzanalysten liefert mit der Annahme, dass die am Bewertungsstichtag beobachtbaren Marktpreise alle für den Preis der Wertpapiere relevanten Informationen beinhalten und damit die Erwartungen der Investoren auf dem Kapitalmarkt über die künftige Entwicklung des riskanten Wertpapiers zum Ausdruck bringen (informationseffizienter Kapitalmarkt), die Grundlage für eine zukunftsorientierte Schätzung der erwarteten Eigenkapitalkostensätze.[42] Daher ist zu untersuchen, ob und welche Möglichkeiten bestehen, um die zukunftsorientierte Schätzung der erwarteten Eigenkapitalkostensätzen aus den am Bewertungsstichtag beobachtbaren Marktpreisen der auf einem real existierenden Kapitalmarkt gehandelten Wertpapiere und der derivativen Finanzinstrumente (Derivate) vornehmen zu können. Während die Zukunftsbezogenheit der Schätzungen durch die alleinige Verwendung der am Bewertungsstichtag verfügbaren Marktpreise erreicht werden soll, müssen zur laufzeitäquivalenten Bewertung der Cashflows des Bewertungsobjekts erwartete periodenpezifische Eigenkapitalkostensätze ermittelt werden, wobei ein Rückgriff auf in der Vergangenheit beobachtete Marktpreise oder Renditen von Wertpapieren ebenfalls unterbleiben soll.[43]

---

40 Vgl. ähnlich Daske (2005), S. 463.

41 Vgl. mit Literaturüberblick Wallmeier (2005), S. 744–745, 749. Als problematisch wird auch das „geringe Wissen über Schätzwerte von Analysten" gesehen, wobei für den „deutschen Markt […] noch geringere Erkenntnisse" vorliegen als für den US-amerikanischen Markt. Stehle (2004), S. 917 (beide Zitate). Vgl. auch Claus/Thomas (2001), S. 1657, 1661.

42 Vgl. Wagenhofer/Ewert (2003), S. 104–110; Franke/Hax (2004), S. 398–400; Bank/Gerke (2005), S. 492–497; Brealey/Myers (2003), S. 351–356; Ross/Westerfield/Jaffe (2002), S. 341–359.

43 Zu einer Konkretisierung des Begriffs der zukunftsorientierten Schätzung siehe Kapitel 2.5.

Folglich wird aufbauend auf den in Kapitel 2 erläuterten theoretischen Grundlagen der Unternehmensbewertung und der Preisbildung auf dem Kapitalmarkt nach Möglichkeiten gesucht, die Bestandteile der erwarteten Eigenkapitalkostensätze zukunftsorientiert aus stichtagsaktuellen Marktpreisen zu schätzen. Daher widmet sich das Kapitel 3 zunächst der zukunftsorientierten Schätzung risikoloser Zinssätze als ein Bestandteil der erwarteten Eigenkapitalkostensätze. Für Zwecke der zukunftsorientierten Schätzung erwarteter Eigenkapitalkostensätze ist zwischen den risikolosen Zinssätzen, die aus den stichtagsaktuellen Marktpreisen von Null-Kuponanleihen ermittelt werden können und den risikolosen Renditen aus stichstagsaktuellen Marktpreisen von Kuponanleihen jeweils risikoloser Schuldner strikt zu differenzieren, da bei nicht sachgerechter Verwendung der Renditen von Kuponanleihen grundsätzlich Fehler bei der Bewertung des Unternehmens resultieren. Zwar sind die risikolosen Zinssätze von Null-Kuponanleihen auf dem deutschen Kapitalmarkt nicht unmittelbar beobachtbar, jedoch werden diese risikolosen Zinssätze seit fast zehn Jahren täglich von der Deutschen Bundesbank aus den Preisen kapitalmarktgehandelter risikoloser Wertpapiere der öffentlichen Hand über ein Restlaufzeitenspektrum von bis zu zehn Jahren geschätzt (Zinsstrukturkurve). Obwohl damit zukunftsorientierte Schätzungen der risikolosen Zinssätze über ein breites Laufzeitenspektrum ohne Verwendung historischer Kapitalmarktrenditen zur Verfügung stehen, wird die Verwendung der geschätzten laufzeitspezifischen risikolosen Zinssätze von Null-Kuponanleihen in der Unternehmensbewertung erst seit kurzer Zeit diskutiert.[44]

Einerseits überrascht diese Zurückhaltung, da die geschätzten risikolosen Zinssätze von Null-Kuponanleihen gegenüber den Renditen von Kuponanleihen[45] den Vorteil aufweisen, Fehler bei der Bewertung vermeiden zu können.[46] Dieser Vorteil soll daher anhand einer konkreten Schätzung der Zinsstrukturkurve erneut herausgearbeitet werden,[47] während die Verfahren zur Schätzung der Zinsstrukturkurve angesichts einer bereits erfolgten, umfassenden Diskussion in der Literatur nicht weiter problematisiert werden.[48] Da die Höhe des Fehlers, der bei der Bewertung von sicheren Zahlungsströmen oder von Cashflows des Bewertungsobjekts unter Verwendung von Renditen von Kuponanleihen gemacht wird, nicht allgemeingültig bestimmt werden kann, soll auf der Grundlage der Duration von Macaulay ein Konzept zur Schätzung

---

44 Vgl. Gebhardt/Daske (2005), S. 650–655; IDW (2005), S. 555–556; Obermaier (2005) S. 473–477; Reese/Wiese (2006), S. 5–18; Jonas/Wieland-Blöse/Schiffarth (2005), S. 649–652.

45 Vgl. IDW S 1 (2005), Tz. 126–127.

46 Vgl. Ballwieser (2003), S. 24.

47 Siehe Kapitel 3.3.1.

48 Vgl. zur Schätzung der Zinsstruktur Nelson/Siegel (1987); Svensson (1994); Deutsche Bundesbank (1997); Obermaier (2006), S. 473–476; Reese/Wiese (2006), S. 5–14. Siehe Kapitel 3.4.1.

entstehender Bewertungsfehler bei Verwendung von nicht sachgerechter risikoloser Zinssätze vorgestellt werden.[49] Da dieses Konzept auf die Bewertung von Unternehmen übertragen werden kann, soll mit Hilfe dieser Vorüberlegungen eine quantitative Aussage über die Elastizität des Unternehmenswerts bei geringfügigen Änderungen eines konstanten erwarteten Eigenkapitalkostensatzes erarbeitet werden.[50]

Andererseits erscheint die zögerliche Verwendung konkreter Schätzungen der Zinsstrukturkurve nicht unbegründet zu sein, da die laufzeitspezifischen risikolosen Zinssätze lediglich einen Bestandteil der erwarteten periodenspezifischen Eigenkapitalkostensätze nach dem CAPM darstellen können. Infolgedessen erfordert eine (vollkommen) zukunftsorientierte Schätzung der erwarteten periodenspezifischen Eigenkapitalkostensätze auch die zukunftsorientierte Schätzung periodenspezifischer Risikoprämien.[51] Hierfür ist zunächst zu untersuchen, wie die laufzeitspezifischen risikolosen Zinssätze aus der Zinsstrukturkurve methodisch konsistent in die zukunftsorientierte Schätzung der erwarteten periodenspezifischen Eigenkapitalkostensätze einbezogen werden können und welche Konsequenzen sich daraus für die zukunftsorientierte Schätzung periodenspezifischer Risikoprämien ergeben.[52]

In Kapitel 4 wird zur zukunftsorientierten Schätzung der periodenspezifischen Risikoprämien zunächst untersucht, ob Möglichkeiten für eine zukunftsorientierte Schätzung periodenspezifischer Betafaktoren eines bestimmten riskanten Wertpapiers (z.B. einer Aktie) aus stichtagsaktuellen Marktpreisen kapitalmarktgehandelter Wertpapiere und Derivate bestehen. Den Ausgangspunkt dieser Untersuchung stellt der von Siegel (1995) vorgestellte Ansatz dar, wonach als zukunftsorientierte Schätzung des Betafaktors eines bestimmten riskanten Wertpapiers ein aus den stichtagsaktuellen Marktpreisen von bestimmten Optionen auf das riskante Wertpapier ermittelbarer impliziter Betafaktor verwendet wird.[53] Die zentrale Idee dieses Ansatzes besteht darin, dass sich der Betafaktor als Maß für das relative Risiko eines bestimmten

---

49 Siehe Kapitel 3.3.2.

50 Siehe Kapitel 3.3.3.

51 Vgl. hierzu ähnlich Jonas/Wieland-Blöse/Schiffarth (2005), S. 651.

52 Gebhardt/Daske (2005) schlagen hinsichtlich der erforderlichen Risikoprämien im mehrperiodigen Fall der Unternehmensbewertung mit Verweis auf Fama (1977) lediglich vor, die mehrperiodige Bewertung gedanklich „in eine Reihe von Einperiodenfällen mit *unterschiedlicher* Periodenlänge“ zu zerlegen. Ihren Vorschlag begründen die Autoren lediglich mit der Annahme der „Wertadditivität, die auf einem entwickelten Kapitalmarkt weitgehend gegeben sein dürfte.“ Gebhardt/Daske (2005), S. 655 (beide Zitate, ohne Hervorhebung im Original). Eine Aussage, wie Risikoprämien für unterschiedliche Periodenlängen bestimmt werden können, wird indes nicht getroffen. Siehe Kapitel 3.4.2.

53 Vgl. Siegel (1995), S. 126–127.

riskanten Wertpapiers zum Marktportfolio anhand der Standardabweichung (Volatilität) der unsicheren zukünftigen Rendite des riskanten Wertpapiers, der Volatilität der unsicheren zukünftigen Rendite eines Marktindexes und der Korrelation zwischen diesen beiden Renditen ermitteln lässt. Zwar können die benötigten Volatilitäten und die Korrelation auf dem Kapitalmarkt nicht unmittelbar beobachtet werden, jedoch hängt der Preis bestimmter Optionen unmittelbar von der Höhe einer oder beider Volatilitäten und/oder der Korrelation ab, so dass bei unterstellter Gültigkeit eines Optionspreismodells und Kenntnis aller weiteren bewertungsrelevanten Parameter die implizit in den stichtagsaktuellen Marktpreisen dieser Optionen enthaltenen Erwartungen der Kapitalmarktteilnehmer hinsichtlich der zukünftigen Volatilität und Korrelation ermittelt werden können (implizite Volatilität und implizite Korrelation).

Damit ist anhand der Definition europäischer und amerikanischer Optionen auf ein riskantes Wertpapier (Standardoptionen) zu untersuchen, welche Optionen und welche Optionspreismodelle zur Ermittlung der impliziten Volatilitäten geeignet sind. Die Vielfalt und Komplexität einzelner Modelle erlaubt indes keine vollständige Diskussion aller Optionspreismodelle, sondern erfordert stattdessen eine zweckgerechte Wahl eines bestimmten Optionspreismodells. Dazu wird das Black-Scholes-Modell (BS-Modell) zur Bewertung von europäsichen Optionen auf ein riskantes Wertpapier (z.B. Aktie oder Marktindex) herangezogen, das während der Optionslaufzeit keine Ausschüttungen vornimmt. Der Grund hierfür besteht darin, dass das BS-Modell zugleich die Grundlage der Bewertung der komplexeren Optionen auf zwei riskante Wertpapiere (z.B. Aktie und Marktindex) bildet, deren Preise von der Höhe der Korrelation zwischen den unsicheren zukünftigen Renditen der beiden riskanten Wertpapiere abhängen. Die Unterstellung der Gültigkeit des BS-Modells zur Ermittlung impliziter Volatilitäten ist jedoch nicht problemlos, da die Annahmen des Modells der beobachtbaren Realität Dividenden zahlender Aktien sowie dem Handel amerikanischer Aktienoptionen an der EUREX widersprechen. Daher ist zu untersuchen, ob das BS-Modell um die Berücksichtigung von Dividendenzahlungen erweitert werden kann.[54] Daran schließt sich die Frage an, ob bei unterstellter Gültigkeit eines um Dividendenzahlungen erweiterten BS-Modells eine sachgerechte Ermittlung der impliziten Volatilität der Rendite einer Aktie aus dem stichtagsaktuellen Marktpreis einer amerikanischen Aktienoptionen gelingen kann.[55] Während in der Literatur mehrere Verfahren zur Ermittlung einer impliziten Volatilität aus dem Marktpreis einer Standardoption vorliegen, zeigen die empirischen Untersuchungen hinsichtlich der Eignung der

[54] Siehe Kapitel 4.3.2.1.
[55] Siehe Kapitel 4.3.2.2.

impliziten Volatilität als Schätzung der Volatilität der erwarteten zukünftigen Rendite eines riskanten Wertpapiers kein klares Bild.[56]

Da die Mehrzahl der empirischen Untersuchungen der impliziten Volatilität einen positiven Erklärungsgehalt der Volatilität der erwarteten zukünftigen Rendite eines riskanten Wertpapiers zubilligt, ist zur Ermittlung eines impliziten Betafaktors zu untersuchen, wie eine implizite Korrelation zwischen den unsicheren zukünftigen Renditen einer bestimmten Aktie und des Marktindexes ermittelt werden kann. Da hierzu stichtagsaktuelle Marktpreise (exotischer) Optionen wie z.B. Austausch- oder Minimum-/Maximumoptionen auf zwei riskante Wertpapiere (Aktie und Marktindex) benötigt werden, müssen zunächst die zur Bewertung dieser Optionen zur Verfügung stehenden Optionspreismodelle erläutert werden, um die entsprechenden Ansätze zur Ermittlung einer impliziten Korrelation aus den Marktpreisen dieser Optionen ableiten zu können.[57] Während damit aus theoretischer Sicht die Ermittlung einer impliziten Korrelation zwischen den unsicheren Renditen einer bestimmten Aktie und des Marktindexes vorgenommen werden kann, sind der praktischen Ermittlung mangels kapitalmarktgehandelter Austausch- oder Minimum-/Maximumoptionen enge Grenzen gesetzt.

Allerdings werden bereits heute auf dem deutschen Kapitalmarkt unter dem Namen der „Doppel-Aktienanleihe" Derivate gehandelt, die implizit eine Put-Minimumoption auf die beiden, der Doppel-Aktienanleihe zugrunde liegenden, Aktien enthält.[58] Daher ist zu untersuchen, ob unter der Bedingung der Arbitragefreiheit des Kapitalmarkts im Wege der Duplikation ein Preis für die Put-Minimumoption ermittelt werden kann, um aus diesem Preis eine implizite Korrelation zwischen den unsicheren zukünftigen Renditen der beiden Aktien ermitteln zu können.[59] Zwar lässt sich damit die zur Ermittlung eines impliziten Betafaktors benötigte implizite Korrelation zwischen den unsicheren zukünftigen Renditen einer bestimmten Aktie und dem Marktindex nicht ermitteln, jedoch wäre eine Ermittlung dieser impliziten Korrelation bei einer hinreichend großen Anzahl an Doppel-Aktienanleihen oder einer Aus-

---

[56] Siehe Kapitel 4.4.4.

[57] Die Ableitung dieser Ansätze ist erforderlich, da Siegel (1995) lediglich die Ermittlung der impliziten Korrelation aus dem Marktpreis einer am Geld liegenden Austauschoption vorstellt und keinen allgemeingültigen Ansatz erarbeitet. Vgl. Siegel (1995), S. 127. Daher wird für Austausch- und exemplarisch für Minimumoptionen jeweils ein Ansatz erarbeitet, der unter Verwendung eines numerischen Näherungsverfahrens nach der Newton-Raphson-Methode die Ermittlung einer impliziten Korrelation für ein gegebenes Genauigkeitsmaß erlaubt. Siehe Kapitel 4.5.2.3 und 4.5.3.3.

[58] Siehe Kapitel 4.5.3.4.1.

[59] Siehe Kapitel 4.5.3.4.2 und 4.5.3.4.3.

gestaltung als „Index-Aktien-Anleihe" möglich.[60] Unabhängig von der Möglichkeit, implizite Korrelationen praktisch ermitteln zu können, ist zu klären, wie ein impliziter Betafaktor in die Schätzung erwarteter periodenbezogener Eigenkapitalkostensätze konsistent einbezogen werden kann.[61]

Schließlich ist in Kapitel 5 zu erörtern, ob zur zukunftsorientierten Schätzung der periodenspezifischen Risikoprämien aus den stichtagsaktuellen Marktpreisen riskanter Wertpapiere oder bestimmter Derivate zukunftsorientierte Schätzungen der Marktrisikoprämie zu entnehmen sind. Da die Marktrisikoprämie als Differenz zwischen der erwarteten Rendite des Marktportfolios und des risikolosen Zinssatzes definiert ist, stellt sich angesichts der bereits in Kapitel 3 geschätzten risikolosen Zinssätze die Frage, ob nicht nur die erwartete Rendite des Marktportfolios zu schätzen ist. Zwar kann das in der Realität nicht beobachtbare Marktportfolio wie im Ansatz von Siegel (1995) durch einen für das Marktportfolio repräsentativen Marktindex approximiert werden, womit die erwartete Rendite des Marktindexes zukunftsorientiert zu schätzen wäre. Da die Bewertung von Derivaten auf einen Marktindex indes zeigt, dass der Preis eines solchen Derivats unabhängig von der Höhe der erwarteten Rendite des Marktindexes ermittelt werden kann, stößt der Versuch einer zukunftsorientierten Schätzung von erwarteten Eigenkapitalkostensätzen offensichtlich an Grenzen.

---

60 Siehe Kapitel 4.5.3.4.4.

61 Siehe Kapitel 4.6.

# 2 Grundlagen der Unternehmensbewertung und Preisbildung auf dem Kapitalmarkt

## 2.1 Finanzwirtschaftliche Abgrenzung und Definition der Cashflows des zu bewertenden Unternehmens

Mit den Eigentumsrechten an dem zu bewertenden Unternehmen (Bewertungsobjekt) sind Ansprüche auf zukünftige Nettozahlungsmittelzuflüsse (Cashflows) in den privaten Vermögensbereich der Investoren[62] verbunden.[63] Folglich wird das Bewertungsobjekt finanzwirtschaftlich durch die zukünftig an die Investoren fließenden Cashflows beschrieben, wobei es auf eine rechtlich abgrenzbare Einheit des Unternehmens nicht ankommt.[64] Nach dem Stichtagsprinzip[65] hat die Bewertung des Unternehmens zu einem festgelegten Zeitpunkt zu erfolgen, weshalb bezüglich der Zuflusszeitpunkte der zukünftigen Cashflows ein diskretes Modell zugrunde gelegt wird.[66] Folglich kann das Bewertungsobjekt als Investitionsprojekt aufgefasst und durch den mehrperiodigen Cashflowstrom $\{CF_t | t = 0,1,...,T\}$ beschrieben werden. Da für den Wert des Unternehmens die alleinige Maßgeblichkeit der zukünftigen Cashflows einmütig akzeptiert wird und für diese regelmäßig „nur höchst unvollkommene Informationen vorliegen“[67], erfordert diese (vorläufige) Definition des Bewertungsobjekts neben einer inhaltlichen Definition der bewertungsrelevanten Cashflows auch eine zeitliche Definition bezüglich des Zeitraums, über den Cashflows des Bewertungsobjekts den Investoren zufließen bzw. erwartet werden.

---

62 Im Folgenden wird die Unternehmensbewertung aus der Sicht einer natürlichen Person diskutiert, da letztlich alle Unternehmensanteile, die von juristischen Personen gehalten werden, mittelbar dem Eigentum einer natürlichen Personen zuzurechnen sind. Steuerlich motivierte Beteiligungsstrukturen sollen daher außer Acht bleiben.

63 Im Fall einer Aktiengesellschaft mit Sitz in Deutschland hat der Investor (Aktionär) z.B. gem. § 58 Abs. 4 AktG Anspruch auf den, nach Beachtung der §§ 58, 150 AktG ermittelten, (anteiligen) Bilanzgewinn (§ 158 AktG). Überdies hat der Aktionär z.B. im Fall der Abwicklung (§ 264 AktG) gemäß § 271 Abs. 1 AktG Anspruch auf „[d]as nach Berichtigung der Verbindlichkeiten verbleibende Vermögen der Gesellschaft“, das unter den Aktionären verteilt wird. Daher können die Cashflows sowohl aus Dividendenzahlungen als auch aus einem (anteiligen) Liquidationserlös im Falle der Abwicklung bzw. Liquidation des Unternehmens bestehen.

64 Vgl. Ballwieser (2004), S. 6; IDW S 1 (2005), Tz. 19; IDW WP-Handbuch II (2002), Abschn. A, Tz. 78.

65 Vgl. ausführlich Moxter (1983), S. 168–173; IDW S 1 (2005), Tz. 22–23; IDW WP-Handbuch II (2002), Abschn. A, Tz. 80–86.

66 Die Annahme eines diskreten Modells impliziert, dass die Cashflows des Unternehmens zu bestimmten Zeitpunkten in den Vermögensbereich des Investors gelangen und diesem nicht kontinuierlich (stetig) über einen bestimmten Zeitraum zufließen. Diese Annahme ist insbesondere dann berechtigt, falls zur Bewertung des Unternehmens ein Verfahren eingesetzt wird, das Dividenden als maßgebliche Cashflows für die Bewertung heranzieht. Vgl. hierzu z.B. Schultze (2003), S. 73–76; Francis/Olsson/Oswald (2000), S. 48–49; Gordon/Shapiro (1956), S. 104.

67 Moxter (1983), S. 97.

Die inhaltliche Definition und damit der Umfang der bewertungsrelevanten Cashflows werden in Abhängigkeit des eingesetzten Unternehmensbewertungsverfahrens unterschiedlich vorgenommen.[68] Ursache hierfür sind die in nicht finanzierungsneutralen Steuersystemen auftretenden Steuerwirkungen aus der (anteiligen) Abzugsfähigkeit der gezahlten Fremdkapitalzinsen von den steuerlichen Bemessungsgrundlagen, die in den einzelnen Unternehmensbewertungsverfahren unterschiedlich berücksichtigt werden können.[69] Aufgrund dieser Abzugsfähigkeit der Fremdkapitalzinsen verfügt ein anteilig fremdfinanziertes Unternehmen gegenüber einem sonst identischen, vollständig eigenfinanzierten Unternehmen über einen relativen Vorteil aus ersparten Steuerauszahlungen, der sich aufgrund höherer Cashflows in einem relativen Unternehmenswertvorteil niederschlägt.[70] Der Wertbeitrag dieser steuerlichen Vorteile (*tax shield*) bei anteiliger Fremdfinanzierung erfordert daher eine sachgerechte Berücksichtigung der Finanzierungsstrategie und aller daraus resultierenden Steuerwirkungen im Bewertungskalkül. Darüber hinaus ist nach dem Grundsatz der Verfügbarkeitsäquivalenz unstrittig, dass lediglich die den Investoren nach Abzug der persönlichen Ertragsteuern tatsächlich zufließenden Nettozahlungsmittel bewertungsrelevant sind.[71]

Folglich handelt es sich bei den als Nettozahlungsmittelzuflüsse an die Investoren definierten Cashflows um Zahlungsstöme nach Abzug aller Zins- und Tilgungszahlungen an die gegebenenfalls vorhandenen Fremdkapitalgeber sowie aller tatsächlich gezahlten Steuern auf Unternehmens- und Investorebene.[72] Die Cashflows erfassen damit unmittelbar die aus der geplanten Finanzierungsstrategie resultierenden Steuerwirkungen und umfassen folglich nur die Zahlungsströme, die ausschließlich den Investoren (Eigenkapitalgebern) zur Verfügung stehen. Diese hier getroffene Definition führt implizit auf das Ertragswertverfahren oder den Flow-to-Equity-Ansatz zurück. Klarzustellen ist, dass entgegen der begrifflichen Analogie

---

68 Vgl. z.B. für die DCF-Verfahren Nowak (2003), S. 43–47.

69 Vgl. Kruschwitz/Löffler (2005), S. 27; Langenkämper (2000), S. 51–53; Schultze (2005), S. 241–243. Sofern die Ansprüche der Eigen- und Fremdkapitalgeber auf einem vollkommenen Kapitalmarkt gehandelt werden, lässt sich die Irrelevanz der Finanzierungspolitik in einem finanzierungsneutralen Steuersystem zeigen. Vgl. Modigliani/Miller (1958), S. 265–271; Kruschwitz/Löffler (2004), S. 86. „Ist die Steuerbelatsung aller Titel [auf dem Kapitalmarkt] gleich hoch, so dass die insgesamt zu zahlenden Steuern unabhängig von der Finanzierungspolitik sind [finanzierungsneutrales Steuersystem], so beeinträchtigt die Existenz von Steuern die Gültigkeit des Irrelevanztheorems nicht.“ Franke/Hax (2004), S. 486.

70 Vgl. Modigliani/Miller (1963), S. 433–443; Miles/Ezzell (1980), S. 722–729; Braun (2005), S. 96–97; Kruschwitz/Löffler (2004), S. 86–88.

71 Vgl. zum Einfluss der persönlichen Ertragsteuern des Investors auf den Unternehmenswert z.B. bereits Wagner (1972), S. 1638–1639; Wagner/Rümmele (1995), S. 433–441; Siepe (1997), S. 1–4. Zur Berücksichtigung persönlicher Ertragsteuern unabhängig vom Bewertungsanlass vgl. AKU (1997), S. 33–34; IDW S 1 (2005), Tz. 32, 37–40.

72 Vgl. z.B. Klein/Jonas (2002), S. 180.

auch im Ertragswertverfahren keine periodisierten Erträge im Sinne der Rechnungslegung für die Bewertung maßgeblich sind, sondern ausschließlich die Nettozahlungsmittelzuflüsse, die den Investoren für Konsumzwecke zur Verfügung stehen.[73]

Obwohl die Bedeutung des *tax shield* bzw. Berücksichtigung aller bewertungsrelevanten Steuern im Rahmen der Unternehmensbewertung unstrittig ist, müssen mit Blick auf die Zielsetzung der Arbeit, eine zukunftsorientierte Schätzung der erwarteten Eigenkapitalkostensätze vorzunehmen, zwei Vereinfachungen vorgenommen werden.[74] Zunächst soll angenommen werden, dass das im Folgenden betrachtete Bewertungsobjekt vollständig eigenfinanziert ist,[75] um auf eine Unterscheidung zwischen dem Ertragswert- und den verschiedenen DCF-Verfahren verzichten zu können.[76] Weiterhin soll zu einer einfacheren Darstellung der Bewertungsgleichungen im Rahmen der kapitalmarktorientierten Unternehmensbewertung unter Verwendung des CAPM keine explizite Berücksichtigung der persönlichen Ertragsteuern der Investoren vergenommen werden. Der Einbezug persönlicher Ertragsteuern der Investoren, kann indes mit Hilfe einer praktisch anwendbaren Variante eines Nach-Steuer-CAPM (Tax-CAPM)[77] vorgenommen werden. Der erwartete Eigenkapitalkostensatz nach persönlichen Ertragsteuern ergibt sich dabei aus dem erwarteten Eigenkapitalkostensatz vor persönlichen Steuern abzüglich der aus der Besteuerung von Dividenden folgenden Verringerung der Dividendenrendite.[78]

Neben einer inhaltlichen Definition der Cashflows ist eine Annahme über die „Lebensdauer“ des Unternehmens zu treffen, wobei grundsätzlich von einem zeitlich unendlichen Cashflow-

---

[73] Vgl. Kruschwitz (2002a), S. 2–3. Aus dem Zuflussprinzip folgt der als „Doppelzählungsverbot“ bezeichnete Grundsatz, wonach die Zahlungsmittel des Unternehmens, die thesauriert bzw. zur Finanzierung von Ersatz- und Erweiterungsinvestitionen eingesetzt und damit nicht ausgeschüttet werden, nicht in die zu diskontierende Größe einbezogen werden dürfen. Andernfalls würden sowohl die durch diese Investitionen zusätzlich geschaffenen zukünftigen Cashflowpotenziale als auch die hierzu erforderlichen Zahlungsmittel in den Unternehmenswert eingehen und damit „doppelt“ erfasst. Vgl. Moxter (1983), S. 79–80.

[74] Daher wird hinsichtlich der Bewertung der steuerlichen Vorteile aus einer anteiligen Fremdfinanzierung im Zusammenhang mit der Berücksichtigung persönlicher Ertragsteuern der Investoren auf die umfangreiche Literatur verwiesen. Vgl. z.B. Drukarczyk/Lobe (2002), S. 4–9; Husmann/Kruschwitz/Löffler (2002), S. 26–40; Dinstuhl (2002), S. 79–90; Gorny/Rosenbaum (2004), S. 862–868; Schultze (2005), S. 241–253; Kruschwitz/Löffler (2005a), S. 73–77.

[75] Soweit im Folgenden die geschätzten erwarteten Eigenkapitalkostensätze eines kapitalmarktgehandelten Vergleichsobjekts auf ein Bewertungsobjekt übertragen werden sollen, wird für das Vergleichsobjekt gleichermaßen angenommen, dass es vollständig eigenfinanziert sei.

[76] Vgl. zu einer ähnlichen Vorgehensweise Röder/Müller (2001), S. 225.

[77] Vgl. Brennan (1970), S. 417–427; Jonas/Löffler/Wiese (2004), S. 900–906; Wiese (2006a), S. 4–27; Jonas (2006), S. 80–85.

[78] Vgl. Stehle (2004), S. 915.

strom ausgegangen werden kann, solange keine gegenteiligen Informationen vorliegen.[79] Unter der Prämisse rational handelnder Investoren steht der unendlichen Fortführung des Unternehmens nur ein Liquidationswert[80] entgegen, der den Barwert aller zukünftigen Cashflows (Fortführungswert) übersteigt.[81] Während im Fall einer endlichen Lebensdauer des Unternehmens $(T < \infty)$ und bei Kenntnis des Liquidationswerts die Bewertung der Cashflows in formaler Hinsicht keine besonderen Schwierigkeiten bereitet, wird zur praktischen Bewertung eines unendlich langen Cashflowstroms $(T = \infty)$, d.h. einer unendlichen Anzahl einzelner Cashflows, im Fachschrifttum die Anwendung einer Phasenmethode vorgeschlagen, wobei der unendlich lange Zeitraum gedanklich in mindestens zwei Phasen unterteilt wird.[82] Dabei werden die Cashflows der letzten, zeitlich bis ins Unendliche reichenden, Phase regelmäßig unter vereinfachenden Annahmen, wie z.B. einer im Zeitablauf konstanten Wachstumsrate, geschätzt und zu einer als Restwert bezeichneten Größe aggregiert, womit letztlich die Bewertung eines unendlich lang lebenden Unternehmens gelingt.[83] Dieser Restwert wird im Folgenden mit $V_T$ bezeichnet und soll den am Ende des Detailplanungszeitraums $T$ geschätzten Wert des Unternehmens angeben. Darüber hinaus ist klarzustellen, dass der Restwert $V_T$ einen gegebenenfalls in demselben Zeitpunkt $T$ anfallenden Cashflow $CF_T$ nicht einschließt, sondern der Cashflow $CF_T$ gedanklich in der logischen Sekunde bevor sich der Restwert $V_T$ einstellt an die Investoren ausgezahlt wird. Vereinfachungsbedingt wird im Folgenden zudem angenommen, dass ein etwaig vorhandener Restwert unmittelbar in $T$ als Nettoveräußerungserlös den Investoren anteilig zufließt und damit cashflowäquivalent ist.

Mit dem inhaltlichen Umfang der Cashflows und der Länge des Zeitraums, über den Cashflows aus dem Unternehmen erwartet werden, ist das Bewertungsobjekt im finanzwirtschaftlichen Sinne hinreichend genau abgegrenzt. Damit rücken die Prognose der zukünftigen Cash-

---

[79] Vgl. zu der Annahme unendlich lang lebender Unternehmen z.B. Kruschwitz/Löffler (2005), S. 7.

[80] Der Liquidationswert entspricht dem Barwert der Nettoerlöse aus dem Verkauf aller einzelveräußerbaren Vermögenswerte zu Zerschlagungswerten abzüglich aller Schulden zu Ablösebeträgen und Liquidationskosten. Vgl. IDW S 1 (2005), Tz. 151; IDW WP-Handbuch II (2002), Abschn. A, Tz. 346–349.

[81] Für diese Überlegung genügen die Annahmen, dass die Liquidation des Unternehmens weder rechtlich noch faktisch ausgeschlossen ist und Geld für die betreffenden Investoren stets einen positiven Grenznutzen aufweist. Daher werden die Investoren ein höheres Endvermögen stets einem niedrigeren vorziehen. Eine ähnliche Argumentation spiegelt sich auch in der Rechnungslegung nach den International Financial Reporting Standards (IFRS) wider. Bei der Prüfung einzelner oder einer Gruppe von Vermögenswerten auf Werthaltigkeit (*impaiment test*) nach IAS 36 ergibt sich der erzielbare Betrag (*recoverable amount*) als der höhere Wert aus dem Nutzungswert (*value in use*) und dem beizulegenden Zeitwert abzüglich der Veräußerungskosten (*fair value less costs to sell*). Vgl. Adler/Düring/Schmaltz (2006), Abschn. 1, Tz. 242.

[82] Vgl. Ballwieser (1993), S. 157; Günther (1998), S. 1839–1840; IDW WP-Handbuch II (2002), Abschn. A, Tz. 180–184.

[83] Vgl. Siepe (2003), S. 84; Schwetzler (2001), S. 71–74; Gordon/Shapiro (1956), S. 105.

flows und die damit einhergehenden Probleme einer sachgerechten Berücksichtigung der Unsicherheit zukünftiger Cashflows in den Vordergrund der Untersuchung.

## 2.2 Unsicherheit zukünftiger Cashflows

Die mit den Eigentumsrechten am Bewertungsobjekt einhergehenden Ansprüche des Investors auf zukünftige Cashflows hängen grundsätzlich sowohl in Bezug auf den zeitlichen Eintritt als auch in Bezug auf die Höhe vom Eintritt zukünftiger Umweltzustände ab, wobei der einzelne Umweltzustand als Kombination von Einflussfaktoren definiert ist, deren Ausprägungen die Höhe des zustandsabhängigen Cashflows determinieren.[84] Da die Cashflows lediglich im theoretischen Ausnahmefall vollständiger Information hinsichtlich des in der Zukunft eintretenden Umweltzustands und der Höhe des Cashflows in diesem Umweltzustand mit Sicherheit bekannt sind, sind die Cashflows im Fall unvollständiger Information nicht mit Sicherheit vorhersagbar und damit unsicher.[85] Infolgedessen erfordern reale Unternehmensbewertungsanlässe, die regelmäßig durch unvollständige Information gekennzeichnet sind, eine mehrwertige Prognose[86] zukünftiger Cashflows, die ein zentrales Problem der Unternehmensbewertung verkörpert.[87]

Zur Erstellung einer mehrwertigen Prognose wird daher ein Modell benötigt, mit dessen Hilfe zunächst die relevanten Einflussfaktoren der Cashflows identifiziert und die in der Zukunft für möglich erachteten Umweltzustände definiert werden können, wobei bestehende Interdependenzen zwischen den einzelnen Einflussfaktoren zu erfassen sind. Da die Ausprägungen der Einflussfaktoren in den einzelnen Umweltzuständen jedoch nicht nur von unbeeinflussbaren Ereignissen abhängen, sondern auch von den Handlungsmöglichkeiten der Unternehmens-

---

[84] Vgl. in diesem Zusammenhang die Ausführungen bei Moxter (1983), S. 116 zur Instabilität von Unternehmenserträgen. Vgl. z.B. auch Ballwieser (2004), S. 49–50.

[85] Vgl. Sieben/Schildbach (1979), S. 460. Die Unsicherheit lässt sich daher auch als Zustand „nicht vollkommenen Wissens bezeichnen". Drukarczyk (2003), S. 73. Damit wird implizit von der Unsicherheit bezüglich des zeitlichen Eintritts möglicher Umweltzustände abgesehen und angenommen, dass die diskreten Zeitpunkte, zu denen jeweils ein bestimmter Umweltzustand eintritt, mit Sicherheit bekannt sind.

[86] Letztlich sind die zukünftigen Cashflows hinsichtlich mehrerer Dimensionen zu prognostizieren. Ballwieser (2004) spricht in diesem Zusammenhang von einer Zeit-, Zustands- und Wahrscheinlichkeitsdimension. Vgl. Ballwieser (2004), S. 50–52. Vgl. zu der hier nicht diskutierten einwertigen Prognose z.B. Kuhner/Maltry (2006), S. 96–110.

[87] Vgl. z.B. Timmreck (2004), S. 61; Bühler/Uhrig-Homburg (2003), S. 127. Diese Auffassung wird durch die Vielzahl unterschiedlicher Verfahren zur mehrwertigen Prognose zukünftiger Cashflows bestätigt, wodurch nicht zuletzt die unstrittige Anerkennung des Zukunftsbezogenheitsprinzips und die alleinige Relevanz zukünftiger Cashflows für die Unternehmensbewertung zum Ausdruck kommt. Vgl. zu ausgewählten Prognoseverfahren z.B. Kuhner/Maltry (2006), S. 110–126.

leitung, hat das zu entwickelnde Prognosemodell die Planung beeinflussbarer Ereignisse mit der Prognose nicht beeinflussbarer Ereignisse zu verbinden und dabei die Handlungsmöglichkeiten der Unternehmensleitung gegebenenfalls auch über einen langen Zeitraum zu berücksichtigen.[88] Die Prognose der Höhe der Cashflows erfolgt letztlich durch eine Abschätzung des funktionalen Zusammenhangs zwischen den Ausprägungen der Einflussfaktoren im betreffenden Umweltzustand und der Höhe des Cashflows. Aus der Sicht des Bewertungsstichtag $t$ wird der Cashflow zu einem zukünftigen Zeitpunkt $s$ mit $t < s \leq T$ in Abhängigkeit eines bestimmten Umweltzustands $\omega$ formal durch $CF_s(\omega)$ beschrieben,[89] obwohl selbst bei bekannten Ausprägungen aller Einflussfaktoren der funktionale Zusammenhang nur in Ausnahmefällen mit Sicherheit bekannt sein dürfte.[90]

Damit kommt der Berücksichtigung der Unsicherheit über das Eintreten prognostizierter Umweltzustände eine zentrale Rolle zu.[91] Hierzu sind den möglichen Umweltzuständen aus der Sicht des Investors subjektive (Eintritts-)Wahrscheinlichkeiten zuzuordnen.[92] Die Höhe der subjektiven Wahrscheinlichkeiten hängt dabei maßgeblich von dem verfügbaren Informationsstand und den Fähigkeiten des Investors zur Informationsverarbeitung ab.[93] Ist der Investor in der Lage, subjektive Wahrscheinlichkeitsurteile über den Eintritt der möglichen Umweltzustände zu treffen, können die in Abhängigkeit eines bestimmten Umweltzustands möglichen Cashflows in einem zukünftigen Zeitpunkt $s$ unter dem subjektiven Wahrscheinlichkeitsmaß $\mathbf{P}$ des Investors zu einem Erwartungswert $\mathbb{E}^{\mathbf{P}}\left[\widetilde{CF}_s\right]$ aggregiert werden, wobei $\widetilde{CF}_s$ die Zufallsvariable des Cashflows wiedergibt. Daher wird im Folgenden vereinfachungsbedingt auf eine detaillierte Beschreibung der zukünftigen Umweltzustände verzichtet

88 Vgl. ausführlich Ballwieser (1990), S. 23–26.

89 Auf eine genaue Definition der Menge möglicher Umweltzustände wird an dieser Stelle verzichtet. Soweit dies für die Bewertung des Unternehmens im Kapitalmarktkontext erforderlich ist, erfolgt eine Beschreibung der Umweltzustände im Rahmen der Definition des Kapitalmarkts in Kapitel 2.4.2. Vgl. z.B. auch Kruschwitz/Löffler (2006), S. 10.

90 Damit wird von einer expliziten Berücksichtigung dieser Unsicherheitsquelle abgesehen. Vgl. auch Ballwieser (1981), S. 99.

91 Vgl. ähnlich Ballwieser (1990), S. 23.

92 Subjektive Wahrscheinlichkeiten können als Grad des Vertrauens in den Eintritt eines bestimmten Umweltzustands aus der Menge aller möglichen Umweltzustände interpretiert werden. Vgl. z.B. Eisenführ/Weber (2003), S. 152.

93 Obwohl eine formale Herleitung subjektiver Wahrscheinlichkeiten aus einer gegebenen Informationsmenge nicht möglich ist, können die subjektiven Wahrscheinlichkeiten nicht vollkommen willkürlich gemessen werden. Vielmehr müssen sowohl subjektive Wahrscheinlichkeiten als auch die zu ihrer Ermittlung eingesetzten Messvorschriften axiomatisch begründet sein. Vgl. z.B. Ferschl (1976), Sp. 4319–4320; auch Laux (2005), S. 125–129.

und davon ausgegangen, dass das Ergebnis der Prognose zukünftiger Cashflows in Form eines subjektiv erwarteten Cashflowstroms und eines erwarteten Restwerts vorliegt.[94]

Traditionell handelt es sich bei Vorliegen einer (subjektiven) Wahrscheinlichkeitsverteilung um eine Entscheidungssituation bei Risiko.[95] Mithin stellt die sachgerechte Berücksichtigung des Risikos eines der zentralen Probleme der Unternehmensbewertung dar, zu dessen Lösung es zunächst einer Vorstellung darüber bedarf, wie das Risiko der Cashflows definiert werden kann. Im Fachschrifttum wird das Risiko regelmäßig über ein Streuungsmaß wie z.B. der Varianz definiert, die die Streuung der zustandsabhängigen Cashflows um deren Erwartungswert angibt.[96] Die sachgerechte Berücksichtigung des Risikos kann hingegen nicht isoliert vom angewendeten Unternehmensbewertungsansatz diskutiert werden, wobei die Verwendung eines bestimmten Ansatzes unter anderem von dem Zweck der Unternehmensbewertung abhängig ist.

## 2.3 Anlass und Zweck der Unternehmensbewertung

Die Bewertung eines in Kapitel 2.1 beschriebenen Unternehmens kann in der Realität aufgrund unterschiedlicher Anlässe durchgeführt werden,[97] wobei die Unternehmensbewertung nicht losgelöst von dem mit ihr verfolgten Zweck erfolgen kann, da ein vom Bewertungszweck unabhängiger, einzig richtiger Unternehmenswert nicht existiert (Zweckadäquanzprinzip).[98] Unter einem „richtigen" Unternehmenswert ist vielmehr der dem Bewertungszweck gerecht werdende Unternehmenswert zu verstehen.[99] Einer der Hauptzwecke bzw. -funktionen[100] von Unternehmensbewertungen besteht in der Ermittlung von Entscheidungs-

---

94 So äußern Kruschwitz/Löffler (2006), S. 10 die Vermutung, dass bei einer in der Praxis durchgeführten Unternehmensbewertung ebenfalls auf die detaillierte Beschreibung der Umweltzustände verzichtet wird.

95 Vgl. Bank/Gerke (2005), S. 17; Eisenführ/Weber (2003), S. 19–20. Die Begriffe „Unsicherheit" und „Risiko" werden daher im Rahmen der Unternehmensbewertung regelmäßig synonym verwendet. Vgl. z.B. Drukarczyk (2003), S. 74. Zu einer Unterscheidung dieser Begriffe vgl. z.B. Oehler/Unser (2001), S. 10–11.

96 Vgl. ausführlich Bank/Gerke (2005), S. 59–61. Vgl. auch IDW S 1 (2005), Anhang, Ziffer 2.

97 Vgl. Ballwieser/Leuthier (1986), S. 546; Münstermann (1970), S. 13–18; Bühler/Uhrig-Homburg (2003), S. 126; Schmidt (1997), S. 7–8; IDW S 1 (2005), Tz. 8–11; IDW WP-Handbuch II (2002), Abschn. A, Tz. 11–30.

98 Vgl. Moxter (1983), S. 6; Schildbach (1998), S. 305; Coenenberg/Schultze (2002), S. 600.

99 Vgl. Ballwieser (2004), S. 1.

100 Vgl. zu den aus der Gesamtheit der Bewertungsanlässe erarbeiteten Bewertungsfunktionen Sieben (1983), S. 539; Braun (2005), S. 8–9. Diese lassen sich in Haupt- und Nebenfunktionen unterteilen, wobei zu den Hauptfunktionen die Beratungs-, Vermittlungs- und Argumentationsfunktion zählen. Die Bilanz-, Steuerbemessungs- und Kommunikationsfunktion stellen dagegen Nebenfunktionen dar. Vgl. ausführlich Sieben/Schildbach (1979), S. 458; Sieben (1976), S. 492–496; zu einer davon abweichenden, phasenorientierten Funktionenlehre vgl. IDW S 1 (2005), Tz. 12; IDW WP-Handbuch II (2002), Abschn. A, Tz. 31–49.

werten (Grenzpreisen),[101] die der Vorbereitung eigener oder fremder Entscheidungen dienen, wobei eine Veränderung der Eigentumsverhältnisse an dem zu bewertenden Unternehmen (Entscheidungsabhängigkeit) nicht zwingend zu erfolgen hat.[102] Die Tatsache, dass auch die weiteren Hauptfunktionen (Vermittlungs- und Argumentationsfunktion) nicht ohne die Kenntnis mindestens eines Grenzpreises auskommen können, unterstreicht dessen Bedeutung und erlaubt im Folgenden eine Fokussierung der Untersuchung auf die Ermittlung von Grenzpreisen.[103]

Der Grenzpreis charakterisiert allgemein die Grenze der Konzessionsbereitschaft, d.h. den kritischen Preis, zu dem ein rational handelnder Investor gerade noch bereit ist, sich an einer die Eigentumsverhältnisse am Bewertungsobjekt ändernden Transaktion zu beteiligen, ohne sich dabei hinsichtlich seiner Zielsetzung schlechter zu stellen, als ohne die Teilnahme an der Transaktion und Durchführung der besten realisierbaren, sich ausschließenden Alternative.[104] Wird aufgrund der Inoperationalität nicht finanzieller Ziele für Zwecke der Unternehmensbewertung angenommen, dass ausschließlich finanzielle Zielbeiträge bewertungsrelevant sind, stellen die dem Investor zufließenden Cashflows des Bewertungsobjekts die einzige Zielgröße dar.[105] Die Ermittlung von Grenzpreisen kann daher aufgrund der Unsicherheit zukünftiger Cashflows als Investitionsentscheidungsproblem bei Risiko interpretiert werden, bei dem der Investor die Cashflowströme seiner Handlungsalternativen auf Basis seiner individuellen Präferenzen zu bewerten und anschließend zu vergleichen hat.[106]

Der gesuchte Grenzpreis ist damit nicht nur von den individuellen Zielen und Präferenzen des Investors abhängig, sondern auch von dem individuellen Entscheidungsfeld des Investors

---

[101] Vgl. Sieben/Schildbach (1979), S. 455–456; Ballwieser/Coenenberg/Schultze (2002), Sp. 2414. Im Folgenden werden die Begriffe „Entscheidungswert" und „Grenzpreis" synonym verwendet.

[102] Vgl. zur Entscheidungsabhängigkeit Ballwieser/Leuthier (1986), S. 546.

[103] Während im Rahmen der Beratungsfunktion der Entscheidungswert das unmittelbare Ermittlungsziel darstellt, erfordert die Ermittlung eines Schieds- oder Arbitriumwerts im Rahmen der Vermittlungsfunktion die Kenntnis der Entscheidungswerte des Käufers und Verkäufers. Der Argumentationswert im Sinne der Argumentationsfunktion dient der Unterstützung der Interessen des Investors bei Transaktionsverhandlungen und soll ein möglichst nahe am Entscheidungswert der anderen Partei liegendes Verhandlungsergebnis ermöglichen. Mithin ist die Ermittlung eines Entscheidungswerts auch im Rahmen der Argumentationsfunktion erforderlich. Vgl. Sieben (1976), S. 504; Hering (2006), S. 5, 148; Braun (2005), S. 8–9.

[104] Vgl. z.B. Böcking (2003), S. 69; Moxter (1983), S. 9; auch Kruschwitz/Löffler (2003a), S. 1335; Sieben (1983), S. 540.

[105] Vgl. zu Ansätzen bei Mehrfachzielen z.B. Matschke (1993), S. 7–14; Haffner (1989).

[106] Vgl. Schildbach (1998), S. 305. Mithin sind die unsicheren Cashflowströme auf der Basis der individuellen Präferenzen des Investors hinsichtlich ihres zeitlichen Eintritts (Zeitpräferenz), ihrer Höhe (Höhenpräferenz) und ihrer Unsicherheit (Risikopräferenz) zu bewerten. Vgl. Ballwieser/Coenenberg/Schultze (2002), Sp. 2413; vgl. zu den Bestansteilen des Präferenzsystems Ewert/Wagenhofer (2005), S. 34.

(Subjektivitätsprinzip).[107] Dieses umfasst neben der (anfänglichen) Güterausstattung die Gesamtheit aller individuellen Handlungsmöglichkeiten des Investors und beeinflusst damit wesentlich die beste realisierbare Alternative, die zur Ermittlung des Grenzpreises heranzuziehen ist. Darüber hinaus verfügen die (potenziellen) Investoren über unterschiedliche Möglichkeiten der realwirtschaftlichen Einflussnahme auf die Geschäftspolitik des zu bewertenden Unternehmens und bestimmen damit maßgeblich den subjektiv erwarteten Cashflowstrom. Die Subjektivität des Grenzpreises resultiert nicht zuletzt daraus, dass selbst ein und derselbe Cashflowstrom „in verschiedenen Entscheidungsfeldern nicht den gleichen Wert [besitzt], da er mit womöglich unterschiedlichen Grenzverwendungen (Opportunitäten) konkurriert“[108].

## 2.4 Risikoberücksichtigung im Rahmen der Unternehmensbewertung

### 2.4.1 Übergang von der subjektiven zur kapitalmarktorientierten Unternehmensbewertung

Der Alternativenvergleich für Zwecke der Grenzpreisermittlung erfordert ein Konzept zur Bewertung der Alternativen mit unsicheren Ergebnissen, welches durch die Erwartungsnutzentheorie bereitgestellt werden kann.[109] Den Ausgangspunkt der Erwartungsnutzentheorie bildet das Bernoulli-Prinzip[110], dessen Axiome[111] einerseits zu rationalen Entscheidungen bei Risiko führen und andererseits die Existenz einer kardinalen Nutzenfunktion des Investors sicherstellen.[112] Mithin muss angenommen werden, dass der Investor die Zielsetzung der Maximierung seines Nutzens verfolgt und die Axiome rationalen Verhaltens bei Risiko akzeptiert (AI 1).[113] In diesem Fall kann zur Lösung des Entscheidungsproblems bei Risiko auf das Bernoulli-Prinzip zurückgegriffen werden, wonach der Investor diejenige Alternative wählt, die auf Basis seiner Nutzenfunktion den höchsten Erwartungswert des Nutzens (Erwartungsnutzen) aufweist.[114]

---

[107] Vgl. Hering (2006), S. 25–30; Ballwieser/Leuthier (1986), S. 549; Coenenberg (1970), S. 796.

[108] Hering (2006), S. 27; vgl. auch Ballwieser/Leuthier (1986), S. 549.

[109] Vgl. Schildbach (1998), S. 305; Ballwieser/Coenenberg/Schultze (2002), Sp. 2413–2414.

[110] Vgl. Bernoulli (1738, 1996), S. 733–742.

[111] Vgl. zur axiomatischen Begründung des Bernoulli-Prinzips Neumann/Morgenstern (1973), S. 24–29, Kruschwitz (2005), S. 315–316.

[112] Vgl. Bank/Gerke (2005), S. 41; Kruschwitz (2002), S. 90–93; Franke/Hax (2004), S. 298–301.

[113] Aus Gründen einer übersichtlichen Darstellung der getroffenen Annahmen werden alle Annahmen hinsichtlich des Investors mit AI bezeichnet und fortlaufend nummeriert.

[114] Vgl. Laux (2005), S. 164–165; Ewert/Wagenhofer (2005), S. 35.

Damit ergibt sich der Grenzpreis als Summe der mit Hilfe der Nutzenfunktion des Investors ermittelten Erwartungsnutzenwerte der alternativen Mittelverwendungsmöglichkeiten, die durch die Durchführung der Transaktion verdrängt würden. Die Ermittlung des Grenzpreises ist damit nichts anderes, als die Suche nach dem Preis eines alternativen Cashflowstroms, der dem Investor denselben (Erwartungs-)Nutzen bietet, wie der Cashflowstrom aus dem Bewertungsobjekt. Auf dieser Grundlage wird im Zusammenhang mit dem Ertragswertverfahren seit langem ein subjektiver Unternehmensbewertungsansatz zur Risikoberücksichtigung nach der Sicherheitsäquivalentmethode diskutiert.[115] Dabei wird die Kenntnis der Nutzenfunktion des Investors unterstellt und angenommen, dass jede zusätzliche Geldeinheit dem Investor einen positiven Grenznutzen stiftet (AI 2). Daraus resultiert ein streng monoton steigender Verlauf der Nutzenfunktion (Nichtsättigung). Mit Blick auf das Angebot und die Inanspruchnahme risikosenkender Mechanismen wird von einem risikoaversen Investor ausgegangen (AI 3), womit sich eine konkave Nutzenfunktion ergibt.[116]

Unter Verwendung der Nutzenfunktion können den Zielgrößen, d.h. den des aus Sicht des Bewertungsstichtags $t$ möglichen zukünftigen Cashflows des Bewertungsobjekts, mit Hilfe der Nutzenfunktion reelle Nutzenwerte gemäß $\mathrm{U}\left(CF_s(\omega)\right)$ für alle Umweltzustände $\omega$ und alle Zeitpunkte $t < s \leq T$ zugeordnet werden, die gewichtet mit den subjektiven Eintrittswahrscheinlichkeiten für die Umweltzustände $\omega$ den Erwartungsnutzen gemäß $\mathbb{E}^{\mathbf{P}}\left[\mathrm{U}\left(\widetilde{CF}_s\right)\right]$ in den entsprechenden Zeitpunkten ergeben. Das Sicherheitsäquivalent einer Wahrscheinlichkeitsverteilung über die Cashflows spiegelt den sicheren Cashflowwert $\mathbb{S}\left[\widetilde{CF}_s\right]$ in $s$ wider, den der Investor hinsichtlich seines Nutzens mit der Wahrscheinlichkeitsverteilung über die Cashflows als gleichwertig einschätzt.[117] Folglich gilt nach dem Bernoulli-Prinzip:[118]

$$\mathrm{U}\left(\mathbb{S}\left[\widetilde{CF}_s\right]\right) = \mathbb{E}^{\mathbf{P}}\left[\mathrm{U}\left(\widetilde{CF}_s\right)\right],$$

womit das Sicherheitsäquivalent $\mathbb{S}\left[\widetilde{CF}_s\right]$ anhand der Umkehrfunktion der Nutzenfunktion mit

$$\mathbb{S}\left[\widetilde{CF}_s\right] = \mathrm{U}^{-1}\left(\mathbb{E}^{\mathbf{P}}\left[\mathrm{U}\left(\widetilde{CF}_s\right)\right]\right)$$

ermittelt werden kann.

---

[115] Vgl. Laux (1971), S. 527; Ballwieser (1990), S. 171–173; Schwetzler (2000), S. 474 .
[116] Vgl. Kruschwitz (2002), S. 100; Drukarczyk (2003), S. 79; auch Ballwieser (2004), S. 68.
[117] Vgl. Franke/Hax (2004), S. 303; Laux (2005), S. 216–221.
[118] Vgl. Laux (2006), S. 21–23; Ehnert (2006), S. 1.

Da der unsichere Cashflowstrom damit in eine Reihe von zeitpunktbezogenen Sicherheitsäquivalenten, d.h. nutzenäquivalente sichere Cashflowwerte transformiert wurde, kann die Ermittlung des Grenzpreises auf der Basis von Sicherheitsäquivalenten als Investitionsentscheidung unter Sicherheit interpretiert werden. Mit der Annahme der Existenz eines einheitlichen risikolosen Kapitalanlage- und aufnahmezinssatzes (Kalkulationszinssatz) auf einem Kapitalmarkt[119] kann mit Verweis auf das Fisher-Separationstheorem[120] der Verzicht auf eine explizite Berücksichtigung der individuellen Zeit- oder (Konsum)präferenzen des Investors begründet und diesbezüglich lediglich von einer strikten Gegenwartspräferenz ausgegangen werden.[121] Damit ist die Investitionsentscheidung von der Entscheidung über den optimalen Konsumplan unabhängig und kann allein auf der Basis des Kriteriums der Kapitalwertmaximierung getroffen werden.[122]

Gemäß seiner Definition als Grenze der Konzessionsbereitschaft zur Teilnahme an einer Unternehmenstransaktion ergibt sich der Grenzpreis nach dem Kapitalwertkriterium als der Preis für das Unternehmen, bei dem die Transaktion insgesamt einen Kapitalwert von null aufweist. Der Grenzpreis eines Investors $V_t$ am Bewertungsstichtag $t$, der aus der Perspektive eines Unternehmenserwerbs die maximale Zahlungsbereitschaft darstellt,[123] ergibt sich folglich als Summe der Barwerte der mit den Kalkulationszinsfüßen für eine risikolose Kapitalanlage $r_{f,s}$ diskontierten Sicherheitsäquivalente der Cashflows und dem diskontierten Sicherheitsäquivalent eines etwaig vorhandenen Restwerts $V_T$ in $T$ gemäß

$$0 = -V_t + \sum_{s=t+1}^{T} \frac{\mathbb{S}\left[\widetilde{CF}_s\right]}{\left(1+r_{f,s}\right)^{s-t}} + \frac{\mathbb{S}\left[\tilde{V}_T\right]}{\left(1+r_{f,T}\right)^{T-t}}, \text{ d.h.} \tag{2.1}$$

---

119 Siehe Kapitel 2.4.2.

120 Vgl. Fisher (1930); Kruschwitz (2002), S. 20–23.

121 Gegen eine explizite Berücksichtigung von Konsumpräferenzen werden die Notwendigkeit zur Komplexitätsreduktion sowie das Fehlen der „hierfür notwendigen theoretischen und empirischen Grundlagen" angeführt. Ballwieser/Coenenberg/Schultze (2002), Sp. 2414 m.w.N.; vgl. auch Drukarczyk (2003), S. 116. Darüber hinaus bestehen auf einem vollkommenen Kapitalmarkt keine Konflikte zwischen den finanziellen Zielsetzungen der Endwert- und Entnahmemaximierung. Zu einer Untersuchung etwaiger Konflikte auf einen unvollkommenen Kapitalmarkt vgl. Kruschwitz/Fischer (1978), S. 756–779.

122 Vgl. ausführlich Bank/Gerke (2005), S. 33–35.

123 Aus der Perspektive eines Unternehmensverkaufs ergäbe sich (2.1) lediglich mit anderen Vorzeichen, ohne dass sich dadurch (2.2) ändern würde.

$$V_t = \sum_{s=t+1}^{T} \frac{\mathbb{S}\left[\widetilde{CF}_s\right]}{\left(1+r_{f,s}\right)^{s-t}} + \frac{\mathbb{S}\left[\tilde{V}_T\right]}{\left(1+r_{f,T}\right)^{T-t}}.^{124} \tag{2.2}$$

Die einzelnen $r_{f,s}$ bezeichnen dabei jeweils die Kalkulationszinsfüße (internen Renditen) einer risikolosen Kapitalanlage über den Zeitraum $[t;s]$, die ausschließlich im Zeitpunkt $s$ eine Zahlung an den Investor leistet.[125]

Mit der in (2.2) vorgestellten Bewertungsgleichung wurde implizit eine bestimmte Aggregationsreihenfolge der Cashflows über die Zeit und über die Umweltzustände zur Ermittlung von Grenzpreisen vorgenommen, die unterstellt, dass die zeitpunktbezogenen Verteilungen der Cashflows im Zeitablauf voneinander unabhängig sind. Infolgedessen führen andere Aggregationsreihenfolgen zur Risikoberücksichtigung zu abweichenden Bewertungsgleichungen und folglich grundsätzlich auch zu unterschiedlichen Unternehmenswerten.[126] Dabei stehen die subjektiven Unternehmensbewertungsansätze in der Kritik, da die durch von Neumann und Morgenstern axiomatisch begründete Erwartungsnutzentheorie lediglich einperiodige Risikopräferenzen mit Hilfe eines Vergleichs der Erwartungswerte subjektiver Nutzenfunktionen messen kann und keine darüber hinaus vorhandenen Zeitpräferenzen des Investors.[127] Um dennoch eine Bewertung mehrperiodiger Cashflowströme unter Berücksichtigung intertemporaler Aspekte zu ermöglichen, wird die Verwendung einer mehrattributiven Nutzenfunktion vorgeschlagen, wobei der Grenzpreis $V_t$ sich durch das mehrattributive Sicherheitsäquivalent im Bewertungszeitpunkt $t$ gemäß

$$V_t = \mathrm{U}^{-1}\left(\mathbb{E}^{\mathbf{P}}\left[\mathrm{U}\left(0, \widetilde{CF}_s, ..., \widetilde{CF}_T\right)\right]\right) := \mathbb{S}\left[\widetilde{CF}_s, ..., \widetilde{CF}_T\right],$$

ergibt.[128]

---

[124] Vgl. Schwetzler (2000), S. 474

[125] Siehe hierzu auch Kapitel 3.2.1.

[126] Vgl. zur Diskussion weiterer möglicher Aggregationsreihenfolgen, die hier nicht weiter problematisiert werden, Ballwieser (2004), S. 71–75; Bamberg/Dorfleitner/Krapp (2004), S. 103–108; Drukarczyk (2003), S. 107–116; Wiese (2006), S. 15–20; auch Laux (1971), S. 527.

[127] Vgl. Kürsten (2002), S. 137, 141; Wiese (2006), S. 21.

[128] Vgl. Kürsten (2002), S. 139. Kürsten (2002) zeigt überdies, dass die Ableitung von (2.2) aus einem mit der Axiomatik des Bernoulli-Prinzips verträglichen, mehrattributiven Ansatz nur gelingt, sofern zu jedem Zeitpunkt identische und zugleich lineare Nutzenfunktionen unterstellt werden. Da lineare Nutzenfunktionen jedoch risikoneutrales Verhalten des Investors implizieren, wird eine Risikoberücksichtigung durch Sicherheitsäquivalente gemäß (2.2) für risikoneutrale Investoren überflüssig. Vgl. hierzu Kürsten (2002), S. 137, 140–142.

Einem mehrattributiven Bewertungsansatz wird seitens des Fachschrifttums hingegen insbesondere deshalb kritisch begegnet, da er von einer „in der Investitionsrechnung gängigen Vorstellung [.], dass [der Investor] hinreichend große Beträge zu einem einheitlichen Zinssatz risikolos anlegen oder aufnehmen kann“[129], absieht und daher ein für die Unternehmensbewertung charakteristischer Alternativenvergleich nicht erfolgt.[130] Zur Überwindung der Kritik an der Sicherheitsäquivalentmethode liegen indes zahlreiche Ansätze vor, die entweder versuchen die risikolose Kapitalanlage- und aufnahmemöglichkeit in die Erwartungsnutzentheorie zu integrieren[131] oder die risikolosen Kalkulationszinsfüße als unabhängig von den Zeitpräferenzen des Investors ansehen.[132]

Unabhängig davon, welcher Auffassung bzw. welchem Ansatz letztlich gefolgt wird, bleibt die sachgerechte Berücksichtigung des Risikos in einem subjektiven Unternehmensbewertungsansatz von der Kenntnis der Präferenzen des Investors bzw. der Kenntnis der gegebenenfalls mehrattributiven Nutzenfunktion abhängig. Das bewertungstheoretische Ideal vollständig bekannter Präferenzen bzw. einer bekannten Nutzenfunktion des Investors erscheint indes äußerst zweifelhaft.[133] Deshalb wird im Folgenden unter dem Begriff der kapitalmarktorientierten Unternehmensbewertung versucht, auf Basis der neoklassischen Theorie einen kapitalmarktorientierten Unternehmensbewertungsansatz zu finden, der zur sachgerechten Risikoberücksichtigung weitgehend ohne Kenntnis der konkreten Nutzenfunktion des Investors auskommt und zugleich die Bewertung eines mehrperiodigen Cashflowstroms erlaubt. Daher werden Annahmen über die Inhalte rationaler Zielsysteme der Investoren auf dem Kapitalmarkt (Kapitalmarktteilnehmer) benötigt sowie Vorstellungen über die Eigenschaften des Kapitalmarkts und die den Kapitalmarktteilnehmern vorliegenden Informationen.

Eine sachgerechte Berücksichtigung des Risikos gelingt hingegen nur, sofern ein Kapitalmarkt vorliegt, auf dem Preise für unsichere Zahlungsansprüche (riskante Wertpapiere) beobachtet werden können, die entweder geeignet sind, den unsicheren Cashflowstrom des Bewertungsobjekts zu duplizieren oder die Preisbildung mit Hilfe von Kapitalmarktmodellen in

129 Diedrich (2003), S. 281.

130 Vgl. zum Relativitätsprinzip Moxter (1983), S. 10–12; auch Ballwieser (2004), S. 78.

131 Vgl. hierzu z.B. den Ansatz von Kruschwitz/Löffler (2003a), S. 1335–1345 mit Anmerkungen von Laitenberger (2003), S. 1103–1112.

132 Vgl. hierzu z.B. den Ansatz von Diedrich (2003), S. 281–286 und die Erweiterungen von Dyckhoff (2003), S. 4–11. Einen Überblick über die verschiedenen Ansätze gibt Ehnert (2006), S. 5–19.

133 Vgl. Schildbach (1998), S. 305–306; Kruschwitz (2004), S. 293; Coenenberg (1970), S. 796; Kruschwitz/Löffler (2005), S. 30.

Abhängigkeit des bewertungsrelevanten Risikos erklärt werden kann. Letztlich kann unter diesen Voraussetzungen eine sachgerechte Berücksichtigung des Risikos vorgenommen werden, jedoch wird im Rahmen eines kapitalmarktorientierten Unternehmensbewertungsansatzes bewusst kein subjektiver Grenzpreis ermittelt, sondern ein als Marktwert des Unternehmens bezeichneter (hypothetischer) Preis des Unternehmens auf dem Kapitalmarkt. Ob und inwieweit Marktwerte als Grenzpreise angesehen werden können, hängt nicht zuletzt von den Eigenschaften des zugrunde gelegten Kapitalmarkts und den Annahmen der kapitalmarktorientierten Unternehmensbewertungsansätze ab, die daher im Folgenden zu diskutieren sind.[134]

## 2.4.2 Definition des Kapitalmarkts für Wertpapiere

### 2.4.2.1 Einperiodiges Modell

#### 2.4.2.1.1 Wertpapiere und Eigenschaften des Kapitalmarkts

In einem ersten Schritt erfordert die Definition des Kapitalmarkts eine eindeutige Beschreibung der auf dem Kapitalmarkt gehandelten Wertpapiere und Portfolios. Diese werden wie das Bewertungsobjekt durch die mit ihnen verbundenen zukünftigen zustandsabhängigen Zahlungen charakterisiert. Zur Präzisierung der Unsicherheit wird zunächst eine einperiodige Betrachtung eingenommen, so dass lediglich zwei Zeitpunkte existieren, die mit $t=0$ und $t=T$ bezeichnet werden. In $t=0$ besteht hinsichtlich des in $T$ eintretenden Umweltzustands Unsicherheit, wobei alle möglichen, sich gegenseitig ausschließenden, Umweltzustände (Elementarereignisse) in der Menge $\Omega=\left\{\omega_j \middle| j=1,...,J<\infty\right\}$ enthalten sind. Mithin handelt es sich um eine endliche Menge von Umweltzuständen $\Omega$ aus der in $T$ nur einer der Zustände eintreten kann.

Auf dem Kapitalmarkt werden $L+1$ Wertpapiere $(L<\infty)$ gehandelt, deren Preise in $t=0$ beobachtbar bzw. gegeben sind. Der Preis des $l$-ten Wertpapiers $l=0,1,...,L$ in $t=0$ wird mit $p_{l,0}$ bezeichnet. Die zustandsabhängigen Zahlungen der Wertpapiere werden in Abhängigkeit des in $T$ eintretenden Umweltzustands $\omega_j$ mit $X_{l,T}(\omega_j)$ angegeben, wobei für das Wertpapier $l=0$ eine sichere, d.h. zustandsunabhängige Zahlung $X_{0,T}(\omega_j)=X_{0,T}$ für alle $j=1,...,J$ angenommen wird (AM 1).[135] Aus Vereinfachungsgründen werden im Folgenden

---

[134] Siehe auch Kapitel 2.4.5.

[135] Vgl. Bank/Gerke (2005), S. 170; zum risikolosen Wertpapier Bodie/Merton (2000), S. 323. Analog zu den hinsichtlich des Investors getroffenen Annahmen werden die Annahmen bezüglich des Kapitalmarkts mit AM bezeichnet und fortlaufend nummeriert.

die als Zufallsvariable interpretierbaren, unsicheren Zahlungen der riskanten Wertpapiere mit $\widetilde{X}_{l,T}$ und der Preis eines solchen unsicheren Zahlungsanspruchs mit $p_{l,0}\left(\widetilde{X}_{l,T}\right)$ bezeichnet. Folglich ist zwischen der bekannten Zahlung $X_{l,T}\left(\omega_j\right)$ in Abhängigkeit des bestimmten Umweltzustands[136] (bedingte Erwartungen) und der Unsicherheit hinsichtlich des in $T$ tatsächlich eintretenden Umweltzustands zu differenzieren (unbedingte Erwartungen). Darüber hinaus wird für das risikolose Wertpapier – ohne Einschränkung der Allgemeinheit – $X_{0,T}=1$ und $p_{0,0}=1/\left(1+r_{f,T}\right)$ vereinbart, so dass $r_{f,T}$ den risikolosen Zinssatz für den Zeitraum $[0;T]$ wiedergibt.[137] Allgemein werden die Preise aller $L+1$ Wertpapiere zu einem Zeitpunkt $t$ in dem Preisvektor $\mathbf{p}_t'=\left(p_{0,t},p_{1,t},\ldots,p_{L,t}\right)$ und die zugehörigen zustandsabhängigen Zahlungen in einer Matrix der Zahlungsansprüche $\mathbf{X_T}$ mit[138]

$$\mathbf{X_T}=\begin{pmatrix} X_{0,T}=1 & X_{1,T}(\omega_1) & \ldots & X_{L,T}(\omega_1) \\ \ldots & \ldots & \ldots & \ldots \\ X_{0,T}=1 & X_{1,T}(\omega_J) & \ldots & X_{L,T}(\omega_J) \end{pmatrix}$$

zusammengefasst.[139]

Dagegen beschreibt ein Portfolio den Bestand an Wertpapieren, wobei mit $n_{l,t}$ die Anzahl der Stücke des $l$-ten Wertpapiers angegeben wird, die im Zeitpunkt $t$ Bestandteil des Portfolios sind und bis zum Zeitpunkt $T$ gehalten werden. Folglich stellt der Vektor $\mathbf{n}_t'=\left(n_{0,t},n_{1,t},\ldots,n_{L,t}\right)$ ein Portfolio dar,[140] dessen Preis in $t$ genau $\sum_{l=0}^{L} n_{l,t}\cdot p_{l,t}$ beträgt und das in Abhängigkeit des in $T$ eintretenden Umweltzustands $\omega_j$ Zahlungen in Höhe von $\sum_{l=0}^{L} n_{l,t}\cdot X_{l,T}\left(\omega_j\right)$ leistet.

In einem zweiten Schritt sind die Eigenschaften des zugrunde liegenden Kapitalmarkts sowie der Kapitalmarktteilnehmer festzulegen, da diese die Preisbildung der gehandelten Wertpapiere determinieren. Um allgemeine Aussagen über die Preisbildung ableiten zu können, wird die Existenz eines vollkommenen Kapitalmarkts unterstellt und damit neben im Sinne des Ber-

---

136 Anders formuliert, könnte angenommen werden, dass sich alle Kapitalmarktteilnehmer hinsichtlich der zustandsabhängigen Zahlung jedes $l$-ten Wertpapiers bei Eintritt des $j$-ten Umweltzustands einig sind. Vgl. Kruschwitz (2002), S. 136. Siehe hierzu Kapitel 2.4.2.1.2.

137 Siehe zum risikolosen Zins und zur Definition von Null-Kuponanleihen auch Kapitel 3.1.

138 Vektoren und Matrizen werden im Folgenden durch Fettdruck kenntlich gemacht.

139 Obwohl eine zeitpunktbezogene Indexierung der Preise und Zahlungen im einperiodigen Kapitalmarktmodell entbehrlich wäre, wird aus Gründen der Klarheit eine zeitpunktbezogene Indexierung der betreffenden Variablen vorgenommen.

140 Folglich liegt für $n>0$ ein durch Käufe eines Wertpapiers aufgebauter positiver Bestand (*long*-Position) vor. Soweit auf dem Kapitalmarkt keine Leerverkaufsbeschränkung besteht, wird mit $n<0$ dagegen ein negativer Bestand (*short*-Position) beschrieben.

noulli-Prinzips rational handelnden Investoren, die ihren finanziellen Nutzen maximieren, angenommen, dass:[141]

(AM 2) weder Informations- noch Transaktionskosten bestehen und keine Steuern gezahlt werden,

(AM 3) sämtliche Wertpapiere beliebig teilbar sind,

(AM 4) alle Kapitalmarktteilnehmer über einen identischen Zugang zum Kapitalmarkt verfügen, d.h. keine Marktzutrittsbeschränkungen bestehen,

(AM 5) der Handel mit den Wertpapieren unter vollkommener Konkurrenz stattfindet und die Investoren daher als Mengenanpasser auf dem Kapitalmarkt agieren (*competitivity*) und

(AM 6) keine Leerverkaufsbeschränkungen bestehen.

Für die Zwecke der kapitalmarktorientierten Unternehmensbewertung sind im Folgenden Aussagen über die Preisbildung auf diesem vollkommenen Kapitalmarkt erforderlich, um den Preis eines Vergleichsobjekts (ein Wertpapier oder Portfolio), mit dessen Hilfe das Bewertungsobjekt bewertet werden soll, erklären zu können. Wesentliche Aussagen über das Preissystem können mit Hilfe des Ausschlusses von Arbitragemöglichkeiten[142] (*No-Arbitrage-Principle*) gewonnen werden, ohne dass Annahmen über den konkreten Verlauf die individuellen Nutzenfunktionen der Kapitalmarktteilnehmer getroffen werden müssen.[143]

### 2.4.2.1.2 Arbitragemöglichkeiten und Law of One Price

Um die (dauerhafte) Existenz von Arbitragemöglichkeiten auszuschließen (Arbitragefreiheit), wird von einem vollkommenen Kapitalmarkt ausgegangen und lediglich angenommen, dass

---

[141] Vgl. zu den Eigenschaften des vollkommenen Kapitalmarkts z.B. Laux (2006), S. 119–120. Vgl. auch Franke/Hax (2004), S. 343–344; Stehle (2004), S. 908.

[142] Nach dem Postulat der Arbitragefreiheit bestehen keine Arbitragemöglichkeiten, die es einem Kapitalmarktteilnehmer ermöglichen, ohne Risiko oder ohne Kapitaleinsatz einen Gewinn erwirtschaften zu können. Zur Definition der Arbitragemöglichkeiten siehe Kapitel 2.4.2.1.2.

[143] Vgl. Laux (2006), S. 120; Franke/Hax (2004), S. 368–370.

der Grenznutzen des Geldes für die Kapitalmarktteilnehmer strikt positiv ist (AI 2).[144] Allerdings sind darüber hinaus homogene Erwartungen der Kapitalmarktteilnehmer bezüglich der möglichen Umweltzustände in zweierlei Hinsicht erforderlich. Erstens muss angenommen werden, dass unter allen Kapitalmarktteilnehmern Einigkeit über die Höhe der Zahlung des $l$-ten Wertpapiers bei Eintritt des $j$-ten Umweltzustands besteht (AI 4)[145], und zweitens müssen die Kapitalmarktteilnehmer allen möglichen Umweltzuständen aus $\Omega$ unter ihrem subjektiven Wahrscheinlichkeitsmaß $\mathbf{P}$ jeweils eine positive Eintrittswahrscheinlichkeit zuordnen (AI 5). Zwar können die Kapitalmarktteilnehmer den einzelnen Umweltzuständen individuell unterschiedliche Eintrittswahrscheinlichkeiten beimessen, jedoch muss unter ihnen Einigkeit darüber bestehen, welche Umweltzustände nicht eintreten können.[146]

Als Arbitragemöglichkeiten können damit zwei Typen unterschieden werden, die wiederum zunächst in einer einperiodigen Betrachtung mit den beiden Zeitpunkten $t=0$ und $t=T$ untersucht werden. Eine Arbitragemöglichkeit vom Typ I liegt dann vor, falls in $t=0$ ein Portfolio gebildet werden kann, das keinen positiven Preis aufweist und in jedem Umweltzustand in $T$ zu nicht negativen Zahlungen führt, aber in mindestens einem Umweltzustand eine positive Zahlung leistet.[147] Formal bietet ein Portfolio $\mathbf{n_t} \in \mathbb{R}^{L+1}$ eine Arbitragemöglichkeit vom Typ I, falls

[144] Kapitalmarktteilnehmer mit einem positiven Grenznutzen des Geldes werden Arbitragemöglichkeiten, d.h. einen relativen Bewertungsunterschied z.B. zwischen einem Wertpapier und einem Portfolio mit identischen zustandsabhängigen Zahlungen ausnutzen, indem sie das relativ zu günstige Wertpapier/Portfolio kaufen und dafür das relativ zu teure Wertpapier/Portfolio verkaufen. Da sich die zukünftigen Zahlungen aus den beiden Positionen ausgleichen (keine Nettozahlungen), können diese Kapitalmarktteilnehmer zu dem Zeitpunkt der Transaktionen einen risikolosen Gewinn in Höhe des Preisunterschieds zwischen dem Wertpapier und dem Portfolio realisieren. Mithin bedarf es keiner Annahme über die Risikopräferenz oder den konkreten Verlauf der Nutzenfunktion der Kapitalmarktteilnehmer, sondern nur der Annahme, dass die Kapitalmarktteilnehmer ein höheres erwartetes Endvermögen einem niedrigeren vorziehen. Vgl. z.B. Rapp (2005), S. 10.

[145] Diese Annahme wurde implizit bereits in Kapitel 2.4.2.1.1 getroffen, da die zustandsabhängigen Zahlungen der Wertpapiere als bekannt vorausgesetzt wurden.

[146] Vgl. Kruschwitz (2002), S. 136. Würde auch nur ein Kapitalmarktteilnehmer einem beliebigen Umweltzustand eine Wahrscheinlichkeit von null zuordnen, wäre dieser Kapitalmarktteilnehmer bereit, beliebig viele Zahlungsansprüche auf diesen Umweltzustand kostenlos zu emittieren. Alle anderen Kapitalmarktteilnehmer, die demselben Umweltzustand eine positive Wahrscheinlichkeit zuordnen, könnten diese Wertpapiere kostenlos erwerben und damit ihren erwarteten finanziellen Nutzen unendlich steigern. Vgl. Laux (2006), S. 120, Fn. 4.

[147] Klarstellend ist anzumerken, dass die Zahlungen aus Sicht des finanziellen Vermögens eines Kapitalmarktteilnehmers beschrieben werden. Eine negative Zahlung beschreibt damit eine Auszahlung aus dem finanziellen Vermögen, während eine positive Zahlung eine Einzahlung in das finanzielle Vermögen des Kapitalmarktteilnehmers widerspiegelt. Der Erwerb eines Portfolios, das über einen positiven (negativen) Preis verfügt, führt mithin zu einer negativen (positiven) Zahlung auf der Ebene des finanziellen Vermögens des Kapitalmarktteilnehmers. Für den Verkauf eines Portfolios gelten die Zusammenhänge in umgekehrter Weise.

$$\sum_{l=0}^{L} n_{l,0} \cdot p_{l,0} \leq 0 \text{ und}$$

$$\sum_{l=0}^{L} n_{l,0} \cdot X_{l,T}\left(\omega_j\right) \geq 0 \text{ für alle } j = 1,\dots,J \text{ und}$$

$$\sum_{l=0}^{L} n_{l,0} \cdot X_{l,T}\left(\omega_j\right) > 0 \text{ für mindestens ein } j$$

gilt.[148]

Dagegen liegt eine Arbitragemöglichkeit vom Typ II vor, falls ein Portfolio gebildet werden kann, das in $t = 0$ einen negativen Preis hat und in jedem Umweltzustand in $T$ zu einer nicht negativen Zahlung führt. Formal bietet ein Portfolio $\mathbf{n_t} \in \mathbb{R}^{L+1}$ eine Arbitragemöglichkeit vom Typ II, falls

$$\sum_{l=0}^{L} n_{l,0} \cdot p_{l,0} < 0 \text{ und}$$

$$\sum_{l=0}^{L} n_{l,0} \cdot X_{l,T}\left(\omega_j\right) \geq 0 \qquad \text{für alle } j = 1,\dots,J$$

gilt.[149]

Mit Hilfe dieser Definitionen der Arbitragemöglichkeiten lassen sich erste Aussagen über die Preisbildung und insbesondere über Preisober- bzw. -untergrenzen einzelner Wertpapiere bzw. Portfolios ableiten. Daher folgt nach dem sog. Dominanztheorem, dass ein Portfolio, das in $T$ mit Sicherheit, d.h. Wahrscheinlichkeit eins $(prob = 1)$, keine negativen Zahlungen erfordert und mit einer positiven Wahrscheinlichkeit $(prob > 0)$ positive Zahlungen verspricht, in $t = 0$ einen positiven Preis haben muss.[150] Formal folgt damit aus

$$prob\left(\sum_{l=0}^{L} n_{l,0} \cdot \widetilde{X}_{l,T} \geq 0\right) = 1 \text{ und } prob\left(\sum_{l=0}^{L} n_{l,0} \cdot \widetilde{X}_{l,T} > 0\right) > 0 \text{, dass}$$

---

148 Vgl. Ewert (1996), S. 537; Kruschwitz (2002), S. 137–140.

149 Vgl. Branger/Schlag (2004), S. 37–40; Bank/Gerke (2005), S. 172–173.

150 Intuitiv wird durch das Dominanztheorem erklärt, dass auf einem arbitragefreien Kapitalmarkt keine „geschenkten“ Lotterielose existieren. Vgl. zur Dominanz zweier Wertpapiere bzw. Portfolios auch Merton (1973), S. 143.

$$\sum_{l=0}^{L} n_{l,0} \cdot p_{l,0} > 0$$

als Preisuntergrenze für ein solches Portfolio gilt. Überdies muss auf einem vollkommenen Kapitalmarkt der Preis eines Portfolios $p\left(\sum_{l=0}^{L} n_{l,0} \cdot \widetilde{X}_{l,T}\right)$ nach dem Wertadditivitätstheorem der Summe der Preise aller Wertpapiere entsprechen, die in diesem Portofolio enthalten sind, da andernfalls Arbitragemöglichkeiten existieren. Unter Ausschluss von Arbitragemöglichkeiten muss daher für den Preis dieses Portfolios

$$p\left(\sum_{l=0}^{L} n_{l,0} \cdot \widetilde{X}_{l,T}\right) = \sum_{l=0}^{L} n_{l,0} \cdot p\left(\widetilde{X}_{l,T}\right)$$

gelten. Aus dem Wertadditivitätstheorem folgt unmittelbar, dass die Preisfunktion auf einem arbitragefreien und vollkommenen Kapitalmarkt linear sein muss.[151]

Werden diese Erkenntnisse auch auf Portfolioebene übertragen, ergibt sich daraus, dass zwei Portfolios $\mathbf{n_t} \in \mathbb{R}^{L+1}$ und $\mathbf{m_t} \in \mathbb{R}^{L+1}$ mit identischen Zahlungen in jedem Umweltzustand in $T$ nach dem Gesetz des Einheitspreises (*law of one price*) auch in $t = 0$ den gleichen Preis haben müssen, d.h. aus

$$\sum_{l=0}^{L} n_{l,0} \cdot X_{l,T}\left(\omega_j\right) = \sum_{l=0}^{L} m_{l,0} \cdot X_{l,T}\left(\omega_j\right) \text{ für alle } j = 1,\dots,J$$

muss bei Arbitragefreiheit

$$\sum_{l=0}^{L} n_{l,0} \cdot p_{l,0} = \sum_{l=0}^{L} m_{l,0} \cdot p_{l,0}$$

folgen.[152]

Folglich gelingt es anhand einfacher Arbitrageüberlegungen, relative Aussagen über die Preisbildung auf Kapitalmärkten und die „Konsistenz eines Preissystems“[153] zu treffen. Allerdings zeigt sich gleichwohl, dass diese relativen Aussagen über die Preisbildung zur Erklärung der absoluten Höhe sämtlicher Preise der Wertpapiere nicht ausreichen. Dennoch bilden

---

151 Vgl. Kruschwitz (2002), S. 143; Ewert (1996), S. 538; Haley/Schall (1973), S. 210–213.

152 Vgl. Rubinstein (1976), S. 408; Branger/Schlag (2004), S. 38.

153 Kruschwitz (2002), S. 133.

diese Erkenntnisse die Grundlage der im Weiteren untersuchten Modelle zur Erklärung der Preisbildung auf Kapitalmärkten.

#### 2.4.2.1.3 Duplikation und Vollständigkeit

Unter Rückgriff auf das Gesetz des Einheitspreises kann die Bewertung eines auf dem Kapitalmarkt neu begebenen Wertpapiers $L+1$, dessen zustandsabhängiger Zahlungsanspruch durch den Vektor $\mathbf{X}'_{\mathbf{L+1,T}} = \left(X_{L+1,T}(\omega_1),...,X_{L+1,T}(\omega_J)\right)$ beschrieben wird, mit Hilfe der Duplikation (*pricing by duplication*) erfolgen. Der unbekannte Preis des Wertpapiers $L+1$ in $t=0$ ergibt sich durch Nachbildung der zustandsabhängigen Zahlungen mit Hilfe eines Duplikationsportfolios aus den bereits auf dem Kapitalmarkt gehandelten Wertpapieren. Mithin stimmen die Zahlungen des Duplikationsportfolios in jedem Umweltzustand mit den Zahlungen des zu bewertenden Wertpapiers $L+1$ in $T$ überein, d.h. es gilt:

$$\sum_{l=0}^{L} n_{l,0} \cdot X_{l,T}(\omega_j) = X_{L+1,T}(\omega_j) \text{ für alle } j=1,...,J,$$

wobei der Vektor $\mathbf{n}'_{\mathbf{L+1,0}} = \left(n_{1,0},...,n_{L,0}\right)$ das Duplikationsportfolio darstellt.

Nach dem Gesetz des Einheitspreises muss der unbekannte Preis des Wertpapiers $L+1$ in $t=0$ mit dem Preis des Duplikationsportfolios übereinstimmen, da andernfalls eine Arbitragemöglichkeit existiert. Folglich gilt:

$$\sum_{l=0}^{L} n_{l,0} \cdot p_{l,0} = p_{L+1,0}.$$

Allerdings handelt es sich bei der Bewertung durch Duplikation ebenfalls um keine absolute, sondern lediglich um eine relative Bewertung in Bezug auf ein auf dem Kapitalmarkt gegebenes Preissystem aus Wertpapieren. Entscheidend für die Bewertung eines Wertpapiers im Wege der Duplikation ist hingegen, dass der Kapitalmarkt hinsichtlich des zu duplizierenden zustandsabhängigen Zahlungsanspruchs des Wertpapiers vollständig ist, d.h. überhaupt ein Duplikationsportfolio gebildet werden kann (*spanning*).

Die Vollständigkeit eines Kapitalmarkts ist hingegen nur gegeben, falls es gelingt, einen beliebigen zustandsabhängigen Zahlungsanspruch eines neu begebenen Wertpapiers als Linearkombination der zustandsabhängigen Zahlungsansprüche aus den bestehenden Wertpapieren darzustellen. Folglich muss die Anzahl der verfügbaren und zugleich linear unabhängigen zustandsabhängigen Zahlungsansprüche mindestens so groß sein wie die Anzahl der möglichen Umweltzustände, d.h. $L \geq J$.[154] Folglich ist der Kapitalmarkt vollständig, falls für jedes Wertpapier mit dem Zahlungsanspruch $\mathbf{X}_{\mathbf{L+1,T}} \in \mathbb{R}^J$ das lineare Gleichungssystem

$$\mathbf{X}_{\mathbf{L+1,T}} = \mathbf{X}_{\mathbf{T}}\mathbf{n}_{\mathbf{L+1,0}}$$

mit einem Duplikationsportfolio $\mathbf{n}_{\mathbf{L+1,t}} \in \mathbb{R}^{L+1}$ lösbar ist, d.h. der Rang der Zahlungsmatrix des Kapitalmarkts $Rg(\mathbf{X}_{\mathbf{T}})$ gleich der Anzahl der möglichen Umweltzustände $J$ ist.[155]

#### 2.4.2.2 Mehrperiodiges Modell

Für Zwecke der kapitalmarktorientierten Unternehmensbewertung sind die in einem einperiodigen Kapitalmarktmodell bei Arbitragefreiheit abgeleiteten Aussagen über die Preisbildung auf den mehrperiodigen Fall zu verallgemeinern. Die Erweiterung des einperiodigen Kapitalmarktmodells auf eine endliche Anzahl von $T+1$ Zeitpunkte mit $t = 0,1,...,T < \infty$ erfordert daher die Beschreibung der Preisentwicklung der Wertpapiere bis zum Zeitpunkt $T$ und damit des Informationsverlaufs über die Zeit. Dies gelingt mit dem Konzept einer Filtration $\mathcal{F} = \{\mathcal{F}_t | t = 0,1,...,T\}$, wobei jedes $\mathcal{F}_t$ eine $\sigma$-Algebra[156] über $\Omega$ darstellt und den Informationsstand im Zeitpunkt $t$ widerspiegelt. Hierbei soll gelten, dass die vorhandene Informationsmenge zwischen zwei Zeitpunkten $t$ und $s$ im Zeitablauf zunimmt und daher $\mathcal{F}_t \subseteq \mathcal{F}_s$ für alle $t \leq s$ gilt.[157] Der Preis des $l$-ten Wertpapiers in $t$ im Zustand $\omega_j$ wird mit $p_{l,t}\left(X_{l,T}(\omega_j)\right)$ bezeichnet, wobei der als Zufallsvariable interpretierbare Preis $\tilde{p}_{l,t}$ in $t$ beobachtbar sein soll. Damit stellt $\tilde{p}_l = \{\tilde{p}_{l,t} | t = 0,1,...,T\}$ einen an die Filtration $\mathcal{F}$ adaptierten stochastischen Prozess dar, wobei jeder Preis $\tilde{p}_{l,t}$ $\mathcal{F}_t$-messbar ist.[158]

---

[154] Vgl. Rubinstein (1976), S. 409; Ewert (1996), S. 537.

[155] Vgl. Branger/Schlag (2004), S. 40.

[156] Vgl. zur Definition der $\sigma$-Algebra Sandmann (2001), S. 103. Eine $\sigma$-Algebra $\mathcal{F}_t$ beinhaltet in $t$ genau die Teilmengen der möglichen Umweltzustände aus $\Omega$ für die bekannt ist, ob der in $T$ eintretende Umweltzustand in diesen Teilmengen enthalten ist oder nicht. Vgl. Branger/Schlag (2004), S. 44.

[157] Weiterhin gilt: $\mathcal{F}_0 = \{\emptyset, \Omega\}$ und $\mathcal{F}_T = \mathcal{P}(\Omega)$ womit festgelegt wird, dass in $t = 0$ keine Informationen vorliegen und der in $t = T$ realisierte Umweltzustand bekannt ist, wobei $\mathcal{P}(\Omega)$ als Potenzmenge von $\Omega$ die Menge aller Teilmengen von $\Omega$ enthält. Vgl. Branger/Schlag (2004), S. 44; auch Harrison/Kreps (1979), S. 388.

[158] Vgl. zum stochastischen Prozess allgemein z.B. Ferschl (1976), Sp. 4327; zur Filtration und zum adaptierten Prozess z.B. Irle (2003), S. 40–41.

Die Grundlage für die Preisbildung im mehrperiodigen Kapitalmarktmodell bildet wie im einperiodigen Kapitalmarktmodell die Duplikation der zustandsabhängigen Zahlungsansprüche bei Arbitragefreiheit. Allerdings ist im mehrperiodigen Kontext ein Kapitalmarkt nur dann arbitragefrei, falls zu keinem Zeitpunkt $t = 0,1,...,T$ des Kapitalmarktmodells eine Handelsstrategie durchgeführt werden kann, die es erlaubt, eine der in Kapitel 2.4.2.1.2 erläuterten Arbitragemöglichkeiten auszunutzen, d.h. falls jedes einperiodige Teilmodell des Kapitalmarkts für sich betrachtet arbitragefrei ist.

Unter der Voraussetzung der Arbitragefreiheit im mehrperiodigen Fall können die zustandsabhängigen Zahlungen eines auf dem Kapitalmarkt neu begebenen Wertpapiers wiederum durch Duplikation nach dem Gesetz des Einheitspreises bewertet werden. Dazu muss im Gegensatz zum einperiodigen Kapitalmarktmodell ausgehend von der zustandsabhängigen Zahlung des zu bewertenden Wertpapiers in $T$ zunächst ein Duplikationsportfolio in $T-1$ gebildet werden, dessen zustandsabhängige Zahlungen in $T$, bedingt auf den jeweiligen Informationsstand $\mathcal{F}_{T-1}$, mit denen des zu bewertenden Wertpapiers in $T$ übereinstimmen. Der Preis des Duplikationsportfolios in $T-1$ ergibt sich als Summe der Preise der im Duplikationsportfolio enthaltenen Wertpapiere. Auf einem arbitragefreien Kapitalmarkt entspricht in $T-1$ der Preis des zu bewertenden Wertpapiers dem Preis des Duplikationsportfolios. Allerdings muss für jeden in $T-1$ möglichen Informationsstand $\mathcal{F}_{T-1}$ ein solches Duplikationsportfolio gebildet werden, wobei zwischenzeitliche Zahlungen des zu bewertenden Wertpapiers (z.B. Ausschüttungen) zu berücksichtigen, d.h. ebenfalls zu duplizieren sind.

Der Preis des zu bewertenden Wertpapiers im Bewertungszeitpunkt $t = 0$ ergibt sich indem nach derselben Vorgehensweise die zustandsabhängigen Preise der Duplikationsportfolios in $T-2$ aus den zustandsabhängigen Preisen der Duplikationsportfolios in $T-1$ durch Duplikation ermittelt werden. Dabei sind zwischenzeitliche – gegebenenfalls zustandsabhängige – Zahlungen (z.B. Ausschüttungen) des zu bewertenden Wertpapiers zu berücksichtigen, d.h. ebenfalls in geeigneter Weise zu duplizieren. Im Ergebnis ist die Duplikation über alle Zeitpunkte und alle möglichen Informationsstände zwischen dem Bewertungszeitpunkt $t = 0$ und $t = T$ durchzuführen, womit sich der Preis des zu bewertenden Wertpapiers in $t = 0$ aus einer dynamischen, an den jeweiligen Informationsstand $\mathcal{F}_t$ anzupassenden, Handelsstrategie zur Duplikation ergibt.

Analog zum einperiodigen Kapitalmarktmodell kann eine dynamische Handelsstrategie zur Duplikation eines zustandsabhängigen Zahlungsanspruchs nur dann erfolgen, falls der Kapitalmarkt auch dynamisch vollständig ist. Der Kapitalmarkt gilt als dynamisch vollständig, falls jeder Zahlungsanspruch durch eine Handelsstrategie dupliziert werden kann, bei der im Zeitablauf keine Mittelzu- oder -abflüsse erfolgen (selbstfinanzierende Handelsstrategie), d.h. falls jedes einperiodige Teilmodell des Kapitalmarkts für sich betrachtet vollständig ist.[159]

### 2.4.3 Risikoneutrale Bewertung

#### 2.4.3.1 Einperiodiges Modell

Ein kapitalmarktorientierter Ansatz zur Bewertung unsicherer Cashflows des Bewertungsobjekts, der üblicherweise zur Bewertung von Derivaten eingesetzt wird, basiert auf dem Konzept der risikoneutralen Bewertung.[160] Den Ausgangspunkt der risikoneutralen Bewertung bildet ein vollkommener Kapitalmarkt mit risikoloser Anlagemöglichkeit (AM 1–AM 6) auf dem Arbitragefreiheit herrscht (AI 2, AI 4, AI 5), womit die Existenz eines nicht notwendigerweise eindeutigen,[161] risikoneutralen Martingalmaßes (RNM) sichergestellt wird.[162] Im einperiodigen diskreten Kapitalmarktmodell mit den beiden Zeitpunkten $t=0$ und $t=T$ wird als RNM ein zum Wahrscheinlichkeitsmaß $\mathbf{P}$ äquivalentes Wahrscheinlichkeitsmaß $\mathbf{Q}$ bezeichnet, falls $\mathbf{Q} \in \mathbb{R}^J$ mit $\mathbf{Q} = (q_1,\ldots,q_J)'$ allen Umweltzuständen aus $\Omega$ eine positive Wahrscheinlichkeit zuordnet und für alle $l = 1,\ldots,L$

$$p_{l,0} = \frac{1}{1+r_{f,T}} \cdot \mathbb{E}^{\mathbf{Q}}\left[\widetilde{X}_{l,T}\right] \text{ bzw. } p_{l,0} = \frac{1}{1+r_{f,T}} \cdot \left[q_1 \cdot X_{l,T}(\omega_1) + \ldots + q_J \cdot X_{l,T}(\omega_J)\right]$$

gilt. Dabei bezeichnet $\mathbb{E}^{\mathbf{Q}}$ den Erwartungswert unter dem Wahrscheinlichkeitsmaß $\mathbf{Q}$, unter dem die mit dem Ergebnis des risikolosen Wertpapiers normierten Preise aller Wertpapiere Martingale sind.[163]

---

159 Vgl. Branger/Schlag (2004), S. 47.

160 Vgl. Richter (2003), S. 61; Keiber (2004), S. 423; Kruschwitz/Löffler (2005), S. 25.

161 Ist der Kapitalmarkt vollständig im Sinne von Kapitel 2.4.2.1.3, ist das RNM eindeutig. Vgl. hierzu Branger/Schlag (2004), S. 42–43; Keiber (2004), S. 425.

162 Vgl. Kruschwitz/Löffler (2005), S. 28; Rapp (2005), S. 10; zu einem Beweis z.B. Branger/Schlag (2004), S. 41–42.

163 Ein stochastischer Prozess, dessen heutiger Prozessstand dem bedingten Erwartungswert des zukünftigen Stands des Prozesses entspricht, wird als Martingal bezeichnet. Vgl. ausführlich Harrison/Kreps (1979), S. 390–399

Der Preis eines beliebigen Wertpapiers $L+1$, dessen zustandsabhängiger Zahlungsanspruch $\mathbf{X}_{\mathbf{L+1,T}} \in \mathbb{R}^J$ duplizierbar ist, kann auf einem arbitragefreien Kapitalmarkt in $t=0$ unter Verwendung eines RNM gemäß

$$p_{L+1,0} = \frac{1}{1+r_{f,T}} \mathbb{E}^{\mathbf{Q}}\left[\widetilde{X}_{L+1,T}\right] \tag{2.3}$$

ermittelt werden.[164] Dieser auch als Fundamentalsatz der Preistheorie bezeichnete risikoneutrale Bewertungszusammenhang auf einem arbitragefreien Kapitalmarkt besitzt für alle duplizierbaren zustandsabhängigen Zahlungsansprüche Gültigkeit. Infolgedessen ergibt sich auf einem arbitragefreien Kapitalmarkt der Marktwert eines Unternehmens $i$, dessen zustandsabhängiger Cashflow $\widetilde{CF}_{i,T}$ und Restwert[165] $\widetilde{V}_{i,T}$ in $T$ duplizierbar sind, gemäß

$$V_{i,0} = \frac{\mathbb{E}^{\mathbf{Q}}\left[\widetilde{CF}_{i,T} + \widetilde{V}_{i,T}\right]}{1+r_{f,T}}, \tag{2.4}$$

wobei $V_{i,0}$ den Marktwert des Unternehmens $i$ im Zeitpunkt $t=0$ bezeichnet.[166]

Obwohl die risikoneutrale Bewertung offensichtlich ohne Annahmen über die individuellen Risikopräferenzen der Investoren auskommt, erfolgt die Berücksichtigung des Risikos durch die Verwendung der künstlichen Wahrscheinlichkeiten (Pseudowahrscheinlichkeiten) des Wahrscheinlichkeitsmaßes $\mathbf{Q}$. Im Falle risikoaverser Investoren (AI 3) werden den niedrigen (höheren) Realisationen der Zufallsvariable Cashflow unter dem Wahrscheinlichkeitsmaß $\mathbf{Q}$ höhere (niedrigere) Wahrscheinlichkeiten zugeordnet, als unter dem Wahrscheinlichkeitsmaß $\mathbf{P}$, womit $\mathbb{E}^{\mathbf{Q}}\left[\widetilde{CF}_{i,T}\right] < \mathbb{E}^{\mathbf{P}}\left[\widetilde{CF}_{i,T}\right]$ gilt.[167] Obwohl diese künstlichen Wahrscheinlichkeiten auch als risikoneutrale Wahrscheinlichkeiten bezeichnet werden, wird damit explizit nicht zum Ausdruck gebracht, dass sich die Investoren tatsächlich risikoneutral verhalten. Vielmehr stellen die risikoneutralen Wahrscheinlichkeiten die Wahrscheinlichkeiten dar, die unter einem subjektiven Wahrscheinlichkeitsmaß existieren würden, sofern die Investoren risikoneutral wären. Folglich stellt $\mathbb{E}^{\mathbf{Q}}\left[\widetilde{CF}_{i,T}\right]$ unter dem Wahrscheinlichkeitsmaß $\mathbf{Q}$ ein Sicherheitsäquivalent dar, das mit dem risikolosen Zinssatz zu diskontieren ist.[168] Damit ist die

---

[164] Vgl. Cox/Ross/Rubinstein (1979), S. 235–236; Hull (2003), S. 244–246; Keiber (2004), S. 422.

[165] Der Restwert des Unternehmens wird hier und im Folgenden vereinfachend als duplizierbarer, zustandsabhängiger Veräußerungserlös interpretiert und kann daher entweder in (2.4) explizit einbezogen werden oder unter diesen Voraussetzungen alternativ als Bestandteil des Cashflows in $T$ angesehen werden.

[166] Vgl. z.B. Kruschwitz/Löffler (2006), S. 26; Richter (2001), S. 182–183; Richter (2004), S. 23.

[167] Vgl. Richter (2003), S. 61; Keiber (2004), S. 423.

[168] Vgl. Helmis/Timmreck/Richter (2002), S. 306.

Bewertungsgleichung (2.2) im subjektiven Unternehmensbewertungsansatz mit (2.4) insoweit vergleichbar, als beide Ansätze eine Berücksichtigung des Risikos durch Sicherheitsäquivalente vornehmen. Der zentrale Unterschied beider Ansätze besteht hingegen darin, dass das $\mathbb{E}^{\mathbf{Q}}\left[\widetilde{CF}_{i,T}\right]$ kapitalmarktorientiert ohne Rückgriff auf die individuellen Risikopräferenzen des Investors ermittelt werden kann.

#### 2.4.3.2 Mehrperiodiges Modell

Die Erweiterung des einperiodigen Modells auf ein mehrperiodiges Modell mit den Zeitpunkten $t = 0,1,...,T$ gelingt, indem zunächst der Marktwert des Unternehmens in $T-1$ unter Rückgriff auf (2.4) ermittelt wird. Ausgehend von dem zustandsabhängigen und duplizierbaren Cashflow $\widetilde{CF}_{i,T}$ und Restwert $\widetilde{V}_{i,T}$ des Unternehmens $i$ in $T$ ergibt sich gemäß

$$V_{i,T-1} = \frac{\mathbb{E}^{\mathbf{Q}}\left[\widetilde{CF}_{i,T} + \widetilde{V}_{i,T} \middle| \mathcal{F}_{T-1}\right]}{1 + r_{f,T-1,T}} \tag{2.5}$$

der Marktwert des Unternehmens in $T-1$, wobei der Ausdruck $\mathbb{E}^{\mathbf{Q}}\left[\widetilde{CF}_{T} + \widetilde{V}_{T} \middle| \mathcal{F}_{T-1}\right]$ den auf den Informationsstand $\mathcal{F}_{T-1}$ bedingten Erwartungswert der Summe aus Cashflow und Restwert in $T$ unter dem RNM darstellt. Während im einperiodigen Modell der risikolose Zinssatz $r_{f,T}$ ebenfalls stets einperiodig ist und die Verzinsung des risikolosen Wertpapiers über den Zeitraum $[t,T]$ angibt, wird im mehrperiodigen Modell der einperiodige risikolose Zinssatz durch den Start- und Endzeitpunkt einer Anlage im risikolosen Wertpapier präzisiert. Daher wird der einperiodige risikolose Zinssatz allgemein durch $r_{f,u-1,u}$ beschrieben, wobei $u-1$ den Start- und $u$ den Endzeitpunkt der Anlage im risikolosen Wertpapier mit $t+1 \leq u \leq T$ angibt.

Mit (2.5) lässt sich nach derselben Vorgehensweise auch der Marktwert des Unternehmens in $T-2$ ermitteln, für den

$$V_{i,T-2} = \frac{1}{1 + r_{f,T-2,T-1}} \mathbb{E}^{\mathbf{Q}}\left[\widetilde{CF}_{i,T-1} + \frac{\mathbb{E}^{\mathbf{Q}}\left[\widetilde{CF}_{i,T} + \widetilde{V}_{i,T} \middle| \mathcal{F}_{T-1}\right]}{1 + r_{f,T-1,T}} \middle| \mathcal{F}_{T-2}\right] \tag{2.6}$$

gilt.[169]

[169] Vgl. Richter (2002a), S. 141; Kruschwitz/Löffler (2006), S. 25–26.

Unter Ausnutzung der Linearität des bedingten Erwartungswerts bei iterierten Erwartungen kann (2.6) unter der Voraussetzung deterministischer risikoloser Zinssätze zu

$$\begin{aligned} V_{i,T-2} &= \frac{\mathbb{E}^{\mathbf{Q}}\left[\widetilde{CF}_{i,T-1} \middle| \mathcal{F}_{T-2}\right]}{1+r_{f,T-2,T-1}} + \frac{1}{1+r_{f,T-2,T-1}} \mathbb{E}^{\mathbf{Q}}\left[\frac{\mathbb{E}^{\mathbf{Q}}\left[\widetilde{CF}_{i,T} + \widetilde{V}_{i,T} \middle| \mathcal{F}_{T-1}\right]}{1+r_{f,T-1,T}} \middle| \mathcal{F}_{T-2}\right] \\ &= \frac{\mathbb{E}^{\mathbf{Q}}\left[\widetilde{CF}_{i,T-1} \middle| \mathcal{F}_{T-2}\right]}{1+r_{f,T-2,T-1}} + \frac{\mathbb{E}^{\mathbf{Q}}\left[\mathbb{E}^{\mathbf{Q}}\left[\widetilde{CF}_{i,T} + \widetilde{V}_{i,T} \middle| \mathcal{F}_{T-1}\right] \middle| \mathcal{F}_{T-2}\right]}{\left(1+r_{f,T-2,T-1}\right) \cdot \left(1+r_{f,T-1,T}\right)} \\ &= \frac{\mathbb{E}^{\mathbf{Q}}\left[\widetilde{CF}_{i,T-1} \middle| \mathcal{F}_{T-2}\right]}{1+r_{f,T-2,T-1}} + \frac{\mathbb{E}^{\mathbf{Q}}\left[\widetilde{CF}_{i,T} + \widetilde{V}_{i,T} \middle| \mathcal{F}_{T-2}\right]}{\left(1+r_{f,T-2,T-1}\right) \cdot \left(1+r_{f,T-1,T}\right)} \end{aligned}$$

vereinfacht werden. Wird anschließend die Bewertung für alle vor $T-2$ liegenden Zeitpunkte bis zum Bewertungsstichtag $t$ fortgesetzt, ergibt sich der Marktwert des Unternehmens gemäß

$$V_{i,t} = \sum_{s=t+1}^{T} \frac{\mathbb{E}^{\mathbf{Q}}\left[\widetilde{CF}_{i,s} \middle| \mathcal{F}_t\right]}{\prod_{u=t+1}^{s}\left(1+r_{f,u-1,u}\right)} + \frac{\mathbb{E}^{\mathbf{Q}}\left[\widetilde{V}_{i,T} \middle| \mathcal{F}_t\right]}{\prod_{u=t+1}^{T}\left(1+r_{f,u-1,u}\right)}. \quad (2.7)$$ [170]

Obwohl mit Hilfe der risikoneutralen Bewertung die Ableitung von Bewertungsgleichungen für den mehrperiodigen Fall der Unternehmensbewertung ohne Rückgriff auf das Bernoulli-Prinzip oder die individuellen Risikopräferenzen der Investoren gelingt, ergeben sich zwei zentrale Probleme. Erstens ist unklar, wie die zur Ermittlung des Unternehmenswerts erforderlichen risikoneutralen Wahrscheinlichkeiten aus den subjektiven Wahrscheinlichkeiten des Investors abgeleitet werden können.[171] Demnach kann zwar die Bewertung des Unternehmens bei Kenntnis der risikoneutralen Wahrscheinlichkeiten ohne explizite Kenntnis der individuellen Risikopräferenzen der Investoren erfolgen, allerdings können die risikoneutralen Wahrscheinlichkeiten regelmäßig nur bei Kenntnis der individuellen Risikopräferenzen der Investoren aus den subjektiven Wahrscheinlichkeiten abgeleitet werden. Lediglich für bestimmte Ausnahmefälle sind Verfahren zur konkreten Schätzung der risikoneutralen Wahrscheinlichkeiten bekannt.[172]

---

[170] Vgl. Kruschwitz/Löffler (2006), S. 26.

[171] So auch Kruschwitz/Löffler (2006), S. 37: „[...] we know next to nothing about the probability measure $Q$.“; Vgl. auch Richter (2003), S. 61.

[172] Dennoch existieren im Schrifttum erste Ansätze zur Bestimmung risikoneutraler Wahrscheinlichkeiten unter vereinfachenden Annahmen. Vgl. z.B. Richter (2004), S. 25–28; Richter (2003), S. 65–69.

Zweitens ist fraglich, ob bei der Bewertung eines Unternehmens davon ausgegangen werden kann, dass die zustandsabhängigen Cashflows unter Verwendung der zustandsabhängigen Zahlungsansprüche der Wertpapiere auf einem real existierenden Kapitalmarkt dupliziert werden können. Aufgrund der bisweilen sehr komplexen Zusammensetzung der Cashflows eines Unternehmens ist vielmehr zu vermuten, dass ein real existierender Kapitalmarkt die erforderliche *spanning*-Eigenschaft nicht erfüllt, mithin keine derartige Vielfalt von Wertpapieren bereithält, die es ermöglicht, den Cashflowstrom des Bewertungsobjekts in allen möglichen Umweltzuständen über alle zukünftigen Zeitpunkte exakt zu duplizieren.[173] Überdies ist davon auszugehen, dass die Duplikation des Cashflowstroms entweder bereits mangels expliziter Kenntnis oder allein aufgrund der Vielzahl der möglichen zukünftigen Umweltzustände fehlschlägt.

Damit ist der Ansatz der risikoneutralen Bewertung, trotz des Vorteils zur Risikoberücksichtigung ohne explizite Kenntnis der individuellen Präferenzen des Investors auskommen zu können, in einer praktischen Anwendung erheblich eingeschränkt bzw. regelmäßig nicht durchführbar. Folglich wird für Zwecke der Risikoberücksichtigung ein Modell z.B. das Capital Asset Pricing-Model benötigt, das einen Zusammenhang zwischen den Marktpreisen riskanter Wertpapiere und dem bewertungsrelevanten Risiko herstellt ohne dass hierzu die *spanning*-Eigenschaft des Kapitalmarkts erforderlich wäre. Um dies bewerkstelligen zu können, müssen Bedingungen für die Existenz eines Gleichgewichts auf dem Kapitalmarkt erarbeitet werden.[174]

### 2.4.4 Capital Asset Pricing-Model

#### 2.4.4.1 Einperiodiges Modell

Ein weiterer Ansatz zur kapitalmarktorientierten Bewertung unsicherer Cashflows des Bewertungsobjekts basiert auf dem Capital Asset Pricing-Model (CAPM), dessen Modellergebnisse auf verschiedene Arten abgeleitet werden können.[175] Den Ausgangspunkt des CAPM bildet die normative Portfoliotheorie[176], da ein „Modell zur Erklärung der Risikoallokation und

[173] Vgl. zu den (eingeschränkten) Möglichkeiten der Vervollständigung eines unvollkommenen Kapitalmarkts mit Optionen z.B. Bank/Gerke (2005), S. 188–189.

[174] Vgl. Sharpe (1964), S. 433; Kruschwitz (2002), S. 167; Franke/Hax (2004), S. 385.

[175] Vgl. zu einer eher portfoliotheoretischen Ableitung Sharpe (1964) und Lintner (1965); zu einer mikroökonomischen Ableitung Mossin (1966). Zu einem Vergleich dieser drei Ableitungen Rudolph (1979), S. 125.

[176] Vgl. Markowitz (1952), S. 77–91; Rudolph (1979), S. 22–59; Haugen (2001), S. 81–104.

Preisbildung [.] Annahmen darüber voraus[setzt], wie die Investoren auf dem Kapitalmarkt ihre optimalen Portefeuilles"[177] bei unsicheren Wertpapier- bzw. Portfoliorenditen und rationalem Verhalten bilden. Den Ausgangspunkt bildet ein vollkommener Kapitalmarkt mit risikoloser Anlagemöglichkeit (AM 1–AM 6). Annahmegemäß treffen die Investoren ihre Entscheidungen über die Bildung optimaler Portfolios auf der Grundlage des Erwartungswerts und der Standardabweichung ihres Endvermögens ($\mu,\sigma$-Prinzip) (AI 1a) und verhalten sich risikoavers (AI 3).[178] Infolgedessen lassen sich die Präferenzen der Investoren durch eine Nutzenfunktion auf Basis der erwarteten Portfoliorenditen und deren Standardabweichung beschreiben,[179] wobei der Planungshorizont der Investoren annahmegemäß einheitlich eine Periode beträgt.[180] Um im Weiteren von der Existenz eines Gleichgewichts auf dem Kapitalmarkt zur Erklärung der Preisbildung ausgehen zu können, muss nicht nur angenommen werden, dass unter allen Kapitalmarktteilnehmern Einigkeit über die Höhe der Zahlung des bestimmten Wertpapiers bei Eintritt eines bestimmten Umweltzustands (AI 4) sowie über die in der Zukunft möglichen Umweltzustände besteht (AI 5). Überdies erfordert das CAPM die Erweiterung der Annahmen homogener Erwartungen bezüglich der subjektiven Eintrittswahrscheinlichkeiten derart, dass alle Investoren den einzelnen Umweltzuständen nicht mehr nur einmütig positive Eintrittswahrscheinlichkeiten, sondern allen $\omega_j$ mit $j=1,...,J$ identische subjektive Eintrittswahrscheinlichkeiten zuordnen (AI 5a).[181]

Unter diesen Annahmen kann in einem einperiodigen Modell mit den Zeitpunkten $t=0$ und $t=T$ auf einem sich im Gleichgewicht befindenden, aber nicht notwendigerweise vollständigen Kapitalmarkt ein linearer Zusammenhang zwischen der erwarteten Rendite eines riskanten Wertpapiers und dem nach vollständiger Diversifikation verbleibenden systematischen Risiko abgeleitet werden.[182] Für die erwartete Rendite $\mathbb{E}\left[\tilde{r}_{l,T}\right]$ eines beliebigen riskanten Wertpapiers $l$ mit $(l \neq 0)$ zum Zeitpunkt $t=0$ gilt dann

$$\mathbb{E}\left[\tilde{r}_{l,T}\right] = r_{f,T} + \beta_{l,T} \cdot \left(\mathbb{E}\left[\tilde{r}_{M,T}\right] - r_{f,T}\right) \tag{2.8}$$

mit

---

[177] Laux (2006), S. 95.

[178] Vgl. Markowitz (1952), S. 77; Rudolph (1979), S. 7, 10; Laux (2006), S. 120. Insoweit wird zunächst von dem mit der Annahme AI 1 unterstellten Bernoulli-Prinzip abgewichen. Allerdings ist die klassische Entscheidungsregel des $\mu,\sigma$-Prinzips unter bestimmten Voraussetzungen auch mit dem Bernoulli-Prinzip vereinbar. Siehe hierzu Kapitel 2.4.5.

[179] Vgl. Sharpe (1964), S. 428; Lintner (1965), S. 15.

[180] Vgl. Haugen (2001), S. 205; Perridon/Steiner (2003), S. 271.

[181] Vgl. Kruschwitz (2002), S. 156; Perridon/Steiner (2003), S. 269–270.

[182] Vgl. Pratt (1998), S. 71–72; Ross/Westerfield/Jaffe (2002), S. 263.

$$\beta_{l,T} = \frac{\operatorname{cov}\left(\tilde{r}_{l,T}, \tilde{r}_{M,T}\right)}{\operatorname{var}\left(\tilde{r}_{M,T}\right)}, \tag{2.9}$$

wobei $\mathbb{E}\left[\tilde{r}_{M,T}\right]$ die von den Investoren erwartete Rendite des Marktportfolios $M$ verkörpert und $\beta_{l,T}$ ein Maß für das relative Risiko der unsicheren zukünftigen Wertpapierrendite $\tilde{r}_{l,T}$ in Bezug auf Veränderungen der unsicheren Rendite des Marktportfolios $\tilde{r}_{M,T}$ darstellt.[183] Das Marktportfolio vereint alle Anteile der einzelnen riskanten Wertpapiere und spiegelt daher das Gesamtangebot auf dem Kapitalmarkt wider, das im Gleichgewicht der Gesamtnachfrage entspricht (Markträumung).[184] Die Differenz zwischen der erwarteten Rendite des Marktportfolios und dem risikolosen Zinssatz wird dabei als Marktrisikoprämie, d.h. als erwartete Überrendite eines Portfolios aller riskanten Wertpapiere gegenüber der Rendite einer Anlage im risikolosen Wertpapier ermittelt.[185] Der Zusammenhang zwischen dem systematischen (bewertungsrelevanten) Risiko und der Höhe der erwarteten Rendite des Wertpapiers wird deutlich, wenn (2.8) zu

$$\mathbb{E}\left[\tilde{r}_{l,T}\right] = r_{f,T} + \lambda_T \operatorname{cov}\left(\tilde{r}_{l,T}, \tilde{r}_{M,T}\right) \tag{2.10}$$

mit

$$\lambda_T = \frac{\left(\mathbb{E}\left[\tilde{r}_{M,T}\right] - r_{f,T}\right)}{\operatorname{var}\left(\tilde{r}_{M,T}\right)} \tag{2.11}$$

umformuliert wird.[186] Dabei bezeichnet $\lambda_T$ den für alle Investoren identischen Marktpreis des Risikos, der mit dem relativen Risikobeitrag des riskanten Wertpapiers $l$ zum Risiko des Marktportfolios (Kovarianzrisiko) multipliziert wird, um die Höhe der Risikoprämie $z_{l,T}$ auf den risikolosen Zinssatz $r_{f,T}$ zu ermitteln, für die damit

$$z_{l,T} = \beta_{l,T} \cdot \left(\mathbb{E}\left[\tilde{r}_{M,T}\right] - r_{f,T}\right) = \frac{\left(\mathbb{E}\left[\tilde{r}_{M,T}\right] - r_{f,T}\right)}{\operatorname{var}\left(\tilde{r}_{M,T}\right)} \operatorname{cov}\left(\tilde{r}_{l,T}, \tilde{r}_{M,T}\right)$$

gilt.[187] Damit kann für den erwarteten Marktwert eines Unternehmens $i$ am Ende des Planungshorizonts in $T$ unter Berücksichtigung eines etwaig vorhandenen Restwerts die Bezie-

[183] Vgl. Steiner/Wallmeier (1999)S. 709; Black (1972), S. 444.
[184] Vgl. Franke/Hax (2004), S. 351.
[185] Vgl. Stehle/Hausladen (2004), S. 928, Fn. 1 mit weiteren Synonymen für die Marktrisikoprämie.
[186] Vgl. Kruschwitz (2004), S. 294; Fama (1977), S. 5; Baetge/Niemeyer/Kümmel (2005), S. 292.
[187] Vgl. Pratt (1998), S. 72; Richter (2001), S. 180.

hung $\mathbb{E}\left[\widetilde{V}_{i,T}+\widetilde{CF}_{i,T}\right]=V_{i,0}\cdot\left(1+\mathbb{E}\left[\tilde{r}_{i,T}\right]\right)$ aufgestellt werden.[188] Folglich ergibt sich der Marktwert des Unternehmens $V_{i,0}$ zum Zeitpunkt $t=0$ gemäß

$$V_{i,0}=\frac{\mathbb{E}\left[\widetilde{CF}_{i,T}+\widetilde{V}_{i,T}\right]}{1+\mathbb{E}\left[\tilde{r}_{i,T}\right]}=\frac{\mathbb{E}\left[\widetilde{CF}_{i,T}+\widetilde{V}_{i,T}\right]}{1+\left(r_{f,T}+\beta_{i,T}\cdot\left(\mathbb{E}\left[\tilde{r}_{M,T}\right]-r_{f,T}\right)\right)},\tag{2.12}$$

wobei die von den Eigenkapitalgebern erwartete Rendite des Unternehmens $\mathbb{E}\left[\tilde{r}_{i,T}\right]$ als erwarteter Eigenkapitalkostensatz des Unternehmens $i$ interpretiert werden kann.[189] Damit erfolgt die Risikoberücksichtigung im Rahmen des CAPM regelmäßig durch die Verwendung einer risikoangepassten erwarteten Rendite des Bewertungsobjekts, wobei sich (2.12) auf die übliche Bewertungsgleichung

$$V_{i,0}=\frac{\mathbb{E}\left[\widetilde{CF}_{i,T}\right]}{1+r_{f,T}+z_{i,T}}+\frac{\mathbb{E}\left[\widetilde{V}_{i,T}\right]}{1+r_{f,T}+z_{i,T}}\tag{2.13}$$

unter Verwendung der Risikoprämie umformulieren lässt. Gleichwohl kann die Risikoberücksichtigung in (2.13) anstatt durch eine Risikoprämie auch durch einen Risikoabschlag $RA_{i,T}$ im Zähler vorgenommen werden. Dabei erfolgt die Unternehmensbewertung wiederum auf der Grundlage des Sicherheitsäquivalents, das unter Verwendung des CAPM kapitalmarktorientiert abgeleitet wurde. Folglich gilt:[190]

$$\begin{aligned}V_{i,0}&=\frac{\mathbb{E}\left[\widetilde{CF}_{i,T}+\widetilde{V}_{i,T}\right]-RA_{i,T}}{1+r_{f,T}}\\&=\frac{\mathbb{E}\left[\widetilde{CF}_{i,T}+\widetilde{V}_{i,T}\right]-\lambda_T\operatorname{cov}\left(\left(\widetilde{CF}_{i,T}+\widetilde{V}_{i,T}\right),\tilde{r}_{M,T}\right)}{1+r_{f,T}}\\&=\frac{\mathbb{S}\left[\widetilde{CF}_{i,T}+\widetilde{V}_{i,T}\right]}{1+r_{f,T}}.\end{aligned}\tag{2.14}$$

Mit (2.14) kommt der zentrale Unterschied zwischen dem subjektiven und dem kapitalmarktorientierten Unternehmensbewertungsansatz auf der Grundlage des CAPM zum Ausdruck. Während im subjektiven Ansatz ein Rückgriff auf die individuellen Risikopräferenzen der Investoren vorgenommen werden muss und damit die Kenntnis der Nutzenfunktion zur Ablei-

---

[188] Vgl. ohne explizite Trennung zwischen Cashflow und Restwert Fama (1977), S. 6; ähnlich Stehle (2004), S. 912.

[189] Vgl. Stehle (2004), S. 912.

[190] Vgl. Fama (1977), S. 7; Schwetzler (2000), S. 470; Röder/Müller (2001), S. 226.

tung des Sicherheitsäquivalents erforderlich ist, gelingt unter den hier getroffenen Annahmen die Ermittlung des Sicherheitsäquivalents ohne explizite Kenntnis der Nutzenfunktionen der Investoren.

Die Ergebnisse des CAPM und die darauf aufbauenden Bewertungsgleichungen stoßen im Fachschrifttum nicht selten auf berechtigte Kritik.[191] Das zentrale Argument gegen die Eignung des CAPM für Zwecke der Unternehmensbewertung wird häufig in der einperiodigen Formulierung der Bewertungsgleichungen gesehen, die eine für die Unternehmensbewertung regelmäßig erforderliche Bewertung mehrperiodiger Cashflowströme nicht erlaubt. Zwar stehen im Fachschrifttum mehrperiodige Varianten des CAPM zur Verfügung,[192] jedoch haben diese aufgrund ihrer Komplexität in der Unternehmensbewertung kaum Bedeutung erlangt. Stattdessen wird regelmäßig das einperiodige CAPM zur Bewertung mehrperiodiger Cashflowströme mehrfach, d.h. zeitlich hintereinander angewendet. Daher ist im Folgenden zu klären, unter welchen Voraussetzungen diese Vereinfachung vorgenommen werden darf.

### 2.4.4.2 Mehrperiodiges Modell

Während der Ansatz der risikoneutralen Bewertung von einem einperiodigen Modell auf ein mehrperiodiges Modell übertragen werden konnte, wird für das CAPM kein mehrperiodiges Modell im eigentlichen Sinne abgeleitet, sondern erläutert, unter welchen Voraussetzungen das einperiodige CAPM auf die Bewertung mehrperiodiger Cashflowströme mehrfach zeitlich hintereinander angewendet werden kann (mehrperiodige Anwendung). Den Ausgangspunkt hierfür bildet der Marktwert eines Unternehmens $i$, der im mehrperiodigen Modell mit den Zeitpunkten $t = 0,1,...,T$ zunächst unter Rückgriff auf (2.14) in $T-1$ ermittelt wird.[193] Dazu wird zunächst vereinfachend unterstellt, dass das Unternehmen nur in einem einzigen Zeitpunkt $T$ eine Zahlung an die Investoren leistet, die sich aus dem Cashflows $\widetilde{CF}_{i,T}$ ergibt, womit gilt:[194]

[191] Siehe hierzu Kapitel 2.4.5; Timmreck (2004), S. 66–67.

[192] Vgl. z.B. die Modelle von Merton (1973a), S. 867–887 und Breeden (1979), S. 265–296.

[193] Vgl. Fama (1977), S. 8.

[194] Ebenfalls vereinfachungsbedingt wird zunächst von der expliziten Berücksichtigung eines etwaig vorhandenen Restwerts in $T$ abgesehen. Alternativ könnte auch angenommen werden, dass ein erwarteter Veräußerungserlös in Höhe des Restwerts bereits im Cashflows in $T$ enthalten ist.

$$V_{i,T-1} = \frac{\mathbb{E}\left[\widetilde{CF}_{i,T}\right] - \lambda_{T-1,T}\operatorname{cov}\left(\widetilde{CF}_{i,T}, \tilde{r}_{M,T-1,T}\right)}{1 + r_{f,T-1,T}}.[195] \tag{2.15}$$

Die Bewertung des Unternehmens in $T-2$ hängt nun davon ab, welche Ursachen für das Risiko im Modellrahmen des CAPM zulässig sind.[196] Im Ergebnis muss für eine mehrperiodige Anwendung des CAPM angenommen werden, dass Veränderungen des (einperiodigen) risikolosen Zinssatzes $r_{f,T-1,T}$ und des Marktpreises des Risikos $\lambda_{T-1,T}$ im Zeitablauf nicht stochastisch, sondern deterministisch erfolgen.[197] Infolgedessen kann die Unsicherheit im Zeitablauf nur noch aus der Entwicklung von $\mathbb{E}\left[\widetilde{CF}_{i,T}\right]$ und $\operatorname{cov}\left(\widetilde{CF}_{i,T}, \tilde{r}_{M,T-1,T}\right)$ stammen.

Die Abbildung der Unsicherheit bezüglich $\mathbb{E}\left[\widetilde{CF}_{i,T}\right]$ gelingt, indem die Erwartungsänderungen der Investoren im Zeitablauf durch eine Zufallsvariable $\tilde{\varepsilon}_T$ mit $\mathbb{E}[\tilde{\varepsilon}_T] = 0$ beschrieben werden. Der in $T$ eintretende Cashflow weicht daher gemäß

$$\widetilde{CF}_{i,T} = \mathbb{E}\left[\widetilde{CF}_{i,T} \middle| \mathcal{F}_{T-1}\right] \cdot \left(1 + \tilde{\varepsilon}_{i,T}\right) \tag{2.16}$$

von dem auf den Informationsstand in $T-1$ bedingten Erwartungswert des Cashflows $\mathbb{E}\left[\widetilde{CF}_{i,T} \middle| \mathcal{F}_{T-1}\right]$ ab. Unter Verwendung von (2.16) kann (2.15) zu

$$V_{i,T-1} = \mathbb{E}\left[\widetilde{CF}_{i,T} \middle| \mathcal{F}_{T-1}\right] \cdot \frac{1 - \lambda_{T-1,T}\operatorname{cov}\left(\tilde{\varepsilon}_{i,T}, \tilde{r}_{M,T-1,T}\right)}{1 + r_{f,T-1,T}} = \frac{\mathbb{E}\left[\widetilde{CF}_{i,T} \middle| \mathcal{F}_{T-1}\right]}{\mathbb{E}\left[\tilde{r}_{i,T-1,T}\right]} \tag{2.17}$$

umformuliert werden.[198] Während im einperiodigen Modell die erwartete Rendite des Unternehmens $\mathbb{E}\left[\tilde{r}_{i,T-1,T}\right]$ ebenfalls stets einperiodig ist, wird die erwartete Rendite des Unternehmens gemäß (2.8) im mehrperiodigen Modell allgemein anhand der Zeitpunkte $u-1$ und $u$ mit $t+1 \leq u \leq T$ durch

$$\mathbb{E}\left[\tilde{r}_{i,u-1,u}\right] = r_{f,u-1,u} + \beta_{l,u-1,u}\left(\mathbb{E}\left[\tilde{r}_{M,u-1,u}\right] - r_{f,u-1,u}\right) \tag{2.18}$$

---

[195] Um zu verdeutlichen, dass die hier als mehrpriodiges Modell bezeichnete mehrperiodige Anwendung des CAPM die einperiodige Ermittlung aller zeitraumbezogenen Größen erfordert, werden diese durch die Angabe des Start- und Endzeitpunkt formal präszisiert. Inhaltlich handelt es sich indes weiterhin um die im einperiodigen Modell definierten Größen.

[196] Vgl. zu den Risikoquellen Röder/Müller (2001), S. 226.

[197] Vgl. Fama (1977), S. 11. Aus der Sicht von $T-2$ ist von einem Zusammenhang zwischen der Unsicherheit über die in $T-1$ realisierte Rendite und der Unsicherheit über die Eigenschaften der möglichen Portfolios (Portfoliomöglichkeiten, *portfolio opportunity set*) in $T-1$ abzusehen, da die Investoren andernfalls einen Anreiz dazu hätten, sich gegen das Risiko der sich ändernden Portfoliomöglichkeiten abzusichern. Vgl. m.w.N. Fama (1977), S. 8.

[198] Vgl. ausführlich Fama (1977), S. 11.

präzisiert. Bei der Ermittlung des Marktwerts des Unternehmens in $T-2$ könnte vermutet werden, dass es sich bei $\mathbb{E}\left[\tilde{r}_{i,T-1,T}\right]$ aus der Sicht von $T-2$ um eine Zufallsvariable handelt. Da $\mathbb{E}\left[\tilde{r}_{i,T-1,T}\right]$ jedoch einen Teil der Portfoliomöglichkeiten in $T-1$ umfasst, und die Unsicherheit hinsichtlich zukünftiger Portfoliomöglichkeiten annahmegemäß bereits ausgeschlossen wurde, muss die erwartete Rendite des Unternehmens bei mehrperiodiger Anwendung des CAPM ebenfalls als sicher angenommen werden. Mit dem bereits erfolgten Ausschluss der Unsicherheit bezüglich des Marktpreises des Risikos und der risikolosen Zinssätze muss $\operatorname{cov}\left(\tilde{\varepsilon}_{i,T},\tilde{r}_{M,T-1,T}\right)$ im Zeitablauf ebenfalls deterministisch sein, womit $\mathbb{E}\left[\widetilde{CF}_{i,T}\middle|\mathcal{F}_{T-1}\right]$ als einzige zulässige Unsicherheitsquelle in $T-2$ verbleibt.[199] Unter dieser Annahme deterministischer erwarteter Renditen des Unternehmens im Zeitlauf kann der Marktwert des Unternehmens $i$, das nur im Zeitpunkt $T$ einen Cashflow an die Investoren zahlt zu jedem beliebigen Zeitpunkt $t$ gemäß

$$V_{i,t}=\frac{\mathbb{E}\left[\widetilde{CF}_{i,T}\middle|\mathcal{F}_t\right]}{\left(1+\mathbb{E}\left[\tilde{r}_{i,t,t+1}\right]\right)\cdot\ldots\cdot\left(1+\mathbb{E}\left[\tilde{r}_{i,T-1,T}\right]\right)}=\frac{\mathbb{E}\left[\widetilde{CF}_{i,T}\middle|\mathcal{F}_t\right]}{\prod_{s=t+1}^{T}\left(1+\mathbb{E}\left[\tilde{r}_{i,s-1,s}\right]\right)} \tag{2.19}$$

ermittelt werden, wobei sich die erwarteten Renditen des Unternehmens $\mathbb{E}\left[\tilde{r}_{i,s-1,s}\right]$ analog zu (2.18) ergeben.[200]

Im letzten Schritt kann (2.19) unter den bereits getroffenen Annahmen, die eine mehrperiodige Anwendung des CAPM ermöglichen, auf die Bewertung von Unternehmen übertragen werden, die zu mehreren Zeitpunkten $s$ mit $t<s\leq T$ Cashflows an die Investoren zahlen. Unter expliziter Berücksichtigung eines Restwerts $\tilde{V}_{i,T}$ gilt für den Marktwert des Unternehmens in $t$ daher:

$$V_{i,t}=\sum_{s=t+1}^{T}\frac{\mathbb{E}\left[\widetilde{CF}_{i,s}\middle|\mathcal{F}_t\right]}{\prod_{u=t+1}^{s}\left(1+\mathbb{E}\left[\tilde{r}_{i,u-1,u}\right]\right)}+\frac{\mathbb{E}\left[\tilde{V}_{i,T}\middle|\mathcal{F}_t\right]}{\prod_{u=t+1}^{T}\left(1+\mathbb{E}\left[\tilde{r}_{i,u-1,u}\right]\right)}. \tag{2.20}$$ [201]

Obwohl mit Hilfe des einperiodigen CAPM die Bewertung eines mehrperiodigen Cashflowstroms gelingen kann, stellen die hierzu erforderlichen Annahmen deterministischer Veränderungen sowohl des einperiodigen risikolosen Zinssatzes als auch des Marktpreises des Risikos starke Einschränkungen der Allgemeinheit dar. Insbesondere die Annahme deterministischer

---

[199] Vgl. Fama (1977), S. 11.

[200] Vgl. ausführlich Fama (1977), S. 11–14; Röder/Müller (2001), S. 231.

[201] Vgl. Fama (1977), S. 19.

erwarteter Renditen des Unternehmens im Zeitablauf gilt als sehr restriktive Annahme, da mit ihr davon ausgegangen werden muss, dass der Investor im Zeitpunkt der Bewertung die – nicht notwendigerweise konstante – Höhe aller zukünftigen einperiodigen Eigenkapitalkostensätze bereits kennt. Allerdings handelt es sich bei der Annahme deterministischer Eigenkapitalkostensätze um keine spezifische Annahme des CAPM, denn auch alternative Unternehmensbewertungsansätze erfordern bisweilen ebenfalls die Annahme deterministischer Kapitalkosten.[202]

Allerdings werden bereits die zur Ableitung des einperiodigen CAPM erforderlichen Annahmen des vollkommenen Kapitalmarkts und der Existenz eines risikolosen Zinssatzes hinsichtlich ihres Realitätsbezugs als kritisch eingestuft.[203] Zwar existieren Modellvarianten des CAPM, die in der Lage sind, auf einzelne dieser Annahmen zu verzichten.[204] Im Zentrum der Kritik am CAPM steht hingegen die im Zusammenhang mit der normativen Portfoliotheorie getroffene Annahme, dass sich die Investoren bei ihren Entscheidungen an der klassischen Entscheidungsregel des $\mu,\sigma$-Prinzips orientieren. Dabei ist das $\mu,\sigma$-Prinzip nicht notwendigerweise mit dem axiomatisch begründeten Bernoulli-Prinzip vereinbar.[205] Eine Vereinbarkeit beider Entscheidungsregeln existiert nur, sofern entweder von normalverteilten Wertpapierrenditen ausgegangen werden kann oder die Investoren über eine quadratische Nutzenfunktion verfügen.[206]

Gegen die Annahme normalverteilter Wertpapierrenditen spricht bereits die auf das eingesetzte Kapital begrenzte Haftung der Investoren bei einer Vielzahl der auf dem Kapitalmarkt gehandelten riskanten Wertpapieren.[207] Demnach sind Wertpapierrenditen kleiner als -100 % des Kapitaleinsatzes regelmäßig ausgeschlossen. Dies kollidiert unmittelbar mit der Annahme der Normalverteilung der Wertpapierrenditen. Zudem zeigen empirische Studien, dass die tatsächlich auf einem Kapitalmarkt beobachtbaren Wertpapierrenditen häufig nicht normalverteilt sind, da extreme Wertpapierrenditen relativ zur Annahme der Normalverteilung zu häufig

---

[202] Vgl. mit umfangreicher Begründung Kruschwitz/Löffler (2006), S. 23–25.

[203] Vgl. z.B. Böcking/Nowak (1998), S. 688–690; Hering (2006), S. 182; Ballwieser (2001), S. 23.

[204] Vgl. z.B. Black (1972) zu einem CAPM ohne Existenz eines risikolosen Wertpapiers; Brennan (1970) zu einem CAPM unter Einbezug von Steuern und z.B. Merton (1973a) zu einer Erweiterung des CAPM auf den Mehrperiodenfall.

[205] Vgl. Laux (2006), S. 17.

[206] Vgl. Röder/Müller (2001), S. 227; Laux (2005), S. 202–203, 209–210.

[207] Z.B. gilt dies nicht für nicht vollständig eingezahlte Aktien gemäß den §§ 9 Abs. 1, 36a Abs. 1 AktG, bei denen der Investor z.B. im Falle der Insolvenz einer Nachschusspflicht ausgesetzt sein kann, soweit ein solcher Anspruch nicht bereits nach § 54 Abs. 4 AktG verjährt ist.

auftreten (*fat tails*).[208] Auf die Annahme normalverteilter Wertpapierrenditen könnte indes zu Gunsten beliebig verteilter Wertpapierrenditen verzichtet werden, falls stattdessen eine quadratische Nutzenfunktion der Investoren unterstellt wird.[209] Allerdings weist eine quadratische Nutzenfunktion keinen streng monoton steigenden Verlauf auf. Mithin existiert ein Nutzenmaximum (Sättigungsniveau), ab dem die Investoren jeder zusätzlichen Geldeinheit einen negativen Grenznutzen zuordnen. Diese Annahme ist hingegen wenig sinnvoll, wenn davon ausgegangen werden soll, dass die Investoren ein höheres Endvermögen stets einem niedrigeren vorziehen. Allerdings könnte die Vereinbarkeit des $\mu,\sigma$-Prinzips mit dem Bernoulli-Prinzip, dann gegeben sein, falls die möglichen Endvermögenswerte „innerhalb eines Intervalls liegen, für das die Nutzenfunktion (hinreichend genau) durch ein ansteigendes Parabelstück approximiert werden kann."[210]

Kritisch erscheinen zudem die Annahmen homogener Erwartungen (AI 4, AI 5a), die dazu führen, dass alle Investoren identische Vorstellungen über die Erwartungswerte, Varianzen und Kovarianzen der Portfolio- bzw. Wertpapierrenditen aufweisen. Zwar können unter diesen Annahmen die zentralen Ergebnisse des CAPM unter der Voraussetzung eines sich im Gleichgewicht befindlichen Kapitalmarkts abgeleitet werden, jedoch bereitet der Beweis der Existenz und der Eindeutigkeit eines Gleichgewichts erhebliche Schwierigkeiten. Zugleich stoßen empirische Tests der Gültigkeit des CAPM auf methodische Schwierigkeiten.[211] Dennoch können die vorliegenden Studien dem CAPM regelmäßig einen – wenn auch bisweilen geringen – Erklärungsgehalt bescheinigen.[212]

Letztlich darf nicht übersehen werden, dass ohne die Inkaufnahme der Annahmen des CAPM häufig wesentlich komplexere, mehrperiodige Kapitalmarktmodelle erforderlich wären, deren Anwendung aufgrund einer mangelnden Verfügbarkeit der erforderlichen Daten eingeschränkt ist.[213] Nicht zuletzt deshalb wird auch von der Anwendung eines mehrperiodigen CAPM abgesehen und stattdessen – unter zugegebenermaßen restriktiven Annahmen – zur Bewertung mehrperiodiger Cashflowströme die mehrperiodige Anwendung des CAPM vorgeschlagen. Der Vorzug des CAPM liegt folglich in der geschlossenen Lösung zur Erklärung

---

[208] Vgl. Campbell/Lo/MacKinley (1997), S. 210; Oehler/Unser (2001), S. 87.

[209] Vgl. Kruschwitz (2005), S. 317.

[210] Laux (2006), S. 24.

[211] Vgl. zusammenfassend Roll (1977a), S. 130–132; Ballwieser (2001), S. 23.

[212] Vgl. zu einem Überblick über die empirische Untersuchungen zur Überprüfung des CAPM z.B. Perridon/Steiner (2003), S. 281–283; Brealey/Myers (2003), S. 198–202.

[213] Vg. z.B. Wiese (2006), S. 42–43.

des Zusammenhangs zwischen der erwarteten Rendite riskanter Wertpapiere und dem bewertungsrelevanten Risiko unter der Voraussetzung rationalen Verhaltens der Investoren auf einem vollkommenen Kapitalmarkt. Letztlich ist es damit genau dieser Zusammenhang, der für die Verwendung des CAPM im Rahmen der Risikoberücksichtigung eines kapitalmarktorientierten Unternehmensbewertungsansatzes spricht.

### 2.4.5 Kritische Würdigung der kapitalmarktorientierten Unternehmensbewertungsansätze

Die Erläuterung der kapitalmarktorientierten Unternehmensbewertungsansätze hat bereits die spezifischen Stärken und Schwächen der einzelnen Ansätze für Zwecke der Risikoberücksichtigung offenbart. Beiden kapitalmarktorientierten Ansätzen haftet jedoch die Kritik an, dass der Zweck der Unternehmensbewertung, der in der Ermittlung subjektiver Grenzpreise besteht, mit einer Ermittlung des Marktwerts des Unternehmens nicht erfüllt werden kann.[214] Dagegen kann allerdings eingewendet werden, dass gerade die Unkenntnis bezüglich der individuellen Präferenzen und des Entscheidungsfelds der Investoren den Auslöser für eine weniger subjektbezogene und stärker kapitalmarktorientierte Unternehmensbewertung darstellt, da ein (rein) subjektiver Unternehmensbewertungsansatz in diesem Fall misslingt.[215]

Gleichwohl zeigen die beiden vorgestellten kapitalmarktorientierten Unternehmensbewertungsansätze, dass bei Einbezug eines vollkommenen Kapitalmarkts, der entweder die *spanning*-Eigenschaft erfüllt oder bei Gültigkeit der im CAPM zu treffenden Annahmen kein Raum für divergierende, subjektabhängige Grenzpreise der Investoren besteht. Vielmehr stimmen unter den jeweiligen Annahmen der Ansätze der subjektive Wert (Grenzpreis) und der Marktpreis (Marktwert) des Unternehmens überein. Infolgedessen entfällt bei beobachtbaren Marktpreisen für das Bewertungsobjekt einerseits jede Bewertungsnotwendigkeit und andererseits wäre kein rational handelnder Investor bereit, für das Unternehmen mehr zu zahlen oder weniger zu verlangen als den mit dem subjektiven Grenzpreis identischen Marktwert des Unternehmens.[216] Damit eröffnet sich die Frage, warum ein Investor überhaupt bereit sein sollte sich an einer Unternehmenstransaktion zum Grenzpreis bzw. Marktwert zu beteiligen, wenn der Investor erstens ohnehin nur einen Kapitalwert von null realisieren kann oder zwei-

---

[214] Vgl. z.B. Hering (2006), S. 148–149.
[215] Vgl. z.B. Kruschwitz/Löffler (2003a), S. 1336.
[216] Vgl. Schildbach (1998), S. 306.

tens im Fall der Duplizierbarkeit des Cashflowstroms des Unternehmens in der Lage wäre diesen durch geschickte Portfoliobildung mit Wertpapieren nachzubilden.[217]

Dieses Dilemma, dass unbekannte bzw. schwer zu ermittelnde individuelle Präferenzen von einem subjektiven zu den kapitalmarktorientierten Unternehmensbewertungsansätzen führen, diese hingegen unter den erforderlichen Annahmen einen Bewertungsanlass regelmäßig nicht erkennen lassen, kann mit logischen Argumenten kaum aufgelöst werden. Allerdings kann in der Prognose des Marktwerts von Wertpapieren, die neu auf dem Kapitalmarkt begeben werden, ein Bewertungsanlass gesehen werden.[218] Dieser Bewertungsanlass schafft zugleich einen Bezug zu dem in Realität vorzufindenen Fall der Bewertung eines Unternehmens, dessen Anteile nicht auf einem real existierenden Kapitalmarkt gehandelt werden und daher unter Rückgriff auf ein kapitalmarktgehandeltes Vergleichsobjekts bewertet werden müssen. Tatsächlich wird die Bewertung von Unternehmen mit Hilfe der vorgestellten Verfahren nicht obsolet, da in der Realität grundsätzlich zwischen dem Wert und dem Preis eines Unternehmens zu differenzieren ist.[219] Ein rational handelnder Investor wird ein Unternehmen nur dann erwerben (veräußern), falls der subjektive Wert (Grenzpreis) höher (niedriger) ist als der Preis des Unternehmens, der theoretisch als Marktwert des Unternehmens auf Basis des CAPM ermittelt werden kann.[220] Da die subjektiven Präferenzen des Investors indes regelmäßig nicht vollständig bekannt oder ermittelbar sind, kann die Ermittlung des Marktwerts des Unternehmens als potenzieller Preis des Unternehmens und als Ausgangsgröße zur Ermittlung des Grenzpreises angesehen werden.[221] Letztlich stellt der Grenzpreis selbst nur einen potenziellen Preis für das Unternehmen dar. Darüber hinaus ist zu bedenken, dass auf einem real existierenden Kapitalmarkt keine Preise für ganze Unternehmen und große Unternehmenspakete beobachtet werden können, sondern lediglich nur Marktpreise für eine einzelne Aktie eines Unternehmens.[222]

---

[217] Vgl. Kruschwitz/Löffler (2006), S. 28.

[218] Vgl. Laux (2006), S. 127–129. Vgl. zu Bewertungsanlässen mit Kapitalmarktbezug ausführlich Richter (2002), S. 28–38.

[219] Vgl. Ballwieser (2003a), S. 15; Richter (2002), S. 39–40; Stehle (2004), S. 911.

[220] So werden die Bewertungsgleichungen zur Ermittlung von Marktwerten „von verschiedenen Investoren mit unterschiedlichen Parameterwerten versehen und führen zu individuellen Wertbestimmungen. Sie dienen nichts anderem als zu Grenzpreisbestimmungen“. Ballwieser (2001), S. 22.

[221] Vgl. Ballwieser (2003a), S. 15.

[222] Dass die Summe der Marktpreise aller Aktien eines Unternehmens nicht mit dem in einer Transaktion gezahlten Preis für das Unternehmen überstimmt, zeigt sich anhand der sog. Übernahmeprämien. Vgl. z.B. Dombret/Mager/Reinschmidt (2006), S. 766–768; Ballwieser (2003a), S. 19–21.

Allerdings muss nicht nur die Anwendbarkeit des subjektiven Unternehmensbewertungsansatzes verneint werden, sondern häufig auch die der risikoneutralen Bewertung. Vielmehr wird davon auszugehen sein, dass die auf einem real existierenden Kapitalmarkt gehandelten Wertpapiere eine Duplikation des sich in komplexer Weise zusammensetzenden Cashflowstroms des Bewertungsobjekts (*spanning*) nicht erlauben und die unbekannten risikoneutralen Wahrscheinlichkeiten nicht ermittelbar sind. Einzig die im Rahmen des kapitalmarktorientierten Unternehmensbewertungsansatzes auf Basis des CAPM erforderlichen Größen scheinen einer Schätzung unter Rückgriff auf beobachtbare Kapitalmarktgrößen zugänglich zu sein. Obwohl diesbezüglich zahlreiche Schätzprobleme bestehen, kann festgehalten werden, dass die erforderlichen Größen des CAPM – wenn auch mit Einschränkungen – überhaupt einer Schätzung zugänglich sind und damit die Anwendung eines auf dem CAPM basierenden Unternehmensbewertungsansatzes gestatten.

## 2.5 Zukunftsorientierte Schätzung periodenspezifischer Eigenkapitalkostensätze

Wird trotz der Kritik an einem kapitalmarktorientierten Unternehmensbewertungsansatz auf der Grundlage des CAPM festgehalten, besteht eines der Hauptprobleme bei der Unternehmensbewertung in der Schätzung der erwarteten Eigenkapitalkostensätze im Sinne erwarteter zukünftiger Renditen eines riskanten Wertpapiers. Die zentrale Bewertungsgleichung zur Ermittlung des Marktwerts eines Bewertungsobjekts $i$ mit mehrperiodigem Cashflowstrom im CAPM (2.20) zeigt mit

$$V_{i,t} = \sum_{s=t+1}^{T} \frac{\mathbb{E}\left[\widetilde{CF}_{i,s} \middle| \mathcal{F}_t\right]}{\prod_{u=t+1}^{s}\left(1+\mathbb{E}\left[\tilde{r}_{i,u-1,u}\right]\right)} + \frac{\mathbb{E}\left[\tilde{V}_{i,T} \middle| \mathcal{F}_t\right]}{\prod_{u=t+1}^{T}\left(1+\mathbb{E}\left[\tilde{r}_{i,u-1,u}\right]\right)}$$

eindeutig, dass sich die erwarteten Renditen bzw. Eigenkapitalkostensätze des Bewertungsobjekts $\mathbb{E}\left[\tilde{r}_{i,u-1,u}\right]$ gemäß (2.18) mit

$$\mathbb{E}\left[\tilde{r}_{i,u-1,u}\right] = r_{f,u-1,u} + \beta_{i,u-1,u}\left(\mathbb{E}\left[\tilde{r}_{M,u-1,u}\right] - r_{f,u-1,u}\right)$$

auf einen zukünftigen einperiodigen Zeitraum $[u-1,u]$ beziehen, da $u \geq t+1$ aus der Sicht des Bewertungsstichtags $t$ in der Zukunft liegt. Die Abbildung 1 verdeutlicht für den Fall des Bewertungsstichtags $t=0$ diese Definition der erwarteten (einperiodigen) Eigenkapitalkostensätze bei mehrperiodiger Anwendung des CAPM und führt in Zusammenhang mit dem

Stichtags- und Zukunftsbezogenheitsprinzip zu einer sachgerechten Definition des Begriffs der zukunftsorientierten Schätzung von Eigenkapitalkostensätzen.

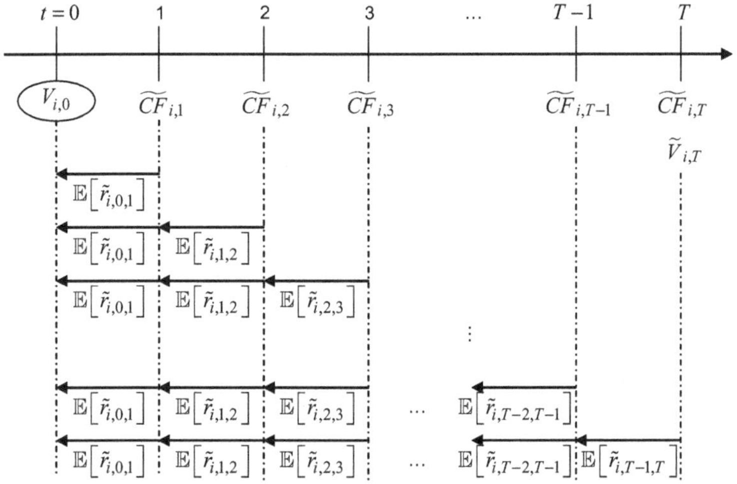


Abbildung 1: Marktwert des Bewertungsobjekts mit mehrperiodigem Cashflowstrom im CAPM

Da nach dem Stichtagsprinzip nur die am Bewertungsstichtag, der allgemein mit $t$ bezeichnet wird, verfügbaren Informationen bei der Bewertung des Unternehmens berücksichtigt werden dürfen, liegen am Bewertungsstichtag lediglich vergangenheitsbezogene und stichtagsaktuelle Informationen vor. Als vergangenheitsbezogene Informationen können die beobachteten, historischen Marktpreise und Renditen für die auf einem real existierenden Kapitalmarkt gehandelten Wertpapiere angesehen werden, wogegen die am Bewertungsstichtag vorliegenden Marktpreise der kapitalmarktgehandelten Wertpapiere stichtagsaktuelle Informationen darstellen.

Auf einem informationseffizienten Kapitalmarkt spiegeln die Marktpreise der gehandelten Wertpapiere alle öffentlich verfügbaren Informationen und damit auch alle vergangenheitsbezogenen Informationen wider, die den Preis der Wertpapiere beeinflussen können.[223] Wird von einem informationseffizienten Kapitalmarkt ausgegangen, können die am Bewertungsstichtag beobachtbaren Marktpreise der kapitalmarktgehandelten Wertpapiere herangezogen werden, um die in den Marktpreisen enthaltenen Erwartungen der Kapitalmarktteilnehmer zur

[223] Vgl. zu einem Überblick z.B. Wagenhofer/Ewert (2003), S. 104–110.

zukunftsorientierten Schätzung der Bestandteile der erwarteten Eigenkapitalkostensätze des Bewertungsobjekts heranzuziehen.

Allerdings sind die Bestandteile der erwarteten Eigenkapitalkostensätze auf einem real existierenden Kapitalmarkt nicht unmittelbar beobachtbar, sondern lediglich die Marktpreise von Wertpapieren und Derivaten, die gegebenenfalls von der Höhe eines oder mehrerer dieser Bestandteile abhängen.[224] Demnach kann es zur zukunftsorientierten Schätzung der Bestandteile der erwarteten Eigenkapitalkostensätze erforderlich sein, mit Hilfe eines Bewertungsmodells einen (eindeutigen) Zusammenhang zwischen dem beobachtbaren Marktpreis eines Wertpapiers oder Derivats und einem zur zukunftsorientierten Schätzung der erwarteten Eigenkapitalkostensätze benötigten Bestandteil herzustellen, um diesen bei unterstellter Gültigkeit eines geeigneten Bewertungsmodells aus den Marktpreisen rechnerisch ermitteln zu können. Daher wird unter einer zukunftsorientierten Schätzung der erwarteten Eigenkapitalkostensätze die Ermittlung der implizit in den stichtagsaktuellen Marktpreisen enthaltenen einzelnen Bestandteile der Eigenkapitalkostensätze verstanden, die die Erwartungen der Kapitalmarktteilnehmer reflektieren.

Angesichts des Stichtags- und Laufzeitäquivalenzprinzips in der Unternehmensbewertung sind dabei zwei zentrale Grundsätze einzuhalten. Erstens muss zur Einhaltung des Stichtagsprinzips der Marktpreis eines Wertpapiers oder Derivats am Bewertungsstichtag erklärt werden, d.h., dass alle weiteren bewertungsrelevanten Parameter, die zur Erklärung des benötigten Bestandteils der erwarteten Eigenkapitalkostensätze mit Hilfe eines geeigneten Bewertungsmodells erforderlich sind, ebenfalls stichtagsaktuell und damit ohne Rückgriff auf vergangenheitsorientierte Daten zu ermitteln oder zu schätzen sind. Zweitens sind die einzelnen Bestandteile der erwarteten Eigenkapitalkostensätze so zu ermitteln, dass die durch (2.20) mit (2.18) gewährleistete laufzeitäquivalente Bewertung jedes einzelnen Cashflows erhalten bleibt. Folglich sind aus der Sicht des Bewertungsstichtags $t$, der damit zugleich dem Bewertungszeitpunkt der zur Schätzung verwendeten Wertpapiere und Derivate darstellt, periodige erwartete Eigenkapitalkostensätze zukunftsorientiert zu schätzen.

[224] Zu einer Definition und Beschreibung von Derivaten siehe Kapitel 4.2.1.

# 3 Zukunftsorientierte Schätzung von risikolosen Zinssätzen

## 3.1 Einleitung

Die Schätzung des risikolosen Zinssatzes als Bestandteil des erwarteten Eigenkapitalkostensatzes ist eng mit der Schätzung des risikolosen Basiszinsfußes als Bestandteil des Kalkulationszinsfußes z.B. im Rahmen des Ertragswertverfahrens verbunden. Der Grund hierfür besteht darin, dass sowohl der erwartete Eigenkapitalkostensatz als auch der risikoangepasste Kalkulationszinsfuß vereinfachend als der um eine sachgerechte Risikoprämie (Risikozuschlag) erhöhte risikolose Zinssatz aufgefasst werden kann.[225] In beiden Fällen hat der risikolose Zinssatz die Aufgabe, die den Investoren im Bewertungszeitpunkt zur Verfügung stehende risikolose Kapitalanlagealternative abzubilden.[226] Der Zinssatz gilt dabei allgemein als Preis für die Überlassung finanzieller Ressourcen, dessen Höhe grundsätzlich von der Dauer der Überlassung abhängt. Allerdings herrscht Einigkeit darüber, dass das benötigte theoretische Ideal einer vollkommen risikolosen Anlage auf einem real existierenden Kapitalmarkt nicht beobachtbar ist. Für Zwecke der zukunftsorientierten Schätzung des risikolosen Zinssatzes muss daher hilfsweise auf die als „quasisicher“[227] geltende Verzinsung von festverzinslichen Wertpapieren[228] zurückgegriffen werden, die von öffentlichen bzw. staatlichen Schuldnern bester Bonität emittiert wurden und daher als ausfallrisikolos angesehen werden können.[229]

Umstritten ist einerseits, ob der am Bewertungsstichtag zukunftsorientiert ermittelte risikolose Zinssatz oder ein prognostizierter risikoloser Zinssatz für künftige Perioden heranzuziehen ist.

[225] Neben einem Risikozuschlag können weitere Zu- oder Abschläge auf den risikolosen Zinssatz erforderlich sein, die im Rahmen dieser Arbeit jedoch nicht weiter problematisiert werden. Vgl. z.B. Ballwieser (2002), S. 737, 741–742; Siepe (2003), S. 86.

[226] Vgl. z.B. Drukarczyk (2003), S. 352; Widmann/Schieszl/Jeromin (2003), S. 800; Schwetzler (1996), S. 1082. Eine Kapitalmarktanlage gilt dann als ausfallrisikolos, wenn der Schuldner die vereinbarten Zins- und Tilgungszahlungen termingerecht und in voller Höhe an die Gläubiger leistet. Darüber hinaus muss die risikolose Kapitalanlagealternative hinsichtlich der inneren und äußeren Kaufkraft äquivalent zu den zu bewertenden Cashflows des Bewertungsobjekts sein, um von Inflations- und Währungsrisiken absehen zu können. Vgl. Ballwieser (1988), S. 800–811.

[227] Vgl. Moxter (1983), S. 146.

[228] Nach § 16 Abs. 2 RechKredV gelten Wertpapiere unabhängig von ihrer Art der Verzinsung als festverzinslich, sofern sie Gläubigerrechte verbriefen. Daher wird der Begriff des festverzinslichen Wertpapiers im Folgenden als Oberbegriff für Null-Kupon- und Kuponanleihen verwendet. Vgl. Hartmann-Wendels/Pfingsten/Weber (2004), S. 755.

[229] Vgl. IDW S 1 (2005), Tz. 126–127. Ein vernachlässigbar geringes Ausfallrisiko wird regelmäßig für entwickelte Industrienationen unterstellt, die von den Ratingagenturen beste Bewertungen erhalten. Vgl. Gebhardt/Daske (2005), S. 650; Obermaier (2006), S. 472. Zu einem Überblick über die Ratingbewertungen vgl. Oehler/Unser (2001), S. 253–256.

Andererseits bestehen selbst bei Außerachtlassen aller Vorschläge, die die Verwendung eines vergangenheitsorierentierten risikolosen Durchschnittszinssatzes umfassen, scheinbar mehrere Möglichkeiten den risikolosen Zinssatz aus unterschiedlichen festverzinslichen Wertpapieren zukunftsorientiert zu ermitteln. Am Bewertungsstichtag kann hierfür

1. die Rendite (Effektivverzinsung) einer öffentlichen Kuponanleihe mit einer zur Lebensdauer des Bewertungsobjekts äquivalenten Restlaufzeit,[230]
2. die Umlaufsrendite einer öffentlicher Kuponanleihen oder
3. die geschätzten laufzeitspezifischen Zinssätze (hypothetischer) Null-Kuponanleihen (Zinsstrukturkurve)

in Betracht kommen.[231] Zur Diskussion der strittigen Punkte ist zunächst der Unterschied zwischen den Zinssätzen aus Null-Kuponanleihen (Kassazinssätze, *spot rates*) und den Renditen (Effektivverzinsung) aus Kuponanleihen zu erläutern,[232] um im Anschluss die Notwendigkeit der Verwendung laufzeitspezifischer Zinssätze aus der geschätzten Zinsstrukturkurve zu zeigen.

## 3.2 Grundlagen der Zins- und Renditestruktur

### 3.2.1 Zinssätze aus Null-Kuponanleihen

Eine Null-Kuponanleihe (*zerobond*) verkörpert aus der Sicht eines Gläubigers den schuldrechtlichen Anspruch auf (Rück-)Zahlung eines festgelegten Nominalwerts $F$ im Zeitpunkt der Fälligkeit $T$ der Null-Kuponanleihe. Während der Laufzeit der Null-Kuponanleihe erfol-

---

[230] Vgl. IDW S 1 (2005), Tz. 127. In IDW S 1 (2005), Tz. 127 wird lediglich die „Rendite einer [...] Anleihe der öffentlichen Hand" genannt und keine Konkretisierung hinsichtlich der Art der Anleihe vorgenommen. Angesichts der von der Deutschen Bundesbank veröffentlichten Statistik über den deutschen Kapitalmarkt wird deutlich, dass es sich bei den umlaufenden Anleihen der öffentlichen Hand überwiegend um Kuponanleihen handelt. Vgl. Deutsche Bundesbank (2006a), S. 25–26. Siehe auch Kapitel 3.4. Da IDW S 1 (2005), Tz. 127 neben der Rendite einer Anleihe der öffentlichen Hand noch die Zinsstrukturkurve, d.h. die Zinssätze aus Null-Kuponanleihen erwähnt, muss davon ausgegangen werden, dass unter der „Rendite einer [...] Anleihe der öffentlichen Hand" die Rendite einer Kuponanleihe zu verstehen ist. Im Interesse einer klaren Unterscheidung zwischen den Renditen aus Kuponanleihen und den Zinssätzen aus Null-Kuponanleihen wird daher eine entsprechende Konkretisierung des Vorschlags gemäß IDW S 1 (2005), Tz. 127 vorgenommen.

[231] Bisweilen wird in der Literatur die Auffassung vertreten, dass es sich bei dem risikolosen Zinssatz „auch praktisch [um] ein Datum [handelt], denn risikolose Renditen können unmittelbar am Markt für Staatsanleihen abgelesen werden." Jonas/Wieland-Blöse/Schiffarth (2005), S. 650. Diese Aussage übersieht einerseits, dass das theoretische Ideal einer risikolosen Kapitalanlage in der Praxis nicht existiert und der risikolose Zinssatz daher stets zu schätzen ist. Andererseits zeigt die Aufzählung, dass zur Ermittlung des risikolosen Zinssatzes verschiedene festverzinsliche Wertpapiere als risikolose Kapitalmarktanlage in Betracht kommen können. Überdies kann in Abhängigkeit der zu verwendenden festverzinslichen Wertpapiere die Schätzung des risikolosen Zinssatzes genau deshalb erforderlich sein, weil sich dieser nicht unmittelbar ablesen lässt (z.B. Ziffer 3). Siehe Kapitel 3.4.1.

[232] Eine ähnliche, aber nicht ganz trennscharfe Unterscheidung nehmen Reese/Wiese (2006), S. 2 vor.

gen keine weiteren Zahlungen an den Gläubiger.[233] Die Tilgung der Null-Kuponanleihe stellt daher die einzige Zahlung in Höhe des Nominalwerts dar, der zunächst – ohne Einschränkung der Allgemeinheit – auf eins $(F=1)$ normiert wird. Wird der Preis einer Null-Kuponanleihe in $t$, die in $T \geq t$ fällig ist, mit $B_t(T)$ bezeichnet und angenommen, dass die Zahlung des Nominalwerts sicher (ausfallrisikolos) erfolgt, entspricht der Preis der Null-Kuponanleihe in $T$ auf einem arbitragefreien Kapitalmarkt der Zahlung der Null-Kuponanleihe in $T$, die durch

$$B_T(T) = F = 1 \quad \forall\, T \geq 0 \tag{3.1}$$

beschrieben wird. Folglich verkörpert der Preis $B_t(T)$ die als Diskontierungsfaktor bezeichnete Zahl, mit der eine zukünftige, sichere Zahlung in $T$ multipliziert werden muss, um den arbitragefreien Preis dieser Zahlung zu einem früheren Zeitpunkt $t \leq T$ zu erhalten. Aus (3.1) folgt eindeutig der risikolose Zinssatz in $t$, der die Verzinsung einer sicheren Anlage für den Zeitraum $T-t$, d.h. der Restlaufzeit der Null-Kuponanleihe, angibt. Wird zwischen einer diskreten und einer stetigen Verzinsung unterschieden, gilt für den mit $r_{fc,T}$ bezeichneten stetigen, risikolosen Zinssatz in $t$ einer in $T$ fälligen Null-Kuponanleihe

$$B_t(T) = F \cdot e^{-r_{fc,T}\cdot(T-t)} = e^{-r_{fc,T}\cdot(T-t)} \Leftrightarrow r_{fc,T} = \frac{\ln\left(B_t(T)\right)}{(T-t)} \tag{3.2}$$

und für den mit $r_{f,T}$ bezeichneten diskreten, risikolosen Zinssatz in $t$ einer in $T$ fälligen Null-Kuponanleihe

$$B_t(T) = \frac{F}{\left(1+r_{f,T}\right)^{T-t}} = \frac{1}{\left(1+r_{f,T}\right)^{T-t}} \Leftrightarrow r_{f,T} = \sqrt[T-t]{\frac{1}{B_t(T)}} - 1. \tag{3.3}$$

Da einzelne im Weiteren diskutierte Modelle (z.B. Optionspreismodelle) auf eine stetige Verzinsung zurückgreifen, in der Unternehmensbewertung aber häufig von einer diskreten Verzinsung ausgegangen wird,[234] ist der Zusammenhang zwischen dem stetigen und diskreten risikolosen Zinssatz bedeutsam. Dieser ergibt sich aus (3.2) und (3.3) zu

$$r_{fc,T} = \ln\left(1+r_{f,T}\right).^{235} \tag{3.4}$$

---

[233] Vgl. z.B. Deutsche Bundesbank (1997a), S. 20.

[234] Siehe auch Kapitel 2.1.

[235] Vgl. z.B. Deutsch (2004), S. 22; Obermaier (2006), S. 474.

Die einzelnen risikolosen Zinssätze für eine Anlage, die im aktuellen Bewertungszeitpunkt $t$ beginnen und im Zeitpunkt $T$ fällig werden, werden auch als Kassazinssätze (*spot rates*) bezeichnet.[236] Die Menge aller risikolosen Zinssätze in $t$ in Abhängigkeit aller Fälligkeitszeitpunkte $T \geq t$ beschreibt die auf dem Kapitalmarkt vorliegende Zinsstruktur in $t$, deren Verlauf auch als Zinsstrukturkurve bezeichnet wird.[237] Der Verlauf der Zinsstruktur wird dabei als flach bezeichnet, sofern die Höhe der risikolosen Zinssätze unabhängig von der Restlaufzeit der Null-Kuponanleihen ist. Als normale (inverse) Zinsstruktur werden dagegen die mit der Restlaufzeit der Null-Kuponanleihen steigenden (fallenden) risikolosen Zinssätze bezeichnet.[238]

### 3.2.2 Renditen aus Kuponanleihen

Zwischen der Zinsstruktur und einer als Renditestruktur bezeichneten Menge der Renditen von Kuponanleihen (*fixed cupon bond*) in $t$ für alle Fälligkeitszeitpunkte $T \geq t$ ist strikt zu unterscheiden. Im Gegensatz zu einer Null-Kuponanleihe verkörpert eine endfällige[239] Kuponanleihe neben dem vertraglichen Anspruch auf (Rück-)Zahlung eines festgelegten Nominalwerts $F$ im Fälligkeitszeitpunkt $T$ auch Ansprüche auf Kuponzahlungen[240] $c_s$ zu den Zeitpunkten $s$ mit $t \leq s \leq T$.[241] Vereinfachungsbedingt wird im Folgenden von konstanten Kuponzahlungen $c = c_s$ zu den Zeitpunkten $s = t+1,...,T$ ausgegangen und unterstellt, dass

---

[236] Hinsichtlich der Bezeichnung der risikolosen Zinssätze ist klarzustellen, dass der als Subindex angegebene Zeitpunkt den Fälligkeitszeitpunkt der risikolosen Anlage angibt. Der Zeitpunkt des Beginns der risikolosen Anlage wird einheitlich auf $t$ festgelegt und daher im Interesse einer besseren Übersichtlichkeit der Darstellung nicht explizit notiert (Kassazinssätze). Sofern es sich jedoch um die Verzinsung einer risikolosen Anlage handelt, die nicht im Zeitpunkt $t$ beginnt, sondern zu einem zukünftigen Zeitpunkt $s \geq t$, wird der Startzeitpunkt der risikolosen Terminanlage zu einer eindeutigen Unterscheidung explizit angegeben (Terminzinssätze). Siehe Kapitel 3.4.2.

[237] Vgl. z.B. Deutsche Bundesbank (1997), S. 61.

[238] Vgl. Bühler (1983), S. 83–84, Fn. 6; Perridon/Steiner (2003), S. 190–191.

[239] Allgemein können Kuponanleihen hinsichtlich ihrer Tilgungsmodalitäten in endfällige, annuitätisch zu tilgende oder teilfällige Anleihen unterschieden werden. Aus Vereinfachungsgründen wird die Untersuchung auf endfällige Kuponanleihen eingeschränkt.

[240] Die Höhe der Kuponzahlung stellt dabei die Verzinsung des Nominalwerts über die betreffende Kuponperiode mit dem festen Kuponzins dar.

[241] Neben den Kuponanleihen mit einem festen Kuponzins existieren auch variabel verzinsliche Anleihen (*floating rate note, floater*), deren zwischenzeitliche Zinszahlungen sich z.B. nach der Höhe eines bestimmten Referenzzinssatzes richten. Die Höhe der variablen Zinszahlung wird dabei zu Beginn jeder Verzinsungsperiode festgelegt. Somit ist die Höhe der Zinszahlung einer variabel verzinslichen Anleihe nur bis zum Beginn der nächsten Verzinsungsperiode festgelegt. Alle weiteren Zinszahlungen werden erst zu einem zukünftigen Zeitpunkt festgelegt.

sich der Bewertungszeitpunkt $t$ unmittelbar nach einer Kuponzahlung befindet.[242] Wird der Preis einer Kuponanleihe mit konstanter Kuponzahlung $c$, die in $T \geq t$ fällig ist, mit $K_t(c,T)$ bezeichnet und davon ausgegangen, dass die Kuponzahlungen und die Zahlung des Nominalwerts sicher (ausfallrisikolos) erfolgt, entspricht der Preis der Kuponanleihe in $T$ auf einem arbitragefreien Kapitalmarkt der Zahlung der Kuponanleihe in $T$, die mit $F=1$ durch

$$K_T(c,T) = F + c = 1 + c \quad \forall\, T \geq 0$$

beschrieben wird.

Folglich entspricht die Zahlungsstruktur einer Kuponanleihe der einer Null-Kuponanleihe, wenn die letzte Kuponzahlung vor Fälligkeit in $T-1$ erfolgt ist und die Kuponanleihe nur noch eine einzige Zahlung bestehend aus der Summe des Nominalwerts und der letzten Kuponzahlung leistet. Der Preis einer Kuponanleihe muss daher auf einem arbitragefreien Kapitalmarkt dem Preis eines Duplikationsportfolios aus Null-Kuponanleihen entsprechen, das die Zahlungen der Kuponanleihe zu jedem Zeitpunkt $s$ exakt nachbildet.[243] Das Portfolio, das die Zahlungen der Kuponanleihe dupliziert, umfasst daher insgesamt $T-t-1$ Null-Kuponanleihen mit Fälligkeiten in allen Zeitpunkten $s=t+1,\dots,T$ und Nominalwerten in Höhe von $c$ für alle Fälligkeitszeitpunkte $s \leq T-1$ sowie in Höhe von $1+c$ für den Fälligkeitszeitpunkt $s=T$. Unter Verwendung von (3.3) und mit $F=1$ folgt für den arbitragefreien Preis der Kuponanleihe in $t$, der mit $K_t(c,T)$ bezeichnet wird:

$$K_t(c,T) = \sum_{s=t+1}^{T} c \cdot B_t(s) + F \cdot B_t(T) = \sum_{s=t+1}^{T} \frac{c}{\left(1+r_{f,s}\right)^{s-t}} + \frac{1}{\left(1+r_{f,T}\right)^{T-t}}. \qquad (3.5)$$

Die als Effektivverzinsung definierte Rendite einer Kuponanleihe (*yield to maturity*) stellt den internen Zinsfuß einer Kuponanleihe dar, bei dem der Barwert der mit der Rendite diskontierten Zahlungen der Kuponanleihe dem arbitragefreien Preis der Kuponanleihe entspricht.[244] Die Rendite einer Kuponanleihe gibt daher den konstanten Kalkulationszinsfuß (Diskontierungssatz) an, bei dem die Zahlungsreihe einer Investition in die Kuponanleihe einen Kapi-

---

[242] Daher kann bei der Bewertung von Kuponanleihen auf die Berücksichtigung von Stückzinsen verzichtet werden. Die hier verwendeten Preise von Kuponanleihen verstehen sich folglich stets als Preise ohne Stückzinsen (*clean price*).

[243] Vgl. Svensson (1994), S. 2.

[244] Vgl. z.B. Haugen (2001), S. 353.

talwert von null aufweist. Wird die Rendite einer Kuponanleihe in $t$, die in $T \geq t$ fällig ist, mit $y_T(c)$ bezeichnet, ergibt sich die Rendite der Kuponanleihe aus

$$-K_t(c,T) + \sum_{s=t+1}^{T} \frac{c}{(1+y_T(c))^{s-t}} + \frac{1}{(1+y_T(c))^{T-t}} = 0, \tag{3.6}$$

wobei die Ermittlung der Rendite aus (3.6) bei mehr als drei Zahlungszeitpunkten nur mit Hilfe eines numerischen Näherungsverfahrens gelingt.[245]

Während auf einem arbitragefreien Kapitalmarkt aus sämtlichen Null-Kuponanleihen eines Fälligkeitszeitpunkts ein eindeutiger risikoloser Zinssatz ermittelt werden kann, sind die mit (3.6) ermittelten Renditen aus Kuponanleihen eines Fälligkeitszeitpunkts nur im Ausnahmefall einer flachen Zinsstruktur eindeutig.[246] Die Ursache hierfür liegt in der impliziten Annahme des internen Zinsfußes (Rendite), der die Wiederanlage sämtlicher während der Restlaufzeit der Kuponanleihe anfallenden Kuponzahlungen zum internen Zinsfuß (Rendite) unterstellt. Da lediglich bei einer flachen Zinsstruktur von der Wiederanlage der Kuponzahlungen zum internen Zinsfuß ausgegangen werden kann, hängt die Höhe der Renditen von Kuponanleihen mit identischem Fälligkeitszeitpunkt bei nicht flacher Zinsstruktur von der konstanten Kuponhöhe $c$ ab (theoretischer Kuponeffekt).[247]

## 3.3 Notwendigkeit der Verwendung von risikolosen Zinssätzen aus Null-Kuponanleihen

### 3.3.1 Theoretischer Kuponeffekt

Im Zusammenhang mit der Diskussion um die Verwendung stichtagsbezogener oder prognostizierter risikoloser Zinssätze künftiger Perioden wird im Fachschrifttum seit langem die Notwendigkeit der Verwendung von laufzeitspezifischen, risikolosen Zinssätzen aus Null-Kuponanleihen für Zwecke der Unternehmensbewertung betont.[248] Als Hauptargumente hierfür werden die Möglichkeit der Schätzung laufzeitspezifischer Kalkulationszinsfüße zur Diskontierung der Cashflows des Bewertungsobjekts (Diskontierungssätze) und die Irrelevanz

---

245 Vgl. Steiner/Bruns (2000), S. 142. Zwar wird mit (3.6) deutlich, dass die risikolosen Zinssätze von Null-Kuponanleihen ebenfalls Renditen im Sinne einer Effektivverzinsung darstellen, jedoch wird im Interesse einer klaren Unterscheidung weiterhin zwischen Zinssätzen von Null-Kuponanleihen und Renditen von Kuponanleihen unterschieden.

246 Vgl. Steiner/Bruns (2000), S. 147.

247 Vgl. Obermaier (2005), S. 8; Siehe Kapitel 3.3.1.

248 Vgl. Schwetzler (1996), S. 1093–1095; Ballwieser (2003), S. 24.

prognostizierter risikoloser Zinssätze künftiger Perioden angeführt.[249] Indes wurde jüngst betont, dass selbst bei der Verwendung der Rendite einer laufzeitäquivalenten Kuponanleihe im Fall einer nicht flachen Zinsstruktur Fehler bei der Bewertung des Unternehmens auftreten können.[250] Der Eindruck, ein solcher Bewertungsfehler trete deshalb auf, weil mit der Rendite einer Kuponanleihe ein konstanter risikoloser Zinssatz herangezogen werde, wobei die tatsächlich auf dem Kapitalmarkt beobachtbare Zinsstruktur regelmäßig nicht flach verläuft,[251] vermittelt jedoch noch kein vollständiges Bild. Angesichts der Vorschläge zur Verwendung der Renditen von Kuponanleihen zur Abbildung der risikolosen Kapitalmarktanlage[252] ist eine umfassende Analyse der Höhe des Bewertungsfehlers vorzunehmen, wobei ausschließlich ausfallrisikolose festverzinsliche Wertpapiere betrachtet werden sollen.[253]

Die Existenz und Bedeutung dieses Bewertungsfehlers wird anhand der arbitragefreien Bewertung sicherer Zahlungen von ausfallrisikolosen festverzinslichen Wertpapieren verdeutlicht, um zunächst quantitative Aussagen über die Höhe des Fehlers bei der Bewertung festverzinslicher Wertpapiere und anschließend bei der Bewertung von Unternehmen treffen zu können. Dazu wird exemplarisch der 10.10.2006 als Bewertungsstichtag mit $t=0$ gewählt und die an diesem Tag von der Deutschen Bundesbank geschätzte Zinsstruktur den Berechnungen zugrunde gelegt.[254] Laut Schätzung der Deutschen Bundesbank ergaben sich die in der Tabelle 1 aufgeführten laufzeitspezifischen risikolosen Zinssätze von (hypothetischen) Null-Kuponanleihen, die eine normale Zinsstruktur beschreiben.

| **Restlaufzeit** in Jahren | **1** | **2** | **3** | **4** | **5** |
|---|---|---|---|---|---|
| $r_{f,T}$ | 3,62 % | 3,65 % | 3,65 % | 3,67 % | 3,69 % |
| | | | | | |
| **Restlaufzeit** in Jahren | **6** | **7** | **8** | **9** | **10** |
| $r_{f,T}$ | 3,73 % | 3,76 % | 3,79 % | 3,82 % | 3,85 % |

Tabelle 1: Geschätzte risikolose Zinssätze (hypothetischer) Null-Kuponanleihen am 10.10.2006 (normale Zinsstruktur)[255]

[249] Vgl. Schwetzler (1996), S. 1088–1092.
[250] Vgl. Ballwieser (2003), S. 24, Reese/Wiese (2006), S. 2.
[251] Vgl. z.B. Deutsche Bundesbank (1996), S. 27–28; Deutsche Bundesbank (2006), S. 16.
[252] Siehe hierzu Kapitel 3.1.
[253] Vgl. zur Analyse eines ähnlichen Bewertungsfehlers Gebhardt/Daske (2005), S. 652.
[254] Zur Schätzung der Zinsstruktur siehe Kapitel 3.4.1.
[255] Da es sich hierbei um die Schätzung risikoloser Zinssätze für tatsächlich nicht existierende Null-Kuponanleihen handelt, spricht die Deutsche Bundesbank von den risikolosen Zinssätzen (hypothetischer) Null-Kuponanleihen. Da diese Konkretisierung für die im Folgenden diskutierte Bewertung von Anleihen unerheblich ist, wird auf eine ensprechende Angabe verzichtet.

Im Folgenden werden elf $i = 0,...,10$ Anleihen mit einer identischen Restlaufzeit von 10 Jahren, d.h. $T - t = 10$ betrachtet, wobei $i = 0$ eine Null-Kuponanleihe mit dem Preis $B_{i,t}$ in $t$ verkörpert, während die einzelnen Preise von zehn Kuponanleihen in $t$ mit $K_{1,t},...,K_{10,t}$ bezeichnet werden.[256] Die Anleihen unterscheiden sich lediglich hinsichtlich der Höhe des konstanten Kuponzinses und weisen einen Kuponzins zwischen 0 % und 10 % auf. Darüber hinaus verfügen alle Anleihen über denselben Nominalwert in Höhe von $F = 100$ GE. Somit beträgt die Höhe der konstanten Kuponzahlung der Anleihen $c_i = i$ für jede Anleihe $i = 0,...,10$, die annahmegemäß jährlich zu den Zeitpunkten $s = t+1,...,T$ gezahlt wird. Alle betrachteten Anleihen sind ausfallrisikolos und auf dem Kapitalmarkt auf der Grundlage der Zinsstruktur in Tabelle 1 am Bewertungsstichtag $t$ arbitragefrei bewertet.

Der arbitragefreie Preis der Null-Kuponanleihe $B_{0,t}$ ergibt sich unter Berücksichtigung des Nominalwerts in Höhe von 100 GE gemäß (3.3) und unter Verwendung des zehnjährigen risikolosen Zinssatzes aus der geschätzten Zinsstruktur am Bewertungsstichtag. Die arbitragefreien Preise der zehn Kuponanleihen werden gemäß (3.5) ebenfalls unter Verwendung der laufzeitspezifischen risikolosen Zinssätze hypothetischer Null-Kuponanleihen ermittelt. Alle arbitragefreien Preise sind in der Tabelle 2 (Spalte [2]) neben den sich auf der Grundlage dieser arbitragefreien Preise ergebenden Renditen gemäß (3.6) der elf Anleihen (Spalte [3]) dargestellt.[257]

[256] Aufgrund einer identischen Restlaufzeit aller betrachteten Anleihen wird eine vereinfachte Notation für die Preise dieser Anleihen ohne explizite Angabe des Fälligkeitszeitpunkts vorgenommen.

[257] Hierbei wird der risikolose Zinssatz der Null-Kuponanleihe ausnahmsweise auch als Rendite bezeichnet, um eine übersichtliche Darstellung in der Tabelle 2 zu gewährleisten.

| Normale Zinsstruktur | | | | | | |
|---|---|---|---|---|---|---|
| | | | Bewertung unter Verwendung von Renditen | | | |
| Kuponzahlung in GE [1] | Preis in GE [2] | Rendite in % [3] | Wert (max) in GE [4] | Wert (min) in GE [5] | Fehler (max) in GE [6] | Fehler (max) in % [7] |
| 0 | 68,53856 | 3,85000 | 68,77827 | 68,53856 | 0,23970 | 0,34974 |
| 1 | 76,74916 | 3,84447 | 76,96489 | 76,71036 | 0,21573 | 0,28109 |
| 2 | 84,95975 | 3,83954 | 85,15151 | 84,88217 | 0,19176 | 0,22571 |
| 3 | 93,17035 | 3,83514 | 93,33814 | 93,05397 | 0,16779 | 0,18009 |
| 4 | 101,38094 | 3,83117 | 101,52476 | 101,22577 | -0,15517 | -0,15306 |
| 5 | 109,59153 | 3,82758 | 109,71139 | 109,39757 | -0,19396 | -0,17699 |
| 6 | 117,80213 | 3,82431 | 117,89801 | 117,56937 | -0,23275 | -0,19758 |
| 7 | 126,01272 | 3,82133 | 126,08463 | 125,74118 | -0,27155 | -0,21549 |
| 8 | 134,22332 | 3,81859 | 134,27126 | 133,91298 | -0,31034 | -0,23121 |
| 9 | 142,43391 | 3,81607 | 142,45788 | 142,08478 | -0,34913 | -0,24512 |
| 10 | 150,64451 | 3,81375 | 150,64451 | 150,25658 | -0,38792 | -0,25751 |
| Rendite (min) | | 3,81375 | | | | |
| Rendite (max) | | 3,85000 | | | | |

Tabelle 2: Bewertung von Anleihen bei normaler Zinsstruktur am 10.10.2006

Dabei wird deutlich, dass die Renditen der Kuponanleihen selbst im Fall der Laufzeitäquivalenz nicht identisch, d.h. nicht eindeutig sind, sondern bei normaler Zinsstruktur mit steigendem Kuponzins fallen. Folglich werden die elf Anleihen nicht arbitragefrei bewertet, sofern zu deren Bewertung gemäß (3.6) als Diskontierungssatz die Rendite einer nicht identischen Kuponanleihe verwendet wird.[258] Der maximal mögliche Fehler bei der Bewertung kann ermittelt werden, indem die elf Anleihen mit (3.6) jeweils unter Verwendung der minimalen und der maximalen Rendite aller Anleihen (Spalte [3]) als Diskontierungssatz bewertet werden. Dabei ergibt sich für jede der elf Anleihen ein maximal und ein minimal möglicher Wert (Spalte [4] und Spalte [5]). Auf der Grundlage des maximalen (minimalen) Werts jeder Anleihe, lässt sich der maximal mögliche Fehler, der bei der Bewertung dieser Anleihen entstehen kann, in absoluter (Spalte [6]) und in relativer Höhe zum arbitragefreien Preis (Spalte [7]) ermitteln. Der maximale Bewertungsfehler, der mit $\Delta B_{0,t}^{\max}$ für die Null-Kuponanleihe bzw. mit $\Delta K_{i,t}^{\max}$ für die Kuponanleihen bezeichnet wird, ergibt sich allgemein gemäß

[258] Bei einer nicht flachen Zinsstruktur kann die Rendite einer Kuponanleihe zur Diskontierung der Zahlungen einer anderen Anleihe nur dann herangezogen werden, wenn beide Anleihen zu jedem Zahlungszeitpunkt identische Zahlungen aufweisen. Im diesem Fall ist die Bewertung der Anleihe auf einem arbitragefreien Kapitalmarkt jedoch ohnehin trivial, da bei Identität der Zahlungen zwischen dem Bewertungs- und dem Vergleichsobjekt beide Objekte identische Preise aufweisen müssen. Folglich würde in diesem Fall kein Bewertungsproblem bestehen, zu dessen Lösung die Verwendung einer Rendite einer Kuponanleihe erforderlich wäre.

$$\Delta B_{0,t}^{\max} = \begin{cases} B_{0,t}^{\max} - B_{0,t} & \text{falls} \left| B_{0,t}^{\max} - B_{0,t} \right| \geq \left| B_{0,t}^{\min} - B_{0,t} \right| \\ B_{0,t}^{\min} - B_{0,t} & \text{falls} \left| B_{0,t}^{\max} - B_{0,t} \right| < \left| B_{0,t}^{\min} - B_{0,t} \right| \end{cases}$$

bzw. gemäß

$$\Delta K_{i,t}^{\max} = \begin{cases} K_{i,t}^{\max} - K_{i,t} & \text{falls} \left| K_{i,t}^{\max} - K_{i,t} \right| \geq \left| K_{i,t}^{\min} - K_{i,t} \right| \\ K_{i,t}^{\min} - K_{i,t} & \text{falls} \left| K_{i,t}^{\max} - K_{i,t} \right| < \left| K_{i,t}^{\min} - K_{i,t} \right| \end{cases},$$

wobei $B_{0,t}^{\min}$ und $B_{0,t}^{\max}$ bzw. $K_{i,t}^{\min}$ und $K_{i,t}^{\max}$ den minimalen und maximalen Wert der Null-Kuponanleihe bzw. der Kuponanleihen widerspiegeln. Dabei signalisiert ein positives Vorzeichen des maximalen Bewertungsfehlers eine Überbewertung und ein negatives Vorzeichen eine Unterbewertung der betreffenden Anleihe gegenüber dem arbitragefreien Preis.

Eine mit zunehmendem Kuponzins steigende Rendite von Kuponanleihen ergibt sich hingegen im Falle einer inversen Zinsstruktur. Um dies veranschaulichen zu können, wird eine fiktive inverse Zinsstruktur erstellt. Hierzu wird die normale Zinsstruktur aus Tabelle 1 gedanklich „gespiegelt", so dass der zehnjährige risikolose Zinssatz aus der normalen Zinsstrukturkurve dem einjährigen risikolosen Zinssatz der inversen Zinsstrukturkurve entspricht. Wird für alle weiteren risikolosen Zinssätze nach dieser Vorgehensweise verfahren, so ergibt sich die in Tabelle 3 dargestellte fiktive inverse Zinsstruktur.

| **Restlaufzeit** in Jahren | **1** | **2** | **3** | **4** | **5** |
|---|---|---|---|---|---|
| $r_{f,T}$ | 3,85 % | 3,82 % | 3,79 % | 3,76 % | 3,73 % |
| $B_t(T)$ | 0,96293 | 0,92776 | 0,89440 | 0,86274 | 0,83268 |
| | | | | | |
| **Restlaufzeit** in Jahren | **6** | **7** | **8** | **9** | **10** |
| $r_{f,T}$ | 3,69 % | 3,67 % | 3,65 % | 3,65 % | 3,62 % |
| $B_t(T)$ | 0,80460 | 0,77701 | 0,75066 | 0,72423 | 0,70075 |

Tabelle 3: Fiktiv angenommene risikolose Zinssätze von Null-Kuponanleihen am 10.10.2006 (inverse Zinsstruktur)

Hierbei ist zu beachten, dass eine inverse Zinsstruktur zwar möglich ist,[259] aber nicht jede inverse Zinsstruktur eine arbitragefreie Bewertung der Anleihen gewährleistet. Die Arbitrage-

[259] Anfang der neunziger Jahre konnte eine inverse Rendite- und Zinsstruktur beobachtet werden. Vgl. mit Erläuterung Deutsche Bundesbank (2006), S. 27–28.

freiheit einer inversen Zinsstruktur ist jedoch stets dann gegeben, falls die Diskontierungsfaktoren $B_t(T)$ wie in Tabelle 3 mit zunehmender Restlaufzeit streng monoton fallen.[260] Die Ergebnisse der Bewertungen und Berechnungen auf Basis der fiktiven inversen Zinstruktur gibt die Tabelle 4 wieder.

| Inverse Zinsstruktur | | | | | | |
|---|---|---|---|---|---|---|
| | | | Bewertung unter Verwendung von Renditen | | | |
| Kuponzahlung in GE [1] | Preis in GE [2] | Rendite in % [3] | Wert (max) in GE [4] | Wert (min) in GE [5] | Fehler (max) in GE [6] | Fehler (max) in % [7] |
| 0 | 70,07516 | 3,62000 | 70,07516 | 69,89705 | -0,17812 | -0,25418 |
| 1 | 78,31294 | 3,62401 | 78,34169 | 78,15263 | -0,16031 | -0,20470 |
| 2 | 86,55071 | 3,62758 | 86,60822 | 86,40821 | -0,14249 | -0,16464 |
| 3 | 94,78848 | 3,63078 | 94,87475 | 94,66380 | -0,12468 | -0,13154 |
| 4 | 103,02625 | 3,63366 | 103,14128 | 102,91938 | 0,11503 | 0,11165 |
| 5 | 111,26402 | 3,63628 | 111,40781 | 111,17496 | 0,14379 | 0,12923 |
| 6 | 119,50179 | 3,63866 | 119,67434 | 119,43055 | 0,17255 | 0,14439 |
| 7 | 127,73957 | 3,64084 | 127,94087 | 127,68613 | 0,20130 | 0,15759 |
| 8 | 135,97734 | 3,64283 | 136,20740 | 135,94172 | 0,23006 | 0,16919 |
| 9 | 144,21511 | 3,64467 | 144,47393 | 144,19730 | 0,25882 | 0,17947 |
| 10 | 152,45288 | 3,64637 | 152,74046 | 152,45288 | 0,28758 | 0,18863 |
| Rendite (min) | | 3,62000 | | | | |
| Rendite (max) | | 3,64637 | | | | |

Tabelle 4: Bewertung von Anleihen bei inverser Zinsstruktur am 10.10.2006

Im Ergebnis zeigen die Berechnungen in Tabelle 2 und Tabelle 4 in Zusammenhang mit (3.5) und (3.6), dass die Renditen von Kuponanleihen mit einheitlichem Fälligkeitszeitpunkt lediglich im Fall einer flachen Zinsstruktur unabhängig von der Höhe des Kuponzinses der Anleihe und damit eindeutig sind. Nur im Fall einer flachen Zinsstruktur hat die der Renditeermittlung zugrunde liegende Wiederanlageprämisse der sicheren Zahlungen während der Restlaufzeit zu derselben Rendite keinen Einfluss auf die Höhe der Rendite einer Kuponanleihe.[261] Folglich entsprechen die Renditen aus Kuponanleihen nur bei flacher Zinsstruktur den Zinssätzen laufzeitäquivalenter Null-Kuponanleihen.[262] Zudem zeigen die Tabelle 2 und die Tabelle 4, dass

[260] Die fiktiv erstellte inverse Zinsstruktur dient lediglich der Veranschaulichung eines möglichen Bewertungsfehlers. Daher wird von einer ökonomischen Interpretation des inversen Verlaufs der Zinsstruktur abgesehen und lediglich sichergestellt, dass der fiktive Verlauf der inversen Zinsstruktur keine Arbitragemöglichkeiten bietet.

[261] Da bei einer Null-Kuponanleihe während der Restlaufzeit keine Zahlungen vorgenommen werden, kann auch hier kein verzerrender Einfluss der Wiederanlageprämisse entstehen. Folglich entspricht die Rendite einer Null-Kuponanleihe stets dem risikolosen Zinssatz dieser Null-Kuponanleihe.

[262] Vgl. Deutsche Bundesbank (1997), S. 62.

bei einer normalen (inversen) Zinsstruktur die Renditen aus Kuponanleihen gleicher Fälligkeit stets niedriger (höher) sind, als der risikolose Zinssatz einer Null-Kuponanleihe. Folglich wird bei einer steigenden (normalen) Zinsstruktur die Höhe der langfristigen risikolosen Zinssätze durch die Renditestruktur unterschätzt. Bei einer fallenden (inversen) Zinsstruktur wird die Höhe der langfristigen risikolosen Zinssätze durch die Renditestruktur überschätzt.[263]

Für die Bewertung sicherer Zahlungen einer Anleihe bedeutet dieses Ergebnis, dass die Verwendung der Rendite einer nicht identischen, aber laufzeitäquivalenten Kuponanleihe als Diskontierungssatz bei einer nicht flachen Zinsstruktur zu einem nicht arbitragefreien Wert für die zu bewertende Anleihe führt.[264] Festzuhalten bleibt, dass die Verwendung der Renditen von Kuponanleihen als Diskontierungssätze nicht nur bei der Bewertung sicherer Zahlungen von Anleihen, sondern auch bei der Bewertung unsicherer Cashflows des Bewertungsobjekts zu einer nicht arbitragefreien Abbildung der den Investoren zur Verfügung stehenden risikolosen Kapitalanlagealternative und damit zu einem Bewertungsfehler führen kann. Die Gefahr eines Bewertungsfehlers im Rahmen der Unternehmensbewertung besteht vor allem deshalb, weil auf dem deutschen Kapitalmarkt empirisch überwiegend ein nicht flacher Verlauf der Zinsstruktur zu beobachten ist.[265] Selbst die Verwendung der Rendite einer zur Lebensdauer des Bewertungsobjekts laufzeitäquivalenten Kuponanleihe führt im Rahmen der Unternehmensbewertung bei nicht flacher Zinsstruktur zu einem systematischen Bewertungsfehler, der durch die Verwendung risikoloser Zinssätze aus Null-Kuponanleihen vermieden werden kann. Somit sind alle Vorschläge, die explizit oder faktisch die Verwendung der Rendite einer Kuponanleihe vorschlagen, für Zwecke der Ermittlung des risikolosen Zinssatzes im Rahmen der Unternehmensbewertung grundsätzlich abzulehnen,[266] da diese Vorschläge nur im Ausnahmefall einer flachen Zinsstruktur zu einer sachgerechten Bewertung des Unternehmens führen.

Gegen die Verwendung laufzeitspezifischer risikoloser Zinssätze von Null-Kuponanleihen könnte eingewendet werden, dass gegenüber der Verwendung einer einzigen Rendite einer

---

[263] Vgl. Obermaier (2006), S. 473; mit graphischer Darstellung Deutsche Bundesbank (1997), S. 62–63.

[264] Gleiches gilt für den Fall, dass anstatt der Rendite einer laufzeitäquivalenten Kuponanleihe laufzeitspezifische Renditen von Kuponanleihen zur Diskontierung der Zahlungen der zu bewertenden Anleihe verwendet werden. Dies zeigt (3.5), wonach die arbitragefreie Bewertung von Kuponanleihen die Verwendung der laufzeitspezifischen risikolosen Zinssätze von Null-Kuponanleihen erfordert. Siehe Kapitel 3.2.2.

[265] Vgl. mit Erläuterungen auf der Basis der Renditestruktur Deutsche Bundesbank (1991), S. 37–42; Deutsche Bundesbank (1996), S. 27–29. Vgl. auch Deutsche Bundesbank (2006), S. 16; Ballwieser (2003), S. 24.

[266] Siehe die Vorschläge unter Ziffer 1 und 2 in Kapitel 3.1.

laufzeitäquivalenten Kuponanleihe eine höhere Komplexität der Unternehmensbewertung und damit ein Berechnungsmehraufwand einhergeht, der angesichts eines geringen relativen Bewertungsfehlers[267] nicht erforderlich sei. Dem ist aus zweierlei Gründen zu widersprechen: Erstens kann der mit der Verwendung der Zinsstruktur verbundene Berechnungsmehraufwand als vernachlässigbar angesehen werden, zumal damit ein systematischer Bewertungsfehler vermieden werden kann.[268] Zweitens beruhen die in den beiden Tabellen ermittelten relativen Bewertungsfehler auf der zum 10.10.2006 tatsächlich geschätzten, aber weitgehend flachen Zinsstruktur, bei der die Zinsdifferenz zwischen dem einjährigen und dem zehnjährigen Zinssatz lediglich 0,23 Prozentpunkte, d.h. 23 Basispunkte beträgt. Im langjährigen Durchschnitt über 30 Jahre im Zeitraum zwischen Januar 1976 und März 2006 betrug die Zinsdifferenz auf Basis von Monatsendständen indes 1,26 Prozentpunkte,[269] die daher zu deutlich größeren Bewertungsfehlern führen kann.

Die Höhe des systematischen Bewertungsfehlers, der bei der Unternehmensbewertung durch die Verwendung der Rendite einer laufzeitäquivalenten Kuponanleihe zur Abbildung der risikolosen Kapitalmarktanlage entstehen kann, lässt sich unter anderem aufgrund der Abhängigkeit vom Verlauf der Zinsstruktur nicht allgemeingültig quantifizieren.[270] Dabei ist die Frage nach der Höhe dieses Bewertungsfehlers eng mit der Diskussion über den Einfluss des (konstanten) Kalkulationszinsfußes bzw. erwarteten Eigenkapitalkostensatzes auf die Höhe des Unternehmenswerts verbunden und von besonderem Interesse. Dies zeigen die im Fachschrifttum existierenden Aussagen,[271] wie z.B.: „Keine Größe scheint bei der Bewertung von Unternehmen in der Praxis so umstritten zu sein wie der Kalkulationszinsfuß. […] Sein Hebeleffekt ist bekannt und berüchtigt: Schon geringe Verminderungen des Zinssatzes können den Wert des Unternehmens überproportional erhöhen; Erhöhungen des Zinssatzes senken den Unternehmenswert. Diese Effekte machen ihn bei Parteien, die Einfluss auf den Wert nehmen wollen, so beliebt.“[272] Es ist offensichtlich, dass nicht nur die bewusste Einflussnahme, sondern auch Fehler bei der Schätzung des Kalkulationszinsfußes bzw. der Bestandteile des erwarteten Eigenkapitalkostensatzes erhebliche Auswirkungen auf die Höhe des Marktwerts des Unternehmens haben können.

---

267 Siehe Tabelle 2 und Tabelle 4.
268 Vgl. Obermaier (2005), S. 473; Gebhardt/Daske (2005), S. 655.
269 Vgl. Deutsche Bundesbank (2006), S. 16.
270 Vgl. Reese/Wiese (2006), S. 3.
271 Vgl. z.B. Timmreck (2004), S. 61; Wiese (2006), S. 1; ähnlich für Zinsänderungen Schwetzler (1996), S. 1083.
272 Ballwieser (2002), S. 736.

Da eine allgemeingültige Ermittlung der Höhe des Bewertungsfehlers nicht gelingt, sind im Folgenden Maße zu erarbeiten, die zumindest den quantitativen Zusammenhang zwischen einer (geringfügigen) Änderung des erwarteten Eigenkapitalkostensatzes und der daraus resultierenden Veränderung des Marktwerts des Unternehmens allgemein beschreiben können. Ist hingegen die Höhe der Veränderung des erwarteten Eigenkapitalkostensatzes, die aus der Verwendung der Rendite einer laufzeitäquivalenten Kuponanleihe als Bestandteil des erwarteten Eigenkapitalkostensatzes zur Abbildung der risikolosen Kapitalanlagealternative bei nicht flacher Zinsstruktur resultiert, bekannt, so können Aussagen über die Höhe des Bewertungsfehlers getroffen werden. Damit lassen sich auch die Auswirkungen auf den Marktwert des Unternehmens analysieren, die sich aufgrund etwaiger Fehler bei der Schätzung der weiteren Bestandteile des erwarteten Eigenkapitalkostensatzes, z.B. aus der Verwendung vergangenheitsbezogener Daten, ergeben können.

Daher werden im Zusammenhang mit dem theoretischen Kuponeffekt mit der Duration (*duration*) und der Konvexität (*convexity*) zunächst quantitative Maße zur Schätzung einer Änderung des Barwerts eines festverzinslichen Wertpapiers bei einer Parallelverschiebung einer flachen Zinsstrukturkurve erarbeitet. Damit sind die Duration und die Konvexität geeignet, die Änderung des Barwerts eines festverzinslichen Wertpapiers, d.h. die Höhe des Bewertungsfehlers zu schätzen, der durch die Diskontierung sicherer Zahlungen einer Anleihe mit der Rendite einer nicht identischen, aber laufzeitäquivalenten Kuponanleihe bei nicht flacher Zinsstruktur resultiert.

### 3.3.2 Duration und Konvexität festverzinslicher Wertpapiere

Den Ausgangspunkt der weiteren Untersuchung stellt die auf Macaulay zurückgehende Duration (Macaulay-Duration) dar, die unter der Zielsetzung entstand, ein „adequate measure of 'longness'“[273] eines festverzinslichen Wertpapiers zu ermitteln „to provide more complete summary information about the time structure of a bond than term to maturity.“[274] Offensichtlich unabhängig von Macaulay erarbeitete Hicks eine Elastizität des Barwerts eines festver-

[273] Macaulay (1938), S. 44.

[274] Hopewell/Kaufman (1973), S. 750. Da die Restlaufzeit lediglich eine einzelne Zahlung am Ende der Laufzeit einer Anleihe betrachtet, kann die Restlaufzeit mit Ausnahme für Null-Kuponanleihen nur eine unvollständige Beschreibung der zeitlichen Struktur der zukünftigen Zahlungen liefern. Vgl. Macaulay (1938), S. 44; Boquist/Racette/Schlarbaum (1975), S. 1360.

zinslichen Wertpapiers bezüglich des Diskontierungsfaktors,[275] die äquivalent zur Duration von Macaulay ist.[276] Neben der Anwendung als Indikator für die tatsächliche zeitliche Länge eines Zahlungsstroms wird der Einsatz der Duration bzw. Elastizität zur Messung von Zinsänderungsrisiken und zur Entwicklung von Immunisierungsstrategien von Anleihenportfolios[277] gegenüber Änderungen der Zinsstruktur intensiv diskutiert.[278] Der Einsatz der Duration als Maß für Zinsänderungsrisiken ist dabei nicht unumstritten, da die Immunisierungseigenschaft der Duration lediglich unter restriktiven Annahmen bewiesen werden kann.[279]

Zur Ableitung der Macaulay-Duration eines festverzinslichen Wertpapiers kann allgemein von einer Kuponanleihe ausgegangen und zunächst eine flache Zinsstruktur, d.h. ein konstanter risikofreier Zinssatz mit $r_f = r_{f,s}$ für alle $s = t+1,...,T$ unterstellt werden.[280] Damit vereinfacht sich die Ermittlung des Preises einer Kuponanleihe gemäß (3.5) zu

$$K_t = \sum_{s=t+1}^{T} \frac{Z_s}{\left(1+r_f\right)^{s-t}}, \tag{3.7}$$

wobei sämtliche, dem begünstigen Gläubiger zu den künftigen Zeitpunkten zufließenden Zahlungen mit $Z_s$ bezeichnet werden.[281]

Ausgehend von dem als Barwert ermittelten Preis einer Kuponanleihe gemäß (3.7) kann die von Macaulay vorgenommene Definition der Duration nachvollzogen werden. Dazu werden die einzelnen Zahlungen einer Kuponanleihe zu den zukünftigen Zeitpunkten als eine Serie von Null-Kuponanleihen aufgefasst, wobei die jeweilige Restlaufzeit der Null-Kuponanleihe dem Diskontierungszeitraum $s-t$ und die Zahlung $Z_s$ dem Nominalwert der Null-

275 Vgl. Hicks (1946), S. 186.

276 Vgl. Hicks (1946), S. 184–188; Macaulay (1938), S. 48; Ingersoll/Skelton/Weil (1978), S. 629.

277 Ein Portfolio aus Anleihen gilt als „immunisiert“, sofern für eine vorgegebene Haltedauer der Wert des Portfolios am Ende der Haltedauer, unabhängig von den während der Haltedauer eintretenden Änderungen der Zinsstruktur, mindestens den Wert des Portfolios übersteigt, der sich bei über die Haltedauer unveränderten Zinsstruktur ergeben hätte. Vgl. Fisher/Weil (1971), S. 415, 417; Bühler (1983), S. 109–116; Rudolph (1981), S. 28-35.

278 Vgl. Bierwag (1977); Bühler (1983), S. 85–87, 89–92.

279 Vgl. Kruschwitz/Schöbel (1986), S. 605–608. Bierwag/Kaufman/Khang (1978), S. 673–677. Da im Folgenden die Aussagen über die Höhe des Bewertungsfehlers abgeleitet werden sollen, wird von einer Diskussion der Probleme zur Immunisierung eines Anleihenportfolios gegenüber Zinsänderungsrisiken abgesehen.

280 Eine gesonderte Ableitung der Duration und der Konvexität für eine Null-Kuponanleihe ist nicht erforderlich, da die Bewertung einer Null-Kuponanleihe gemäß (3.3) der Bewertung der Kuponanleihe unter Rückgriff auf (3.7) entspricht. Vgl. ähnlich Rudolph (1981), S. 24, 26.

281 Diese Vereinfachung kann vorgenommen werden, da die Unterscheidung in Zins- und Tilgungszahlungen für die Ableitung und Interpretation der Duration unerheblich ist. Weiterhin wird aus Gründen der Übersichtlichkeit auf die explizite Angabe der Variablen bzw. Parameter für den Preis einer Kuponanleihe verzichtet.

Kuponanleihe entspricht.[282] Die Macaulay-Duration $DUR_t^{Mac}$ im Zeitpunkt $t$ wird daher als Summe der zu Barwertanteilen gewichteten Restlaufzeit der einzelnen Null-Kuponanleihen mit

$$DUR_t^{Mac} = \frac{\sum_{s=t+1}^{T} (s-t) \cdot Z_s \cdot \left(1+r_f\right)^{-(s-t)}}{\sum_{s=t+1}^{T} Z_s \cdot \left(1+r_f\right)^{-(s-t)}} = \frac{\sum_{s=t+1}^{T} (s-t) \cdot Z_s \cdot \left(1+r_f\right)^{-(s-t)}}{K_t} \tag{3.8}$$

definiert.[283] Die ursprünglich als Maß für die „durchschnittliche Bindungsdauer“[284] eines Engagements in festverzinsliche Wertpapiere abgeleitete Macaulay-Duration erlaubt darüber hinaus Aussagen über die relative Änderung des Barwerts einer Kuponanleihe für eine gegebene Änderung der flachen Zinsstrukturkurve bzw. des konstanten risikolosen Zinssatzes (Diskontierungssatzes). Um einen Zusammenhang zwischen der relativen Änderung des Barwerts einer Kuponanleihe und der Macaulay-Duration herzustellen zu können,[285] wird (3.7) in einem ersten Schritt partiell nach dem risikolosen Zinssatz $r_f$ abgeleitet:[286]

$$\frac{\partial K_t}{\partial r_f} = \sum_{s=t+1}^{T} \frac{-(s-t) \cdot Z_s}{\left(1+r_f\right)^{s-t+1}} = -\frac{1}{\left(1+r_f\right)} \cdot \sum_{s=t+1}^{T} \frac{(s-t) \cdot Z_s}{\left(1+r_f\right)^{s-t}}. \tag{3.9}$$

Der zweite Faktor in (3.9), der dem Zähler der Macaulay-Duration gemäß (3.8) entspricht, kann durch $DUR_t^{Mac} \cdot K_t$ substituiert werden. Folglich gilt:

$$\frac{\partial K_t}{\partial r_f} = -\frac{1}{\left(1+r_f\right)} \cdot DUR_t^{Mac} \cdot K_t. \tag{3.10}$$

Durch Umstellen von (3.10) nach $\partial K_t / K_t$ ergibt sich:

---

[282] Vgl. Hopewell/Kaufman (1973), S. 750; Chance (1990), S. 267. Im Spezialfall der Duration einer Null-Kuponanleihe bedarf es keiner Serie von Null-Kuponanleihen, da die Null-Kuponanleihe nur eine zukünftige Zahlung umfasst und damit bis zur Fälligkeit keine weiteren Zahlungszeitpunkte existieren.

[283] Vgl. Macaulay (1938), S. 48; z.B. auch Weil (1973), S. 589; Bierwag/Kaufman/Khang (1978), S. 672; Livingston/Caks (1977), S. 186. Zu demselben Ergebnis gelangt auch Hicks, der die von ihm abgeleitete Elastizität als „Average Period“ bezeichnet, da sie ein Maß für die „average length of time for which the various payments are deferred from the present, when the times of deferment are weighted by the discounted values of the payments“ darstellt. Hicks (1946), S. 186 (alle Zitate, Hervorhebungen im Original). Im Ergebnis überrascht, dass die von Hicks abgeleitete Elastizität über eine Zeitdimension verfügt, die auf einen nicht linearen Zusammenhang zwischen dem Diskontfaktor und der Zeit zurückzuführen ist. Vgl. Hicks (1946), S. 187; Cooper (1977), S. 702–703.

[284] Steiner/Bruns (2000), S. 155.

[285] Bei stetiger Zinsrechnung besteht sogar ein proportionaler Zusammenhang zwischen der prozentualen Änderung des Barwerts des festverzinslichen Wertpapiers und der Macaulay-Duration. Vgl. Fisher (1966), S. 113–114; Hopewell/Kaufman (1973), S. 751.

[286] Vgl. Bühler/Hies (1995), S. 112.

$$\frac{\partial K_t}{K_t} = -\frac{1}{\left(1+r_f\right)} \cdot DUR_t^{Mac} \cdot \partial r_f\,, \tag{3.11}$$

womit der Zusammenhang zwischen einer relativen Änderung des Barwerts einer Kuponanleihe und der Macaulay-Duration bereits deutlich wird. Durch die Identität zwischen der Macaulay-Duration und der von Hicks erarbeiteten Elastizität von $K_t$ bezüglich einer Änderung des Diskontierungsfaktors $1/\left(1+r_f\right)$ kann gezeigt werden, dass die Macaulay-Duration allgemein als Maß für die Sensitivität des Barwerts eines festverzinslichen Wertpapiers gegenüber einer marginalen Änderung des konstanten Diskontierungsfaktors interpretiert werden kann. Dies wird deutlich, indem die Elastizität von Hicks für marginale Änderungen des Diskontierungsfaktors mit $\nu$ bezeichnet und durch

$$\nu = \frac{\dfrac{\partial K_t}{K_t}}{\dfrac{\partial\left(1/\left(1+r_f\right)\right)}{1/\left(1+r_f\right)}} \tag{3.12}$$

beschrieben wird.[287] Durch Umformen von (3.12) und mit der partiellen Ableitung von (3.7) nach dem Diskontierungsfaktor, die durch

$$\frac{\partial K_t}{\partial\left(1/\left(1+r_f\right)\right)} = \sum_{s=t+1}^{T} (s-t)\cdot Z_s \cdot \left(\frac{1}{\left(1+r_f\right)}\right)^{(s-t)-1}$$

gegeben ist,[288] wird erkennbar, dass die Macaulay-Duration der Elastizität des Barwerts bezüglich einer Änderung des Diskontierungsfaktors entspricht:[289]

[287] Zu einer Elastizität des Barwerts bezüglich des risikolosen Zinssatzes vgl. Kruschwitz/Schöbel (1986), S. 199; Rudolph (1979a), S. 201.

[288] Diese entspricht bis auf das Vorzeichen der partiellen Ableitung in (3.9).

[289] Vgl. Hicks (1946), S. 186–187; Rudolph (1979a), S. 200; Steiner/Bruns (2000), S. 157.

$$v=\frac{\frac{\partial K_t}{K_t}}{\frac{\partial\left(1/\left(1+r_f\right)\right)}{1/\left(1+r_f\right)}}=\frac{\partial K_t}{\partial\left(1/\left(1+r_f\right)\right)}\cdot\frac{1/\left(1+r_f\right)}{K_t}$$

$$=\left(\sum_{s=t+1}^{T}(s-t)\cdot Z_s\cdot\left(\frac{1}{\left(1+r_f\right)}\right)^{(s-t)-1}\right)\cdot\frac{1/\left(1+r_f\right)}{\sum_{s=t+1}^{T}\frac{Z_s}{\left(1+r_f\right)^{(s-t)}}}$$

$$=\left(\sum_{s=t+1}^{T}\frac{(s-t)\cdot Z_s}{\left(1+r_f\right)^{(s-t)}}\right)\cdot\frac{1}{\sum_{s=t+1}^{T}\frac{Z_s}{\left(1+r_f\right)^{(s-t)}}}=\frac{\sum_{s=t+1}^{T}(s-t)\cdot Z_s\cdot\left(1+r_f\right)^{-(s-t)}}{\sum_{s=t+1}^{T}Z_s\cdot\left(1+r_f\right)^{-(s-t)}}=DUR_t^{Mac}.$$

Mit Hilfe von (3.11) kann eine lineare Approximation der relativen Änderung des Barwerts einer Kuponanleihe vorgenommen werden, sofern davon ausgegangen wird, dass eine einmalige, nur marginale Änderung der flachen Zinsstruktur in Form einer Parallelverschiebung erfolgt.[290] Dabei wird unterstellt, dass die Parallelverschiebung der Zinsstruktur zeitlos in der logischen Sekunde zwischen $t^-$ unmittelbar vor und $t^+$ unmittelbar nach Änderung der flachen Zinsstruktur stattfindet. Dazu muss zunächst der Barwert einer Kuponanleihe in Abhängigkeit der flachen Zinsstruktur mit $K_t\left(r_f\right)$ notiert und die marginale absolute Änderung der flachen Zinsstruktur mit $\Delta r_f$ bezeichnet werden. Unter Verwendung von (3.11) kann die relative Änderung des Barwerts einer Kuponanleihe durch $\Delta\widehat{K}_t\left(r_f+\Delta r_f\right)/K_t\left(r_f\right)$ mit

$$\frac{\Delta\widehat{K}_t\left(r_f+\Delta r_f\right)}{K_t\left(r_f\right)}=-\frac{1}{\left(1+r_f\right)}\cdot DUR_t^{Mac}\cdot\Delta r_f \tag{3.13}$$

linear approximiert werden.[291] Dabei wird die geschätzte absolute Änderung des Barwerts mit $\Delta\widehat{K}_t\left(r_f+\Delta r_f\right)$ bezeichnet, um den sich der Barwert $K_t\left(r_f\right)$ unmittelbar vor der Parallelverschiebung der flachen Zinsstruktur um $\Delta r_f$ näherungsweise verringert oder erhöht. Durch Umformen von (3.13) folgt:

---

[290] Vgl. Kruschwitz/Schöbel (1986), S. 603; Uhlir/Steiner (1983), S. 635.

[291] Vgl. Fisher (1966), S. 113–114; Rudolph (1981a), S. 138; Bühler (1983), S. 90. Da die Änderung der flachen Zinsstruktur annahmegemäß zeitlos erfolgt, wird auf eine explizite Unterscheidung der Zeitpunkte unmittelbar vor und unmittelbar nach Änderung der flachen Zinsstruktur verzichtet, da der geschätzte Barwert eines festverzinslichen Wertpapiers nach Änderung der Zinsstruktur durch ein ^ gekennzeichnet ist. Alle anderen Größen zum Zeitpunkt $t$ beziehen sich daher auf den Zeitpunkt unmittelbar vor der Änderung der flachen Zinsstruktur.

$$\Delta\widehat{K}_t\left(r_f+\Delta r_f\right)=-\frac{K_t\left(r_f\right)}{\left(1+r_f\right)}\cdot DUR_t^{Mac}\cdot\Delta r_f.^{292} \tag{3.14}$$

Anhand von (3.14) wird die zentrale Aussage der Macaulay-Duration offensichtlich, wonach die absolute Änderung des Barwerts der Kuponanleihe für eine gegebene marginale Änderung der flachen Zinsstruktur umso höher ist, je höher die Macaulay-Duration ist. Daher ist die Abhängigkeit der Macaulay-Duration von der Höhe der Zahlungen, des konstanten risikolosen Zinssatzes sowie der Restlaufzeit der Kuponanleihe von besonderer Bedeutung.[293] Aus Gleichung (3.8) geht unmittelbar hervor, dass die Macaulay-Duration mit höheren Zahlungen während der Restlaufzeit ceteris paribus abnimmt.[294] Während die Macaulay-Duration mit steigendem risikolosen Zinssatz abnimmt,[295] ist das Verhältnis zwischen der Macaulay-Duration und der Restlaufzeit nicht eindeutig, da die intuitive Vermutung einer mit längerer Restlaufzeit zunehmenden Macaulay-Duration nur für Kuponanleihen zutrifft, deren Barwert mindestens ihrem Nominalwert entspricht oder diesen übersteigt. Für Kuponanleihen, deren Barwert unter ihrem Nominalwert liegt, steigt die Macaulay-Duration mit zunehmender Restlaufzeit zunächst monoton bis zu einem bestimmten Maximum an und fällt daraufhin mit zunehmender Restlaufzeit.[296]

Allgemein ist die Schätzung der Änderung des Barwerts eines festverzinslichen Wertpapiers analog zu (3.14) mit Unschärfen behaftet. Zentrale Ursache hierfür ist, dass die Barwertänderung des festverzinslichen Wertpapiers mit Hilfe der Macaulay-Duration linear approximiert wird, während der Barwert eines festverzinslichen Wertpapiers eine konvexe Funktion bezüglich der flachen Zinsstruktur ist. Daher wird im Falle einer Senkung der flachen Zinsstruktur um $\Delta r_f < 0$ die absolute Änderung (Erhöhung) des Barwerts um den sog. Konvexitätsfehler unterschätzt und damit zugleich ein zu niedriger Barwert des festverzinslichen Wertpapiers nach Änderung der flachen Zinsstruktur geschätzt. Bei einer Erhöhung der flachen Zinsstruktur um $\Delta r_f > 0$ wird die absolute Änderung (Verminderung) des Barwerts dagegen um den Konvexitätsfehler überschätzt und damit ebenfalls ein zu niedriger Barwert des festverzinslichen Wertpapiers nach Änderung der flachen Zinsstrukturkurve geschätzt. In beiden Fällen

[292] Der geschätzte Barwert eines festverzinslichen Wertpapiers nach Parallelverschiebung der flachen Zinsstruktur ergibt sich aus der Addition der geschätzten Änderung des Barwerts gemäß (3.14) zum Barwert vor Änderung der Zinsstruktur gemäß (3.7).

[293] Vgl. ausführlich Bühler (1983), S. 91–92.

[294] Vgl. Bierwag/Kaufman/Khang (1978), S. 673.

[295] Vgl. Oehler/Unser (2001), S. 138–139.

[296] Vgl. zum Beweis Hopewell/Kaufman (1973), S. 750. Vgl. auch Bierwag/Kaufman/Khang (1978), S. 672; Fisher/Weil (1971), S. 418.

kommt es folglich zu Schätzfehlern, die den Barwert nach erfolgter Parallelverschiebung der flachen Zinsstruktur unterschätzen.[297]

Eine höhere Genauigkeit der Schätzung des Barwerts eines festverzinslichen Wertpapiers nach Änderung der flachen Zinsstruktur kann mit Hilfe einer Entwicklung als Taylor-Reihe erzielt werden. Für den Barwert einer Kuponanleihe nach einer Änderung des risikolosen Zinssatzes um $\Delta r_f$ gilt dann:

$$K_t\left(r_f+\Delta r_f\right)=K_t\left(r_f\right)+\sum_{m=1}^{\infty}\frac{1}{m!}\cdot\frac{\partial^m K_t\left(r_f\right)}{\partial r_f{}^m}\cdot\left(\Delta r_f\right)^m.$$ [298]

Da bei marginalen Änderungen von $r_f$ der Einfluss der Glieder der Taylor-Reihe mit zunehmendem Exponenten $m$ abnimmt, kann der Barwert der Kuponanleihe nach marginalen Änderungen der flachen Zinsstruktur mit Hilfe der beiden ersten Glieder der Taylor-Reihe gemäß

$$\Delta\widehat{K}_t\left(r_f+\Delta r_f\right)=\frac{\partial K_t\left(r_f\right)}{\partial r_f}\cdot\Delta r_f+\frac{1}{2}\frac{\partial^2 K_t\left(r_f\right)}{\partial r_f{}^2}\cdot\left(\Delta r_f\right)^2 \tag{3.15}$$

näherungsweise geschätzt werden. Der Zusammenhang zwischen (3.15) und der Macaulay-Duration ist nicht unmittelbar ersichtlich, wird aber deutlich, wenn der Faktor vor der ersten Potenz in (3.15) durch den Barwert $K_t$ dividiert wird. Dieser Term wird zugleich als modifizierte Duration $DUR_t^{mod}$ bezeichnet, die positiv definiert ist und unter Verwendung von (3.10) mit

$$DUR_t^{mod}=\left|\frac{\frac{\partial K_t}{\partial r_f}}{K_t}\right|=\frac{1}{\left(1+r_f\right)}\cdot\underbrace{\frac{\sum_{s=t+1}^{T}(s-t)\cdot Z_s\cdot\left(1+r_f\right)^{-(s-t)}}{\sum_{s=t+1}^{T}Z_s\cdot\left(1+r_f\right)^{-(s-t)}}}_{DUR_t^{Mac}}=\frac{DUR_t^{Mac}}{\left(1+r_f\right)} \tag{3.16}$$

ermittelt wird.[299] Während die Macaulay-Duration als die zu den Barwertanteilen gewichtete

---

[297] Vgl. Steiner/Bruns (2000), S. 162; Kruschwitz/Schöbel (1986), S. 604–605; Rudolph (1981a), S. 139. Vgl. auch Eller (1991), S. 323, der Schätzungen in einem Bereich von ±1 Prozentpunkt für relativ genau hält. Rudolph (1981), S. 24, Fn. 5 spricht daher von einer vorsichtigen Approximation der Barwertänderung, da ein Anstieg (Verfall) des Barwerts nicht unterschätzt wird.

[298] Vgl. zur Entwicklung als Taylor-Reihe z.B. Deutsch (2004), S. 77–78.

[299] Bei stetiger Zinsrechnung besteht Identität zwischen der modifizierten Duration und der Macaulay-Duration, da der in (3.16) enthaltene Diskontierungsfaktor in diesem Fall nicht existiert. Vgl. Deutsch (2004), S. 78–79.

Summe der Zahlungszeitpunkte und damit als „durchschnittliche, dynamisierte Bindungsdauer oder die mittlere Selbstliquidationsperiode“[300] interpretiert werden kann, gibt die modifizierte Duration näherungsweise die relative Veränderung des Barwerts eines festverzinslichen Wertpapiers bezüglich einer Parallelverschiebung der flachen Zinsstruktur um einen Prozentpunkt an.[301]

Wird der Faktor vor der zweiten Potenz in (3.15) ebenfalls durch den Barwert $K_t$ dividiert, ergibt sich ein Term, der als modifizierte Konvexität bezeichnet wird. Die modifizierte Konvexität $CON_t^{mod}$ stellt die zweite partielle Ableitung (3.7) nach dem risikolosen Zinssatz dividiert durch den Barwert der Kuponanleihe dar. Daraus folgt:

$$CON_t^{mod} = \frac{\frac{\partial^2 K_t}{\partial r_f^2}}{K_t} = \frac{1}{\left(1+r_f\right)^2} \cdot \frac{\sum_{s=t+1}^{T} (s-t)\cdot(s-t+1)\cdot Z_s \cdot \left(1+r_f\right)^{-(s-t)}}{\sum_{s=t+1}^{T} Z_s \cdot \left(1+r_f\right)^{-(s-t)}}. \tag{3.17}$$

Eine verbesserte Schätzung der absoluten Änderung des Barwerts eines festverzinslichen Wertpapiers bezüglich einer marginalen Änderung der flachen Zinsstruktur gemäß (3.15) unter Berücksichtigung der modifizierten Duration bzw. modifizierten Konvexität aus (3.16) bzw. (3.17) lautet daher:

$$\Delta\widehat{K}_t\left(r_f+\Delta r_f\right) = -DUR_t^{mod} \cdot K_t\left(r_f\right) \cdot \Delta r_f + \frac{1}{2} CON_t^{mod} \cdot K_t\left(r_f\right) \cdot \left(\Delta r_f\right)^2. \tag{3.18}$$

Die Gleichung (3.18) lässt sich zu einer Schätzung der relativen Barwertänderung heranziehen, sofern auf beiden Seiten von (3.18) mit $K_t\left(r_f\right)$ dividiert wird. Es folgt:

$$\frac{\Delta\widehat{K}_t\left(r_f+\Delta r_f\right)}{K_t\left(r_f\right)} = -DUR_t^{mod} \cdot \Delta r_f + \frac{1}{2} CON_t^{mod} \cdot \left(\Delta r_f\right)^2. \tag{3.19}$$

Im Ergebnis kann mit Hilfe von (3.18) bzw. (3.19) einerseits eine Aussage über die absolute bzw. relative Änderung des Barwerts einer Kuponanleihe bei einer gegebenen Parallelverschiebung der flachen Zinsstruktur getroffen werden. Andererseits kann mit Hilfe der Durationen und der modifizierten Konvexität auch eine Aussage über die Höhe des Bewertungsfehlers getroffen werden, der durch die Verwendung der (konstanten) Rendite einer nicht identi-

---

300 Steiner/Bruns (2000), S. 155, Vgl. mit ähnlichen Begriffen Rudolph (1979a), S. 190–191; Bühler (1983), S. 90.

301 Vgl. Eller (1991), S. 323.

schen, aber laufzeitäquivalenten Kuponanleihe als Diskontierungssatz bei nicht flacher Zinsstruktur entstehen kann.

Um dies zu verdeutlichen, werden für jede der elf Anleihen aus Kapitel 3.3.1 die Durationen und die modifizierte Konvexität ermittelt. Dabei ist zu beachten, dass die elf Anleihen zur Ermittlung der Durationen und der modifizierten Konvexitäten zunächst arbitragefrei bewertet werden müssen, um anschließend die Rendite jeder einzelnen Anleihe ermitteln zu können. Die Rendite jeder einzelnen Anleihe entspricht dann dem konstanten Diskontierungssatz, der in (3.16) und (3.17) anstatt des risikolosen Zinssatzes der flachen Zinsstruktur eingesetzt wird. Auf dieser Grundlage kann die Schätzung des maximalen relativen Bewertungsfehlers[302] jeder einzelnen Anleihe analog zu (3.19) erfolgen. Dazu wird weiterhin die von der Deutschen Bundesbank geschätzte Zinsstruktur vom 10.10.2006 zugrunde gelegt.[303] Die Tabelle 5 zeigt die Durationen und die modifizierte Konvexität jeder einzelnen Anleihe, die sich unter Verwendung der arbitragefreien Preise aus Tabelle 2 ergeben sowie die einzelnen Renditen bei arbitragefreier Bewertung der Anleihen.

| **Normale Zinsstruktur** | | | | | |
|---|---|---|---|---|---|
| Kuponzahlung in GE [1] | Preis in GE [2] | Rendite in % [3] | Macaulay-Duration in Jahren [4] | modifizierte Duration [5] | modifizierte Konvexität [6] |
| 0 | 68,53856 | 3,85000 | 10,00000 | 9,62927 | 101,99519 |
| 1 | 76,74916 | 3,84447 | 9,48767 | 9,13642 | 95,12338 |
| 2 | 84,95975 | 3,83954 | 9,07420 | 8,73868 | 89,57724 |
| 3 | 93,17035 | 3,83514 | 8,73350 | 8,41093 | 85,00667 |
| 4 | 101,38094 | 3,83117 | 8,44788 | 8,13617 | 81,17489 |
| 5 | 109,59153 | 3,82758 | 8,20499 | 7,90252 | 77,91607 |
| 6 | 117,80213 | 3,82431 | 7,99590 | 7,70138 | 75,11054 |
| 7 | 126,01272 | 3,82133 | 7,81401 | 7,52640 | 72,66983 |
| 8 | 134,22332 | 3,81859 | 7,65434 | 7,37280 | 70,52707 |
| 9 | 142,43391 | 3,81607 | 7,51304 | 7,23687 | 68,63080 |
| 10 | 150,64451 | 3,81375 | 7,38711 | 7,11573 | 66,94080 |

Tabelle 5: Durationen und modifizierte Konvexität von Anleihen zur Schätzung von Bewertungsfehlern

[302] Im Folgenden wird lediglich die Schätzung des relativen Bewertungsfehlers vorgenommen, da durch Umformen von (3.19) bzw. mit (3.18) auch die absolute Höhe des Bewertungsfehlers ermittelt werden kann.

[303] Siehe hierzu Kapitel 3.3.1.

Die Tabelle 6 stellt die Ergebnisse der Schätzung des maximalen Bewertungsfehlers unter Verwendung der Duration und der modifizierten Konvexität dar. Dabei erfolgt die Schätzung des maximalen relativen Bewertungsfehlers analog zu (3.19), indem für $\Delta r_f$ der Wert der Renditedifferenz aus Tabelle 2 verwendet wird, bei der sich der maximale Bewertungsfehler für die $i$-te Anleihe ergibt (Spalte [5]). Das positive Vorzeichen des maximalen Bewertungsfehlers für die Anleihen $i = 0,...,3$ in Tabelle 2 zeigt an, dass sich der maximale Bewertungsfehler dieser Anleihen bei Verwendung der minimalen Rendite aller elf Anleihen ergibt (Spalte [4]). Für die Anleihen $i = 4,...,10$ ergibt sich der maximale Bewertungsfehler indes bei Verwendung der maximalen Rendite aller elf Anleihen als Diskontierungssatz (Spalte [4]).

| Normale Zinsstruktur | | | | | | |
|---|---|---|---|---|---|---|
| Kuponzahlung in GE [1] | Preis in GE [2] | Rendite in % [3] | Fehler (max) bei Rendite in % [4] | Renditedifferenz in %-Punkten [5] | geschätzter Fehler (max) in % [6] | tatsächlicher Fehler (max) in % [7] |
| 0 | 68,53856 | 3,85000 | 3,81375 | -0,03625 | 0,34974 | 0,34974 |
| 1 | 76,74916 | 3,84447 | 3,81375 | -0,03072 | 0,28109 | 0,28109 |
| 2 | 84,95975 | 3,83954 | 3,81375 | -0,02579 | 0,22571 | 0,22571 |
| 3 | 93,17035 | 3,83514 | 3,81375 | -0,02139 | 0,18009 | 0,18009 |
| 4 | 101,38094 | 3,83117 | 3,85000 | 0,01883 | -0,15306 | -0,15306 |
| 5 | 109,59153 | 3,82758 | 3,85000 | 0,02242 | -0,17699 | -0,17699 |
| 6 | 117,80213 | 3,82431 | 3,85000 | 0,02569 | -0,19758 | -0,19758 |
| 7 | 126,01272 | 3,82133 | 3,85000 | 0,02867 | -0,21549 | -0,21549 |
| 8 | 134,22332 | 3,81859 | 3,85000 | 0,03141 | -0,23121 | -0,23121 |
| 9 | 142,43391 | 3,81607 | 3,85000 | 0,03393 | -0,24512 | -0,24512 |
| 10 | 150,64451 | 3,81375 | 3,85000 | 0,03625 | -0,25751 | -0,25751 |
| Rendite (min) | | 3,81375 | | | | |
| Rendite (max) | | 3,85000 | | | | |

Tabelle 6: Vergleich des geschätzten maximalen Bewertungsfehlers mit dem tatsächlichen maximalen Bewertungsfehler

Ein Vergleich der in Tabelle 6 auf fünf Dezimale gerundeten Ergebnisse für den geschätzten relativen Bewertungsfehler (Spalte [6]) mit dem tatsächlichen relativen Bewertungsfehler (Spalte [7]) zeigt, dass analog zu (3.19) eine gute Schätzung für die relative Höhe des Bewertungsfehlers gelingt.[304] Eine konkrete Schätzung des relativen Bewertungsfehlers ist indes nur möglich, sofern die Renditedifferenz bekannt bzw. gegeben ist. Nachdem die Höhe dieser Renditedifferenz jedoch maßgeblich vom Verlauf der Zinsstruktur, von der Höhe des Kupon-

[304] Vgl. Steiner/Bruns (2000), S. 163. Abweichungen zwischen der geschätzten und der tatsächlichen Höhe des maximalen relativen Bewertungsfehlers ergeben sich erst nach der fünften Dezimale und werden daher in Tabelle 6 nicht sichtbar.

zinses und von der Restlaufzeit der betrachteten Anleihe abhängt, kann auch mit Hife der Duration und der modifizierten Konvexität keine allgemeingültige Aussage über die Höhe des Bewertungsfehlers getroffen werden.

Allerdings können mit Hilfe der Durationen und der modifizierten Konvexität auch ohne Kenntnis der konkreten Renditedifferenz bedeutende Aussagen getroffen werden, so dass eine Einschätzung der Sensitivität des Barwerts festverzinslicher Wertpapiere vorgenommen werden kann. Damit lässt sich zumindest beurteilen, ob geringfügige Renditedifferenzen erhebliche Auswirkungen auf den Barwert eines festverzinslichen Wertpapiers haben oder gegebenenfalls nur zu vernachlässigbaren Bewertungsfehlern führen. Daher werden im Anschluss die Durationen und die modifizierte Konvexität für den Marktwert des Unternehmens abgeleitet, um eine Beurteilung des möglichen Bewertungsfehlers, der durch die Verwendung der Rendite einer laufzeitäquivalenten Kuponanleihe entstehen kann, vornehmen zu können.

### 3.3.3 Duration und Konvexität des Marktwerts des Unternehmens

#### 3.3.3.1 Vorbemerkung

Im Vordergrund der Ableitung der Durationen und der modifizierten Konvexität für den Marktwert des Unternehmens soll die Schätzung einer Änderung des Marktwerts des Unternehmens bei gegebener Veränderung des (konstanten) erwarteten Eigenkapitalkostensatzes stehen, um Aussagen über die Höhe möglicher Bewertungsfehler treffen zu können.[305] Wie bereits in Kapitel 3.3.1 ausgeführt, können Bewertungsfehler einerseits aus der Verwendung der Rendite einer Kuponanleihe als risikoloser Zinssatz bei nicht flacher Zinsstruktur resultieren. Andererseits können Bewertungsfehler auch durch eine bewusste Einflussnahme auf die Höhe oder durch Fehler bei der Schätzung der einzelnen Bestandteile des Eigenkapitalkostensatzes auftreten. Unter der Zielsetzung die Höhe möglicher Bewertungsfehler schätzen zu können, tritt die Interpretation der Duration als Maß für die durchschnittliche Kapitalbin-

[305] Vgl. zu einer ähnlichen Idee der Übertragung der Duration auf Investitionsentscheidungsprobleme Blocher/Stickney (1978), S. 184–187, die die Duration zur Beurteilung des Risikos einer Änderung der Kapitalkostensatzes des Unternehmens anwenden. Zu einem ähnlichen Ansatz vgl. auch Durand (1974), S. 25–27.

dungsdauer eines finanziellen Engagements in den Hintergrund.[306] Dennoch erfordert die sachgerechte Ableitung der Durationen und der modifizierten Konvexität des Marktwerts des Unternehmens zunächst eine Aussage über die „Laufzeit“ bzw. Lebensdauer des zu bewertenden Unternehmens. Da die erwartete Lebensdauer nur in Abhängigkeit der Informationen über das zu bewertende Unternehmen ermittelt werden kann, lassen sich erneut keine allgemeingültigen Aussagen treffen.[307] Daher wird im Folgenden lediglich zwischen den beiden Ausprägungen einer endlichen und einer unendlichen Lebensdauer des Bewertungsobjekts unterschieden.

Dabei steht die Annahme einer unendlichen Lebensdauer und damit eines zeitlich unendlich langen Cashflowstroms scheinbar in einem Widerspruch zur Macaulay-Duration, die als Maß für die durchschnittliche Kapitalbindungsdauer eines finanziellen Engagements erarbeitet wurde. Dieser Widerspruch kann jedoch aufgelöst werden,[308] da nicht die Lebensdauer des Unternehmens an sich, sondern vielmehr das Verfahren zur Schätzung des Restwerts des Unternehmens für die Ableitung der Durationen und der modifizierten Konvexität entscheidend ist.

Unter einer endlichen Lebensdauer des Unternehmens werden daher in Kapitel 3.3.3.2 die Fälle diskutiert, in denen die Schätzung des Restwerts des Unternehmens unabhängig von der Höhe des erwarteten Eigenkapitalkostensatzes erfolgen kann. Hiervon kann jedoch nur in zwei Fällen ausgegangen werden:

1. Das Unternehmen hört am Ende des Detailplanungszeitraums in $T$ auf zu existieren, wobei das Vermögen des Unternehmens vollständig veräußert wird und der erwartete Liquidationserlös unmittelbar und vollumfänglich an die Investoren ausgeschüttet wird.[309]

[306] Auf eine Interpretation der Duration des Marktwerts des Unternehmens als Maß für die durchschnittliche Kapitalbindungsdauer einer Investition in das Bewertungsobjekt wird verzichtet, da im Falle negativer erwarteter Cashflows seitens der Investoren regelmäßig keine Verpflichtung besteht, Einlagen in das Bewertungsobjekt zu leisten. Somit sind die negativen erwarteten Cashflows zwar für die Höhe des Marktwerts des Unternehmens und damit auch für die Beurteilung des Bewertungsfehlers relevant, allerdings ist die Duration damit nicht notwendigerweise als Maß für die durchschnittliche Kapitalbindungsdauer geeignet. Vgl. ähnlich Blocher/Stickney (1978), S. 181.

[307] Siehe Kapitel 2.1.

[308] Auch im Fall einer endfälligen Kuponanleihe mit unendlicher Laufzeit kann gezeigt werden, dass die Macaulay-Duration eines solchen Wertpapiers nie größer sein kann, als $\left(1+r_f\right)/r_f$. Vgl. Kruschwitz/Schöbel (1986), S. 553; Oehler/Unser (2001), S. 138; Weil (1973), S. 589–590.

[309] Zum Liquidationswert siehe auch Kapitel 2.1.

2. Der Detailplanungszeitraum von $t$ bis $T$ eines annahmegemäß unendlich lang lebenden Unternehmens ist so groß, dass der diskontierte erwartete Restwert einen vernachlässigbaren bzw. keinen Einfluss auf die Höhe des Marktwerts des Unternehmens hat.

Beide Fälle können nicht als besonders realitätsnah angesehen werden. Im ersten Fall, der eine vollständige Liquidation und die vollumfängliche Ausschüttung des erwarteten Liquidationserlöses im Zeitpunkt $T$ erfordert, wird vernachlässigt, dass sich die Liquidation eines Unternehmens regelmäßig über einen längeren Zeitraum erstreckt. Der erwartete Liquidationserlös hängt daher von der Zerschlagungsgeschwindigkeit und -intensität ab und muss als Barwert der über die Zerschlagungsdauer erwarteten Nettoliquidationserlöse ermittelt werden. Folglich kann die Höhe des erwarteten Restwerts nicht vollkommen unabhängig von der Höhe des erwarteten Eigenkapitalkostensatzes geschätzt werden.

Im zweiten Fall wird verkannt, dass selbst bei einem sehr langen Detailplanungszeitraum die Höhe des diskontierten erwarteten Restwerts nicht selten einen erheblichen Anteil am gesamten Marktwert des Unternehmens ausmachen kann.[310] Dies verdeutlicht Tabelle 7, die im Fall konstanter erwarteter Cashflows den relativen Anteil des diskontierten Restwerts am gesamten Marktwert des Unternehmens in Abhängigkeit von der Länge des Detailplanungszeitraums und der Höhe des erwarteten Eigenkapitalkostensatzes darstellt. Der diskontierte erwartete Restwert ist daher nur selten vernachlässigbar und muss regelmäßig unter Verwendung eines ewigen Renten- oder Wachstumsmodells und unter Rückgriff auf den erwarteten Eigenkapitalkostensatz geschätzt werden.[311]

| Länge des Detailplanungs-zeitraums | Höhe des erwarteten Eigenkapitalkostensatzes: 5% | 10% | 15% | 20% |
|---|---|---|---|---|
| 5 Jahre | 78,35% | 62,09% | 49,72% | 40,19% |
| 10 Jahre | 61,39% | 38,55% | 24,72% | 16,15% |
| 15 Jahre | 48,10% | 23,94% | 12,29% | 6,49% |
| 20 Jahre | 37,69% | 14,86% | 6,11% | 2,61% |
| 25 Jahre | 29,53% | 9,23% | 3,04% | 1,05% |
| 30 Jahre | 23,14% | 5,73% | 1,51% | 0,42% |
| 50 Jahre | 8,72% | 0,85% | 0,09% | 0,01% |

Tabelle 7: Relativer Anteil des diskontierten erwarteten Restwerts am gesamten Marktwert des Unternehmens bei konstanten erwarteten Cashflows des Bewertungsobjekts

[310] Vgl. z.B. Nowak (2003), S. 81–85.
[311] Siehe auch Kapitel 2.1.

Daher werden unter einer unendlichen Lebensdauer des Unternehmens in Kapitel 3.3.3.3 Fälle diskutiert, in denen die Höhe des erwarteten Restwerts von der Höhe des erwarteten Eigenkapitalkostensatzes abhängt. Vereinfachend wird hierbei von einer Schätzung des erwarteten Restwerts unter Verwendung eines ewigen Wachstumsmodells ausgegangen, bei dem der erwartete Restwert am Ende des Planungszeitraums $\mathbb{E}\left[\widetilde{V}_T \middle| \mathcal{F}_t\right]$ wiederum von den mit dem erwarteten Eigenkapitalkostensatz diskontierten erwarteten Cashflows nach $T$ und einer Wachstumsrate $g$ abhängt.

#### 3.3.3.2 Endliche Lebensdauer des Unternehmens

Wird von einer endlichen Lebensdauer des Unternehmens $T < \infty$ ausgegangen, könnte entweder angenommen werden, dass das Bewertungsobjekt nach Ende des Detailplanungszeitraums einen Restwert von null aufweist oder über einen positiven erwarteten Restwert verfügt, der den Investoren unmittelbar und in voller Höhe zahlungswirksam zufließt.[312] In beiden Fällen kann allgemein von der Bewertung des Unternehmens gemäß (2.20) ausgegangen und analog zu der Annahme einer flachen Zinsstruktur zur Ableitung der Duration von Kuponanleihen zunächst ein (konstanter) erwarteter Eigenkapitalkostensatz unterstellt werden. Mit $\mathbb{E}\left[r_{i,u-1,u}\right] = r_i$ für alle $u = t+1,\ldots,T$ ergibt sich der Marktwert des Unternehmens $i$ in $t$ gemäß:

$$V_{i,t} = \sum_{s=t+1}^{T} \frac{\mathbb{E}\left[\widetilde{CF}_{i,s} \middle| \mathcal{F}_t\right]}{\left(1+r_i\right)^{s-t}} + \frac{\mathbb{E}\left[\widetilde{V}_{i,T} \middle| \mathcal{F}_t\right]}{\left(1+r_i\right)^{T-t}}.^{313} \tag{3.20}$$

Da im Falle eines positiven Restwerts des Unternehmens angenommen wurde, dass dieser neben den Cashflows unmittelbar und in voller Höhe den Investoren zahlungswirksam zufließt, entspricht die formale Bewertungsstruktur des Marktwerts des Unternehmens gemäß (3.20) sowohl im Fall eines Restwerts von null als auch im Fall eines positiven Restwerts der forma-

---

[312] Ein solcher Fall könnte z.B. bei einer nach Ende des Detailplanungszeitraums beabsichtigten Veräußerung des Unternehmens zu einem geschätzten Verkaufspreis vorliegen. Der geschätzte Verkaufspreis stellt dann die Grundlage für die Schätzung des Restwerts dar.

[313] Die Verwendung eines (konstanten) erwarteten Eigekapitalkostensatzes im Rahmen der Ermittlung des Marktwerts des Unternehmens mit Hilfe des CAPM setzt u.a. zusätzlich voraus, dass der Marktpreis des Risikos sowie der risikolose Zinssatz ebenfalls konstant sind. Für die im Folgenden vorgenommene Ableitung der Duration des Marktwerts des Unternehmens kann vereinfachend angenommen werden, dass diese Voraussetzungen erfüllt sind. Vgl. Ausführlich Fama (1977), S. 16–17; Wiese (2006), S. 38–39. Da bei der Ableitung der Durationen und der modifizierten Konvexität für den Marktwert des Unternehmens ein einzelnes Unternehmen betrachtet wird, wird auf eine explizite Angabe des Subindexes für ein bestimmtes Unternehmen $i$ verzichtet.

len Bewertungsstruktur von Kuponanleihen gemäß (3.7). Folglich weisen auch die für den Marktwert des Unternehmens abgeleiteten Durationen und die Konvexität dieselbe formale Struktur auf wie die Durationen und die modifizierte Konvexität von Kuponanleihen.

Analog zu (3.16) gilt für die Macaulay-Duration $DUR_t^{Mac,V}$ und die modifizierte Duration $DUR_t^{mod,V}$ des Marktwerts des Unternehmens bei endlicher Lebensdauer des Bewertungsobjekts:

$$DUR_t^{mod,V} = \left| \frac{\frac{\partial V_t}{\partial r}}{V_t} \right| = \frac{DUR_t^{Mac,V}}{(1+r)}. \tag{3.21}$$

Durch Einsetzen der partiellen Ableitung des Marktwerts des Unternehmens nach dem erwarteten Eigenkapitalkostensatz in (3.21), die durch

$$\frac{\partial V_t}{\partial r} = \sum_{s=t+1}^{T} -(s-t) \cdot \frac{\mathbb{E}\left[\widetilde{CF}_s \middle| \mathcal{F}_t\right]}{(1+r)^{s-t+1}} - (T-t) \cdot \frac{\mathbb{E}\left[\widetilde{V}_T \middle| \mathcal{F}_t\right]}{(1+r)^{T-t+1}}$$

gegeben ist, folgt für die modifizierte Duration des Marktwerts des Unternehmens

$$\begin{aligned} DUR_t^{mod,V} &= \frac{1}{(1+r)} \cdot \frac{\sum_{s=t+1}^{T} (s-t) \cdot \mathbb{E}\left[\widetilde{CF}_s \middle| \mathcal{F}_t\right] \cdot (1+r)^{-(s-t)}}{V_t} \\ &+ \frac{1}{(1+r)} \cdot \frac{(T-t) \cdot \mathbb{E}\left[\widetilde{V}_T \middle| \mathcal{F}_t\right] \cdot (1+r)^{-(T-t)}}{V_t}. \end{aligned} \tag{3.22}$$

Für die Macaulay-Duration des Marktwerts des Unternehmens ergibt sich durch Einsetzen von (3.22) in (3.21):

$$\begin{aligned} DUR_t^{Mac,V} &= \frac{\sum_{s=t+1}^{T} (s-t) \cdot \mathbb{E}\left[\widetilde{CF}_s \middle| \mathcal{F}_t\right] \cdot (1+r)^{-(s-t)}}{V_t} \\ &+ \frac{(T-t) \cdot \mathbb{E}\left[\widetilde{V}_T \middle| \mathcal{F}_t\right] \cdot (1+r)^{-(T-t)}}{V_t}. \end{aligned} \tag{3.23}$$

Wie bereits in Kapitel 3.3.2 für Kuponanleihen gezeigt wurde, kann die Schätzung der relativen Änderung des Barwerts einer Kuponanleihe nach einer Parallelverschiebung der flachen Zinsstrukturkurve unter Verwendung der modfizierten Konvexität präzisiert werden. Unter dem Ziel einer verbesserten Schätzung der relativen Änderung des Marktwerts des Unternehmens bei einer marginalen Änderung des erwarteten Eigenkapitalkostensatzes kann analog zu (3.17) eine modifizierte Konvexität für den Marktwert des Unternehmens $CON_t^{mod,V}$ gemäß

$$CON_t^{mod,V} = \frac{\frac{\partial^2 V_t}{\partial r^2}}{V_t} \tag{3.24}$$

abgeleitet werden. Durch Einsetzen der zweiten partiellen Ableitung des Marktwerts des Unternehmens nach dem erwarteten Eigenkapitalkostensatz in (3.24), die durch

$$\frac{\partial^2 V_t}{\partial r^2} = \sum_{s=t+1}^{T} \frac{(s-t)\cdot(s-t+1)\cdot \mathbb{E}\left[\widetilde{CF}_s \middle| \mathcal{F}_t\right]}{(1+r)^{(s-t)+2}} + \frac{\mathbb{E}\left[\widetilde{V}_T \middle| \mathcal{F}_t\right]}{(1+r)^{(T-t)+2}}$$

gegeben ist, folgt für die modifizierte Konvexität des Marktwerts des Unternehmens

$$CON_t^{mod,V} = \frac{1}{(1+r)^2}\cdot\frac{1}{V_t}\cdot\frac{\sum_{s=t+1}^{T}(s-t)\cdot(s-t+1)\cdot \mathbb{E}\left[\widetilde{CF}_s \middle| \mathcal{F}_t\right]}{(1+r)^{(s-t)}} + \frac{\mathbb{E}\left[\widetilde{V}_T \middle| \mathcal{F}_t\right]}{(1+r)^{(T-t)}}. \tag{3.25}$$

Folglich kann analog zu (3.19) eine Schätzung der relativen Änderung des Marktwerts des Unternehmens bei einer marginalen Änderung des erwarteten Eigenkapitalkostensatzes mit

$$\frac{\Delta V_t(r+\Delta r)}{V_t(r)} \approx -DUR_t^{mod,V}\cdot\Delta r + \frac{1}{2}CON_t^{mod,V}\cdot(\Delta r)^2 \tag{3.26}$$

vorgenommen werden.

Zwar gelingt mit Hilfe von (3.26) analog zu der Schätzung des relativen Bewertungsfehlers bei festverzinslichen Wertpapieren eine Schätzung der relativen Höhe eines möglichen Bewertungsfehlers bei gegebener Änderung des erwarteten Eigenkapitalkostensatzes. Allerdings kann eine sachgerechte Schätzung nur vorgenommen werden, sofern am Ende des Detailplanungszeitraums entweder von einem unmittelbar zahlungswirksamen erwarteten Restwert oder von einem erwarteten Restwert von null ausgegangen werden kann. Folglich ist der praktische Anwendungsbereich einer Schätzung gemäß (3.26) stark eingeschränkt, weshalb im Folgenden die Durationen und die modifzierte Konvexität zur Schätzung der relativen Höhe eines möglichen Bewertungsfehler für den Fall eines Unternehmens mit unendlicher Lebensdauer erarbeitet werden, dessen erwarteter Restwert mit Hilfe des ewigen Renten- oder Wachstumsmodells geschätzt wird.

### 3.3.3.3 Unendliche Lebensdauer des Unternehmens

Wird eine unendliche Lebensdauer des Unternehmens $T=\infty$ angenommen, wird zur Schätzung des erwarteten Restwerts regelmäßig von einem ewigen Renten- bzw. Wachstumsmodell ausgegangen. Dabei ergibt sich der erwartete Restwert des Unternehmens auf Basis der nach dem Ende des Detailplanungszeitraums erwarteten Cashflows. Zur Schätzung der erwarteten Cashflows nach dem Ende des Detailplanungszeitraums dienen in der Regel vereinfachende Annahmen, die entweder von der Möglichkeit ausgehen, das zukünftige Wachstum des Unternehmens in Form einer konstanten Wachstumsrate $g$ abbilden zu können oder das Erreichen eines sog. Gleichgewichts- oder Beharrungszustands des Unternehmens mit $g=0$ unterstellen. Der erwartete Restwert am Ende des Detailplanungszeitraums $\mathbb{E}\left[\widetilde{V}_T \middle| \mathcal{F}_t\right]$ kann dann mit

$$\mathbb{E}\left[\widetilde{V}_T \middle| \mathcal{F}_t\right]=\frac{\mathbb{E}\left[\widetilde{CF}_T \middle| \mathcal{F}_t\right]\cdot(1+g)}{r-g} \quad \text{mit } r>g \tag{3.27}$$

ermittelt werden.[314] Wird (3.20) unter Berücksichtigung eines erwarteten Restwerts von (3.27) formuliert, folgt für den Marktwert des Unternehmens:

$$V_t=\sum_{s=t+1}^{T}\frac{\mathbb{E}\left[\widetilde{CF}_s \middle| \mathcal{F}_t\right]}{(1+r)^{s-t}}+\frac{\dfrac{\mathbb{E}\left[\widetilde{CF}_T \middle| \mathcal{F}_t\right]\cdot(1+g)}{r-g}}{(1+r)^{T-t}}. \tag{3.28}$$

Durch Einsetzen der partiellen Ableitung des Marktwerts des Unternehmens nach dem erwarteten Eigenkapitalkostensatz $r$ in (3.21), die durch

$$\begin{aligned}\frac{\partial V_t}{\partial r}=&\sum_{s=t+1}^{T}\frac{-(s-t)\cdot\mathbb{E}\left[\widetilde{CF}_s \middle| \mathcal{F}_t\right]}{(1+r)^{(s-t)+1}}\\&-\frac{\mathbb{E}\left[\widetilde{CF}_T \middle| \mathcal{F}_t\right]\cdot(1+g)}{(r-g)^2\cdot(1+r)^{(T-t)}}-\frac{(T-t)\cdot\mathbb{E}\left[\widetilde{CF}_T \middle| \mathcal{F}_t\right]\cdot(1+g)}{(r-g)\cdot(1+r)^{(T-t)+1}}\end{aligned} \tag{3.29}$$

---

[314] Vgl. Ballwieser (2003), S. 22; Gordon/Shapiro (1956), S. 105-106.

gegeben ist, kann analog die modifizierte Duration des Marktwerts des Unternehmens unter Berücksichtigung eines erwarteten Restwerts gemäß (3.27), die mit $DUR_t^{mod,VR}$ bezeichnet wird, gemäß

$$DUR_t^{mod,VR} = \frac{1}{V_t} \cdot \sum_{s=t+1}^{T} \frac{(s-t) \cdot \mathbb{E}\left[\widetilde{CF}_s \middle| \mathcal{F}_t\right]}{(1+r)^{(s-t)+1}} + \frac{1}{V_t} \cdot \frac{\mathbb{E}\left[\widetilde{CF}_T \middle| \mathcal{F}_t\right] \cdot (1+g)}{(r-g)^2 \cdot (1+r)^{(T-t)}} + \frac{1}{V_t} \cdot \frac{(T-t) \cdot \mathbb{E}\left[\widetilde{CF}_T \middle| \mathcal{F}_t\right] \cdot (1+g)}{(r-g) \cdot (1+r)^{(T-t)+1}} \tag{3.30}$$

ermittelt werden. Die Macaulay-Duration des Marktwerts des Unternehmens, die mit $DUR_t^{Mac,VR}$ bezeichnet wird, ergibt sich unter Berücksichtigung eines erwarteten Restwerts gemäß (3.27) durch Einsetzen von (3.29) in (3.21) zu:

$$DUR_t^{Mac,VR} = \frac{1}{V_t} \cdot \sum_{s=t+1}^{T} \frac{(s-t) \cdot \mathbb{E}\left[\widetilde{CF}_s \middle| \mathcal{F}_t\right]}{(1+r)^{(s-t)}} + \frac{1}{V_t} \cdot \frac{\mathbb{E}\left[\widetilde{CF}_T \middle| \mathcal{F}_t\right] \cdot (1+g)}{(r-g)^2 \cdot (1+r)^{(T-t)-1}} + \frac{1}{V_t} \cdot \frac{(T-t) \cdot \mathbb{E}\left[\widetilde{CF}_T \middle| \mathcal{F}_t\right] \cdot (1+g)}{(r-g) \cdot (1+r)^{(T-t)}}. \tag{3.31}$$

Mit dem Ziel einer verbesserten Schätzung der relativen Änderung des Marktwerts des Unternehmens bei einer marginalen Änderung des erwarteten Eigenkapitalkostensatzes kann analog zu (3.17) eine modifizierte Konvexität für den Marktwert des Unternehmens unter Berücksichtigung eines Restwerts gemäß (3.27) abgeleitet werden, die mit $CON_t^{mod,VR}$ bezeichnet wird. Hierzu wird zunächst die zweite partielle Ableitung des Unternehmenswerts gemäß (3.28) nach dem erwarteten Eigenkapitalkostensatz ermittelt. Diese ist durch

$$\begin{aligned} \frac{\partial^2 V_t}{\partial r^2} = & \sum_{s=t+1}^{T} \frac{(s-t) \cdot (s-t+1) \cdot \mathbb{E}\left[\widetilde{CF}_s \middle| \mathcal{F}_t\right]}{(1+r)^{(s-t)+2}} \\ & + 2 \cdot \frac{\mathbb{E}\left[\widetilde{CF}_T \middle| \mathcal{F}_t\right] \cdot (1+g)}{(r-g)^3 \cdot (1+r)^{(T-t)}} \\ & + \frac{(T-t) \cdot \mathbb{E}\left[\widetilde{CF}_T \middle| \mathcal{F}_t\right] \cdot (1+g)}{(r-g)^2 \cdot (1+r)^{(T-t)+1}} + \frac{(T-t) \cdot \mathbb{E}\left[\widetilde{CF}_T \middle| \mathcal{F}_t\right] \cdot (1+g)}{(r-g)^2 \cdot (1+r)^{(T-t)+1}} \\ & + \frac{(T-t) \cdot (T-t+1) \cdot \mathbb{E}\left[\widetilde{CF}_T \middle| \mathcal{F}_t\right] \cdot (1+g)}{(r-g) \cdot (1+r)^{(T-t)+2}} \end{aligned} \tag{3.32}$$

gegeben. Analog zu (3.17) ergibt sich die modifizierte Konvexität des Marktwerts des Unternehmens unter Berücksichtigung eines erwarteten Restwerts gemäß (3.27) durch Division von (3.32) durch den Marktwert des Unternehmens $V_t$ und nach Vereinfachungen zu:

$$\begin{aligned} CON_t^{mod,VR} &= \frac{\frac{\partial^2 V_t}{\partial k^2}}{V_t} \\ &= \frac{1}{V_t} \cdot \sum_{s=t+1}^{T} \frac{(s-t)\cdot(s-t+1)\cdot \mathbb{E}\left[\widetilde{CF}_s \middle| \mathcal{F}_t\right]}{(1+r)^{(s-t)+2}} \\ &+ \frac{1}{V_t} \cdot 2 \cdot \frac{\mathbb{E}\left[\widetilde{CF}_T \middle| \mathcal{F}_t\right]\cdot(1+g)}{(r-g)^3 \cdot (1+r)^{(T-t)}} \\ &+ \frac{1}{V_t} \cdot 2 \cdot \frac{(T-t)\cdot \mathbb{E}\left[\widetilde{CF}_T \middle| \mathcal{F}_t\right]\cdot(1+g)}{(r-g)^2 \cdot (1+r)^{(T-t)+1}} \\ &+ \frac{1}{V_t} \cdot \frac{(T-t)\cdot(T-t+1)\cdot \mathbb{E}\left[\widetilde{CF}_T \middle| \mathcal{F}_t\right]\cdot(1+g)}{(r-g) \cdot (1+r)^{(T-t)+2}}. \end{aligned} \tag{3.33}$$

Folglich kann analog zu (3.26) mit

$$\frac{\Delta V_t(r+\Delta r)}{V_t(r)} \approx -DUR_t^{mod,VR} \cdot \Delta r + \frac{1}{2} CON_t^{mod,VR} \cdot (\Delta r)^2 \tag{3.34}$$

eine Schätzung der relativen Änderung des Marktwerts des Unternehmens bei einer marginalen Änderung des erwarteten Eigenkapitalkostensatzes unter Berücksichtigung eines erwarteten Restwerts gemäß (3.27) vorgenommen werden. Aufgrund der Abhängigkeit des erwarteten Restwerts von der Höhe des erwarteten Eigenkapitalkostensatzes sind die Gleichungen für die Durationen und die modifizierte Konvexität komplexer, als im Fall eines Unternehmens mit endlicher Lebensdauer.

#### 3.3.3.4 Einsatzmöglichkeiten der Duration und Konvexität des Marktwerts des Unternehmens

Die Durationen und die modifizierte Konvexität des Marktwerts des Unternehmens für Bewertungsobjekte mit endlicher oder unendlicher Lebensdauer können zur Schätzung möglicher Bewertungsfehler bei gegebener Änderung des erwarteten Eigenkapitalkostensatzes eingesetzt werden. Die Schätzung der Höhe des Bewertungsfehlers, der bei nicht flacher Zinsstruktur aus der Verwendung der Rendite einer laufzeitäquivalenten Kuponanleihe anstatt der risikolosen Zinssätze von Null-Kuponanleihen entstehen kann, erfordert jedoch die Kenntnis der konkreten Veränderung des erwarteten Eigenkapitalkostensatzes. Da diese nicht allgemeingültig ermittelt werden kann, wird für Zwecke der Darstellung der Einsatzmöglichkeiten der unterschiedlichen Durationen und der modifizierten Konvexitäten des Marktwerts des Unternehmens von einer Erhöhung des erwarteten Eigenkapitalkostensatzes um 0,25 Prozentpunkte ausgegangen.[315]

Dazu werden im Folgenden vier Unternehmen $i=1,...,4$ verglichen, die annahmegemäß über einen identischen und im Zeitablauf konstanten Betafaktor verfügen. Zudem weisen alle vier Unternehmen im Bewertungszeitpunkt $t=0$ denselben Marktwert des Unternehmens auf. Die Voraussetzungen, unter denen die vier Unternehmen mit einem konstanten und für alle Unternehmen identischen erwarteten Eigenkapitalkostensatz bewertet werden dürfen, gelten als erfüllt, wobei der erwartete Eigenkapitalkostensatz einheitlich $r_i = r = 10\,\%$ für alle $i=1,...,4$ Unternehmen betrage. Überdies wird angenommen, dass für alle vier Unternehmen ein Detailplanungszeitraum von 10 Jahren vorliegt. Unterschiede zwischen den Unternehmen bestehen lediglich in Bezug auf die Lebensdauer, wobei die Unternehmen $i=1,2$ über eine endliche Lebensdauer und damit über einen von der Höhe des erwarteten Eigenkapitalkostensatzes unabhängigen erwarteten Restwert verfügen. Die Unternehmen $i=3,4$ verfügen dagegen über eine unendliche Lebensdauer, wobei der erwartete Restwert am Ende des Detailplanungszeitraums unter Verwendung eines ewigen Renten- bzw. Wachstumsmodell geschätzt wird. Zur Herstellung der Identität der Marktwerte der vier Unternehmen wird ausgehend von dem ersten Cashflow $\mathbb{E}\left[\widetilde{CF}_{i,1}\middle|\mathcal{F}_t\right]$ im Zeitpunkt $s=1$ zunächst eine konstante Wachstumsrate für die erwarteten Cashflows während des Detailplanungszeitraums von $w_i$ für alle $i=1,...,4$ Unternehmen unterstellt. Folglich gilt für alle $s=t+1,...,T$:

[315] Zwar dürfte die im Einzelfall ermittelbare Veränderung des konstanten Eigenkapitalkostensatzes, die allein auf die Verwendung der Rendite einer laufzeitäquivalenten Kuponanleihe bei nicht flacher Zinsstruktur zurückzuführen ist, wesentlich geringer sein als 0,25 Prozentpunkte. Dies lässt bereits die geringe maximale Renditedifferenz von lediglich rd. 0,03625 Prozentpunkten, die für bestimmte Anleihen mit zehnjähriger Restlaufzeit auf der Grundlage der von der Deutschen Bundesbank geschätzten Zinsstruktur vom 10.10.2006 ermittelt wurde, vermuten. Siehe Tabelle 2. Indes steht die Wahl einer Veränderung um 0,25 Prozentpunkte im Licht einer vom Arbeitskreis Unternehmensbewertung des IDW e.V. vorgeschlagenen Rundung eines konstanten risikolosen Zinssatzes auf volle 0,25 Prozentpunkte. Selbst geringste Fehler bei der Schätzung des risikolosen Zinssatzes können sich daher rundungsbedingt nicht unerheblich niederschlagen. Vgl. Reese/Wiese (2006), S. 11, die auf einen solchen Fall aufmerksam machen. Da im Regelfall einer normalen Zinsstruktur durch die Verwendung der Rendite einer laufzeitäquivalenten Kuponanleihe die Höhe des risikolosen Zinssatzes einer laufzeitäquivalenten Null-Kuponanleihe unterschätzt wird, wird exemplarisch der Fall einer Erhöhung des konstanten Eigenkapitalkostensatzes dargestellt.

$$\mathbb{E}\left[\widetilde{CF}_{i,s+1}\middle|\mathcal{F}_t\right]=\mathbb{E}\left[\widetilde{CF}_{i,s}\middle|\mathcal{F}_t\right]\cdot(1+w_i).$$

Für die Unternehmen $i=3,4$ wird darüber hinaus die Schätzung des erwarteten Restwerts anhand eines ewigen Renten- bzw. Wachtumsmodells mit der konstanten Wachstumsrate der Cashflows nach Ende des Detailplanungszeitraums $g_i$ vorgenommen. Die Identität der Marktwerte aller vier Unternehmen ergibt sich, wenn die Unternehmen mit einer identischen Wachstumsrate während des Detailplanungszeitraums auch über einen identischen erwarteten Restwert verfügen. Gemäß Tabelle 8 wurden für die Unternehmen $i=1,3$ und $i=2,4$ identische Wachstumsraten während des Detailplanungszeitraums festgelegt, so dass das Unternehmen $i=1$ $(i=2)$ den der Höhe nach identischen erwarteten Restwert aufweist, wie das Unternehmen $i=3$ $(i=4)$.

| Unternehmen | $\mathbb{E}\left[\widetilde{CF}_1\middle\|\mathcal{F}_t\right]$ | $w$ | $\mathbb{E}\left[\widetilde{V}_T\middle\|\mathcal{F}_t\right]$ | Schätzung des Restwerts |
|---|---|---|---|---|
| 1 | 2000 GE | -5,62711 % | 11875,59481 GE | |
| 2 | 1000 GE | 2 % | 20714,93786 GE | |
| 3 | 2000 GE | - 5,62711 % | 11875,59481 GE | Ewige Rente $g=0\,\%$ |
| 4 | 1000 GE | 2 % | 20714,93786 GE | Ewiges Wachstum $g=4\,\%$ |

Tabelle 8: Berechnungsgrundlagen für die Marktwerte der Unternehmen

Die Tabelle 9 zeigt, dass unter den getroffenen Annahmen und bei Verwendung der Berechnungsgrundlagen aus Tabelle 8 alle vier Unternehmen einen einheitlichen Marktwert aufweisen (Spalte [2]). Bei einem um 0,25 Prozentpunkte erhöhten erwarteten Eigenkapitalkostensatz ergeben sich für alle vier Unternehmen geringere Unternehmenswerte, womit die absoluten und relativen Veränderungen der Marktwerte der Unternehmen ermittelt werden (Spalte [4] und Spalte [5]).

| Unternehmen | Eigenkapitalkostensatz in % 10,00000 | 10,25000 | | |
|---|---|---|---|---|
| | Marktwert des Unternehmens in GE | Marktwert des Unternehmens in GE | Veränderung des Marktwerts des Unternehmens in GE | in % |
| [1] | [2] | [3] | [4] | [5] |
| 1 | 14611,81630 | 14412,14961 | -199,66668 | -1,36647 |
| 2 | 14611,81630 | 14359,65220 | -252,16410 | -1,72575 |
| 3 | 14611,81630 | 14302,98408 | -308,83221 | -2,11358 |
| 4 | 14611,81630 | 14047,36251 | -564,45379 | -3,86300 |

Tabelle 9: Veränderung der Marktwerte der Unternehmen bei einer Erhöhung des erwarteten Eigenkapitalkostensatzes um 0,25 Prozentpunkte

Die Ergebnisse in Tabelle 9 machen zudem deutlich, dass die vier Unternehmen, die vor der Erhöhung des erwarteten Eigenkapitalkostensatzes einen identischen Marktwert des Unternehmens aufweisen, sehr unterschiedlich auf die Erhöhung von 0,25 Prozentpunkten des erwarteten Eigenkapitalkostensatzes reagieren. Zum Beispiel fällt der Marktwert des Unternehmens vier fast dreimal so stark aufgrund der Erhöhung des erwarteten Eigenkapitalkostensatzes wie der des ersten Unternehmens. Insgesamt fällt die relative Änderung des Marktwerts der Unternehmen mit maximal rd. 3,86 % jedoch gering aus.

Alternativ kann die relative Veränderung der Marktwerte der Unternehmen auch mit Hilfe der Durationen und der modifizierten Konvexität geschätzt werden. Dazu zeigt Tabelle 10:

- die Macaulay-Durationen gemäß (3.23) für die Unternehmen $i = 1,2$ und gemäß (3.31) für die Unternehmen $i = 3,4$ (Spalte [2]),
- die modifizierte Duration gemäß (3.22) für die Unternehmen $i = 1,2$ und gemäß (3.30) für die Unternehmen $i = 3,4$ (Spalte [3]) und
- die modifizierte Konvexität gemäß (3.25) für die Unternehmen $i = 1,2$ und gemäß (3.33) für die Unternehmen $i = 3,4$ (Spalte [4]).

Wird eine Schätzung der relativen Veränderung des Marktwerts des einzelnen Unternehmens unter Verwendung von (3.26) für die Unternehmen $i = 1,2$ und unter Verwendung von (3.34) für die Unternehmen $i = 3,4$ vorgenommen (Spalte [5]), kann diese Schätzung mit der tatsächlichen relativen Veränderung der Marktwerte der Unternehmen aus Tabelle 9 verglichen werden (Spalte [6] und Spalte [7]).

| Unternehmen [1] | Macaulay-Duration in Jahren [2] | modifizierte Duration [3] | modifizierte Konvexität [4] | Veränderung des Marktwerts des Unternehmens geschätzt in % [5] | tatsächlich in % [6] | Differenz in %-Punkten [7] |
|---|---|---|---|---|---|---|
| 1 | 6,07454 | 5,52231 | 45,50201 | -1,36636 | -1,36647 | 0,00012 |
| 2 | 7,67982 | 6,98166 | 63,45798 | -1,72558 | -1,72575 | 0,00017 |
| 3 | 9,52135 | 8,65577 | 165,14325 | -2,11234 | -2,11358 | 0,00124 |
| 4 | 17,70043 | 16,09130 | 532,74259 | -3,85634 | -3,86300 | 0,00665 |

Tabelle 10: Geschätzte Veränderung der Marktwerte der Unternehmen bei einer Erhöhung des erwarteten Eigenkapitalkostenssatzes um 0,25 Prozentpunkte

Im Ergebnis zeigt sich, dass die Differenz zwischen der geschätzten und der tatsächlichen relativen Veränderung des Marktwerts durch eine Erhöhung des erwarteten Eigenkapitalkostensatzes um 0,25 Prozentpunkte ebenfalls sehr gering ist, jedoch mit zunehmender Konvexität des Marktwerts des Unternehmens zunimmt (Spalte [7]). Folglich kann mit Hilfe der Durationen und der modifizierten Konvexität eine gute Schätzung der Höhe eines möglichen Bewertungsfehlers, d.h. der Veränderung des Marktwerts des Unternehmens bei einer marginalen Änderung des erwarteten Eigenkapitalkostensatzes, vorgenommen werden.

Darüber hinaus ist festzuhalten, dass die vom Arbeitskreis Unternehmensbewertung des IDW e.V. vorgeschlagene Rundung des risikolosen Zinssatzes auf volle 0,25 Prozentpunkte nicht unproblematisch ist.[316] Aufschluss darüber, wie erheblich eine rundungsbedingte Veränderung des erwarteten Eigenkapitalkostensatzes sein kann, gibt z.B. die modifizierte Duration des Marktwerts des Unternehmens. Da die modifizierte Duration die relative Veränderung des Marktwerts des Unternehmens bei einer Änderung des erwarteten Eigenkapitalkostensatzes um 1 Prozentpunkt angibt, kann eine weniger genaue Schätzung der relativen Veränderung des Marktwerts des Unternehmens dadurch erreicht werden, dass im vorliegenden Fall ein Viertel des Werts der modifzierten Duration als Schätzung für die prozentuale Veränderung der Marktwerte der Unternehmen herangezogen wird.

[316] Vgl. IDW (2005), S. 556; Obermaier (2005), S. 4.

### 3.3.4 Würdigung

Wie die Ausführungen zum theoretischen Kuponeffekt bereits in Kapitel 3.3.1 gezeigt haben, führt die Bewertung sicherer Zahlungen von Anleihen unter Verwendung der Rendite einer nicht identischen, aber laufzeitäquivalenten Kuponanleihe bei einer nicht flachen Zinsstruktur zu einer nicht arbitragefreien Bewertung festverzinslicher Wertpapiere und damit zu einem Bewertungsfehler. Ein solcher Bewertungsfehler tritt unter denselben Voraussetzungen auch im Rahmen der Unternehmensbewertung auf, falls zur Abbildung der risikolosen Kapitalmarktalternative der Investoren die Rendite einer zur angenommenen Lebensdauer des Bewertungsobjekts laufzeitäquivalenten Kuponanleihe verwendet wird. Dabei wird vermutet, dass die Höhe dieses Bewertungsfehlers vernachlässigbar gering sei, wobei sich die Höhe dieses Bewertungsfehlers nicht allgemeingültig quantifizieren lässt.

Allerdings können mit Hilfe der in Kapitel 3.3.2 erläuterten Durationen und der modifizierten Konvexität festverzinslicher Wertpapiere, die in Kapitel 3.3.3 auf den Marktwert des Unternehmens für Bewertungsobjekte mit endlicher und unendlicher Lebensdauer übertragen werden, quantitative Maße für die Sensitivität des Marktwerts des Unternehmens bei einer geringfügigen Änderung des erwarteten Eigenkapitalkostensatzes abgeleitet werden. Für eine gegebene und marginale Änderung des erwarteten Eigenkapitalkostensatzes kann die Änderung des Marktwerts des Unternehmens zuverlässig geschätzt werden. Auch ohne explizite Kenntnis der Höhe der Änderung des erwarteten Eigenkapitalkostensatzes kann mit Hilfe der Durationen und der modifizierten Konvexität des Marktwerts des Unternehmens eine gute Einschätzung vorgenommen werden, wie stark sich etwaige Fehler bei der Schätzung der einzelnen Bestandteile des erwarteten Eigenkapitalkostensatzes auf die Höhe des Marktwerts des Unternehmens auswirken.

Allerdings wird der praktische Anwendungsbereich der Durationen und der modifizierten Konvexität durch die ihrer Ermittlung zugrunde liegenden Annahmen erheblich eingeschränkt. Zunächst scheint die Annahme eines erwarteten Eigenkapitalkostensatzes insoweit als zu restriktiv, da gerade gezeigt werden sollte, dass eine laufzeitäquivalente Bewertung aller erwarteten Cashflows des Bewertungsobjekts auch laufzeitspezifische risikolose Zinssätze von Null-Kuponanleihen erfordert und diese aufgrund einer regelmäßig nicht flachen Zinsstruktur nicht konstant sind. Abhilfe kann eine Erweiterung der Durationen und der modifizierten Konvexität auf laufzeitspezifische Eigenkapitalkostensätze schaffen. Für festverzinsliche Wertpapiere liegt eine solche Erweiterung mit der effektiven Duration (*effective duration*) bereits vor.[317] Eine Übertragung auf den Marktwert des Unternehmens ließe dann die Berücksichtigung erwarteter laufzeitspezifischer Eigenkapitalkostensätze zu.

Folglich scheint die zweite zentrale Annahme einer Parallelverschiebung des erwarteten Eigenkapitalkostensatzes oder der laufzeitspezifischen Eigenkapitalkostensätze zu restriktiv, da z.B. eine Änderung der Zinsstruktur in Form einer Drehung erfolgt oder sich eine bestimmte Änderung nur auf einen erwarteten laufzeitspezifischen Eigenkapitalkostensatz auswirkt. Eine nicht parallele Änderung der erwarteten laufzeitspezifischen Eigenkapitalkostensätze kann indes durch eine Übertragung des Konzepts laufzeitspezifischer *key rate durations* für festverzinsliche Wertpapiere auf den Marktwert des Unternehmens erreicht werden.[318]

Zusammenfassend kann festgestellt werden, dass die hier abgeleiteten Durationen und die modifizierte Konvexität lediglich parallele Verschiebungen eines erwarteten Eigenkapitalkostensatzes berücksichtigen können. Insgesamt lassen sich jedoch Durationen und Konvexitäten für zahlreiche weitere Anwendungen ableiten. Interessant könnte die Verwendung dieser erweiterten Durationen und Konvexitäten insbesondere im Management und Controlling umfangreicher Beteiligungsportfolios sein, da dadurch eine Einschätzung des Risikos einer Wertänderung einzelner Beteiligungen oder ganzer Beteiligungsportfolios möglich wäre.

## 3.4 Ermittlung impliziter risikoloser Terminzinssätze

### 3.4.1 Empirische Schätzung risikoloser Zinssätze von (hypothetischen) Null-Kuponanleihen

Die Ausführungen des Kapitels 3.3 haben gezeigt, dass für Zwecke der Unternehmensbewertung grundsätzlich die risikolosen Zinssätze von Null-Kuponanleihen (Zinsstruktur) zur Abbildung der den Investoren zur Verfügung stehenden risikolosen Kapitalmarktalternative heranzuziehen sind, um mögliche Fehler bei der Bewertung zu vermeiden. Da die Zinsstruktur üblicherweise nicht flach verläuft, sind zu einer laufzeitäquivalenten Bewertung des mehrperiodigen Cashflowstroms des Bewertungsobjekts laufzeitspezifische risikolose Zinssätze erforderlich. Daher wird zur Bewertung jedes, zu einem unterschiedlichen Zeitpunkt anfallenden, Cashflows des Bewertungsobjekts ein laufzeitspezifischer risikoloser Zinssatz einer zum Zahlungszeitpunkt des Cashflows fällig werdenden Null-Kuponanleihe benötigt. Folglich

---

[317] Vgl. ähnlich Uhlir/Steiner (1983), S. 639; Bühler/Hies (1995), S. 113; Perridon/Steiner (2003), S. 204–205.
[318] Vgl. Ho (1992), S. 30–44; Bühler/Hies (1995), S. 113–118; Perridon/Steiner (2003), S. 205–207.

kann eine laufzeitäquivalente Bewertung der einzelnen Cashflows nur erfolgen, sofern auf dem Kapitalmarkt eine kontinuierliche Zinsstruktur beobachtet werden kann. Die Beobachtbarkeit einer kontinuierlichen Zinsstruktur hängt dagegen maßgeblich von der Anzahl und dem Laufzeitenspektrum der auf einem real existierenden Kapitalmarkt umlaufenden Null-Kuponanleihen ab. Bei den auf dem deutschen Kapitalmarkt umlaufenden Anleihen der öffentlichen Hand handelt es sich überwiegend um Kuponanleihen, da der Anteil der Null-Kuponanleihen gemessen am Nominalwert aller umlaufenden Anleihen der öffentlichen Hand nur ca. 3 % beträgt.[319] Damit liegt keine ausreichende Anzahl an Null-Kuponanleihen vor, um eine kontinuierliche Zinsstruktur beobachten zu können.[320] Zwar stehen seit der Einführung des *stripping* von Bundesanleihen durch die Trennung und den separaten Handel des Anspruchs auf den Nominalbetrag (Kapital-Strip) sowie der einzelnen Zinsansprüche aus Kuponanleihen (Zins-Strip) mit den Strips[321] echte Null-Kuponanleihen über ein Laufzeitenspektrum von einem Jahr bis zu 30 Jahren zur Verfügung.[322] Allerdings wird die damit tatsächlich bestehende Zinsstrukturkurve aus Strips aufgrund der im Verhältnis zum Handel mit Kuponanleihen geringen Liquidität des Handels mit Strips kritisch beurteilt.[323] Infolgedessen müssen risikolose Zinssätze (hypothetischer) Null-Kuponanleihen regelmäßig aus den Renditen der auf dem Kapitalmarkt umlaufenden Kuponanleihen geschätzt werden.

Eine Möglichkeit hierzu bietet das *bootstrapping*, wobei aus umlaufenden Kuponanleihen die risikolosen Zinssätze synthetisch erzeugter Null-Kuponanleihen ermittelt werden. Die Ermittlung der Zinsstruktur mit Hilfe des *bootstrapping* gelingt, sofern auf dem Kapitalmarkt zu jedem Kupontermin mindestens eine Kuponanleihe fällig wird. In diesem Fall können die einzelnen Kuponzahlungen zu den Kuponterminen der Kuponanleihen als Rückzahlung des Nominalwerts einer in diesem Zeitpunkt fällig werdenden Null-Kuponanleihe aufgefasst und die entsprechenden risikolosen Zinssätze ermittelt werden. Zwar werden auf dem deutschen Kapi-

---

[319] So waren zum Monatsende Juli 2006 insgesamt Anleihen der öffentlichen Hand im Nominalwert von 1.125.746 Mio. € im Umlauf. Der Nominalwert aller umlaufenden Null-Kuponanleihen der öffentlichen Hand betrug zum Monatsende Juli 2006 dagegen nur 38.739 Mio. €. Vgl. Deutsche Bundesbank (2006a), S. 25–26

[320] „Eine kontiuierliche Zinsstrukturkurve wäre dann [...] beobachtbar, wenn für jede Fristigkeit die Notierung einer [...] Null-Kuponanleihe“ der öffentlichen Hand auf dem Kapitalmarkt beobachtbar wäre. Deutsche Bundesbank (1997), S. 63.

[321] Die Bezeichnungs Strips steht dabei für Separate Trading of Registered Interest and Principal Securities. Vgl. Deutsche Bundesbank (1997a), S. 17.

[322] Vgl. Deutsche Bundesbank (1997a), S. 17–18.

[323] So könnten Investoren aufgrund der geringen Liquidität des Handels mit Strips eine Risikoprämie gegenüber der Verzinsung aus einer theoretisch geschätzten Zinsstruktur fordern. Vgl. Deutsche Bundesbank (1997a), S. 21. Zu einem Vergleich zwischen einer theoretisch geschätzten Zinsstrukturkurve und einer Zinsstruktur auf der Basis von Strips vgl. Reese/Wiese (2006), S. 12.

talmarkt Kuponanleihen der öffentlichen Hand mit einem breiten Restlaufzeitenspektrum mit bis zu 30 Jahren gehandelt,[324] allerdings zeigt sich, dass die Anzahl der zur Verfügung stehenden Anleihen mit langen Laufzeiten zwischen 10 und 30 Jahren sehr gering ist und im Laufzeitenbereich zwischen ca. 10 und 17 Jahren derzeit keine Anleihen verfügbar sind.[325]

Diese Lücke könnte durch Rückgriff auf die Swapsätze von Zinsswaps[326] geschlossen werden, die im Bewertungszeitpunkt den Kuponzinssätzen von zu pari notierenden Kuponanleihen mit gleicher Restlaufzeit entsprechen. Da Swapsätze für ein breites Laufzeitenspektrum mit Restlaufzeiten bis zu 50 Jahren vorliegen, könnten die Restlaufzeitenbereiche, in denen keine Kuponanleihen der öffentlichen Hand verfügbar sind, ergänzt und auf den Restlaufzeitenbereich zwischen 30 und 50 Jahren erweitert werden. Obwohl der Swapmarkt über eine hohe Liquidität verfügt, findet der Handel von Swaps fast ausschließlich außerbörslich unter Geschäftsbanken statt, die jedoch gegenüber Schuldnern der öffentlichen Hand ein höheres Kreditausfallrisiko aufweisen. Daher enthalten die Swapsätze regelmäßig eine Risikoprämie für das entsprechende Kreditausfallrisiko und sind daher nicht unmittelbar zur Schätzung risikoloser Zinssätze für Zwecke der Unternehmensbewertung geeignet.

Daneben besteht die Möglichkeit zur Modellierung von Zinsstrukturen, wobei exemplarisch die Grundzüge des von Nelson-Siegel entwickelten und von Sevensson erweiterten Verfahrens (NSS-Verfahren) erläutert werden sollen,[327] da dieses Modell nicht nur von der Deutschen Bundesbank, sondern auch von einer Reihe europäischer Zentralbanken angewendet wird.[328] Das NSS-Verfahren beschreibt den funktionalen Zusammenhang zwischen dem stetigen Zinssatz hypothetischer Null-Kuponanleihen und der Restlaufzeit als Summe aus einer Konstanten und verschiedener Exponentialterme, d.h. insgesamt anhand von sechs unterschiedlichen Parametern.[329] Die Schätzung der Parameter wird von der Deutschen Bundesbank täglich vorgenommen, wobei den Schätzungen die Preise von Bundesanleihen, Bundesobligationen und Bundesschatzanweisungen mit einer Restlaufzeit von mindestens drei Mo-

---

[324] Vgl. Deutsche Bundesbank (2006a), S. 28; Obermaier (2005), S. 8.

[325] Vgl. hierzu die börsentägliche Aufstellung der Finanzagentur GmbH der Bundesrepublik Deutschland. Im Internet einzusehen unter: http://www.deutsche-finanzagentur.de, Handmappe, Kapitel J – Handel.

[326] Vgl. Franke/Hax (2004), S. 373–374; Perridon/Steiner (2003), S. 318–320.

[327] Vgl. Nelson/Siegel (1987); Svensson (1994); Deutsche Bundesbank (1997), S. 63-64.

[328] Vgl. zu einer Diskussion des NSS-Verfahrens Deutsche Bundesbank (1997), S. 63–65. Nicht zuletzt wird die Verwendung der von der Deutschen Bundesbank geschätzten Zinsstruktur vom Arbeitskreis Unternehmensbewertung des IDW aus Objektivierungsgründen empfohlen. Vgl. IDW (2005), S. 555–556.

[329] Vgl. Svensson (1994), S. 6; Deutsche Bundesbank (1997), S. 64.

naten zugrunde liegen.[330] Dabei werden die einzelnen Parameter mit Hilfe eines nicht linearen Optimierungsansatzes unter dem Kriterium der Minimierung der quadrierten Abweichungen zwischen den geschätzten und den beobachteten Renditen ermittelt.[331] Die Ergebnisse der Parameterschätzung erlauben die Darstellung einer Zinsstruktur, die ausgehend von dem Zeitpunkt der Schätzung die risikolose Verzinsung von (hypothetischen) Null-Kuponanleihen mit unterschiedlicher Laufzeit angibt.[332] Die Schätzung der risikolosen Zinssätze von Null-Kuponanleihen durch die Deutsche Bundesbank erstreckt sich jedoch lediglich auf ein Laufzeitenspektrum von zehn Jahren.

Da im Rahmen der Unternehmensbewertung regelmäßig von einer längeren oder einer unendlichen Lebensdauer des Bewertungsobjekts ausgegangen wird,[333] sind die risikolosen Zinssätze von Null-Kuponanleihen mit Laufzeiten von bis zu zehn Jahren nicht ausreichend. An dieser Stelle ist in der Literatur eine intensive Diskussion über eine möglichst sachgerechte Schätzung einer sog. Anschlussverzinsung im Gange. Diese Diskussion wird jedoch nicht erst seit der Schätzung von Zinsstrukturkurven geführt, da zuvor die Abbildung der Verzinsung der risikolosen Kapitalmarktanlage anhand der Rendite einer möglichst lang laufenden Bundesanleihe erfolgte, deren maximale Laufzeit auch nur 30 Jahre beträgt.[334] Während in der jüngeren Diskussion zunehmend Vorschläge gemacht werden, die darauf abzielen, die Anschlussverzinsung zukunftsorientiert zu schätzen, wurde in den früheren Diskussionen häufig vorgeschlagen, den in der Vergangenheit beobachteten historischen Durchschnittszinssatz langfristiger, risikoloser Kapitalanlagen zu verwenden.[335] Allerdings erlaubt die Existenz von Bundesanleihen mit einer Restlaufzeit von bis zu 30 Jahren zunächst die Anwendung des NSS-Verfahrens über einen Laufzeitenbereich von 30 Jahren und damit die Schätzung risikoloser Zinssätze von Null-Kuponanleihen mit Restlaufzeiten von bis zu 30 Jahren. Damit kann das Problem der Schätzung einer Anschlussverzinsung zwar zeitlich verschoben, aber nicht gelöst werden.

---

330 Vgl. Deutsche Bundesbank (1997), S. 65.

331 Die Minimierung der Renditeabweichungen erfolgt, da bei der Minimierung von Preisdifferenzen relativ große Renditeabweichungen für Anleihen mit kurzer Restlaufzeit möglich sind. Grund hierfür ist, dass die Preise von Anleihen mit kurzer Restlaufzeit eine geringere Sensitivität gegenüber Änderungen der Zinsstruktur aufweisen als Anleihen mit längerer Restlaufzeit. Vgl. Svensson (1994), S. 7; Reese/Wiese (2006), S. 10. Die Elastizität einer Anleihe bezüglich des Diskontierungsfaktors entspricht der Macaulay-Duration, die mit zunehmender Restlaufzeit einer Anleihe tendenziell zunimmt. Siehe Kapitel 3.3.2.

332 Eigene Schätzungen der Zinsstruktur finden sich bei Obermaier (2005), S. 13–15 und Reese/Wiese (2006), S. 7–11.

333 Siehe Kaptel 2.1 und 3.3.3.1.

334 Vgl. Ballwieser (2002), S. 737–738.

335 Vgl. bereits kritisch Ballwieser (2002), S. 738.

Darüber hinaus lässt sich anhand der Parameterwerte des NSS-Verfahrens eine Extrapolation der geschätzten Zinsstruktur über den durch Bundesanleihen abgedeckten Laufzeitenbereich von 30 Jahren hinaus vornehmen.[336] Besonders interessant ist hierbei der als $\beta_0$ bezeichnete Parameter, da die langfristig extrapolierten Zinssätze im NSS-Modell gegen den Wert des Parameters $\beta_0$ konvergieren.[337] Mithin kann der für $\beta_0$ geschätzte Wert auch als Grenzwert für den Zinssatz einer fast unendlich lang laufenden Null-Kuponanleihe interpretiert werden. Allerdings wird die Fähigkeit des NSS-Modells im Wege der Extrapolation sehr langfristige Zinssätze erklären zu können kritisch beurteilt, da die Zinsstruktur am langen Ende mit der Konvergenz gegen den Parameter $\beta_0$ flach verläuft und daher keine anderen Verläufe der Zinsstruktur in diesem Bereich zulässt.[338]

Im Ergebnis ist festzuhalten, dass trotz des geringen Volumens der auf dem deutschen Kapitalmarkt umlaufenden Null-Kuponanleihen mit der Schätzung der Zinsstruktur durch die Deutsche Bundesbank täglich und damit für jeden Bewertungsstichtag hinreichend genaue Schätzwerte für die risikolosen Zinssätze von Null-Kuponanleihen mit Laufzeiten von bis zu zehn Jahren unmitelbar vorliegen. Durch eine Anwendung des NSS-Verfahren unter Einbezug der am längsten laufenden Bundesanleihen können darüber hinaus Schätzungen der risikolosen Zinssätze für bis zu 30 Jahre gewonnen werden. Zur Schätzung risikoloser Zinssätze von hypothetischen Null-Kuponanleihen längerer Laufzeiten wird die Extrapolation der Zinsstrukturkurve anhand der Parameterwerte des NSS-Verfahrens diskutiert. Während die Probleme einer Schätzung risikoloser Zinssätze von hypothetischen Null-Kuponanleihen sehr langer Laufzeiten in der Literatur intensiv diskutiert werden, bleiben etwaige Probleme, die beim Einbezug dieser laufzeitspezifischen risikolosen Zinssätze von Null-Kuponanleihen hinsichtlich einer laufzeitäquivalenten Bewertung eines mehrperiodigen Cashflowstroms des Bewertungsobjekts entstehen können, weitgehend unberücksichtigt.[339]

---

336 Die entsprechenden Parameterwerte werden ebenfalls von der Deutschen Bundesbank täglich veröffentlicht. Zu einer Schätzung der Anschlussverzinsung auf Basis eines Ornstein-Uhlenbeck-Prozesses vgl. Obermaier (2006), S. 476–477. Dieser Vorschlag wird aufgrund seiner Inkompatibilität mit einer mehrperiodigen Anwendung des CAPM hier nicht weiter behandelt. Vgl. Reese/Wiese (2006), S. 17.

337 Vgl. Deutsche Bundesbank (1997), S. 65; Obermaier (2006), S. 474. Vgl. zu einer langfristigen Extrapolation der geschätzten Zinsstruktur auch Jonas/Wieland-Blöse/Schiffarth (2005), S. 648.

338 Vgl. Nelson/Siegel (1987), S. 487; Reese/Wiese (2006) versuchen die Extrapolation der Zinsstrukturkurve anhand französischer Staatsanleihen mit Restlaufzeiten von bis zu 50 Jahren zu beurteilen und kommen zu dem Ergebnis, dass die Extrapolation „akzeptable Ergebnisse zu liefern“ scheint. Reese/Wiese (2006), S. 18.

339 Mit Ausnahme von Jonas/Wieland-Blöse/Schiffarth (2005), S. 651–652.

Die Probleme des methodisch konsistenten Einbezugs der laufzeitspezifischen risikolosen Zinssätze resultieren aus zweierlei Gründen: Erstens erlaubt das im Rahmen der kapitalmarktorientierten Unternehmensbewertung verwendete einperiodige CAPM grundsätzlich keinen Einbezug von laufzeitspezifischen risikolosen Zinssätzen, sondern lediglich die Verwendung einperiodiger risikoloser Zinssätze. Zweitens stellt der risikolose Zinssatz nur einen Bestandteil der erwarteten Eigenkapitalkostensätze dar, so dass die neben dem risikolosen Zinssatz erforderlichen Bestandteile der Eigenkapitalkostensätze ebenfalls laufzeitspezifisch und zugleich zukunftsorientert geschätzt werden müssen. Dies betrifft insbesondere die Frage, wie die Marktrisikoprämie unter Verwendung laufzeitspezifischer risikoloser Zinssätze zu erfolgen hat.[340] Zur Lösung dieser Probleme schlagen Gebhardt/Daske (2005) mit Verweis auf Fama (1977) und die auf einem entwickelten Kapitalmarkt bestehende Wertadditivität die fiktive Zerlegung des Mehrperiodenfalls in eine Reihe von Einperiodenfällen vor, wobei jeder Einperiodenfall eine unterschiedliche Periodenlänge aufweisen soll.[341] Dieser Vorschlag ist indes unbefriedigend, da die Voraussetzungen, unter denen das einperiodige CAPM zur Bewertung mehrperiodiger Cashflowströme mehrfach angewendet werden darf, eine in zeitlicher Hinsicht hintereinander erfolgende Anwendung des einperiodigen CAPM gestatten und keine zeitlich nebeneinander stehenden Einperiodenfälle.[342] Eine Unterscheidung in eine zeitlich hintereinander erfolgende oder zeitlich nebeneinander stehende Anwendung des einperiodigen CAPM wäre hingegen bei im Zeitablauf konstanten erwarteten Eigenkapitalkostensätzen irrelevant. Neben der Tatsache, dass die Voraussetzungen unter denen zur Bewertung mehrperiodiger Cashflowströme ein konstanter Eigenkapitalkostensatz verwendet werden kann wesentlich restrikitver sind, als im Fall deterministisch schwankender Eigenkapitalkostensätze,[343] würde die von Gebhardt/Daske (2005) vorgeschlagene Verwendung der üblicherweise nicht flach verlaufenden Zinsstruktur unmittelbar Auswirkungen auf die Schätzungen der laufzeitspezifischen Betafaktoren und Marktrisikoprämien nach sich ziehen. Dabei bleibt unklar, wie im Falle einer Reihe von Einperiodenfällen mit unterschiedlichen Periodenlängen sachgerechte laufzeitspezifische Risikoprämien aus laufzeitspezifischen Betafaktoren und Marktrisikoprämien geschätzt werden können. Im Folgenden wird daher anhand der Irrelevanz prognostizierter risikoloser Zinssätze zukünftiger Perioden untersucht, wie ein konsi-

---

340 Siehe Kapitel 5.2.
341 Vgl. Gebhardt/Daske (2005), S. 655.
342 Siehe Kapitel 2.4.4.2.
343 Vgl. Fama (1977), S. 16–17.

stenter Einbezug einer nicht flachen Zinsstruktur, d.h. der laufzeitspezifischen risikolosen Zinssätze in den kapitalmarktorientierten Unternehmensbewertungskalkül erfolgen kann.

### 3.4.2 Einperiodige implizite Terminzinssätze und die Irrelevanz prognostizierter risikoloser Zinssätze zukünftiger Perioden

Bisweilen wird in der Literatur und in der Rechtsprechung die Auffassung vertreten, dass nicht die stichtagsbezogenen risikolosen Zinssätze für die Bewertung des Unternehmens maßgeblich sind, sondern ein auf Dauer durchschnittlich zu erzielender risikoloser Zinssatz zur Abbildung der alternativen risikolosen Kapitalmarktanlage heranzuziehen ist.[344] Als Argument für die Verwendung eines prognostizierten anstelle eines stichtagsbezogenen risikolosen Zinssatzes werden regelmäßig am Bewertungsstichtag vorherrschende „ungewöhnliche Kapitalmarktverhältnisse" vorgebracht, die zu einem zu hohen oder zu niedrigen risikolosen Stichtagszins führen würden.[345] Daneben wird argumentiert, dass stichtagsbezogene Zinssätze teilweise erheblichen Schwankungen unterliegen und damit zu volatilen Bewertungsergebnissen führen können.[346] Nicht zuletzt wird behauptet, dass zu einer laufzeitäquivalenten Bewertung eines unendlich langen Cashflowstroms des Bewertungsobjekts eine Prognose des auf Dauer erzielbaren Zinssatzes notwendig ist, da die risikolose Verzinsung einer Anleihe mit unendlich langer Laufzeit auf dem deutschen Kapitalmarkt nicht verfügbar ist.

Dass diese Argumente insbesondere im Rahmen einer kapitalmarktorientierten Unternehmensbewertung unter Anwendung des CAPM überhaupt nicht bemüht werden können, zeigt schon die Einperiodigkeit des CAPM. Wird das CAPM als Grundlage zur Schätzung der erwarteten Eigenkapitalkostensätzen herangezogen, wird lediglich ein einperiodiger risikoloser Zinssatz über den einperiodigen Planungshorizont der Investoren benötigt, wobei es auf einen prognostizierten, auf Dauer erzielbaren risikolosen Zinssatz nicht ankommt.[347] Zwar könnte die gesamte Lebensdauer des Bewertungsobjekts als eine Periode aufgefasst werden, jedoch wäre diese Annahme grundsätzlich nicht mit innerperiodischen Zahlungen in Form von Cashflows des Bewertungsobjekts an die Investoren vereinbar. Ebenso verlangt die mehrperiodige

---

[344] Vgl. zu dieser überwiegend in der Rechtsprechung vertetenen Auffassung Großfeld (2002), S. 119; auch Hetzel (1988), S. 725, 727–728; ähnlich Lausterer (1997), S. 57–58.

[345] Vgl. zu einem Überblick z.B. Piltz (1994), S. 172–174.

[346] Ein ähnliches Argument führen auch Jonas/Wieland-Blöse/Schiffarth (2005), S. 651 im Rahmen der Schätzung sehr langfristiger risikoloser Zinssätze an.

[347] Siehe Kapitel 2.5.

Anwendung des CAPM zur Bewertung mehrperiodiger Cashflowströme des Bewertungsobjekts einperiodige, d.h. periodenspezifische, risikolose Zinssätze.

Gegen die Verwendung prognostizierter risikoloser Zinssätze künftiger Perioden im Rahmen der zukunftsorientierten Schätzung der erwarteten Eigenkapitalkostensätze spricht zudem, dass es sich bei der Unternehmensbewertung entscheidungslogisch um den Vergleich zweier alternativer Zahlungsreihen zu einem bestimmten Entscheidungszeitpunkt (Bewertungsstichtag) handelt. Zur Abbildung der den Investoren am Bewertungsstichtag zur Verfügung stehenden risikolosen Kapitalmarktanlage können nicht die für zukünftige Perioden prognostizierten risikolosen Zinssätze verwendet werden, sondern ausschließlich die am Bewertungsstichtag beobachbaren risikolosen Zinssätze.[348] Dem steht auch der Umstand, dass die stichtagsbezogenen risikolosen Zinssätze mehr oder weniger stark schwanken können, nicht entgegen, da es für den Vergleich zweier Zahlungsreihen bzw. die korrekte Bewertung des mehrperiodigen Cashflowstroms des Bewertungsobjekts nicht auf die „geglätteten", sondern ausschließlich auf die risikolosen Zinssätze, der den Investoren am Bewertungsstichtag tatsächlich zur Verfügung stehenden Kapitalanlagemöglichkeiten ankommt.

Gegen die Argumentation für einen prognostizierten risikolosen Zinssatz künftiger Perioden spricht darüber hinaus, dass die zum Bewertungsstichtag beobachtbaren risikolosen Zinssätze aufgrund von Angebot und Nachfrage zustande kommen und damit die Einschätzungen und Erwartungen der Kapitalmarktteilnehmer zum Ausdruck bringen.[349] Folglich kann nicht behauptet werden, dass die am Bewertungsstichtag beobachtbaren risikolosen Zinssätze zu hoch oder zu niedrig seien, da sich im Falle allgemein antizipierter zukünftiger Zinsänderungen die beobachtbaren Zinssätze überhaupt nicht eingestellt hätten.[350] Vielmehr implizieren prognostizierte risikolose Zinssätze, die von den am Bewertungsstichtag beobachtbaren risikolosen Zinssätzen abweichen, entweder die Existenz von Marktunvollkommenheiten oder von Arbitragemöglichkeiten. Wird auf einem vollkommenen Kapitalmarkt die (dauerhafte) Existenz von Arbitragemöglichkeiten jedoch ausgeschlossen, existiert kein Grund für eine Prognose risikoloser Zinssätze für künftige Perioden, da sie im Fall einer arbitragefreien Ermittlung dieselben Informationen enthalten wie die risikolosen Zinssätze von Null-Kuponanleihen am

---

[348] Vgl. auch Schwetzler (1996), S. 1089, der den Bewertungsstichtag anschaulich als „Herstellungszeitpunkt" der beiden Zahlungsreihen bezeichnet.

[349] Vgl. Ballwieser (2003), S. 24.

[350] Vgl. ähnlich Moxter (1983), S. 172.

Bewertungsstichtag (Zinsstruktur) und folglich zu demselben (arbitragefreien) Bewertungsergebnis führen müssen. Im Ergebnis ist die Prognose risikoloser Zinssätze künftiger Perioden für die Höhe des Marktwerts des Unternehmens irrelevant.

Dies zeigt die arbitragefreie Ermittlung der einperiodigen risikolosen Zinssätze zukünftiger Perioden (implizite Terminzinssätze) anhand der am Bewertungsstichtag vorliegenden Zinsstruktur. Unter einem Terminzinssatz wird allgemein die Verzinsung einer Kapitalanlage bzw. -aufnahme zu einem aus der Sicht des Bewertungsstichtags $t$ (zukünftigen) Zeitpunkt $u$ mit $u = t, t+1, ..., T$ [351] bis zu einem Fälligkeitszeitpunkt $s$ mit $s > u$ und $s = t+1, ..., T$ verstanden, deren Höhe bereits in $t$ festgelegt wird.[352] Die in der am Bewertungsstichtag vorliegenden Zinsstruktur implizit enthaltenen Terminzinssätze können im Wege des Vergleichs der Strategie

a) Erwerb einer Null-Kuponanleihe in $t$ mit Restlaufzeit bis $s$ zum risikolosen Zinssatz $r_{f,s}$

und der Strategie

b) Erwerb einer Null-Kuponanleihe in $t$ mit Restlaufzeit bis $u < s$ zum risikolosen Zinssatz $r_{f,u}$ und Anlage der Mittelrückflüsse in $u$ bis zum Zeitpunkt $s$ zum bereits in $t$ vereinbarten Terminzinssatz $r_{f,u,s}$

unter der Annahme der Arbitragefreiheit des Kapitalmarkts ermittelt werden. Da auf einem arbitragefreien Kapitalmarkt beide Strategien bei identischem Kapitaleinsatz zu demselben Endvermögen führen müssen, gilt:

$$\left(1+r_{f,s}\right)^{t-s} = \left(1+r_{f,u}\right)^{t-u} \cdot \left(1+r_{f,u,s}\right)^{s-u} \quad \text{für alle } u,s, \tag{3.35}$$

wobei $r_{f,u,s}$ den impliziten Terminzinssatz für eine risikolose Kapitalanlage bzw. -aufnahme im Zeitpunkt $u$ mit Fälligkeit in $s$ bezeichnet. Durch Umformen von (3.35) gilt für den impliziten risikolosen Terminssatz

---

351 Aus Gründen einer einfachen Notation wird der Zeitpunkt $u = t$ in die Definition der impliziten Terminzinssätze einbezogen, obwohl die mit $u = t$ ermittelten impliziten Terminzinssätze für alle Zeitpunkte $s$ den risikolosen Zinssätzen aus der Zinsstruktur entsprechen. Der Vorteil des Einbezugs von $u = t$ besteht indes darin, dass für Bewertungszwecke keine weitere Notation für den einperiodigen risikolosen Zinssatz von $t$ bis $t+1$ eingeführt werden muss, da sich in diesem Fall Kassa- und Terminzinssatz stets entsprechen.

352 Vgl. zu der Ermittlung impliziter Terminzinssätzen Perridon/Steiner (2003), S. 193–196; auch Franke/Hax (2004), S. 394.

$$r_{f,u,s} = \sqrt[s-u]{\frac{\left(1+r_{f,s}\right)^{t-s}}{\left(1+r_{f,u}\right)^{t-u}}} - 1 \text{ für alle } u,s. \tag{3.36}$$

Auf Basis der von der Deutschen Bundesbank am 10.10.2006 geschätzten Zinsstruktur können die in Tabelle 11 dargestellten einperiodigen impliziten Terminzinssätze ermittelt werden.

| **Zeitraum** $(u,s)$ | **0,1** | **1,2** | **2,3** | **3,4** | **4,5** |
|---|---|---|---|---|---|
| $r_{f,u,s}$ | 3,62 % | 3,68 % | 3,65 % | 3,73 % | 3,77 % |
| | | | | | |
| **Zeitraum** $(u,s)$ | **5,6** | **6,7** | **7,8** | **8,9** | **9,10** |
| $r_{f,u,s}$ | 3,93 % | 3,94 % | 4,00 % | 4,06 % | 4,12 % |

Tabelle 11: Einperiodige implizite Terminzinssätze am 10.10.2006

Die Irrelevanz einer arbitragefreien Prognose risikoloser Zinssätze künftiger Perioden kann im einfachsten Fall an der Bewertung sicherer Zahlungsströme gezeigt werden. Dazu wird exemplarisch die zehnjährige Kuponanleihe mit einer jährlichen Kuponzahlung von 10 GE betrachtet, deren arbitragefreier Preis in Kapitel 3.3.1 unter Verwendung der riskolosen Zinssätze von Null-Kuponanleihen zum 10.10.2006 und unter Beachtung eines Nominalwerts von $F = 100$ GE gemäß (3.5) mit 150,64451 GE ermittelt wurde.[353] Unter Verwendung der einperiodigen risikolosen Zinssätze gilt für den Preis einer Kuponanleihe allgemein:

$$K_t = \sum_{s=t+1}^{T} \frac{c_s}{\prod_{u=t+1}^{s}\left(1+r_{f,u-1,u}\right)} + \frac{F}{\prod_{u=t+1}^{T}\left(1+r_{f,u-1,u}\right)}. \tag{3.37}$$

Mit (3.37) ergibt sich für die zehnjährige Kuponanleihe unter Verwendung der einperiodigen impliziten Terminzinssätze aus der Zinsstruktur vom 10.10.2006 gemäß Tabelle 11 ein Preis in Höhe von:

$$\begin{aligned} K_{10} &= \frac{10}{1{,}0362} + \frac{10}{1{,}0362 \cdot 1{,}0368} + \frac{10}{1{,}0362 \cdot 1{,}0368 \cdot 1{,}0365} \\ &+ \frac{10}{1{,}0362 \cdot 1{,}0368 \cdot 1{,}0365 \cdot 1{,}0373} + \ldots \\ &\ldots + \frac{100+10}{1{,}0362 \cdot 1{,}0368 \cdot 1{,}0365 \cdot 1{,}0373 \cdot 1{,}0377 \cdot 1{,}0393 \cdot 1{,}0394 \cdot 1{,}04 \cdot 1{,}0406 \cdot 1{,}0412} \\ &= 150{,}64451. \end{aligned}$$

[353] Siehe Tabelle 2.

Da die Bewertung gemäß (3.37) unter Verwendung der einperiodigen impliziten Terminzinssätze zu demselben Preis für die Kuponanleihe führt, wie die Bewertung gemäß (3.5) unter Verwendung der laufzeitspezifischen risikolosen Zinssätze von Null-Kuponanleihen (Zinsstruktur), ist die Prognose arbitragefreier risikoloser Zinssätze künftiger Perioden für die Höhe des Preises der Kuponanleihe unerheblich. Übertragen auf die kapitalmarktorientierte Unternehmensbewertung heißt dieses Ergebnis, dass es für die Höhe des Marktwerts des Unternehmens irrelevant ist, ob die risikolose Kapitalmarktanlage auf der Basis laufzeitspezifischer Zinssätze von Null-Kuponanleihen oder auf Basis einperiodiger impliziter Terminzinssätze erfolgt. Darüber hinaus zeigt dieses Ergebnis, dass mit der Verwendung prognostizierter risikoloser Zinssätze künftiger Perioden, die nicht den impliziten Terminzinssätzen entsprechen, am Bewertungsstichtag wissentlich Arbitragemöglichkeiten, entgegen den in den Marktpreisen enthaltenen Informationen in den Unternehmensbewertungskalkül integriert werden.[354] Da die Arbitragefreiheit eine Voraussetzung für ein Gleichgewicht auf dem Kapitalmarkt darstellt,[355] widerspricht dies einer Unternehmensbewertung auf der Grundlage des CAPM, das den Zusammenhang zwischen der erwarteten Rendite und bewertungsrelevantem Risiko eines riskanten Wertpapiers nur auf einem sich im Gleichgewicht befindenden Kapitalmarkt erklären kann.

Obwohl die aus der Zinsstruktur unter der Annahme der Arbitragefreiheit abgeleiteten einperiodigen impliziten Terminzinssätze für die Höhe des Marktwerts des Unternehmens irrelevant sind, kann mit ihrer Verwendung die laufzeitäquivalente Bewertung eines mehrperiodigen Cashflowstroms des Bewertungsobjekts bei mehrperiodiger Anwendung des CAPM gelingen. Der Grund hierfür wird gerade durch die Irrelevanz der impliziten Terminzinssätze für den Marktwert des Unternehmens sichtbar, da die impliziten Terminzinssätze damit dieselben Informationen enthalten wie die laufzeitspezifischen risikolosen Zinssätze von Null-Kuponanleihen. Da darüber hinaus mit der arbitragefreien Ableitung der einperiodigen impliziten Terminzinssätze sichergestellt wird, das jeder einzelne Cashflow sowohl unter Verwen-

---

354 Alternativ könnte die Existenz von Marktunvollkommenheiten angenommen werden, die indes erklärungsbedürftig sind. Vgl. Moxter (1983), S. 172. Die Verwendung prognostizierter zukünftiger Zinssätze, die nicht den arbitragefreien impliziten Terminzinssätzen entsprechen, ist darüber hinaus kritisch zu beurteilen. Der Grund hierfür besteht darin, dass den Investoren grundsätzlich keine risikolosen Anlagen mit anderen risikolosen Zinssätzen zur Verfügung stehen als die tatsächlich auf dem Kapitalmarkt existierenden risikolosen Anlagen. Zudem dürfen nach dem Stichtagsprinzip am Bewertungsstichtag lediglich die in diesem Zeitpunkt erlangbaren Informationen zur Bewertung des Unternehmens herangezogen werden, um „einen am Bewertungsstichtag geltenden Unternehmenswert abzugrenzen gegenüber einem erst zu einem späteren Stichtag geltenden Unternehmenswert“. Moxter (1983), S. 171.

355 Vgl. Laux (2006), S. 120–121.

dung der laufzeitspezifischen risikolosen Zinssätze von Null-Kuponanleihen als auch unter Verwendung der aus der Zinsstruktur abgeleiteten einperiodigen impliziten Terminzinssätze identisch bewertet wird, kann mit Hilfe der einperiodigen impliziten Terminzinssätze eine laufzeitäquivalente Bewertung aller Cashflows des Bewertungsobjekts gemäß der Zinsstruktur vorgenommen werden.

Als Voraussetzung für die mehrperiodige Anwendung des CAPM wurde in Kapitel 2.4.4.2 die deterministische Entwicklung der risikolosen Zinssätze im Zeitablauf formuliert. Die mit (3.36) aus der am Bewertungsstichtag geschätzten Zinsstruktur abgeleiteten einperiodigen impliziten Terminzinssätze können dieser Voraussetzung genügen und sind daher als zukunftsorientierte Schätzung der einperiodigen risikolosen Zinssätze verwendbar. Damit stellen die einperiodigen risikolosen Terminzinssätze, die allein aus der am Bewertungsstichtag geschätzten Zinsstruktur arbitragefrei abgeleitet wurden, die zur zukunftsorientierten Schätzung der erwarteten einperiodigen Eigenkapitalkostensätze auf der Grundlage des CAPM benötigten einperiodigen risikolosen Zinssätze dar.

### 3.4.3 Würdigung

Die Ausführungen in den Kapiteln 3.4.1 und 3.4.2 haben gezeigt, dass auf dem deutschen Kapitalmarkt risikolose Zinssätze von (hypothetischen) Null-Kuponanleihen mit Laufzeiten von bis zu 30 Jahren stichtagsaktuell und damit zukunftsorientiert geschätzt werden können. Die Möglichkeiten zur Schätzung der für Zwecke der zukunftsorientierten Schätzung von erwarteten Eigenkapitalkostensätzen benötigten risikolosen Zinssätze von Null-Kuponanleihen hängen maßgeblich von dem Laufzeitenspektrum ab, das die auf dem Kapitalmarkt gehandelten festverzinslichen Wertpapiere der öffentlichen Hand abdecken. Allerdings können risikolose Zinssätze von Null-Kuponanleihen mit Laufzeiten größer 30 Jahre z.B. durch die Extrapolation der Zinsstruktur anhand der Parameterwerte des NSS-Verfahrens geschätzt werden.

Die Schwierigkeiten die ein Einbezug einer üblicherweise nicht flach verlaufenden Zinsstruktur in den kapitalmarktorientierten Unternehmensbewertungskalkül mit sich bringen kann, lassen sich durch die Verwendung der in der Zinsstruktur zum Ausdruck kommenden einperiodigen impliziten Terminzinssätze lösen. Mit Hilfe dieser einperiodigen impliziten Terminzinssätze gelingt unter Beachtung der Voraussetzung einer deterministischen Entwicklung der einperiodigen Zinssätze die mehrperiodige Anwendung des CAPM zur Bewertung mehrperiodiger Cashflowströme des Bewertungsobjekts. Damit sind im Folgenden die Möglichkeiten zur zukunftsorientierten Schätzung der weiteren Bestandteile der erwarteten Eigenkapitalkostensätze zu diskutieren.

# 4 Zukunftsorientierte Schätzung von Betafaktoren

## 4.1 Einleitung

Der Betafaktor stellt ein Maß für das relative Risiko eines riskanten Wertpapiers (z.B. einer Aktie) in Bezug auf das Risiko des Marktportfolios dar und bestimmt sich aus dem Verhältnis zwischen der Kovarianz zwischen der unsicheren zukünftigen Rendite der Aktie und der unsicheren zukünftigen Rendite des Marktportfolios zur Varianz der Rendite des Marktportfolios.[356] Die Schätzung des Betafaktors einer kapitalmarktgehandelten Aktie erfolgt üblicherweise durch eine einfache lineare Regression der historisch beobachteten Renditen des riskanten Wertpapiers (erklärte Variable) und der Renditen des Marktportfolios bzw. eines repräsentativen Marktindexes (erklärende Variable).[357] Neben den Schwierigkeiten, die mit der Durchführung einer Regression der historischen Zeitreihen der Aktien- und Indexrenditen verbunden sind, ist offensichtlich, dass ein auf der Grundlage historischer Renditen geschätzter Betafaktor die aktuellen Erwartungen der Kapitalmarktteilnehmer bezüglich des (zukünftigen) systematischen Risikos eines Wertpapiers bestenfalls zufällig widerspiegelt.[358] Nicht zuletzt können die zahlreichen Ermessensspielräume, z.B. bei der Wahl der Länge der historischen Zeitreihe oder der Wahl der Intervalllänge der Renditen, erheblichen Einfluss auf das Ergebnis der Schätzung nehmen.[359]

Folglich ist zu untersuchen, ob und inwieweit am Bewertungsstichtag eine zukunftsorientierte Schätzung des Betafaktors ohne Rückgriff auf historische Renditen gelingen kann. Ausgangspunkt der Überlegungen bildet dabei die Umformung des Betafaktors einer kapitalmarktgehandelten Aktie $l$ mit $(l \neq 0)$ gemäß (2.9) zu

$$\beta_l = \frac{\operatorname{cov}(\tilde{r}_l, \tilde{r}_M)}{\operatorname{var}(\tilde{r}_M)} = \frac{\sigma_l \cdot \sigma_M \cdot \rho_{l,M}}{\sigma_M^2} = \frac{\sigma_l}{\sigma_M} \rho_{l,M} \,. \tag{4.1}$$

---

356 Siehe Kapitel 2.4.4.

357 Vgl. zur Schätzung von Betafaktoren z.B. Berner/Rojahn/Kiel/Dreimann (2005), S. 713–716; Poddig/Dichtl/Petersmeier (2000), S. 256–258; Zimmermann (1997), S. 56–70. Da für nicht gehandelte riskante Wertpapiere keine historischen Renditen beobachtbar sind, kann eine Schätzung des Betafaktors zumeist lediglich aus Zusammenhängen zwischen den Renditen des Marktindexes und ausgewählten fundamentalen Kennzahlen des Unternehmens (z.B. rechnungslegungsbasierte Profitabilitätskennzahlen) abgeleitet werden. Vgl. hierzu die Ausführungen zur Schätzung von Betafaktoren nicht gehandelter Unternehmenssegmente bei Nowak (2003), S. 97–117.

358 Vgl. z.B. Nowak (2003), S. 89.

359 Vgl. ausführlich Zimmermann (1997), S. 79–153; Nowak (2003), S. 93–97; Pratt (1998), S. 82.

Damit hängt der Betafaktor von den Standardabweichungen (Volatilitäten) der zukünftigen unsicheren Renditen des Wertpapiers $\sigma_l$ und des Marktindexes $\sigma_M$ sowie von dem Korrelationskoeffizienten $\rho_{l,M}$ zwischen diesen beiden zukünftigen unsicheren Renditen ab.[360] Die mit der Verwendung historischer Renditen zur Schätzung von Betafaktoren einhergehenden Probleme können folglich vermieden werden, sofern eine zukunftsorientierte Schätzung der benötigten Volatilitäten und der Korrelation z.B. aus den am Bewertungsstichtag beobachtbaren Marktpreisen bestimmter Optionen gelingt.

Hierfür werden neben der Kenntnis stichtagsaktueller Marktpreise bestimmter Optionen die entsprechenden Optionspreismodelle benötigt, die bei Kenntnis aller weiteren bewertungsrelevanten Parameter einen theoretischen Zusammenhang zwischen dem Marktpreis der entsprechenden Option und der Höhe der Volatilität bzw. der Korrelation herstellen können. Wird die Gültigkeit eines bestimmten Optionspreismodells unterstellt, können die implizit in den stichtagsaktuellen Marktpreisen enthaltenen Erwartungen der Kapitalmarktteilnehmer hinsichtlich der zukünftigen Volatilitäten und der zukünftigen Korrelation ermittelt werden. In diesem Zusammenhang wird in der Literatur intensiv die Ermittlung einer impliziten Volatilität (*implied volatility*) aus beobachtbaren Marktpreisen von Optionen auf eine einzelne Aktie oder einen Marktindex z.B. bei Gültigkeit des Black-Scholes-Modells diskutiert.[361] Eine implizite Korrelation (*implied correlation*) zwischen den Renditen zweier riskanter Wertpapiere kann hingegen einer Option auf ein einzelnes riskantes Wertpapier nicht entnommen werden. Hierfür werden Kapitalmarktpreise von Optionen auf zwei riskante Wertpapiere benötigt, zu denen z.B. Austauschoptionen (*exchange options*) oder Optionen auf das Minimum/Maximum zweier riskanter Wertpapiere (*options on the minimum/maximum of risky assets*) zählen. Um die implizite Korrelation zwischen der unsicheren zukünftigen Rendite einer Aktie und der unsicheren zukünftigen Rendite des Marktindexes ermitteln zu können, muss daher der Marktpreis einer Austausch-, Maximum- oder Minimumoption auf die entsprechende Aktie und den Marktindex beobachtbar sein.

Im Folgenden ist daher zunächst zu zeigen, wie und unter Verwendung welcher Optionspreismodelle die implizite Volatilität und die implizite Korrelation ermittelt werden können

360 Soweit im Folgenden verkürzt nur von der Volatilität bzw. Korrelation gesprochen wird, ist damit stets die Volatilität der unsicheren zukünftigen Rendite eines Wertpapiers bzw. der Korrelationskoeffizient zwischen den unsicheren zukünftigen Renditen zweier Wertpapiere gemeint.

361 Siehe Kapitel 4.4.4.

und welche Probleme bei der praktischen Ermittlung der Größen bestehen. Als Ausgangspunkt der nachfolgenden Untersuchung dient das Black-Scholes-Modell, dessen theoretische Fundamente auch zur Bewertung der Optionen auf zwei riskante Wertpapiere erforderlich sind. Infolgedessen werden zunächst die Grundzüge der Bewertung von Optionen in stetiger Zeit erläutert, um diese anschließend bei der Verwendung des Black-Scholes-Modells und der weiteren Optionspreismodelle einsetzen zu können.

## 4.2 Grundlagen der Bewertung von Optionen in stetiger Zeit

### 4.2.1 Definition von Optionen

Als Derivate werden Rechte bezeichnet, deren Wert aufgrund eines genau definierten Zusammenhangs mittelbar oder unmittelbar von der Entwicklung des Preises eines dem Derivat zugrunde liegenden Basiswerts (*underlying*) abhängt.[362] Als mögliche Basiswerte kommen neben originären (riskanten) Wertpapieren, Waren, Rohstoffe, bestimmte Referenzobjekte bzw. -ereignisse oder wiederum Derivate in Betracht.[363] Häufig werden Optionen, deren Preis lediglich von der Preisentwicklung eines Basiswerts abhängt, als Standardoptionen bezeichnet. Dagegen werden unter dem Begriff der exotischen Optionen regelmäßig Optionen verstanden, deren Preis z.B. von der Preisentwicklung mehrerer riskanter Wertpapiere oder in komplexer Weise von bestimmten Ereignissen abhängt. Dabei können Derivate nicht nur nach dem Basiswert, sondern auch nach der Art ihres Handels oder ihrer Erfüllung differenziert werden. Sind zur Erfüllung des Derivats feste Abnahme- und Lieferverpflichtungen verbindlich vorgeschrieben, handelt es sich um unbedingte Termingeschäfte. Bedingte Termingeschäfte räumen dem Inhaber des Derivats hingegen die Möglichkeit ein, die Lieferung des Basiswerts zu verlangen oder auf diese zu verzichten.[364]

Zu den bedingten Termingeschäften zählen Optionen, die das vertraglich vereinbarte Recht verkörpern, einen bestimmten Basiswert während oder nur am Ende der Optionslaufzeit zu einem im Emissionszeitpunkt festgelegten Preis (Ausübungspreis) zu erwerben oder zu veräußern.[365] Da der Wert der Option folglich maßgeblich von dem Preis des Basiswerts abhängt, bringt der Preis einer kapitalmarktgehandelten Option die Erwartungen der Kapital-

---

[362] Vgl. z.B. Hartmann-Wendels/Pfingsten/Weber (2004), S. 275; Oehler/Unser (2001), S. 17–18. Eine gesetzliche Definition von Derivaten findet sich z.B. in § 2 Abs. 2 und 2a WpHG.

[363] Vgl. Rudolph/Schäfer (2005), S. 15; Franke/Hax (2004), S. 367; Bank/Gerke (2005), S. 357.

[364] Vgl. Hartmann-Wendels/Pfingsten/Weber (2004), S. 276; Rudolph/Schäfer (2005), S. 14.

[365] Vgl. z.B. Bodie/Merton (2000), S. 383–384; Smithson/Smith/Wilford (1995), S. 288–289.

marktteilnehmer über die zukünftige Preisentwicklung des Basiswerts zum Ausdruck, die für Zwecke der zukunftsorientierten Schätzung von Betafaktoren von zentraler Bedeutung sind. Kann die Option und damit das Recht auf Erwerb oder Veräußerung des Basiswerts nicht nur am Ende, sondern auch während der Optionslaufzeit ausgeübt werden, handelt es sich um eine Option amerikanischen Typs und andernfalls um eine Option europäischen Typs.[366]

Die zukunftsorientierte Schätzung des Betafaktors einer Aktie erfordert nach (2.9) die zukunftsorientierte Schätzung der Kovarianz zwischen den unsicheren zukünftigen Renditen der Aktie und des Marktportfolios sowie der Varianz der erwarteten zukünftigen Rendite des Marktportfolios. Da das Marktportfolio nach dem CAPM sämtliche riskanten Wertpapiere (allgemeiner: Investitionsprojekte) zu ihren Marktwertanteilen am Gesamtmarktwert aller riskanten Wertpapiere beinhaltet, kann das Marktportfolio auf einem real existierenden Kapitalmarkt nicht in Form eines Wertpapiers gehandelt bzw. beobachtet werden. Infolgedessen wird das Marktportfolio regelmäßig durch einen breit diversifizierten Aktienindex (z.B. DAX®) approximiert.[367] In diesem Fall kann das riskante Wertpapier auf das Marktportfolio als ein auf dem Kapitalmarkt gehandeltes Zertifikat, das den gewählten Marktindex abbildet, aufgefasst werden, das im Folgenden nur als Marktindex bezeichnet wird. Folglich stehen die in Marktpreisen von Optionen auf eine bestimmte Aktie oder auf den Marktindex enthaltenen Erwartungen der Kapitalmarktteilnehmer über die künftige Preisentwicklung dieser beiden riskanten Wertpapiere im Vordergrund der zukunftsorientierten Schätzung von Betafaktoren. Dabei wird der Preis einer bestimmten Aktie $l$ mit $(l \neq 0)$ zu einem Zeitpunkt $t$ mit $S_{l,t}$ und der Preis des Marktindexes zu einem Zeitpunkt $t$ mit $S_{M,t}$ bezeichnet.[368]

Um die Erwartungen der Kapitalmarktteilnehmer über die zukünftige Preisentwicklung des Basiswerts dem Marktpreis einer Option entnehmen zu können, der auf einem real existierenden Kapitalmarkt stichtagsaktuell beobachtbar ist, sind zunächst Vorüberlegungen über die Preisbildung von Optionen im Sinne von Preisober- und -untergrenzen erforderlich. Diese

---

366 Vgl. z.B. Steiner/Bruns (2000), S. 293–294; Uhlir/Sièvi (1990), S. 84–85.

367 Vgl. Black (1976), S. 172; Steiner/Wallmeier (1999), S. 709–710; Ballwieser (2001), S. 23; zum Einfluss der Wahl des Marktindexes auf die Schätzung von Betafaktoren vgl. z.B. Zimmermann (1997), S. 93–97; Nowak (2003), S. 95.

368 Da die Definition und Bewertung von Optionen auf eine bestimmte Aktie oder einen bestimmten Marktindex weitgehend identisch erfolgt, beziehen sich die folgenden Ausführungen zur Vermeidung von Redundanzen ausschließlich auf Optionen auf eine bestimmte Aktie als Basiswert, soweit keine ökonomischen Gründe eine gesonderte Darstellung der Zusammenhänge für Optionen auf den Marktindex erforderlich machen. Zudem wird aus Gründen der Übersichtlichkeit der Darstellungen auf die Angabe des Indexes $l$ für eine bestimmte Aktie verzichtet.

können auf einem vollkommenen Kapitalmarkt mit risikoloser Anlagemöglichkeit unter der Annahme der Arbitragefreiheit erarbeitet werden.[369] Der Wert des Rechts bzw. der Preis einer Option auf dem Kapitalmarkt kann daher anhand der mit der Option verbundenen Zahlung beschrieben werden, die von der Preisentwicklung des Basiswerts abhängt und damit zustandsabhängig ist.

Wird der Preis einer europäischen Kaufoption (*european call*)[370] auf eine Aktie in $t$ mit $C_t$ bezeichnet, wobei die Optionslaufzeit den Zeitraum zwischen den beiden Zeitpunkten $t=0$ und $t=T$ umfasst und $T$ das Ende der Laufzeit der Option (*expiration*) angibt, kann der Wert des europäischen Calls in $T$ unter Berücksichtigung des Ausübungspreises $E$ (*exercise price*) anhand der zustandsabhängigen Zahlung gemäß

$$C_T = \begin{Bmatrix} S_T - E & \text{falls } S_T > E \\ 0 & \text{sonst} \end{Bmatrix} \text{ bzw. } C_T = \max\{0; S_T - E\} \tag{4.2}$$

beschrieben werden.[371] Ein rational handelnder Optionsinhaber wird gemäß (4.2) von dem Recht der Option nur dann Gebrauch machen,[372] falls in $T$ der Preis der Aktie auf dem Kapitalmarkt $S_T$ über dem Ausübungspreis $E$ liegt, mithin $S_T > E$ gilt, und somit der Erwerb der Aktie über die Ausübung des Calls günstiger ist als über den Kapitalmarkt. Andernfalls, d.h. sofern $S_T \leq E$ gilt, wird der Optionsinhaber den Call nicht ausüben, so dass der Call wertlos verfällt.[373] Ein amerikanischer Call (*american call*), dessen Preis in $t$ mit $C_t^a$ bezeichnet wird, unterscheidet sich von einem ansonsten identischen europäischen Call lediglich durch das Recht der vorzeitigen Ausübung (*early exercise*) während der Optionslaufzeit. Da das vorzeitige Ausübungsrecht des amerikanischen Calls jedoch nur vor dem Ende der Options-

---

[369] Siehe Kapitel 2.4.2. Die Existenz einer risikolosen Anlagemöglichkeit ist hingegen nicht für die Erarbeitung aller Preisgrenzen erforderlich. Zudem wird auf eine vollständige Darstellung aller Preisgrenzen für Optionen verzichtet. Stattdessen werden lediglich die für die weitere Untersuchung erforderlichen Preisgrenzen erläutert. Eine umfassende Darstellung der Preisgrenzen findet sich z.B. bei Smith (1976), S. 6–14.

[370] Da auch im deutschsprachigen Schrifttum die Bezeichnung von Kaufoptionen als Calls und eine daran angelehnte formale Notation gebräuchlich ist, wird dieser Vorgehensweise im Interesse einer klaren Darstellung gefolgt. Analog wird für Verkaufsoptionen verfahren, die als Puts bezeichnet werden.

[371] Vgl. Cox/Rubinstein (1985), S. 3; Sandmann (2001), S. 4.

[372] Als Optionsinhaber wird der Käufer der Option bezeichnet, der aus der Option lediglich das Recht, nicht aber die Pflicht zur Ausübung hat. Der Verkäufer der Option (Stillhalter) hat dagegen die Pflicht auf Verlangen des Optionsinhabers die Option zu erfüllen, d.h. den Basiswert gegen Erhalt des vereinbarten Ausübungspreises zu liefern (Call) oder gegen Zahlung des vereinbarten Ausübungspreises zu kaufen (Put). Vgl. z.B. Uhlir/Sièvi (1990), S. 85.

[373] Vgl. Franke/Hax (2004), S. 367.

laufzeit über einen positiven Wert verfügen kann, weisen der europäische und der amerikanische Call in $T$ identische Werte auf, die folgendermaßen beschrieben werden können:[374]

$$C_T = C_T^a = \max\{0; S_T - E\}. \tag{4.3}$$

Analog zu (4.2) wird der Preis einer europäischen Verkaufsoption (*european put*) auf eine Aktie in $t$ mit $P_t$ bezeichnet und der Wert eines europäischen Puts in $T$ ebenfalls anhand der zustandsabhängigen Zahlungen gemäß

$$P_T = \begin{cases} E - S_T & \text{falls } E > S_T \\ 0 & \text{sonst} \end{cases} \text{ bzw. } P_T = \max\{0; E - S_T\} \tag{4.4}$$

beschrieben.[375] Ein rational handelnder Optionsinhaber wird gemäß (4.4) von dem Recht der Option nur dann Gebrauch machen, falls in $T$ der Preis der Aktie auf dem Kapitalmarkt $S_T$ unter dem Ausübungspreis $E$ liegt, mithin $S_T < E$ gilt, und somit der Verkauf der Aktie über die Ausübung des Calls günstiger ist als über den Kapitalmarkt. Andernfalls, d.h. sofern $S_T \geq E$ gilt, wird der Optionsinhaber den Put nicht ausüben, so dass der Put wertlos verfällt.[376] Ein amerikanischer Put (*american put*), dessen Wert mit $P_t^a$ bezeichnet wird, unterscheidet sich von einem ansonsten identischen europäischen Put wiederum nur durch das Recht der vorzeitigen Ausübung während der Optionslaufzeit. Da das vorzeitige Ausübungsrecht des amerikanischen Puts wiederum nur vor Ende der Optionslaufzeit über einen positiven Wert verfügen kann, weisen der europäische und der amerikanische Put in $T$ identische Werte auf, die folgendermaßen beschrieben werden können:[377]

$$P_T = P_T^a = \max\{0; E - S_T\}. \tag{4.5}$$

Übersteigt der aktuelle Aktienkurs den Ausübungspreis, so verfügt der Call (Put) über einen positiven (negativen) inneren Wert und liegt im (aus dem) Geld. Der Call und der Put liegen dagegen am Geld, falls der innere Wert der Option null beträgt.[378] Mit der Definition der Optionen sind neben den zentralen Unterscheidungsmerkmalen hinsichtlich des Erwerbs- oder Veräußerungsrechts und hinsichtlich der Ausübungsrechte erste arbitrage- und präferenzfreie Preisgrenzen auf einem vollkommenen Kapitalmarkt erarbeitet worden. Von zentraler Bedeutung für die Bewertung von Optionen ist der Zusammenhang zwischen dem Preis eines euro-

---

[374] Vgl. Merton (1973), S. 143–144.
[375] Vgl. Cox/Rubinstein (1985), S. 3; Sandmann (2001), S. 4.
[376] Vgl. Franke/Hax (2004), S. 367.
[377] Vgl. Merton (1973), S. 157; Brennan/Schwartz (1977), S. 450.
[378] Vgl. Stoll/Whaley (1993), S. 175.

päischen Calls und Puts auf denselben Basiswert mit identischer Restlaufzeit. Dieser ergibt sich unter der Annahme der Arbitragefreiheit auf einem vollkommenen Kapitalmarkt mit risikoloser Anlagemöglichkeit aus dem Vergleich der zustandsabhängigen Zahlung zweier Portfolios A und B gemäß Tabelle 12:

| Position | Zahlungen in $t$ | Zahlungen in $T$ | |
|---|---|---|---|
| | | $S_T > E$ | $S_T \leq E$ |
| europäischer Call $C_t$ *(long)* | $-C_t$ | $+(S_T - E)$ | $0$ |
| Null-Kuponanleihe $B_t(T)$ mit $F = E$ *(long)* | $-E \cdot (1+r_f)^{-(T-t)}$ | $+E$ | $+E$ |
| Summe Portfolio A | $-C_t - E \cdot (1+r_f)^{-(T-t)}$ | $+S_T$ | $+E$ |
| | | | |
| europäischer Put $P_t$ *(long)* | $-P_t$ | $0$ | $+(E - S_T)$ |
| Aktie $S_t$ *(long)* | $-S_t$ | $+S_T$ | $+S_T$ |
| Summe Portfolio B | $-P_t - S_t$ | $+S_T$ | $+E$ |

Tabelle 12: Put-Call-Parität für europäische Optionen

Da die Summen der zustandsabhängigen Zahlungen beider Portfolios in $T$ übereinstimmen, müssen beide Portfolios nach dem Gesetz des einheitlichen Preises in $t$ einen identischen Preis aufweisen. Folglich muss die als Put-Call-Parität bezeichnete Bewertungsrelation zwischen den Preisen europäischer Calls und Puts gemäß

$$C_t + E \cdot (1+r_f)^{-(T-t)} = P_t + S_t \quad \text{für } 0 \leq t \leq T \tag{4.6}$$

gelten.[379]

Im Gegensatz zur Put-Call-Parität erlauben die vorgestellten Preisgrenzen nur Aussagen über den Preis der Option am Ende der Optionslaufzeit und keine Aussage darüber, wie sich der Preis der Option vor Ende der Optionslaufzeit bildet. Infolgedessen wird ein Optionspreismo-

379 Vgl. Sandmann (2001), S. 39–40; Haugen (2001), S. 447–448. Dabei wird in (4.6) von der Zahlung einer Dividende zwischen $t$ und $T$ abgesehen. Zu einer Erweiterung der Put-Call-Parität um die Zahlung von Dividenden vgl. Rudolph/Schäfer (2005), S. 226–227.

dell benötigt, das unter Annahmen, die mit dem CAPM vereinbar sind, die Optionspreisbildung auf dem Kapitalmarkt in den Zeitpunkten $0 \leq t < T$ erklären kann. Da hierzu im Gegensatz zu dem bislang diskutierten diskreten Unternehmensbewertungsmodell eine Bewertung der Option in stetiger Zeit vorgenommen werden soll, werden zunächst die hierfür erforderlichen Grundlagen im Folgenden erläutert.

### 4.2.2 Stochastische Prozesse in stetiger Zeit

#### 4.2.2.1 Ausgangspunkt und Kapitalmarktmodell

Bei der Bewertung von Optionen in einem diskreten Modell (z.B. Binomialmodell[380]) wird angenommen, dass der Handel des zugrunde liegenden Wertpapiers bzw. der Option auf dem Kapitalmarkt nur zu bestimmten Zeitpunkten $t = 0,1,...,T$ möglich ist. Die Einschränkung des Wertpapierhandels in diskreten Modellen auf bestimmte Zeitpunkte kann in Abhängigkeit des zwischen zwei Handelszeitpunkten $t$ und $t+1$ liegenden Zeitraums $\Delta t$ als realitätsfern angesehen werden.[381] Werden die Zeitintervalle mit $\Delta t \to 0$ sehr klein gewählt, ist im Grenzübergang näherungsweise sowohl eine stetige Kursveränderung als auch ein kontinuierlicher Handel der Wertpapiere vorstellbar.[382]

In zeitstetigen Modellen zur Bewertung von Optionen wird daher von der Möglichkeit eines im Zeitintervall $[0;T]$ kontinuierlichen Handels ausgegangen, womit die Menge aller möglichen Handelszeitpunkte $t \in [0,T]$ unendlich groß wird. Gleichwohl findet der Handel der Wertpapiere weiterhin unter den Eigenschaften des vollkommenen Kapitalmarkts statt. Allerdings ist im Gegensatz zum diskreten Modell die Menge der möglichen Umweltzustände $\Omega$ im stetigen Modell nicht mehr endlich, sondern unendlich groß. Die Auflösung der Unsicherheit bezüglich des in $T$ eintretenden Umweltzustands wird durch eine Filtration $\mathcal{F} = \{\mathcal{F}_t\}$ mit $0 \leq t \leq T$ beschrieben, wobei jedes $\mathcal{F}_t$ eine $\sigma$-Algebra über $\Omega$ darstellt, die den Informationsstand in $t$ mit $\mathcal{F}_t \subseteq \mathcal{F}_s$ für alle $t \leq s$ widerspiegelt.[383]

---

380 Vgl. z.B. Cox/Ross/Rubinstein (1979), S. 229–263; Haugen (2001), S. 430–438; Clewlow/Strickland (1998), S. 10–51.

381 Als realitätsfern könnte z.B. im Binomialmodell angesehen werden, dass bei einer Periodenlänge $\Delta t$ von einem Tag das Wertpapier nur einmal am Tag gehandelt wird und der Preis des Wertpapiers nur zwei mögliche Werte annehmen könnte. Vgl. Cox/Ross/Rubinstein (1979), S. 246.

382 Vgl. Cox/Ross/Rubinstein (1979), S. 246–255; Steiner/Uhlir (2001), S. 244–247.

383 Siehe Kapitel 2.4.3.2.

Infolgedessen muss die Preisentwicklung der Wertpapiere $L+1$ stetig formuliert werden, wozu die Entwicklung der Zufallsvariable $S_{l,t}(\omega)$, die den Preis des $l$-ten Wertpapiers im Umweltzustand $\omega$ bezeichnet, mit Hilfe eines zeitstetigen stochastischen Prozesses modelliert werden kann. Dabei muss $S_{l,t}(\omega)$ im Zeitablauf $\mathcal{F}_t$-messbar sein, d.h. unter der in $t$ gegebenen Information $\mathcal{F}_t$ ist der Preis des $l$-ten Wertpapiers tatsächlich auch am Kapitalmarkt beobachtbar. Es handelt sich bei der unsicheren Preisentwicklung des Wertpapiers daher um einen stochastischen Prozess, der an die Filtration adaptiert ist. Dieser wird im Folgenden ausgehend von der Entwicklung der Unsicherheit über den in der Zukunft eintretenden Umweltzustand erläutert.

#### 4.2.2.2 Wiener Prozesse und geometrische Brown'sche Bewegung

Die Entwicklung der Unsicherheit hinsichtlich des in $T$ eintretenden Umweltzustands bzw. hinsichtlich der Entwicklung eines Wertpapierpreises im Zeitablauf wird mit Hilfe eines stochastischen Prozesses in stetiger Zeit modelliert. Ein stetiger stochastischer Prozess $X=\{X(t,\omega)|t\in[0,T],\omega\in\Omega\}$ ist eine Abbildung $X:[0,T]\times\Omega\rightarrow\mathbb{R}$, die jedem Zeitpunkt $t\in[0,T]$ und jedem Elementarereignis $\omega\in\Omega$ eine reelle Zahl zuweist. Mithin wird nicht nur die Entwicklung des Preises eines Wertpapiers stetig über die Zeit modelliert, sondern auch der Preis des Wertpapiers selbst.[384] Da im Weiteren die Bewertung von Optionen auf Aktien oder Aktienindexe zu erläutern ist, steht die Modellierung der unsicheren Entwicklung von Aktienkursen im Zeitablauf im Fokus der nachstehenden Ausführungen.

Im einfachsten Fall wird in einem zeitstetigen Modell die Entwicklung der Unsicherheit im Zeitablauf, d.h. ein stochastischer Prozess, auf einen oder mehrere Wiener Prozesse zurückgeführt. Ein Wiener Prozess $W$ bezeichnet eine Menge von Variablen $\{W_t|t\in[0,T]\}$ auf einem Wahrscheinlichkeitsraum $(\Omega,\mathcal{F},\mathbf{P})$, wobei die Veränderung der Variablen im Zeitablauf zufällig ist. Diese wird in stetiger Form durch die stochastische Differentialgleichung

$$dW_t = z\sqrt{dt} \tag{4.7}$$

beschrieben, wobei $z \sim N(0,1)$ eine standardnormalverteilte Zufallsvariable ist.[385]

---

[384] Zu beachten ist, dass auch diese Modellierung kein exaktes Bild der Realität darstellt, da ein zeitstetiger Wertpapierhandel bestenfalls zu den Börsenhandelszeiten stattfinden könnte und der Preis eines Wertpapiers, z.B. eines Aktienkurses, in ganzen Cent-Beträgen festgestellt wird. Vgl. die Bemerkungen bei Hull (2003), S. 216.

[385] Vgl. Deutsch (2004), S. 32–33; Bank/Gerke (2005), S. 207.

Ein Wiener Prozess weist folgende Eigenschaften auf:

1. Es gilt $W_0 = 0$ (Startwert).
2. Die Inkremente (Zuwächse) $W_{t_n} - W_{t_{n-1}}$ sind für jede Diskretisierung $n \geq 2$ mit $t_0 < t_1 < \ldots < t_{n-1} < t_n \leq T$ stochastisch unabhängig verteilt.[386]
3. Aus (4.7) folgt unmittelbar, dass die Inkremente $W_s - W_t$ für alle $t < s$ mit $t, s \in [0, T]$ normalverteilt sind mit Mittelwert 0 und Varianz $(s - t)$.
4. Die Pfade des Wiener Prozesses sind (fast sicher) stetig.[387]

Zur Modellierung des Verhaltens von Aktienkursen für Zwecke der Bewertung von Aktienoptionen ist der Wiener Prozess gemäß (4.7) zunächst hinsichtlich zweier Aspekte zu modifizieren. Einerseits besagt ein Mittelwert 0, dass der erwartete künftige Wert für $\mathbb{E}[W_{t+\Delta t}]$ dem aktuellen Wert $W_t$ entspricht und somit positive wie negative Veränderungen der Variablen im Zeitablauf gleichwahrscheinlich sind.[388] Da für Aktien zumindest langfristig positive Renditen beobachtbar sind, kann mit der Einführung einer Driftrate $a$ ein erwartetes Richtungsverhalten des Prozesses in Form einer deterministischen Komponente berücksichtigt werden. Andererseits kann auch die stochastische Komponente eines Prozesses mit einem Parameter $b$ skaliert werden, um ein bestimmtes Schwankungsverhalten einer Aktie abzubilden. Sind im einfachsten Fall die Parameter $a$ und $b$ im Zeitablauf konstant, kann ein stochastischer Prozess $X(t)$ mit Hilfe eines entsprechend skalierten Wiener Prozesses durch folgende stochastische Differentialgleichung beschrieben werden:[389]

$$dX_t = a dt + b dW_t. \tag{4.8}$$

Für sehr kleine Zeitintervalle mit $\Delta t \to 0$ kann (4.8) als Grenzwert der diskreten Gleichung

$$\Delta X_{t+\Delta t} = a \Delta t + b \Delta W_{t+\Delta t} \tag{4.9}$$

aufgefasst werden, wobei $\Delta W_{t+\Delta t} = z\sqrt{\Delta t}$ analog zu (4.7) gilt. Die Zufallsvariable $\Delta X_{t+\Delta t}$ ist daher normalverteilt mit Mittelwert $a\Delta t$ und mit Varianz $b^2 \Delta t$ bzw. Standardabweichung $b\sqrt{\Delta t}$.

---

[386] Ein Wiener Prozess verfügt somit über die sog. Markov-Eigenschaft, d.h. er weist ein gewisses „Vergesslichkeitsverhalten" auf. Die Markov-Eigenschaft besagt, dass für den weiteren Fortgang eines sog. Markov-Prozesses ausschließlich der aktuelle Zustand relevant ist. Der in der Vergangenheit realisierte Pfad ist hierfür bedeutungslos. Die Markov-Eigenschaft ist daher mit der schwachen Informationseffizienz des Kapitalmarkts vereinbar. Vgl. z.B. Füser (1994), S. 27–34; Deutsch (2004), S. 29; Wilmott (1998), S. 56–57.

[387] Vgl. Sandmann (2001), S. 250–251.

[388] Vgl. Deutsch (2004), S. 33.

[389] Allerdings können die Parameter $a$ und $b$ u.a. auch vom aktuellen Wert der Prozessvariablen und vom aktuellen Zeitpunkt selbst abhängig sein. Vgl. z.B. Branger/Schlag (2004), S. 108–109.

Zur Beschreibung des stochastischen Verhaltens von Aktienkursen im Zeitablauf $S_t$ ist der Prozess gemäß (4.8) allerdings noch immer ungeeignet, da $S_t$ mit positiver Wahrscheinlichkeit negative Werte annehmen könnte und eine Driftrate $a$ bedeuten würde, dass die absoluten Aktienkursänderungen $\Delta S_{t+\Delta t}$ unabhängig vom aktuellen Aktienkurs $S_t$ wären.[390] Infolgedessen wird für den Prozess $S_t$ eine erwartete, konstante Driftrate $\mu$ proportional zum aktuellen Aktienkurs $\mu S_t$ angenommen. Analog wird für den Prozess $S_t$ argumentiert, dass die Volatilität $\sigma$ bezüglich der relativen Veränderung im Prozess proportional zum aktuellen Niveau des Prozesses $S_t$ ist.[391] Dies führt zu der sog. geometrischen Brown'schen Bewegung, die für Aktienkursprozesse mit Hilfe der stochastischen Differentialgleichung

$$dS_t = \mu S_t dt + \sigma S_t dW_t \tag{4.10}$$

dargestellt werden kann.[392]

Als erste wichtige Eigenschaft von (4.10) ist erkennbar, dass die absolute und nicht mehr die relative Aktienkursänderung von der aktuellen Höhe des Aktienkurses abhängig ist. Die zweite Eigenschaft von (4.10) besteht darin, dass $S_t$ keine negativen Werte annehmen kann, da die rechte Seite der Gleichung bei Erreichen von $S_t = 0$ unmittelbar dafür sorgt, dass $dS_t = 0$ gilt und damit der Prozess sofort beendet wird.[393]

Für die Bewertung von Derivaten ist entscheidend, wie sich der Preis eines Derivats im Zeitablauf bei einem bestimmten stochastischen Verhalten des Preises des Basiswerts verhält. Wird angenommen, dass der Preis des Derivats ausschließlich eine Funktion der Zeit und des aktuellen Preises des Basiswerts ist, so führt die Anwendung der Preisfunktion des Derivats auf den stochastischen Prozess des Preises des Basiswerts (z.B. einer Aktie) zu einem neuen stochastischen Prozess, der wiederum mit Hilfe einer stochastischen Differentialgleichung beschrieben werden kann. Die Ermittlung der gesuchten stochastischen Differentialgleichung zur Beschreibung des Preises für das zu bewertende Derivat im Zeitablauf gelingt mit Hilfe

---

390 Änderungen des Aktienkurses in Höhe von einer Geldeinheit wären damit für Aktienkurse von 10 Geldeinheiten und für Aktienkurse von 1000 Geldeinheiten gleichwahrscheinlich.

391 Vgl. z.B. Hull (2003), S. 223.

392 Vgl. z.B. Clewlow/Strickland (1998), S. 3–4.

393 Dies ist gleichbedeutend mit dem Eintritt der Insolvenz des betreffenden Unternehmens und zugleich vereinbar mit den in Kapitel 2.4.2.1.2 abgeleiteten Arbitragefreiheitsbedingungen. Würde der Prozess bei einem Aktienkurs von null nicht gestoppt, ergäbe sich aus der positiven Wahrscheinlichkeit, mit der der fortlaufende Prozess wieder positive Werte annehmen könnte, eine Arbitragemöglichkeit nach dem Dominanztheorem („geschenktes" Lotterielos).

des Lemmas von Itô.[394] Infolgedessen werden die Grundzüge des Lemmas von Itô ohne mathematische Strenge allgemein dargestellt und anschließend auf die Bewertung von Optionen auf Aktien übertragen.

#### 4.2.2.3 Lemma von Itô

Wird für den Preis eines Derivats zunächst eine nicht stochastische Funktion $G_t(X_t,t)$ der Zeit $t$ und des Preises des Basiswerts $X_t$ angenommen, die nach der Zeit $t$ und dem Preis $X_t$ zweifach stetig differenzierbar sei, lässt sich die Veränderung der Funktion mit Hilfe einer Taylor-Reihe approximieren und bei einer Entwicklung bis zur zweiten Ordnung mit

$$dG_t = \frac{\partial G_t}{\partial X_t} dX_t + \frac{\partial G_t}{\partial t} dt + \frac{1}{2}\frac{\partial^2 G_t}{\partial X_t^2} dX_t^2 + \frac{1}{2}\frac{\partial^2 G_t}{\partial t^2} dt^2 + \frac{\partial^2 G_t}{\partial X_t \partial t} dX_t dt \tag{4.11}$$

angeben.[395] Bei den nicht stochastischen Variablen $X_t$ und $t$ kann unter der Annahme eines Grenzwerts von null für alle Differentiale mit einer Ordnung größer eins, d.h. $dX_t^2 \to 0$, $dt^2 \to 0$ und $dX_t dt \to 0$, die Veränderung der Funktion $dG_t$ vereinfacht mit

$$dG_t = \frac{\partial G_t}{\partial X_t} dX_t + \frac{\partial G_t}{\partial t} dt$$

dargestellt werden.

Folgt der Preis des Basiswerts $X_t$ hingegen einem stochastischen Prozess, der mit (4.8) beschrieben wird, kann nicht notwendigerweise davon ausgegangen werden, dass näherungsweise $dX_t^2 \to 0$ gilt. Zur Übertragung der Taylor-Reihe auf den Fall einer stochastischen Variablen $X_t$ ist in einem ersten Schritt zu überlegen, wie $dX_t^2$ ermittelt werden kann.[396] Allgemein gilt:

$$dX_t^2 = a^2 dt^2 + b^2 dW_t^2 + 2ab\,dt\,dW_t. \tag{4.12}$$

Der letzte Summand der rechten Seite von (4.12) wird unter Verwendung von (4.7) zu $2abz\,dt^{3/2}$ und kann mit der Approximation $dt^{3/2} \to 0$ für nicht stochastische Differentiale ei-

[394] Umgekehrt kann mit dem Lemma von Itô auch überprüft werden, ob ein bestimmter Prozess die Lösung einer gegebenen stochastischen Differentialgleichung ist. Vgl. Sandmann (2001), S. 266.

[395] Siehe auch Kapitel 3.3.2.

[396] Vgl. zum Lemma von Itô allgemein z.B. Sandmann (2001), S. 264-266; Branger/Schlag (2004), S. 111–113; Duffie (1988), S. 16–17, 20–22; Neftci (2000), S. 230–248; Baxter/Rennie (1996), S. 57–62.

ner Ordnung größer eins näherungsweise mit null gleichgesetzt werden. Analog dazu wird der erste Summand von (4.12) mit $dt^2 \to 0$ ebenfalls näherungsweise null. Die Ermittlung des zweiten Summanden ist hingegen aufgrund der Stochastik eines Wiener Prozesses nicht näherungsweise null. Um $dW_t^2$ zu ermitteln, ist die standardnormalverteilte Zufallsvariable $z$ zu quadrieren und mit $\left(\sqrt{dt}\right)^2 = dt$ zu multiplizieren, womit $dW_t = z^2 dt$ gilt. Folglich gilt für die Varianz von $dW_t^2$ zunächst

$$\operatorname{var}\left(dW_t^2\right) = \operatorname{var}\left(z^2 dt\right) = dt^2 \operatorname{var}\left(z^2\right)$$

und mit $dt^2 \to 0$ wiederum näherungsweise $\operatorname{var}\left(dW_t^2\right) = 0$. Damit ist $dW_t^2$ nicht stochastisch und kann durch den Erwartungswert $\mathbb{E}\left[dW_t^2\right]$ beschrieben werden, womit $dW_t^2 = \mathbb{E}\left[dW_t^2\right]$ gilt. Unter Verwendung von (4.7) folgt daher:

$$dW_t^2 = \mathbb{E}\left[dW_t^2\right] = \mathbb{E}\left[z^2 dt\right] = \mathbb{E}\left[z^2\right]dt. \tag{4.13}$$

Infolgedessen ist zur Ermittlung von $dW_t^2$ der Erwartungswert der Zufallsvariablen $\mathbb{E}\left[z^2\right]$ zu ermitteln. Dies gelingt mit Hilfe der Varianz für $z \sim N(0,1)$, für die folglich

$$\operatorname{var}(z) = \mathbb{E}\left[z^2\right] - \left(\mathbb{E}[z]\right)^2 = 1$$

gilt, woraus unmittelbar $\mathbb{E}\left[z^2\right] = 1$ folgt, da $\mathbb{E}[z]$ für $z \sim N(0,1)$ gleich null ist. Durch Einsetzen von $\mathbb{E}\left[z^2\right] = 1$ in (4.13) folgt

$$dW_t^2 = \mathbb{E}\left[dW_t^2\right] = 1dt = dt.$$

Im Ergebnis ist daher der zweite Summand in (4.12) nicht null, womit $dX_t^2 = b^2 dt$ gilt. Dieses Ergebnis ist die zentrale Erkenntnis des Lemmas von Itô. Für eine Funktion des Preises eines Derivats $G_t(X_t, t)$, wobei der Preis des Basiswerts $X_t$ durch einen Wiener Prozess $W_t$ getrieben wird, gilt nach dem Lemma von Itô

$$dG_t = \frac{\partial G}{\partial X} dX_t + \frac{\partial G}{\partial t} dt + \frac{1}{2} \frac{\partial^2 G}{\partial X^2} b^2 dt.$$

Dieser Zusammenhang kann im Folgenden dazu verwendet werden, um die Veränderung des Preises einer Option in Abhängigkeit der Veränderung des Preises des Basiswerts zu beschreiben. Im Fall von Optionen auf Aktien hat der stochastische Prozess $X_t$ daher die stochastische Preisentwicklung einer Aktie sachgerecht zu beschreiben, wobei auf die in Kapitel 4.2.2.2 erläuterte geometrische Brown'sche Bewegung zurückgegriffen wird.

## 4.3 Black-Scholes-Modell

### 4.3.1 Europäische Optionen auf dividendenlose Aktien

Auf der Grundlage der Erkenntnisse über stochastische Prozesse zur Beschreibung des Verhaltens von Aktienkursen und mit Hilfe des Lemmas von Itô kann die Gleichung zur Bewertung von europäischen Optionen auf dividendenlose Aktien gemäß dem Black-Scholes-Modell (BS-Modell) abgeleitet werden.[397] Dazu werden folgende Annahmen vereinbart:[398]

(AM 1) Es existiert ein stetiger, risikoloser Zinssatz $r_{fc}$ auf dem Kapitalmarkt, der bekannt und über die Laufzeit der Option konstant ist.[399]

(AM 2–AM 6) Es existiert ein vollkommener Kapitalmarkt.[400]

(AM 7) Der Aktienkurs $S_t$ folgt einem eindimensionalen *random walk* in stetiger Zeit mit einer zum Quadrat des Aktienkurses proportionalen Varianz $\sigma^2$,[401] die im Zeitablauf konstant ist.

(AM 8) Das Unternehmen, das die der Option zugrunde liegende Aktie emittiert hat, nimmt während der Optionslaufzeit keine Dividendenzahlungen oder andere Ausschüttungen an die Investoren (Aktionäre) vor (dividendenlose Aktie).[402]

Zunächst wird ein europäischer Call auf eine dividendenlose Aktie mit Ausübungspreis $E$ betrachtet und mit den Annahmen AM 1, AM 7 und AM 8 unterstellt, dass der Preis dieser Option $C_t(S_t,t)$ ausschließlich eine Funktion der Zeit $t$ und des Preises für die zugrunde liegende Aktie $S_t$ ist.[403] Mit Annahme AM 7 kann die Veränderung des Aktienkurses durch eine geometrische Brown'sche Bewegung mit der stochastischen Differentialgleichung

---

[397] Der Begriff der dividendenlosen Aktie ist sprachlich ungenau, da nicht die Aktie selbst eine Dividende ausschüttet, sondern die die Aktie emittierende Gesellschaft. Dennoch wird in Übereinstimmung mit dem englischsprachigen Fachschrifttum aus Gründen der Vereinfachung zwischen dividendenlosen und Dividenden zahlenden Aktien unterschieden.

[398] Vgl. Black/Scholes (1973), S. 640; ausführlich auch Smith (1976), S. 4.

[399] Auf die Angabe eines Zeitindexes für den stetigen risikofreien Zinssatz wird verzichtet, da es sich annahmegemäß um die stetige Verzinsung der risikofreien Anlage über den Zeitraum $[0,T]$, d.h. bis zum Ende der Laufzeit der Option, handelt und der risikolose Zinssatz über diesen Zeitraum als konstant unterstellt wird. Alle Kapitalmarktteilnehmer können zu diesem Zinssatz unbegrenzt Geld anlegen oder aufnehmen. Vgl. Whaley (1982), S. 30.

[400] Siehe Kapitel 2.4.2.1.1.

[401] Damit gleichbedeutend ist eine zum Aktienkurs proportionale Standardabweichung.

[402] Vgl. auch Merton (1973), S. 151.

[403] Zweifellos hängt der Preis des Calls auch von der Höhe des Ausübungspreises, des risikofreien Zinssatzes und der Volatilität der Rendite des Basiswerts ab. Allerdings sind diese Größen entweder vertraglich vereinbart (siehe Kapitel 4.2.1) und unterliegen daher keinen Schwankungen im Zeitablauf oder sind per Annahme des BS-Modells über die Laufzeit der Option konstant (z.B. Volatilität). Vgl. Black/Scholes (1973), S. 641.

$$dS_t = \mu S_t dt + \sigma S_t dW_t \tag{4.14}$$

beschrieben werden. Nach dem Lemma von Itô folgt daher für die Dynamik des Preises eines europäischen Calls

$$dC_t = \frac{\partial C_t}{\partial t}dt + \frac{\partial C_t}{\partial S_t}dS_t + \frac{1}{2}\frac{\partial^2 C_t}{\partial S_t^2}\sigma^2 S_t{}^2 dt$$

und unter Verwendung von $dS_t$ gemäß (4.14) gilt:

$$\begin{aligned} dC_t &= \frac{\partial C_t}{\partial t}dt + \frac{\partial C_t}{\partial S_t}(\mu S_t dt + \sigma S_t dW_t) + \frac{1}{2}\frac{\partial^2 C_t}{\partial S_t^2}\sigma^2 S_t^2 dt \\ &= \left(\frac{\partial C_t}{\partial t} + \frac{\partial C_t}{\partial S}\mu S_t + \frac{1}{2}\frac{\partial^2 C_t}{\partial S_t^2}\sigma^2 S_t^2\right)dt + \frac{\partial C_t}{\partial S_t}\sigma S_t dW_t. \end{aligned} \tag{4.15}$$

Mit den getroffenen Annahmen lässt sich ein Portfolio bilden, das über einen sehr kleinen Zeitraum als risikolos angesehen werden kann.[404] Ein derartiges Portfolio lässt sich aus $h$-Einheiten der Aktie $S_t$ und eines verkauften Calls $C_t$ auf $S_t$ bilden (*short*-Position), wobei $h$ noch zu bestimmen ist.[405] Der Wert dieses Portfolios $Y_t$ in $t$ beträgt dann:

$$Y_t = hS_t - C_t \ . \tag{4.16}$$

Die Veränderung des Portfoliowerts $dY_t$ im Zeitablauf ergibt sich als totales Differential bzw. aus den Änderungen der einzelnen Positionen von (4.16) zu

$$dY_t = \frac{\partial Y_t}{\partial S_t}dS_t + \frac{\partial Y_t}{\partial C_t}dC_t . \tag{4.17}$$

Aus (4.16) folgt für die partiellen Differentiale $\partial Y_t / \partial S_t = h$ und $\partial Y_t / \partial C_t = -1$, die in (4.17) eingesetzt werden. Für die Veränderung des Portfoliowerts gilt folglich:

$$dY_t = hdS_t - dC_t . \tag{4.18}$$

Zur Bildung eines Portfolios, das über ein kurzes Zeitintervall als risikolos angesehen werden kann, wird in (4.18) zunächst $dS_t$ gemäß (4.14) und $dC_t$ gemäß (4.15) substituiert. Daraus folgt:

---

404 Vgl. Merton (1973), S. 160; Clewlow/Strickland (1998), S. 4–6.

405 Black/Scholes (1973) bilden das risikolose Portfolio mit einer Aktie und einer bestimmten Anzahl an verkauften Calls (*short*-Position). Insoweit weicht die hier aus Gründen einer besseren anschaulicheren Darstellung vorgenommene Vorgehensweise geringfügig von der Vorgehensweise von Black/Scholes (1973) ab. Vgl. Black/Scholes (1973), S. 641–643. Dies ist indes unkritisch, da beide Vorgehensweisen zu demselben Ergebnis gelangen.

$$
\begin{aligned}
dY_t &= h\left(\mu S_t dt + \sigma S_t dW_t\right) - \left(\left(\frac{\partial C_t}{\partial t} + \frac{\partial C_t}{\partial S_t}\mu S_t + \frac{1}{2}\frac{\partial^2 C_t}{\partial S_t^2}\sigma^2 S_t^2\right)dt + \frac{\partial C_t}{\partial S_t}\sigma S_t dW_t\right) \\
&= \left(h - \frac{\partial C_t}{\partial S_t}\right)\sigma S_t dW_t - \left(\frac{\partial C_t}{\partial t} + \left(\frac{\partial C_t}{\partial S_t} - h\right)\mu S_t + \frac{1}{2}\frac{\partial^2 C_t}{\partial S_t^2}\sigma^2 S_t^2\right)dt.
\end{aligned}
\tag{4.19}
$$

In (4.19) verbleibt letztlich nur eine Unsicherheitsquelle in Form eines Wiener Prozesses, der durch $dW_t$ beschrieben wird und der bei Bildung eines Portfolios mit $h = \partial C_t / \partial S_t$ offensichtlich vollständig eliminiert werden kann. Die Veränderung dieses Portfoliowerts lässt sich daher durch die Differentialgleichung

$$
dY_t = -\left(\frac{\partial C_t}{\partial t} + \frac{1}{2}\frac{\partial^2 C_t}{\partial S_t^2}\sigma^2 S_t^2\right)dt \tag{4.20}
$$

beschreiben, die keine stochastischen Terme enthält. Mithin handelt es sich um ein Portfolio, das über einen infinitesimalen Zeitraum als risikolos aufgefasst werden kann. Bei Gültigkeit der Arbitragefreiheitsbedingung nimmt der Wert eines risikolosen Portfolios im Zeitablauf um die risikolosen Zinsen zu, weshalb für $dY_t$ auch

$$
dY_t = r_{fc} Y_t dt \tag{4.21}
$$

gelten muss. Durch Gleichsetzen von (4.20) und (4.21) ergibt sich unter Verwendung des Portfoliowerts $Y_t = \left(\partial C_t / \partial S_t\right) S_t - C_t$

$$
\begin{aligned}
r_{fc} \cdot \left(\frac{\partial C_t}{\partial S_t} S_t - C_t\right)dt &= -\left(\frac{\partial C_t}{\partial t} + \frac{1}{2}\frac{\partial^2 C_t}{\partial S_t^2}\sigma^2 S_t^2\right)dt \\
C_t r_{fc} &= \frac{\partial C_t}{\partial S_t} r_{fc} S_t + \frac{\partial C_t}{\partial t} + \frac{1}{2}\frac{\partial^2 C_t}{\partial S_t^2}\sigma^2 S_t^2,
\end{aligned}
\tag{4.22}
$$

wobei $dt$ entfällt.[406]

Die Lösung der verbleibenden partiellen Differentialgleichung, die die dynamische Entwicklung eines europäischen Calls auf eine dividendenlose Aktie widerspiegelt, kann unter Berücksichtigung der Randbedingung $C_T = \max\left\{0, S_T - E\right\}$ gewonnen werden. Für den Preis

[406] Vgl. Bergman (1985), S. 231–235. Der Portfoliowert $Y_t$ ergibt sich aus (4.18) unter Verwendung von $h$, wobei im Fall des risikolosen Portfolios $h = dC/dS$ gilt.

des europäischen Calls auf eine dividendenlose Aktie ergibt sich im BS-Modell folgende Bewertungsgleichung:[407]

$$C_t = S_t \cdot N(d_1) - E \cdot e^{-r_{fc} \cdot (T-t)} \cdot N(d_2) \tag{4.23}$$

mit

$$d_1 = \frac{\ln\left(\frac{S_t}{E}\right) + \left(r_{fc} + \frac{1}{2}\sigma^2\right)(T-t)}{\sigma\sqrt{T-t}} \tag{4.24}$$

und

$$d_2 = \frac{\ln\left(\frac{S_t}{E}\right) + \left(r_{fc} - \frac{1}{2}\sigma^2\right)(T-t)}{\sigma\sqrt{T-t}} = d_1 - \sigma\sqrt{T-t}\,, \tag{4.25}$$

wobei $N(d_1)$ und $N(d_2)$ die Werte der kumulierten, standardisierten Normalverteilung an der Stelle $d_1$ und $d_2$ darstellen.[408]

Aus der Bewertungsgleichung für europäische Calls lässt sich mit Hilfe der Put-Call-Parität für europäische Optionen unmittelbar die Bewertungsgleichung für den Preis eines europäischen Puts $P_t(S_t, t)$ auf eine dividendenlose Aktie gewinnen. Dazu wird in (4.23) für $C_t$ der Zusammenhang der Put-Call-Parität für europäische Optionen auf dividendelose Aktien gemäß (4.6) eingesetzt. Mithin gilt zunächst

$$P_t + S_t + E \cdot e^{-r_{fc} \cdot (T-t)} = S_t \cdot \left(N(d_1) - 1\right) - E \cdot e^{-r_{fc} \cdot (T-t)} \cdot \left(N(d_2) - 1\right),$$

womit für den Preis eines europäischen Puts

$$P_t = E \cdot e^{-r_{fc} \cdot (T-t)} \cdot N(-d_2) - S_t \cdot N(-d_1) \tag{4.26}$$

folgt.[409]

Die Besonderheit der jeweiligen Bewertungsgleichung im BS-Modell „is the number of variables it does not depend on.“[410] Im Mittelpunkt steht hierbei die Erkenntnis, dass die Bewer-

---

407 Vgl. Whaley (1982), S. 35. Auf eine Darstellung des Lösungswegs der partiellen Differentialgleichung (4.22) wird verzichtet und diesbezüglich z.B. auf Kutner (1988), S. 98–103 verwiesen.

408 Vgl. Merton (1973), S. 160–161; Whaley (1982), S. 30; Keiber (2004), S. 429.

409 Vgl. Hull (2003), S. 246; Bodie/Merton (2000), S. 400; Cox/Rubinstein (1985), S. 211.

410 Merton (1973), S. 161 (Hervorhebungen im Original). Vgl. auch Smith (1976), S. 4.

tung von Optionen ohne die in der Realität kaum zu ermittelnden Risikopräferenzen der Investoren erfolgt. Allerdings scheint die Allgemeingültigkeit des BS-Modells durch die getroffenen Annahmen stark eingeschränkt zu sein.

Die weitere Untersuchung des Informationsgehalts der Preise von Aktienoptionen für Zwecke der zukunftsorientierten Schätzung von Betafaktoren macht die Diskussion von zwei Erweiterungen des BS-Modells zwingend erforderlich. Einerseits zeigt das reale Ausschüttungsverhalten vieler Aktiengesellschaften, dass die (regelmäßige) Ausschüttung von Dividenden eher den Normalfall als die Ausnahme verkörpert. In einem ersten Schritt ist daher zu klären, welchen Einfluss die Zahlung von Dividenden auf den Wert einer Aktienoption besitzt. Andererseits liegen auf einem real existierenden Kapitalmarkt regelmäßig Marktpreise für börsengehandelte Aktienoptionen vor, die überwiegend amerikanischen Typs sind.[411] Diese umfassen jedoch zugleich das Recht, die Option vorzeitig auszuüben, wobei der Wert dieses Rechts für Calls und Puts differieren kann und von der Höhe der Dividende beeinflusst wird. Infolgedessen ist in einem zweiten Schritt die Bewertung von amerikanischen Optionen zu untersuchen, um letztlich Aussagen über den Informationsgehalt von Marktpreisen börsengehandelter, amerikanischer Aktienoptionen auf Dividenden zahlende Aktien treffen zu können.

### 4.3.2 Erweiterungen des Black-Scholes-Modells

#### 4.3.2.1 Europäische Optionen auf Dividenden zahlende Aktien

Die Ableitung der Bewertungsgleichungen für europäische Aktienoptionen erfolgt im BS-Modell unter der Annahme, dass die der Option zugrunde liegende Aktie während der Optionslaufzeit keine Ausschüttungen und damit auch keine Dividendenzahlungen an die Investoren (Aktionäre) vornimmt.[412] Erfolgt hingegen eine Dividendenzahlung, hat dies Einfluss auf den Preis der Aktienoption, da sich der Kurs der Aktie unmittelbar vor Zahlung der Dividende um die Höhe der Dividende (Dividendenabschlag)[413] von dem Kurs der Aktie unmittelbar nach Zahlung der Dividende unterscheidet und sich dadurch der Preis eines Calls (Puts) vermindert (erhöht).[414]

---

411 Vgl. für die in Deutschland börsengehandelten Aktienoptionen EUREX (2006), S. 22.

412 Siehe Annahme AM 8, Kapitel 4.3.1. Vgl. kritisch Whaley (1982), S. 29.

413 Da im BS-Modell von Steuern abstrahiert wird (siehe Annahme AM-2, Kapitel 2.4.2.1.1), ist ein Dividendenabschlag in Höhe der Dividende vorzunehmen. Vgl. Steiner/Uhlir (2001), S. 255.

414 Vgl. Geske (1978), S. 618; Whaley (1982), S. 31.

Die Bewertung europäischer Optionen auf Aktien, die während der Optionslaufzeit Dividenden zahlen, kann jedoch weiterhin mit Hilfe des BS-Modells erfolgen, falls der Preis einer Option bei gegebener Investitions- und Finanzierungspolitik unabhängig von der Ausschüttungspolitik des die Aktie emittierenden Unternehmens ist *(payout protection)*.[415] Mithin können besondere Regelungen im Optionskontrakt einen (perfekten) Schutz der Option gegenüber Ausschüttungen gewährleisten und dazu führen, dass dieser Schutz der Option äquivalent zu der Annahme einer dividendenlosen Aktie im BS-Modell ist.[416]

Während in den Optionskontrakten der auf einem real existierenden Kapitalmarkt gehandelten Optionen regelmäßig Schutzmaßnahmen bei geplanten Kapitalmaßnahmen, z.B. in Form einer Anpassung des Ausübungspreises, enthalten sind,[417] erfolgt bei einer Dividendenzahlung grundsätzlich keine Anpassung des Ausübungspreises der Option.[418] Unabhängig von der Frage, ob die in dem jeweiligen Optionskontrakt vorgesehenen Schutzmaßnahmen auch tatsächlich einen perfekten Schutz der Option gegenüber Kapitalmaßnahmen gewährleisten können, wird im Weiteren von einem perfekten Schutz der Option gegenüber besonderen Kapitalmaßnahmen ausgegangen. Dagegen muss aufgrund fehlender Schutzmaßnahmen im Optionskontrakt die Existenz eines perfekten Dividendenschutzes von Aktien- und auch Aktienindexoptionen verneint werden. Aufgrund der am Kapitalmarkt beobachtbaren Ausschüttungspolitik einer Vielzahl von Aktiengesellschaften, die regelmäßig Dividenden an die Investoren zahlen, ist das BS-Modell für die Bewertung von Aktien- und Aktienindexoptionen, denen Dividenden zahlende Aktien zugrunde liegen, ungeeignet.

Infolgedessen besteht zunächst die Notwendigkeit der Erweiterung des BS-Modells um Dividendenzahlungen, wobei in Abhängigkeit der Struktur der Dividendenzahlungen verschiedene Modellerweiterungen danach differenziert werden, ob entweder

a) sichere, absolute Dividendenzahlungen,

---

[415] Vgl. zu einer ausführlichen Diskussion z.B. Merton (1973), S. 151–154.

[416] Der Wert einer Option mit perfektem Dividendenschutz ist definitionsgemäß von der Höhe der Dividende unabhängig und kann daher so bewertet werden, als handele es sich um eine Option auf eine dividendenlose Aktie. In diesem Fall können die Bewertungsgleichungen des BS-Modells uneingeschränkt angewendet werden. Zu beachten ist allerdings, dass die entsprechende Schutzmaßnahme, z.B. eine Anpassung des Ausübungspreises, in den Bewertungsgleichungen berücksichtigt werden muss. Vgl. z.B. Steiner/Bruns (2000), S. 330–331.

[417] Vgl. hierzu exemplarisch die Kontraktspezifikationen der Terminbörse Eurex mit den entsprechenden Schutzmaßnahmen in EUREX (2006), S. 43–46.

[418] Vgl. EUREX (2006), S. 43. Ausgenommen hiervon sind jedoch „außergewöhnlich hohe Dividenden, Boni oder sonstige Barausschüttungen", für die ebenfalls Schutzmaßnahmen vorgesehen sind. EUREX (2006), S. 43.

b) eine sichere, konstante Dividendenrendite oder

c) stochastische Dividendenzahlungen

berücksichtigt werden können.

*zu a) sichere, absolute Dividendenzahlungen (Typ I):*

Für die während der Laufzeit der Option anfallenden Dividenden könnte angenommen werden, dass die absolute Höhe und der Zahlungszeitpunkt der Dividende mit Sicherheit bekannt sind. Diese Annahme ist zumindest für Optionen mit sehr kurzer Restlaufzeit nicht unrealistisch[419] und führt zu der Überlegung, die stochastische Entwicklung des Aktienkurses inklusive Dividende um den Barwert der sicheren Dividenden während der Restlaufzeit der Option approximativ zu korrigieren, da sich annahmegemäß nur der verbleibende Teil des Aktienkurses stochastisch entwickeln kann.[420] Mithin ist der Aktienkurs $S_t^{cum,I}$ um den Barwert der $n$ sicheren Dividenden $D_i$ mit $i = 1,...,n$ in $t$, die zu den zukünftigen Zeitpunkten $t_i$ (Dividendentermine) während der Optionslaufzeit $(t_n \leq T)$ ausgeschüttet werden, zu vermindern.[421] Folglich ergibt sich der korrigierte aktuelle Aktienkurs $S_t^{x,I}$ aus:[422]

$$S_t^{x,I} = S_t^{cum,I} - \sum_{i=1}^{n} D_i \cdot e^{-r_{fc} \cdot (t_i - t)} . \tag{4.27}$$

Sind über das Ende der Optionslaufzeit hinaus weitere Dividenden mit Sicherheit bekannt, d.h. es gilt $(t_n > T)$, so müssen deren Barwerte ebenfalls zu einer Verminderung von $S_t^{cum,I}$ zu $S_t^{x,I}$ gemäß (4.27) führen, um eine systematische Überbewertung der Aktienoption auszuschließen.[423] Allerdings ist in diesem Fall zu beachten, dass der Ausübungspreis der Option mit Laufzeit bis $T$ ebenfalls einer Korrektur bedarf, da die Option einen Anspruch auf eine Aktie inklusive zukünftiger sicherer Dividenden nach Ende der Optionslaufzeit umfasst, die in diesem Falle in $S_t^{x,I}$ bereits korrigiert wurden. Der Ausübungspreis $E^{cum,I}$ ist daher um den Barwert aller $(n-k)$ in $S_t^{x,I}$ berücksichtigten sicheren Dividenden nach Ende der Optionslaufzeit anfallenden Dividenden zu bereinigen, wobei $k < n$ die Anzahl der während der

---

419 Die Höhe der Dividende kann z.B. bereits durch einen Vorschlag zur Verwendung des Bilanzgewinns einer Aktiengesellschaft gemäß § 170 Abs. 2 AktG konkretisiert worden sein.

420 Vgl. Steiner/Uhlir (2001), S. 268, Fn. 1.

421 Vgl. Hull (2003), S. 253; Haug (1997), S. 3.

422 Vgl. Whaley (1982), S. 31; Rudolph/Schäfer (2005), S. 302.

423 Wiederum kann sich nur der nach Dividendenkorrektur verbleibende Teil der Aktienkursentwicklung stochastisch verhalten. Vgl. mit einem Beispiel Steiner/Uhlir (2001), S. 256.

Optionslaufzeit anfallenden und $n$ die Anzahl aller (auch nach Ende der Optionslaufzeit) bekannten Dividenden bezeichnet. Für den korrigierten Ausübungspreis $E^{x,I}$ gilt folglich:[424]

$$E^{x,I} = E^{cum,I} - \sum_{i=k+1}^{n} D_i \cdot e^{-r_{fc} \cdot (t_i - T)} . \tag{4.28}$$

Werden der Preis der Aktie $S_t$ und der Ausübungspreis $E$ in den Bewertungsgleichungen (4.23) bis (4.26) des BS-Modells jeweils durch (4.27) bzw. (4.28) ersetzt, folgt zunächst für den Preis eines europäischen Calls auf eine Dividenden zahlende Aktie bei sicheren Dividenden

$$C_t = S_t^{x,I} \cdot N\left(d_1^{x,I}\right) - E^{x,I} \cdot e^{-r_{fc} \cdot (T-t)} \cdot N\left(d_2^{x,I}\right) \tag{4.29}$$

mit

$$d_1^{x,I} = \frac{\ln\left(\frac{S_t^{x,I}}{E^{x,I}}\right) + \left(r_{fc} + \frac{1}{2}\sigma^2\right)(T-t)}{\sigma\sqrt{T-t}} \tag{4.30}$$

und

$$d_2^{x,I} = d_1^{x,I} - \sigma\sqrt{T-t} . \tag{4.31}$$

Für den europäischen Put auf eine Dividenden zahlende Aktie gilt bei sicheren Dividenden demnach:

$$P_t = E^{x,I} \cdot e^{-r_{fc} \cdot (T-t)} \cdot N\left(-d_2^{x,I}\right) - S_t^{x,I} \cdot N\left(-d_1^{x,I}\right). \tag{4.32}$$

Offensichtlich reduzieren sich (4.29) bis (4.32) im Spezialfall einer dividendenlosen Aktie auf die Gleichungen (4.23) bis (4.26) des BS-Modells ohne Dividenden, während $E = E^{x,I}$ bereits gilt, falls nach $T$ keine Dividenden mit Sicherheit bekannt sind.

*zu b) eine sichere, konstante Dividendenrendite (Typ II):*

In Gegensatz zu einer der Höhe und dem Zahlungszeitpunkt nach sicheren Dividende wurde das BS-Modell bereits durch Merton (1973) um die Berücksichtigung einer kontinuierlich an-

[424] Vgl. Steiner/Uhlir (2001), S. 256.

fallenden Dividende mit sicherer und konstanter Dividendenrendite $r_{Dc}$ erweitert.[425] Die kontinuierliche Dividendenrendite kann durch ein konstantes Verhältnis zwischen der aus der Sicht des Bewertungszeitpunkts $t$ stochastischen Dividende $\widetilde{D}_{t_i}$ und dem stochastischen Aktienkurs $\widetilde{S}_{t_i}$ beschrieben werden, wobei $\widetilde{D}_{t_i}$ aufgrund der stochastischen Entwicklung von $\widetilde{S}_{t_i}$ im Zeitablauf stochastisch ist und $t_i$ einen beliebigen Dividendentermin mit $t < t_i \leq T$ bezeichnet. Für die diskrete Dividendenrendite gilt folglich:

$$r_{Dd} = \frac{\widetilde{D}_{t_i}}{\widetilde{S}_{t_i}} = const. \tag{4.33}$$

Die so ermittelte diskrete Dividendenrendite $r_{Dd}$ ist analog zu (3.4) in eine kontinuierliche Dividendenrendite $r_{Dc}$ gemäß

$$r_{Dc} = \ln\left(1 + r_{Dd}\right)$$

zu transformieren. Die Ableitung der Bewertungsgleichungen für europäische Aktienoptionen auf Dividenden zahlende Aktien gelingt – wie in Kapitel 4.3.1 – unter Rückgriff auf ein über einen infinitesimalen Zeitraum risikoloses Portfolio.[426] Besteht in diesem Sinne ein risikoloses Portfolio aus $h = \partial C_t / \partial S_t$ Einheiten der Dividenden zahlenden Aktie (*long*) und einem verkauften europäischen Call (*short*), erzielt der Investor über den Zeitraum $dt$ Kursgewinne in Höhe von $dY_t$ gemäß (4.20) und Dividenden in Höhe von $r_{Dc} S_t \cdot \left(\partial C_t / \partial S_t\right) dt$. Insgesamt ergibt sich daher eine Veränderung des Gesamtvermögens $dY_t$ über $dt$ von

$$dY_t = -\left(\frac{\partial C_t}{\partial t} + \frac{1}{2}\frac{\partial^2 C_t}{\partial S_t^2}\sigma^2 S_t^2 - r_{Dc} S_t \frac{\partial C_t}{\partial S_t}\right) dt\,. \tag{4.34}$$

Da (4.34) keine stochastischen Größen enthält und folglich über einen infinitesimalen Zeitraum als risikolos aufgefasst werden kann, muss der Wert des risikolosen Portfolios auf einem arbitragefreien Kapitalmarkt im Zeitablauf um den risikolosen Zinssatz gemäß (4.21) zunehmen. Wird (4.21) unter Verwendung von des Portfoliowerts $Y_t = \left(\partial C_t / \partial S_t\right) S_t - C_t$ in (4.34) eingesetzt, folgt

$$r_{fc} \cdot \left(\frac{\partial C_t}{\partial S_t} S_t - C_t\right) dt = -\left(\frac{\partial C_t}{\partial t} + \frac{1}{2}\frac{\partial^2 C_t}{\partial S_t^2}\sigma^2 S_t^2 - r_{Dc} S_t \frac{\partial C_t}{\partial S_t}\right) dt\,,$$

---

[425] Vgl. Merton (1973), S. 170–173. Obwohl diese Annahme durch die in der Vergangenheit realisierten Dividendenrenditen vermutlich nicht bestätigt werden könnte, kann diese Annahme zumindest für Optionen mit kurzer Restlaufzeit als gute Approximation angesehen werden. Vgl. Geske (1978), S. 618–619.

[426] Siehe auch Kapitel 4.3.1.

woraus sich mit

$$r_{fc}C_t = \frac{\partial C_t}{\partial t} + \frac{1}{2}\frac{\partial^2 C_t}{\partial S_t^2}\sigma^2 S_t^2 + \left(r_{fc} - r_{Dc}\right)S_t\frac{\partial C_t}{\partial S_t}$$

die partielle Differentialgleichung ergibt, die die dynamische Entwicklung eines europäischen Calls bei konstanter kontinuierlicher Dividendenrendite $r_{Dc}$ darstellt.[427] Die Lösung der verbleibenden partiellen Differentialgleichung kann unter Berücksichtigung der Randbedingung $C_T = \max\{0, S_T - E\}$ gewonnen werden. Für den Preis des europäischen Calls auf eine Dividenden zahlende Aktie ergibt sich bei konstanter kontinuierlicher Dividendenrendite folgende Bewertungsgleichung:

$$C_t = S_t \cdot e^{-r_{Dc}\cdot(T-t)} \cdot N\left(d_1^{x,II}\right) - E \cdot e^{-r_{fc}\cdot(T-t)} \cdot N\left(d_2^{x,II}\right) \tag{4.35}$$

mit

$$d_1^{x,II} = \frac{\ln\left(\frac{S_t}{E}\right) + \left(r_{fc} - r_{Dc} + \frac{1}{2}\sigma^2\right)(T-t)}{\sigma\sqrt{T-t}} \tag{4.36}$$

und

$$d_2^{x,II} = d_1^{x,II} - \sigma\sqrt{T-t}\,. \tag{4.37}$$

Dabei wird aus (4.35) erkennbar, dass eine Bewertung von europäischen Optionen auf Dividenden zahlende Aktien bei einer konstanten, kontinuierlichen Dividendenrendite unter Rückgriff auf einen mit dieser Dividendenrendite diskontierten aktuellen Aktienkurs $S_t \cdot e^{-r_{Dc}\cdot(T-t)}$ gelingt. Dieser ist implizit auch in (4.36) enthalten, da

$$\ln\left(\frac{S_t}{E}\right) - r_{Dc}\cdot(T-t) = \ln\left(\frac{S_t \cdot e^{-r_{Dc}\cdot(T-t)}}{E}\right)$$

gilt.[428] Folglich kann der Preis eines europäischen Puts auf eine Dividenden zahlende Aktie bei konstanter kontinuierlicher Dividendenrendite unter Verwendung der Put-Call-Parität für europäische Optionen auf dividendenlose Aktien gemäß (4.6) ermittelt werden, sofern in (4.6) der Aktienkurs $S_t$ durch $S_t \cdot e^{-r_{Dc}\cdot(T-t)}$ ersetzt wird.[429] Für den Preis eines europäischen Puts

---

[427] Vgl. Merton (1973), S. 170–173; Wilmott (1998), S. 77.

[428] Somit könnte (4.36) auch unter Verwendung des mit der konstanten, kontinuierlichen Dividendenrendite diskontierten Aktienkurses formuliert werden.

[429] Vgl. Hull (2003), S. 268.

auf eine Dividenden zahlende Aktie bei konstanter kontinuierlicher Dividendenrendite ergibt sich daher:

$$P_t = E \cdot e^{-r_{fc} \cdot (T-t)} \cdot N\left(-d_2^{x,II}\right) - S_t \cdot e^{-r_{Dc} \cdot (T-t)} \cdot N\left(-d_1^{x,II}\right). \tag{4.38}$$

Darüber hinaus stimmen die Bewertungsgleichungen (4.35) bis (4.37) für $r_{Dc} = 0$ mit den entsprechenden Bewertungsgleichungen (4.23) bis (4.26) des BS-Modells für europäische Optionen auf dividendenlose Aktien überein. Infolgedessen werden die Bewertungsgleichungen (4.35) bis (4.37) regelmäßig auch als Black-Scholes-Merton-Modell (BSM-Modell) bezeichnet. Da sich das BSM-Modell unter Verwendung einer *cost-of-carry rate* des Basiswerts $b$ so allgemein formulieren lässt, dass damit auch die Bewertung von Optionen auf Futures oder auf Fremdwährungen gelingt und sich die Untersuchung im Weiteren häufig auf das BSM-Modell stützt, wird $b = r_{fc} - r_{Dc}$ vereinbart, womit (4.35) bis (4.37) zu

$$C_t = S_t \cdot e^{(b - r_{fc}) \cdot (T-t)} \cdot N(d_1) - E \cdot e^{-r_{fc} \cdot (T-t)} \cdot N(d_2) \tag{4.39}$$

und

$$P_t = E \cdot e^{-r_{fc} \cdot (T-t)} \cdot N(-d_2) - S_t \cdot e^{(b - r_{fc}) \cdot (T-t)} \cdot N(-d_1) \tag{4.40}$$

mit

$$d_1 = \frac{\ln\left(\frac{S_t}{E}\right) + \left(b + \frac{1}{2}\sigma^2\right)(T-t)}{\sigma\sqrt{T-t}} \tag{4.41}$$

und

$$d_2 = d_1 - \sigma\sqrt{T-t} \tag{4.42}$$

verallgemeinert werden.[430]

Letztlich gelingt mit dem BSM-Modell die Bewertung europäischer Optionen auf Aktien bei unterstellter konstanter Dividendenrendite. Unbefriedigend ist hingegen die Annahme einer strikten Anbindung der Dividende an die Entwicklung des Aktienkurses, da diese Annahme

---

[430] Vgl. Haug (1997), S. 7; Corrado/Miller (1996), S. 596. Zur Bewertung von Optionen auf Futures gilt $b = 0$, vgl. Black (1976), S. 176–178. Bei der Bewertung von Optionen auf eine Fremdwährung stellt $b$ die Zinsdifferenz zwischen dem risikolosen Zinssatz und dem risikolosen Zinssatz in der betreffenden Fremdwährung dar, vgl. Garman/Kohlhagen (1983), S. 231–237.

mit einer häufig angestrebten „glättenden" Dividendenpolitik seitens des ausschüttenden Unternehmens unvereinbar ist.[431]

*zu c) stochastische Dividendenzahlungen (Typ III):*

Wird die Annahme von zum stochastischen Aktienkurs proportionalen Dividendenzahlungen (konstante Dividendenrendite) aufgegeben, führt dies zu der Annahme von im Zeitablauf stochastischen Dividendenrenditen, die im Gegensatz zum Modell von Merton (1973) bzw. BSM-Modell mit der gesamten Aktienrendite nicht mehr unkorreliert sind.[432] Mithin erfordert die Bewertung europäischer Aktienoptionen unter der Annahme stochastischer Dividenden die explizite Berücksichtigung der Kovarianz zwischen der Dividenden- und der Aktienrendite. Eine geschlossene Lösung dieses Bewertungsproblems für europäische Calls wurde von Geske (1978) vorgestellt, die daher zugleich eine Verallgemeinerung der Modellerweiterung von Merton (1973) darstellt.[433]

Unter der Annahme, dass die stochastische Dividendenrendite logarithmisch normalverteilt ist,[434] kann die stochastische Entwicklung des Aktienkurses ähnlich wie im Modell von Merton (1973) durch Diskontierung des Aktienkurses mit der stochastischen Dividendenrendite um die Dividendenzahlungen korrigiert werden. Allerdings zeigt Geske (1978), dass sich der entsprechende Diskontierungsfaktor aufgrund der Stochastik der Dividendenrendite einerseits als Erwartungswert der reziproken Dividendenrendite ergibt und anderseits unter Berücksichtigung der Kovarianz zwischen der Dividendenrendite und der gesamten Aktienrendite sowie der Kovarianz zwischen der Dividendenrendite und einem Marktfaktor[435] zu

---

[431] Im Fall einer glättenden Dividendenpolitik wird eine vom Aktienkurs weitgehend unabhängige, der Höhe nach gleich bleibende Dividende angestrebt.

[432] Die gesamte Aktienrendite umfasst dabei sowohl die Renditebestandteile aus der Zahlung von Dividenden als auch aus Kursänderungen. Im Modell von Merton (1973) ist aufgrund der stochastischen Entwicklung des Aktienkurses auch die absolute Höhe der Dividenden stochastisch, wobei eine konstante kontinuierliche Dividendenrendite einerseits eine vollkommen positive Korrelation zwischen beiden Größen bedeutet und andererseits impliziert, dass die Dividendenrendite mit der gesamten Aktienrendite unkorreliert ist.

[433] Vgl. Geske (1978), S. 618–623.

[434] Vgl. Geske (1978), S. 619–620.

[435] Dieser Marktfaktor wird benötigt, da eine Lösung des Bewertungsproblems im Fall stochastischer Dividenden nicht unter Rückgriff auf ein risikoloses Portfolio gelingen kann. Der Grund hierfür ist, dass die stochastische Dividende „cannot be expressed as a nonstochastic function of the stock price and time." Geske (1978), S. 620. Mithin verwendet Geske (1978) ein von Rubinstein (1976) erarbeitetes Modell zur Bewertung unsicherer Zahlungsströme, wodurch der gesuchte Marktfaktor unter anderem von dem empirisch schwer zu bestimmenden Maß der durchschnittlichen Risikoaversion abhängt.

formulieren ist.[436]

Selbst bei Vernachlässigung der Kovarianz zwischen der Dividendenrendite und dem Marktfaktor,[437] ist die Anwendung dieses Modells zur Bewertung von Optionen auf Aktien mit stochastischer Dividende mit erheblichen Schwierigkeiten behaftet. Die Ermittlung des um Dividendenzahlungen korrigierten aktuellen Aktienkurses erfordert explizit die Kenntnis der Kovarianz zwischen der stochastischen Dividendenrendite und der gesamten Aktienrendite.[438] Da eine zukunftsorientierte Schätzung dieser Kovarianz offensichtlich nicht ohne weiteres gelingen kann, ist die Anwendbarkeit des Modells von Geske (1978) zur Bewertung von europäischen Optionen auf Dividenden zahlende Aktien mit stochastischer Dividende erheblich eingeschränkt und wird daher nicht weiter verfolgt.[439]

### 4.3.2.2 Amerikanische Optionen

Bislang erlauben die vorgestellten Optionspreismodelle lediglich die Bewertung von europäischen Aktien- oder Indexoptionen. Eine solche Einschränkung wäre irrelevant, falls bei der Schätzung der impliziten Volatilität oder Korrelation ausschließlich europäische Optionen herangezogenen werden oder falls amerikanische Optionen mit demselben Optionspreismodell wie europäische Optionen bewertet werden können. Während es sich bei den auf einem real existierenden Kapitalmarkt gehandelten, z.B. börsengehandelten, Indexoptionen häufig um europäische Optionen handelt, sind die Optionen auf einzelne Aktien regelmäßig amerikanischen Typs.[440] Infolgedessen ist zu untersuchen, ob und unter welchen Voraussetzungen europäische und amerikanische Aktienoptionen, die ansonsten vollkommen identisch sind, denselben Wert aufweisen, um beide Optionstypen mit demselben Optionspreismodell bewerten zu können.[441] Verfügen die beiden Aktienoptionen hingegen über unterschiedliche Werte, müssen für die Bewertung amerikanischer Aktienoptionen entweder alternative Bewertungs-

[436] Vgl. Geske (1978), S. 621–622.

[437] Diesen – auch von Geske (1978), S. 622 – diskutierten Weg gehen offenbar Steiner/Uhlir (2001), die in ihren Ausführungen und Beispielrechnungen die Kovarianz zwischen der Dividendenrendite und dem betreffenden Marktfaktor nicht diskutieren. Vgl. Steiner/Uhlir (2001), S. 262–265.

[438] Vgl. zur Korrektur des aktuellen Aktienkurses und zur Abhängigkeit der Optionspreise von der Kovarianz zwischen der stochastischen Dividendenrendite und der gesamten Aktienrendite z.B. Steiner/Uhlir (2001), S. 264.

[439] Infolgedessen wird auf eine explizite Diskussion des Modells verzichtet und bezüglich ausgewählter Beispielrechnungen auf Geske (1978), S. 622–623 verwiesen.

[440] Vgl. für Indexoptionen EUREX (2006), S. 34 und für Aktienoptionen EUREX (2006), S. 22; allgemein Rudolph/Schäfer (2005), S. 222.

[441] Siehe (4.43) und (4.44).

modelle erarbeitet werden oder bei einer Bewertung amerikanischer Aktienoptionen mit einem Optionspreismodell für europäische Aktienoptionen nur so geringe Bewertungsfehler auftreten, dass eine solche Vorgehensweise aus Vereinfachungsgründen zu rechtfertigen ist.

Aus der Definition der beiden Optionstypen geht hervor, dass beide Optionstypen am Ende der Laufzeit über denselben Wert verfügen. Amerikanische Aktienoptionen können dagegen aufgrund des Rechts der vorzeitigen Ausübung vor dem Ende der Optionslaufzeit gegenüber ansonsten identischen europäischen Aktienoptionen einen höheren Preis haben.[442] Im Folgenden kann unter der Annahme der Arbitragefreiheit auf einem vollkommenen Kapitalmarkt mit risikoloser Anlagemöglichkeit argumentiert werden, dass eine amerikanische Aktienoption gegenüber einer ansonsten vollkommen identischen europäischen Aktienoption aufgrund eines nicht negativen Werts des vorzeitigen Ausübungsrechts keinesfalls einen geringen Preis aufweisen kann.[443] Mithin gilt:

$$C_t^a(S_t,E,T) \geq C_t(S_t,E,T) \quad \text{für } 0 \leq t \leq T \text{ und} \tag{4.43}$$

$$P_t^a(S_t,E,T) \geq P_t(S_t,E,T) \quad \text{für } 0 \leq t \leq T\,.^{444} \tag{4.44}$$

Demnach verfügt eine amerikanische Aktienoption gegenüber einer ansonsten vollkommen identischen europäischen Aktienoption nur dann über einen höheren Preis, falls der Wert des vorzeitigen Ausübungsrechts einen positiven Wert aufweist.[445] Das vorzeitige Ausübungsrecht besitzt hingegen nur dann einen positiven Wert, falls eine positive Wahrscheinlichkeit dafür besteht, dass die amerikanische Aktienoption vorzeitig ausgeübt wird.[446] Eine solche Wahrscheinlichkeit besteht folglich, falls zu einem beliebigen Zeitpunkt $t$ während der Optionslaufzeit $0 \leq t \leq T$ (mindestens) ein kritischer Aktienkurs existiert, für den die strikte Ungleichung in (4.43) bzw. (4.44) gilt.

Den Ausgangspunkt der weiteren Überlegungen bilden die arbitragefreien Preisuntergrenzen für amerikanische Optionen auf dividendenlose Aktien, die während der Optionslaufzeit nicht unterhalb ihres jeweiligen inneren Werts $S_t - E$ notieren können. Folglich gilt:

---

[442] „It is important to know when this right has zero value, since in that case, the values of an European and American option are the same." Merton (1973), S. 144. Siehe auch Kapitel 4.2.1.

[443] Vgl. Smith (1976), S. 8; siehe auch Kapitel 2.4.2.1.2.

[444] Vgl. Merton (1973), S. 143, 158; Smith (1976), S. 8, 34.

[445] Vgl. Merton (1973), S. 159–160.

[446] Eine amerikanische Aktienoption wird dann vorzeitig ausgeübt, falls dies für einen rational handelnden Optionsinhaber gegenüber der Nichtausübung ökonomisch vorteilhaft ist.

$$C_t^a \geq \max\{0; S_t - E\} \quad \text{für } 0 \leq t \leq T \text{ und} \tag{4.45}$$

$$P_t^a \geq \max\{0, E - S_t\} \quad \text{für } 0 \leq t \leq T. \tag{4.46}$$ [447]

Wird in der weiteren Betrachtung zwischen amerikanischen Calls und Puts unterschieden, kann zunächst für einen amerikanischen Call auf eine dividendenlose Aktie gezeigt werden, dass eine vorzeitige Ausübung der Option für einen rational handelnden Optionsinhaber ökonomisch stets unvorteilhaft ist und folglich nicht vorgenommen wird. Dieses Ergebnis folgt aus (4.43) in Verbindung mit der arbitragefreien Preisuntergrenze eines europäischen Calls, die mittels eines Vergleichs der zustandsabhängigen Zahlungen zweier Portfolios gewonnen werden kann. Dabei wird in $t$ ein Portfolio C aus einem europäischen Call (*long*) $C_t$ und aus einer Null-Kuponanleihe mit Nominalwert $E$ (*long*) gebildet und im Vergleich zu einem Portfolio D betrachtet, das in $t$ aus einer Aktie (*long*) $S_t$ besteht.

| Position | Zahlungen in $t$ | Zahlungen in $T$ | |
|---|---|---|---|
| | | $S_T > E$ | $S_T \leq E$ |
| europäischer Call $C_t$ (*long*) | $-C_t$ | $+(S_T - E)$ | $0$ |
| Null-Kuponanleihe $B_t(T)$ mit $F = E$ (*long*) | $-E \cdot e^{-r_{fc} \cdot (T-t)}$ | $+E$ | $+E$ |
| Summe Portfolio C | $-C_t - E \cdot e^{-r_{fc} \cdot (T-t)}$ | $+S_T$ | $+E$ |
| | | | |
| Aktie $S_t$ (*long*) | $-S_t$ | $+S_T$ | $+S_T$ |
| Summe Portfolio D | $-S_t$ | $+S_T$ | $+S_T$ |

Tabelle 13: Arbitragefreie Preisuntergrenze eines europäischen Calls auf eine dividendenlose Aktie

Ein Vergleich der zustandsabhängigen Zahlungen beider Portfolios C und D in $T$ anhand von Tabelle 13 zeigt, dass das Portfolio C das Portfolio D dominiert und somit auf einem arbitragefreien Kapitalmarkt keinen geringeren Preis als Portfolio D haben kann. Folglich kann als arbitragefreie Preisuntergrenze des europäischen Calls

[447] Vgl. Smith (1976), S. 8, 31–32. Eine amerikanische Option kann auf einem arbitragefreien Kapitalmarkt nicht unter ihrem inneren Wert gehandelt werden, da andernfalls durch den Erwerb dieser Option und ihrer sofortigen Ausübung ein risikoloser Arbitragegewinn für jeden Investor realisierbar wäre.

$$C_t + E \cdot e^{-r_{fc} \cdot (T-t)} \geq S_t \quad \Leftrightarrow \quad C_t \geq S_t - E \cdot e^{-r_{fc} \cdot (T-t)} \quad \text{für } 0 \leq t \leq T \tag{4.47}$$

formuliert werden. Wird (4.47) in (4.43) eingesetzt, folgt

$$C_t^a(S_t, E, T) \geq C_t(S_t, E, T) \geq S_t - E \cdot e^{-r_{fc} \cdot (T-t)} \quad \text{für } 0 \leq t \leq T.^{448} \tag{4.48}$$

Wegen $e^{-r_{fc} \cdot (T-t)} < 1$ ist damit der Preis des amerikanischen Calls (*alive*) $C_t^a$ vor Ende der Optionslaufzeit stets größer als die Zahlung in Höhe des inneren Werts $S_t - E$ bei vorzeitiger Ausübung (*dead*).[449] Infolgedessen existiert zu keinem Zeitpunkt während der Optionslaufzeit $0 \leq t \leq T$ ein kritischer Aktienkurs $S_t^*$ für den in (4.43) strikte Ungleichheit gilt. Damit existiert keine positive Wahrscheinlichkeit, einen amerikanischen Call auf eine dividendenlose Aktie vorzeitig auszuüben, womit der Wert des vorzeitigen Ausübungsrechts null beträgt und

$$C_t^a(S_t, T, E) = C_t(S_t, T, E) \quad \text{für } 0 \leq t \leq T$$

gilt. In diesem Fall darf zur Bewertung eines amerikanischen Calls auf eine dividendenlose Aktie das BSM-Modell uneingeschränkt angewendet werden.[450]

Wird die Betrachtung auf Dividenden zahlende Aktien erweitert, lässt sich zunächst zeigen, dass eine positive Wahrscheinlichkeit für eine vorzeitige Ausübung des amerikanischen Calls auf eine Dividenden zahlende Aktie besteht, mithin für einen beliebigen Zeitpunkt $t$ während der Optionslaufzeit $0 \leq t \leq T$ ein kritischer Aktienkurs $S_t^*$ existiert, für den in (4.43) strikte Ungleichheit gemäß

$$C_t^a\left(S_t^*, t, E\right) > C_t\left(S_t^*, t, E\right)$$

gilt. Vereinfachend wird hierzu angenommen, dass während der gesamten Restlaufzeit der Option bis $T$ nur eine einzige $(n=1)$ und zugleich sichere Dividende im Zeitpunkt $t_1 \leq T$ in Höhe von $D_{t_1}$ gezahlt wird. Unter Verwendung von (4.27) ergibt sich der um den Barwert der Dividendenzahlung korrigierte Aktienkurs $S_t^{x,I}$.[451] Da nach dem Zahlungszeitpunkt der Dividende keine weiteren Dividenden ausgeschüttet werden, weist der amerikanische Call unmittelbar nach Zahlung der Dividende in $t_1^+$ denselben Preis auf, wie ein ansonsten identischer

448 Vgl. z.B. Hull (2003), S. 176; Smith (1976), S. 9–11.

449 Vgl. Merton (1973), S. 144–145; Rudolph/Schäfer (2005), S. 222. Mithin erhält der Optionsinhaber bei Verkauf des amerikanischen Calls auf eine dividendenlose Aktie stets eine höhere Zahlung als bei Ausübung des Calls.

450 Vgl. Uhlir/Sièvi (1990), S. 91.

451 Vgl. zu einer Betrachtung mit konstanter stetiger Dividendenrendite (Typ II) Stoll/Whaley (1993), S. 184–187.

europäischer Call. Eine vorzeitige Ausübung unmittelbar vor Zahlung der Dividende in $t_1^-$ ist somit vorteilhaft, sofern der innere Wert des amerikanischen Calls höher ist, als der Preis eines europäischen Calls mit identischer Restlaufzeit bis $T$ unmittelbar nach Zahlung der Dividende in $t_1^+$, d.h. falls ein kritischer Aktienkurs $S_{t_1}^{x,I*}$ existiert, für den

$$S_{t_1^-}^{x,I*} + D_{t_1^-} - E > C_{t_1^+} \tag{4.49}$$

erfüllt ist.[452] Einerseits kann aus (4.49) der implizit enthaltene kritische Aktienkurs $S_{t_1}^{x,I*}$ mit Hilfe eines numerischen Lösungsverfahrens ermittelt werden, da auf der rechten Seite der Ungleichung der Preis eines europäischen Calls auf eine dividendenlose Aktie unter Verwendung des BSM-Modells bestimmt werden kann. Andererseits wird der amerikanische Call auf eine Dividenden zahlende Aktie stets vorzeitig ausgeübt, falls die Strategie

a) der vorzeitigen Ausübung des Calls, bei Halten der Aktie bis $T$, Kreditfinanzierung des Ausübungspreises $E$ zum risikolosen Zinssatz und der sofortigen Anlage der Dividende in Höhe von $D_{t_1}$ zum risikolosen Zinssatz

aus der Sicht von $t_1$ mit Sicherheit zu einem höheren Endvermögen in $T$ führt, als die Strategie

b) den amerikanischen Call bis zum Ende der Optionslaufzeit nicht auszuüben.

Dies gilt, falls der über den Zeitraum $T-t_1$ aufgezinste Wert von $\left(D_{t_1} - E\right)$ zuzüglich dem Preis der Aktie $S_T$ größer ist als der innere Wert $S_T - E$, der dem maximal möglichen Wert eines europäischen Calls in $T$ entspricht. Damit wird der amerikanische Call auf eine Dividenden zahlende Aktie immer dann vorzeitig ausgeübt, falls die Zinsen auf den Ausübungspreis kleiner sind als die Dividende. Mithin gilt:

$$S_T + \left(D_{t_1} - E\right) \cdot e^{r_{fc} \cdot (T-t_1)} > S_T - E \quad \Leftrightarrow \quad D_{t_1} > E \cdot \left(1 - e^{-r_{fc} \cdot (T-t_1)}\right).$$

Im Ergebnis ist festzustellen, dass nahezu immer eine positive Wahrscheinlichkeit für eine vorzeitige Ausübung eines amerikanischen Calls auf eine Dividenden zahlende Aktie existiert. Daher verfügt das vorzeitige Ausübungsrecht über einen positiven Wert und der amerikanische Call auf eine Dividenden zahlende Aktie über einen höheren Wert als der ansonsten identische europäische Call. Infolgedessen darf ein amerikanischer Call auf eine Dividenden zahlende Aktie aus theoretischer Sicht nicht mit Hilfe des BSM-Modells bewertet werden.

---

452 Vgl. Uhlir/Sièvi (1990), S. 91 ; Hull (2003), S. 179.

Zur Berücksichtigung des Werts des vorzeitigen Ausübungsrechts bzw. zur Bewertung amerikanischer Calls auf Dividenden zahlende Aktien wird von Black (1975) eine Näherungslösung vorgeschlagen. Dazu wird zunächst der Preis eines europäischen Calls auf Basis eines um die Dividendenzahlung korrigierten Aktienkurses ermittelt. Diesem Callpreis wird der Preis eines europäischen Calls mit einer (verkürzten) Restlaufzeit bis zum Zeitpunkt der Zahlung der Dividende gegenübergestellt. Der Preis eines amerikanischen Calls entspricht dann näherungsweise dem höheren der beiden ermittelten Preise der europäischen Calls.[453]

Neben einem weiteren Approximationsverfahren, z.B. von Barone-Adesi/Whaley (1987)[454], liegt eine geschlossene Lösung für die Bewertung amerikanischer Calls auf Dividenden zahlende Aktien indes nur für den Fall einer einmaligen, sicheren Dividendenzahlung von Roll (1977), Geske (1979) und Whaley (1982) vor.[455] Zwar ist die Erweiterung dieses Optionspreismodells auf $n$ sichere Dividendenzahlungen möglich, jedoch geht damit ein kaum vertretbarer Berechnungsaufwand einher, der den Nutzen des ermittelten arbitragefreien Preises für den amerikanischen Call zweifelhaft erscheinen lässt.[456]

Für einen amerikanischen Put auf eine dividendenlose Aktie kann hingegen gezeigt werden, dass eine vorzeitige Ausübung der Option für einen rational handelnden Optionsinhaber ökonomisch vorteilhaft sein kann. Dieses Ergebnis folgt aus (4.44) in Verbindung mit der arbitragefreien Preisuntergrenze eines europäischen Puts, die wiederum mittels eines Vergleichs der zustandsabhängigen Zahlungen zweier Portfolios gewonnen werden kann. Dabei wird in $t$ ein Portfolio E aus einem europäischen Put (*long*) $P_t$ und einer Aktie (*long*) $S_t$ gebildet und im Vergleich zu einem Portfolio F betrachtet, das in $t$ aus einer Null-Kuponanleihe mit Nominalwert $E$ (*long*) besteht.

---

453 Vgl. Black (1975), S. 41–42; Whaley (1982), S. 31.

454 Dabei wird der Preis des amerikanischen Calls in den Preis eines europäischen Calls und den Preis des vorzeitigen Ausübungsrechts aufgeteilt und dann eine partielle Differentialgleichung für den Preis des vorzeitigen Ausübungsrechts unter vereinfachenden Annahmen abgeleitet. Vgl. ausführlich Barone-Adesi/Whaley (1987), S. 305–307.

455 Vgl. Roll (1977), S. 251–258 mit einer Vereinfachung durch Geske (1978), S. 375–380 und Korrektur durch Whaley (1981), S. 207–211.

456 Vgl. Whaley (1982), S. 37.

| Position | Zahlungen in $t$ | Zahlungen in $T$ | |
|---|---|---|---|
| | | $S_T \geq E$ | $S_T < E$ |
| europäischer Put $P_t$ (*long*) | $-P_t$ | 0 | $+(E-S_T)$ |
| Aktie $S_t$ (*long*) | $-S_t$ | $+S_T$ | $+S_T$ |
| Summe Portfolio E | $-P_t - S_t$ | $+S_T$ | $+E$ |
| | | | |
| Null-Kuponanleihe $B_t(T)$ mit $F = E$ (*long*) | $-E \cdot e^{-r_{fc}(T-t)}$ | $+E$ | $+E$ |
| Summe Portfolio F | $-E \cdot e^{-r_{fc}(T-t)}$ | $+E$ | $+E$ |

Tabelle 14: Arbitragefreie Preisuntergrenze eines europäischen Puts auf eine dividendenlose Aktie

Ein Vergleich der zustandsabhängigen Zahlungen beider Portfolios E und F in $T$ anhand von Tabelle 14 zeigt, dass das Portfolio E das Portfolio F dominiert und somit auf einem arbitragefreien Kapitalmarkt keinen geringeren Preis als das Portfolio F haben kann. Folglich ergibt sich als arbitragefreie Preisuntergrenze des europäischen Puts:

$$P_t + S_t \geq E \cdot e^{-r_{fc}\cdot(T-t)} \quad \Leftrightarrow \quad P_t \geq E \cdot e^{-r_{fc}\cdot(T-t)} - S_t \quad \text{für } 0 \leq t \leq T.$$

Wegen $e^{-r_{fc}\cdot(T-t)} < 1$ genügt es zu zeigen, dass der innere Wert eines amerikanischen Puts $E - S_t$ für den Fall, dass die Aktie in $t$ während der Optionslaufzeit $0 \leq t \leq T$ auf null gefallen ist, bereits in $t$ dem maximal möglichen Wert eines nicht ausgeübten amerikanischen bzw. europäischen Puts in $T$ entspricht.[457] Der amerikanische Put wird daher vorzeitig ausgeübt, um auf den maximalen Wert des Puts in Höhe von $E$ die risikolosen Zinsen für den Zeitraum $T-t$ zu realisieren und damit mit Sicherheit ein höheres Endvermögen in $T$ zu erzielen als bei Nichtausübung.[458] Dies ergibt sich bereits daraus, dass hinreichend niedrige Aktienkurse $S_t$ möglich sind, bei denen die Strategie

a) der vorzeitigen Ausübung des amerikanischen Puts und der sofortigen Anlage des inneren Werts in Höhe von $E - S_t$ zum risikolosen Zinssatz

aus der Sicht von $t$ mit Sicherheit zu einem höheren Endvermögen in $T$ führt, als die Strategie

[457] Siehe hierzu auch Kapitel 4.2.2.2.
[458] Vgl. ähnlich Uhlir/Sièvi (1990), S. 91.

b) den amerikanischen Put bis zum Ende der Optionslaufzeit nicht auszuüben.

Dies gilt, falls zu einem beliebigen Zeitpunkt $t$ der über den Zeitraum $T-t$ aufgezinste innere Wert von $E-S_t$ größer ist als $E$, der dem maximal möglichen Wert eines europäischen Puts in $T$ entspricht. Damit wird der amerikanische Put auf eine dividendenlose Aktie immer dann vorzeitig ausgeübt, falls die Zinsen auf den Ausübungspreis größer sind als der aktuelle Aktienkurs $S_t$. Mithin gilt:

$$\left(E-S_t\right)\cdot e^{r_{fc}\cdot(T-t)} > E \quad \Leftrightarrow \quad S_t < E\cdot\left(1-e^{-r_{fc}\cdot(T-t)}\right).$$

Dagegen liegt eine positive Wahrscheinlichkeit für die vorzeitige Ausübung des amerikanischen Puts allgemein vor, falls für einen beliebigen Zeitpunkt $t$ während der Optionslaufzeit $0\leq t\leq T$ (mindestens) ein kritischer Aktienkurs $S_t^*$ existiert, für den in (4.44) strikte Ungleichheit gemäß

$$P_t^a\left(S_t^*,t,E\right) > P_t\left(S_t^*,t,E\right) \tag{4.50}$$

gilt.[459] Mit der Put-Call-Parität für europäische Optionen auf dividendenlose Aktien gemäß (4.6) und mit $P_t^a\left(S_t^*,t,E\right)\geq\max\left\{0;E-S_t^*\right\}$ folgt aus (4.50) auf einem arbitragefreien Kapitalmarkt:[460]

$$\begin{aligned} E-S_t^* &> C_t\left(S_t^*,t,E\right)-S_t^*+E\cdot e^{-r_{fc}\cdot(T-t)} \\ E\cdot\left(1-e^{-r_{fc}\cdot(T-t)}\right) &> C_t\left(S_t^*,t,E\right). \end{aligned} \tag{4.51}$$

Aus (4.51) kann mit Hilfe eines numerischen Lösungsverfahrens der implizit enthaltene kritische Aktienkurs $S_t^*$ für jeden Zeitpunkt $t\leq T$ näherungsweise ermittelt werden, da auf der rechten Seite der Ungleichung der Preis eines europäischen Calls auf eine dividendenlose Aktie unter Verwendung des BSM-Modells bestimmt werden kann.

Wird die Betrachtung auf Dividenden zahlende Aktien erweitert und vereinfachend angenommen, dass während der gesamten Restlaufzeit der Option bis $T$ wiederum nur eine einzige $(n=1)$ und zugleich sichere Dividende im Zeitpunkt $t_1\leq T$ in Höhe von $D_{t_1}$ ausgeschüttet wird, kann unmittelbar auf die vorstehenden Ausführungen zum amerikanischen Put auf eine dividendenlose Aktie verwiesen werden. Der Grund hierfür besteht darin, dass der amerikani-

---

[459] Vgl. hierzu z.B. Rudolph/Schäfer (2005), S. 223; mit graphischer Darstellung Hull (2003), S. 177–178.
[460] Vgl. ausführlich Merton (1973), S. 159–160.

sche Put auf eine Dividenden zahlende Aktie nach Zahlung der (letzten) Dividende in $t_1$ einem amerikanischen Put auf eine dividendenlose Aktie entspricht und für eben diesen gezeigt wurde, dass eine positive Wahrscheinlichkeit für eine vorzeitige Ausübung regelmäßig existiert.[461]

Im Ergebnis ist festzustellen, dass nahezu immer eine positive Wahrscheinlichkeit für die vorzeitige Ausübung eines amerikanischen Puts besteht. Folglich verfügt das vorzeitige Ausübungsrecht über einen positiven Wert und der amerikanische Put über einen höheren Wert als der ansonsten identische europäische Put.[462] Infolgedessen darf ein amerikanischer Put nicht mit Hilfe des BSM-Modells bewertet werden.

Zur Berücksichtigung des Werts des vorzeitigen Ausübungsrechts bzw. zur Bewertung amerikanischer Puts existiert neben einigen numerischen Lösungsverfahren mit dem Optionspreismodell von Geske/Johnson (1984) auch eine geschlossene Lösung für den Preis amerikanischer Puts.[463] Mit der Anwendung des Geske-Johnson-Modells geht indes ein unverhältnismäßig hoher Berechnungsaufwand einher, der den Nutzen eines nach diesem Modell ermittelten arbitragenfreien Preises des amerikanischen Puts zweifelhaft erscheinen lässt. Nicht zuletzt deshalb werden in der Literatur regelmäßig Approximationsverfahren vorgeschlagen, die die Bewertung amerikanischer Puts unter Inkaufnahme geringer Bewertungsfehler vereinfachen und beschleunigen.[464]

### 4.3.3 Zwischenergebnis

Zusammenfassend ist festzustellen, dass lediglich der amerikanische Call auf eine dividendenlose Aktie anhand des BSM-Modells bewertet werden darf, da in diesem Fall das Recht auf vorzeitige Ausübung stets wertlos ist. In allen anderen Fällen weist das Recht auf vorzeitige Ausübung der Option grundsätzlich einen positiven Wert auf und führt dazu, dass die amerikanischen Optionen, wie in Abbildung 2 dargestellt wird, nicht mit Hilfe des BSM-Modells bewertet werden können.

---

[461] Indes kann gezeigt werden, dass eine vorzeitige Ausübung des amerikanischen Puts unmittelbar vor Zahlung der Dividende für einen rational handelnden Optionsinhaber nie vorteilhaft ist. Vgl. Brennan/Schwartz (1977), S. 451.

[462] Vgl. Merton (1973), S. 160; Geske/Johnson (1984), S. 1511; Rudolph/Schäfer (2005), S. 223.

[463] Vgl. Geske/Johnson (1984).

[464] Vgl. z.B. Bunch/Johnson (1992).

| Basiswert / Optionstyp | dividendenlose Aktien (perfekter Schutz vor Dividenden und besonderen Kapitalmaßnahmen) | Dividenden zahlende Aktien (kein Schutz vor Dividenden, ansonsten perfekter Schutz vor besonderen Kapitalmaßnahmen) |
|---|---|---|
| **Europäischer Call/Put** | BS-Modell bzw. BSM-Modell | I: sichere, absolute Dividendenzahlungen<br>BS-Modell mit Dividendenkorrektur |
| | | II: eine sichere, konstante Dividendenrendite<br>BSM-Modell |
| | | III: stochastische Dividendenzahlungen<br>Geske-Modell |
| **Amerikanischer Call** | BS-Modell bzw. BSM-Modell | Black-Approximation<br>Roll-Geske-Whaley-Modell |
| **Amerikanischer Put** | Geske-Johnson-Modell | Geske-Johnson-Modell |

Abbildung 2: Anwendbarkeit des BS- bzw. BSM-Modells

Wird davon ausgegangen, dass es sich bei den real existierenden (börsengehandelten) Optionen regelmäßig um amerikanische Optionen auf Aktien handelt, die im Zeitablauf Dividenden zahlen, ist der Anwendungsbereich des BS-Modells offensichtlich sehr begrenzt.[465] Gegen die Verwendung der alternativen Optionspreismodelle zur Bewertung amerikanischer Optionen spricht hingegen regelmäßig ein unverhältnismäßig hoher Berechnungsaufwand. Zwar stehen in der Literatur zur Bewertung amerikanischer Optionen häufig auch Approximationsverfahren zur Verfügung, jedoch können für Zwecke der Ermittlung einer impliziten Volatilität unter Inkaufnahme geringer Bewertungsfehler Vereinfachungen vorgenommen werden, die eine Anwendung der Vielzahl möglicher Optionspreismodelle nicht erforderlich machen.

Dazu wird zunächst auf die Put-Call-Parität für europäische Optionen unter Berücksichtigung einer konstanten, stetigen Dividendenrendite zurückgegriffen,[466] deren Gültigkeit lediglich die

[465] Vgl. zu einem Überblick auch Uhlir/Sièvi (1990), S. 88.
[466] Siehe auch Kapitel 4.3.1 b).

Annahme der Arbitragefreiheit auf einem vollkommenen Kapitalmarkt mit risikoloser Anlagemöglichkeit erfordert und daher nicht an die Gültigkeit des BSM-Modells gebunden ist. Infolgedessen kann die Put-Call-Parität für die in $t$ auf dem Kapitalmarkt beobachtbaren Marktpreise für europäische Optionen $C_{mkt,t}$ und $P_{mkt,t}$ gemäß

$$C_{mkt,t} + E \cdot e^{-r_{fc} \cdot (T-t)} = P_{mkt,t} + S_t \cdot e^{(b-r_{fc}) \cdot (T-t)} \quad \text{für } 0 \leq t \leq T \tag{4.52}$$

und für die nach dem BSM-Modell bewerteten europäischen Optionen $C_t$ und $P_t$ gemäß

$$C_t + E \cdot e^{-r_{fc} \cdot (T-t)} = P_t + S_t \cdot e^{(b-r_{fc}) \cdot (T-t)} \quad \text{für } 0 \leq t \leq T \tag{4.53}$$

formuliert werden. Aus (4.52) und (4.53) folgt unmittelbar, dass

$$C_{mkt,t} - C_t = P_{mkt,t} - P_t \quad \text{für } 0 \leq t \leq T \tag{4.54}$$

gelten muss. Die implizite Volatilität stellt definitionsgemäß die Volatilität dar, bei der der auf dem Kapitalmarkt beobachtbare Marktpreis einer europäischen Option mit dem nach dem BSM-Modell ermittelten Preis übereinstimmt. Das bedeutet, dass die z.B. aus europäischen Calls mit $C_{mkt,t} = C_t$ für $0 \leq t \leq T$ ermittelte implizite Volatilität unter Verwendung von (4.54) unmittelbar zu $P_{mkt,t} - P_t$ für $0 \leq t \leq T$ führt. Für ansonsten identische europäische Optionen ist es daher unerheblich, ob die implizite Volatilität aus den Marktpreisen von Calls oder Puts ermittelt wird, da die ermittelte implizite Volatilität in beiden Fällen identisch ist.[467] Für amerikanische Optionen kann die Put-Call-Parität insbesondere im Fall Dividenden zahlender Aktien jedoch aufgrund eines positiven Werts des vorzeitigen Ausübungsrechts nur als Ungleichung formuliert werden.[468] Infolgedessen darf der obige Zusammenhang identischer impliziter Volatilitäten für ansonsten identische amerikanische Calls und Puts grundsätzlich nicht auf amerikanische Optionen übertragen werden. Allerdings wird regelmäßig angenommen, dass dieser Zusammenhang näherungsweise auch für amerikanische Optionen Gültigkeit besitzt, womit angenommen wird, dass sich die impliziten Volatilitäten aus den Marktpreisen von ansonsten identischen amerikanischen Calls und Puts entsprechen.[469] Im Weiteren wird vereinfachungsbedingt dieser Annahme gefolgt, um eine Fokussierung der Untersuchung auf die Ermittlung impliziter Volatilitäten aus den Marktpreisen von Calls vornehmen zu können.

[467] Vgl. Hull (2003), S. 330–331.
[468] Vgl. zur Put-Call-Parität für amerikanische Optionen mit Berücksichtigung von Dividendenzahlungen z.B. Rudolph/Schäfer (2005), S. 227–228.
[469] Vgl. so z.B. Hull (2003), S. 331.

Die Ermittlung der impliziten Volatilität aus amerikanischen Calls, denen regelmäßig eine Dividenden zahlende Aktie zugrunde liegt, setzt die Annahme der Gültigkeit eines Optionspreismodells voraus. Wie gezeigt wurde, ist das BSM-Modell nur dann geeignet, amerikanische Calls zu bewerten, falls während der Optionslaufzeit keine Dividenden gezahlt werden, womit insbesondere bei längeren Optionslaufzeiten regelmäßig nicht zu rechnen ist. Einer Anwendung alternativer Optionspreismodelle für amerikanische Calls steht häufig ein hoher Berechnungsaufwand entgegen. Allerdings lässt eine Studie von Whaley (1982) vermuten, dass der Fehler bei der Bewertung amerikanischer Calls auf Dividenden zahlende Aktien mit Hilfe eines Optionspreismodells für europäische Optionen gering ist. Die Untersuchung zeigt, dass für 15.582 beobachtete Marktpreise von amerikanischen Calls auf Dividenden zahlende Aktien an der Chicago Board Options Exchange bei Anwendung des BS-Modells für europäische Calls mit einer Dividendenkorrektur vom Typ I[470] ein durchschnittlicher relativer Bewertungsfehler von 2,15 % akzeptiert werden muss. Da die Approximation von Black (1975) und das Roll-Geske-Whaley-Modell ebenfalls zu Bewertungsfehlern von 1,48 % bzw. 1,08 % führen,[471] lassen sich bei Anwendung des Roll-Geske-Whaley-Modells nur geringfügige Verbesserungen hinsichtlich der Bewertungsgenauigkeit erzielen, die angesichts des damit einhergehenden Berechnungsaufwands vernachlässigbar erscheinen. Angesichts dieser empirischen Ergebnisse wird im Folgenden für Zwecke der Ermittlung einer impliziten Volatilität aus den auf einem Kapitalmarkt beobachtbaren Marktpreisen amerikanischer Calls die Gültigkeit des BSM-Modells angenommen.

## 4.4 Ermittlung einer impliziten Volatilität

### 4.4.1 Historische und implizite Volatilität

Wird zur Bewertung von Aktienoptionen auf das BSM-Modell zurückgegriffen, hängt die Höhe des Optionspreises von den Variablen $\left(E,T,S_t,r_{fc},\sigma\right)$ und von einer konstanten, stetigen Dividendenrendite $r_{Dc}$ ab.[472] Diese Variablen sind mit Ausnahme der Volatilität der zukünftig erwarteten Aktienrendite $\sigma$ entweder aufgrund vertraglicher Vereinbarungen gegeben

---

[470] Siehe Kapitel 4.3.2.1.

[471] Vgl. Whaley (1982), S. 44.

[472] Siehe Kapitel 4.3.1 und 4.3.2.1.

oder annahmegemäß ohne größere Schwierigkeiten zu ermitteln.[473] Da die Volatilität der zukünftig erwarteten Aktienrendite auf einem real existierenden Kapitalmarkt nicht unmittelbar beobachtet werden kann, muss diese für Zwecke der Bewertung von Aktienoptionen geschätzt bzw. prognostiziert werden.[474]

Die Schätzung der Volatilität erfolgt im einfachsten Fall auf der Basis historischer Renditen der Aktie. Liegt aus der Sicht des Bewertungszeitpunkts $t$ neben dem aktuellen Aktienkurs $S_t$ eine Anzahl von $n<\infty$ mit $i=1,...,n$ äquidistanten historischen Aktienkursen $S_{t-i}$ vor, so können genau $n$ historische, stetige Renditen einer bestimmten Aktie ermittelt werden.[475] Da regelmäßig aus Gründen eines zu hohen Erhebungsaufwands nicht alle historischen Renditen der Aktie vorliegen, stellen die $n$ beobachteten historischen Renditen eine Stichprobe aus der Grundgesamtheit aller historischen Renditen der Aktie dar, auf deren Grundlage ein unverzerrter und effizienter Schätzwert für die unbekannte Standardabweichung der Rendite der Aktie (historische Volatilität) ermittelt werden kann.[476] Dieser kann als Schätzung für die Volatilität der zukünftig erwarteten Rendite einer Aktie verwendet werden, sofern der zukünftige stochastische Prozess des Aktienkurses gegenüber dem im Stichprobenzeitraum unverändert bleibt.[477] In Abhängigkeit von der Länge des Zeitraums, den die $n$ Renditebeobachtungen insgesamt umfassen, kann eine Anpassung (z.B. Annualisierung) der historischen Volatilität für Zwecke der Bewertung von Aktienoptionen erforderlich sein.[478]

Bei der Schätzung der Volatilität anhand einer historischen Volatilität bestehen üblicherweise zahlreiche praktische Ermessensspielräume, wie z.B. die Wahl des Stichprobenumfangs oder der Intervalllänge[479] der historischen Aktienrenditen, die das Ergebnis und die Güte der

---

473 Vgl. Latané/Rendleman (1976), S. 369; Corrado/Miller (1996), S. 596; Whaley (1982), S. 33. Sind alle Variablen mit Ausnahme der Volatilität gegeben, können diese als feststehende Parameter des Optionspreises angesehen werden. Damit schafft das BSM-Modells einen direkten Zusammenhang zwischen dem Optionspreis und der Volatilität der Aktienrendite. Vgl. Mayhew (1995), S. 8.

474 Vgl. Manaster/Koehler (1982), S. 227.

475 Zur Berücksichtigung der Dividendenzahlungen bei der Ermittlung der historischen Renditen, vgl. z.B. Hull (2003), S. 240–241. Da sich die folgenden Ausführungen stets nur auf eine bestimmte Aktie beziehen, wird auf eine explizite Indexierung der aktienbezogenen Variablen verzichtet.

476 Vgl. z.B. Canina/Figlewski (1993), S. 661–662; Poddig/Dichtl/Petersmeier (2000), S. 62, 177–180.

477 Vgl. Poddig/Dichtl/Petersmeier (2000), S. 124; Schäfer (1997), S. 290; Wallmeier (2003), S. 151.

478 Vgl. Hull (2003), S. 239; Haug (1997), S. 166.

479 Darüber hinaus ist wiederum vorstellbar, dass selbst bei identischer Intervalllänge die Wahl des Start- und Endzeitpunkts für die Ermittlung der historischen Rendite der Aktie Einfluss auf das Ergebnis der Schätzung nimmt. So können sich z.B. bei einer Schätzung der historischen Volatilität auf der Grundlage von Wochenrenditen in Abhängigkeit der Wahl des maßgeblichen Wochentags (z.B. Mittwoch) unterschiedliche Ergebnisse ergeben.

Schätzung maßgeblich beeinflussen können. Daneben können die historischen Renditen auf der Grundlage der beobachteten Schluss-, Hoch- oder Tiefkurse der entsprechenden Aktie ermittelt werden. Während sich unter Verwendung historischer Renditen aus Hoch- und Tiefkursen statistisch effizientere Verfahren zur Schätzung der historischen Volatilität erarbeiten lassen, als bei ausschließlicher Verwendung von historischen Renditen aus Schlusskursen,[480] leiden diese Verfahren regelmäßig unter statistischen Verzerrungen.[481] Dagegen ist mit zunehmendem Stichprobenumfang davon auszugehen, dass der Standardfehler der Schätzung der historischen Volatilität abnimmt. Allerdings wird den zeitlich älteren Aktienrenditen häufig eine geringere Relevanz für die Schätzung der Volatilität zugesprochen. Infolgedessen existieren in der Literatur verschiedene Ansätze, die von einer identischen Gewichtung der historischen Renditen abweichen und den jüngeren Renditen ein höheres Gewicht zuordnen.[482] So kann mit Hilfe sog. ARCH- (*Autoregressive Conditional Heteroskedasticity*) oder GARCH-Modelle (*Generalized ARCH*) ein langfristiges Varianzniveau der Rendite bei der Schätzung der Volatilität mit einer entsprechenden Gewichtung berücksichtigt werden.[483] Allerdings implizieren alle Ansätze, die eine ungleiche Gewichtung der historischen Renditebeobachtungen vornehmen, eine im Zeitablauf variierende Varianz der Aktienrendite und sind folglich mit dem BSM-Modell, das eine konstante Varianz voraussetzt, grundsätzlich unvereinbar.[484] Unabhängig von der Variabilität der Varianz der Aktienrendite im Zeitablauf verwenden alle Ansätze historisch beobachtete Aktienrenditen und beruhen daher auf der konzeptionell unbefriedigenden Übertragung der Vergangenheit auf die Zukunft.[485]

---

480 Vgl. Parkinson (1980), S. 64, der eine Schätzung der historischen Volatilität auf der Basis von Hoch- und Tiefkursen vorschlägt. Vgl. auch Garman/Klass (1980), S. 72–74, die ein Schätzverfahren unter Verwendung von Hoch-, Tief- und Schlusskursen der betreffenden Aktie vorschlagen. Zu empirischen Tests der verschiedenen Schätzverfahren vgl. z.B. Beckers (1983).

481 Vgl. z.B. Garman/Klass (1980), S. 74–76. Zudem zeigen Marsh/Rosenfeld (1986), dass die mit Hilfe dieser Verfahren erstellte Schätzung der Volatilität u.a. sehr sensitiv auf einen unregelmäßigen Handel der Aktie reagiert. Vgl. Marsh/Rosenfeld (1986), S. 366–367.

482 Obwohl grundsätzlich eine beliebige Gewichtung der einzelnen Renditebeobachtungen vorgenommen werden kann, wird häufig vorgeschlagen, eine exponentielle Verringerung der Gewichte für die einzelnen Renditebobachtungen mit zunehmender zeitlicher Entfernung von dem Zeitpunkt, zu dem die Schätzung der zukünftigen Volatilität erfolgen soll, vorzunehmen. (*Exponentially Weighted Moving Average*, EWMA). Vgl. für einen Überblick Hull (2003), S. 373–375.

483 Vgl. Engle (1982); Bollerslev (1986); Wallmeier (2003), S. 152–153; mit Beispiel auch Hull (2003), S. 382–383.

484 Infolgedessen existieren in der Literatur Vorschläge zur Bewertung von Optionen auf riskante Wertpapiere bei stochastischer Volatilität. Vgl. z.B. Hull/White (1987), zu einem Überblick auch Campbell/Lo/MacKinley (1997), S. 379–382.

485 Vgl. Brenner/Galai (1984), S. 403.

Alternativ zur Schätzung der historischen Volatilität wird argumentiert, dass bei unterstellter Gültigkeit des BSM-Modells die in den Marktpreisen kapitalmarktgehandelter Aktienoptionen implizit enthaltene Volatilität ermittelt werden kann, die auf einem effizienten Kapitalmarkt somit die Erwartungen der Kapitalmarktteilnehmer über die Volatilität der zukünftigen erwarteten Rendite zum Ausdruck bringt.[486] Offensichtlich erfordert die Ermittlung dieser impliziten Volatilität keinen Rückgriff auf historische Renditen, sondern lediglich die Beobachtbarkeit des Marktpreises einer Option auf die Aktie. Wird die Gültigkeit des BSM-Modells unterstellt, kann zur Ermittlung der impliziten Volatilität der Marktpreis eines europäischen Calls auf eine Aktie herangezogen werden. Im diesem Fall stellt die implizite Volatilität $\hat{\sigma}$ den Wert für $\sigma$ dar, bei dem der in $t$ auf dem Kapitalmarkt beobachtbare Marktpreis eines Calls $C_{mkt,t}$ durch das BSM-Modell erklärt wird und folglich

$$C_{mkt,t} = C_t\left(\hat{\sigma}\right)$$

gilt.[487] Da eine analytische Umkehrung des BSM-Modells zur Bewertung europäischer Calls grundsätzlich nicht gelingt,[488] muss die implizite Volatilität mit Hilfe eines numerischen Näherungsverfahrens ermittelt werden.[489] Unter bestimmten Voraussetzungen können zur Ermittlung der impliziten Volatilität auch Approximationsverfahren zum Einsatz kommen. Da die Ermittlung der impliziten Volatilität lediglich auf aktuellen Marktpreisen beruht, in denen annahmegemäß die Erwartungen der Kapitalmarktteilnehmer zum Ausdruck kommen, wird die implizite Volatilität häufig als zukunftsorientierte Schätzung der Volatilität bezeichnet.[490] Infolgedessen wird im Folgenden erläutert, mit welchen Verfahren die Ermittlung der impliziten Volatilität gelingen kann und inwieweit die implizite Volatilität als zukunftsorientierte Schätzung für die Volatilität der zukünftig erwarteten Rendite einer Aktie geeignet ist.

---

[486] Vgl. Campbell/Lo/MacKinley (1997), S. 378; Schäfer (1997), S. 290.

[487] Vgl. Brenner/Subrahmanyam (1988), S. 80. Mithin wird angenommen, „that investors behave as if they price options according to the Black and Scholes model.“ Latané/Rendleman (1976), S. 369–370.

[488] Zwar wurde eine geschlossene Lösung zur Ermittlung der impliziten Volatilität bei Gültigkeit des BS-Modells erarbeitet; diese erfordert jedoch die Kenntnis der partiellen Ableitungen der Preisfunktion des Calls nach dem Aktienkurs und nach dem Ausübungspreis. Allerdings sind diese partiellen Ableitungen wiederum selbst von der impliziten Volatilität abhängig. Vgl. Lai/Lee/Tucker (1992); kritisch Chance (1993), S. 63, 64; Corrado/Miller (1996), S. 596, Fn. 1.

[489] Vgl. Brenner/Subrahmanyam (1988), S. 81; Chance (1993), S. 60. Obwohl die implizite Volatilität mit Hilfe eines numerischen Näherungsverfahren nicht exakt ermittelt werden kann, wird im Folgenden der Begriff der Ermittlung der impliziten Volatilität verwendet, da in Abhängigkeit des gewünschten Genauigkeitsmaßes eine hinreichend präzise Ermittlung vorgenommen werden kann.

[490] Vgl. z.B. Campbell/Lo/MacKinley (1997), S. 377–378; Mayhew (1995), S. 8.

### 4.4.2 Verfahren zur Ermittlung der impliziten Volatilität

#### 4.4.2.1 Numerische Näherungsverfahren

Ausgehend von einem gegriffenen Startwert $\hat{\sigma}_0$ gelingt eine schrittweise Annäherung des Startwerts an die gesuchte implizite Volatilität mit Hilfe eines numerischen Näherungsverfahrens nach der Newton-Raphson-Methode indem zunächst der Preis des Calls $C_t(\hat{\sigma}_0)$ in $t$ ermittelt wird, der sich bei Gültigkeit des BSM-Modells mit $\hat{\sigma}_0$ einstellen würde.[491] Wird die Differenz zwischen dem mit Hilfe des BSM-Modells ermittelten $C_t(\hat{\sigma}_0)$ und dem am Kapitalmarkt beobachtbaren Marktpreis des Calls $C_{mkt,t}$ in Bezug zu dem sog. Vega der Calls $\Lambda$[492] gesetzt und vom Startwert $\sigma_0$ in Abzug gebracht, ergibt sich allgemein gemäß

$$\hat{\sigma}_{i+1} = \hat{\sigma}_i - \frac{C_t(\hat{\sigma}_i) - C_{mkt,t}}{\Lambda} \quad \text{mit } i = 0,1,... \tag{4.55}$$

eine Reihe von auf den Startwert folgenden Näherungswerten für die implizite Volatilität.[493] Ausgehend von dem Startwert werden solange aufeinander folgende Näherungswerte für die implizite Volatilität mit (4.55) ermittelt, bis

$$\left| C_{mkt,t} - C_t(\hat{\sigma}_{i+1}) \right| \leq \delta \tag{4.56}$$

gilt, wobei $\delta$ das gewünschte Maß für die Genauigkeit der ermittelten impliziten Volatilität angibt.[494] Folglich stellt der zuletzt ermittelte Näherungswert einen in Bezug auf das festgelegte Genauigkeitsmaß hinreichend genauen Wert für die gesuchte implizite Volatilität dar.[495] Das Vega der Option gibt dabei die Sensitivität des Callpreises bezüglich einer Änderung der Volatilität an und wird als partielle Ableitung der Preisfunktion des Calls nach der Volatilität ermittelt.[496] Für das BSM-Modell ergibt sich das Vega eines Calls $\Lambda$ allgemein als

$$\Lambda = \frac{\partial C_t}{\partial \sigma} = S_t \cdot e^{(b-r_{fc})\cdot(T-t)} \cdot n(d_1)\sqrt{T-t} > 0,$$ [497]

---

491 Vgl. auch Wilmott (1998), S. 109–111. Zu einem effizienten Startwert zur Ermittlung der impliziten Volatilität vgl. ausführlich Manaster/Koehler (1982), S. 228–229.

492 Das Vega einer Option wird in der Literatur häufig auch als Lambda bezeichnet. Vgl. z.B. Rudolph/Schäfer (2005), S. 287–289.

493 Vgl. Manaster/Koehler (1982), S. 228.

494 Vgl. Haug (1997), S. 169.

495 In empirischen Studien wird häufig auf 1/10.000-stel genau gerechnet. Vgl. z.B. Brenner/Galai (1984), S. 406. Vgl. zu einem graphischen Beispiel Chriss (1997), S. 337–338.

496 Im strengen Sinne besitzt das Vega im BS-Modell keine Aussagekraft, da eine konstante Volatilität angenommen wird. Mithin beschränkt sich die Aussagefähigkeit des Vegas auf den Preisunterschied zweier Optionen, die infinitesimale Unterschiede in der Volatilität aufweisen.

497 Vgl. zur Ableitung des für Calls und Puts identischen Vegas z.B. Haug (1997), S. 13, 200; auch Cox/Rubinstein (1985), S. 221.

wobei

$$n(d_1) = \frac{1}{\sqrt{2\pi}} e^{-d_1^2/2}$$

gilt.[498] Eine positive implizite Volatilität als Lösung der Preisfunktion des Calls existiert indes nur, sofern der auf dem Kapitalmarkt beobachtbare Marktpreis des Calls zwischen der arbitragefreien Preisunter- und -obergrenze gemäß

$$\max\left\{0, S_t - E \cdot e^{-r_{fc} \cdot (T-t)}\right\} \leq C_{mkt,t} \leq S_t,$$

liegt.[499]

Die Ermittlung der impliziten Volatilität mit Hilfe eines numerischen Näherungsverfahrens nach der Newton-Raphson-Methode setzt folglich die Kenntnis der partiellen Ableitung der Preisfunktion des Calls nach der Volatilität voraus. Für eine Vielzahl von komplexeren Optionspreismodellen, z.B. für exotische oder amerikanische Optionen, lässt sich das Vega hingegen nicht analytisch bestimmen. In diesen Fällen kann die implizite Volatilität mit Hilfe der sog. *bisection method*, die bei unterstellter Gültigkeit eines alternativen Optionspreismodells ohne Kenntnis des Vegas auskommt, ermittelt werden. Ausgehend von einem unteren $\hat{\sigma}_{0,low}$ und einem oberen Startwert $\hat{\sigma}_{0,high}$ für die implizite Volatilität sowie einem korrespondierenden unteren und oberen Preis $C_t(\hat{\sigma}_{0,low})$ bzw. $C_t(\hat{\sigma}_{0,high})$ für den Call, werden mit Hilfe einer linearen Interpolation weitere Näherungswerte für die implizite Volatilität mit

$$\hat{\sigma}_{i+1} = \hat{\sigma}_{i,low} + \left(C_{mkt,t} - C_t\left(\hat{\sigma}_{i,high}\right)\right) \frac{\hat{\sigma}_{i,high} - \hat{\sigma}_{i,low}}{C_t\left(\hat{\sigma}_{i,high}\right) - C_t\left(\hat{\sigma}_{i,low}\right)} \quad \text{mit } i = 0,1,...$$

ermittelt. Dabei wird ausgehend von den Startwerten mit zunehmenden $i$ entweder $\hat{\sigma}_{i,low}$ durch $\hat{\sigma}_{i+1}$ ersetzt, sofern $C_t(\hat{\sigma}_{i+1}) < C_{mkt,t}$ gilt oder $\hat{\sigma}_{i,high}$ durch $\hat{\sigma}_{i+1}$ ersetzt, falls $C_t(\hat{\sigma}_{i+1}) > C_{mkt,t}$ gilt.[500] Die Ermittlung weiterer Näherungswerte wird solange fortgeführt, bis gemäß (4.56) das gewünschte Genauigkeitsmaß erreicht ist. Folglich kann unter Verwendung der *bisection method* auch die Ermittlung impliziter Volatilitäten bei unterstellter Gültigkeit alternativer Optionspreismodelle z.B. für amerikanische Optionen gelingen. Mithin zeigt sich, dass es sich bei der hier angenommenen Bewertung amerikanischer Calls mit Hilfe

---

498 Vgl. Haug (1997), S. 196.
499 Siehe Kapitel 4.3.2.2.
500 Vgl. Chriss (1997), S. 330–336; Haug (1997), S. 170–171.

des BSM-Modells für europäische Optionen zwar nur um eine vereinfachende, aber um keine notwendige Annahme handelt, um implizite Volatilitäten aus amerikanischen Optionen schätzen zu können.[501]

#### 4.4.2.2 Analytische Approximationsverfahren

Neben der iterativen Ermittlung der impliziten Volatilität nach (4.55) existiert im Fachschrifttum eine Reihe von analytischen Approximationsverfahren, die in bestimmten Einzelfällen eine hinreichend genaue Ermittlung der impliziten Volatilität ermöglichen. Unter Verwendung einer quadratischen Approximation der Normalverteilungsfunktion kann gezeigt werden, dass sich (4.23) für Calls, deren abgezinster Ausübungspreis $E^{\circ} = E \cdot e^{-r_{fc} \cdot (T-t)}$ dem aktuellen Aktienkurs $S_t$ einer dividendenlosen Aktie entspricht, zu

$$C_t = \frac{1}{\sqrt{2\pi}} E^{\circ} \sigma \sqrt{T-t} \tag{4.57}$$

vereinfachen lässt.[502] Mit $E^{\circ} = S_t$ folgt aus (4.57) unmittelbar

$$C_t = \frac{1}{\sqrt{2\pi}} S_t \sigma \sqrt{T-t}\,,$$

womit die implizite Volatilität bei bekanntem $C_{mkt,t}$ gemäß

$$\hat{\sigma} = \sqrt{2\pi} \frac{C_{mkt,t}}{S_t \sqrt{T-t}} \tag{4.58}$$

ermittelt werden kann.[503] Wird $E^{\circ} = S_t^{\circ}$ angenommen, wobei $S_t^{\circ} = S_t \cdot e^{\left(b - r_{fc}\right) \cdot (T-t)}$ den mit einer konstanten stetigen Dividendenrendite diskontierten Aktienkurs in $t$ angibt, kann (4.58) zu

$$\hat{\sigma} = \sqrt{2\pi} \frac{C_{mkt,t}}{S_t^{\circ} \sqrt{T-t}} \tag{4.59}$$

umformuliert werden, um die implizite Volatilität der Rendite einer Aktie mit einer konstanten stetigen Dividendenrendite ermitteln zu können.[504]

---

[501] Zu einem Ansatz zur Schätzung der impliziten Volatilität aus amerikanischen Optionen auf der Grundlage des Barone-Adesi-Whaley-Modells vgl. Kutner (1998), S. 121–122.

[502] Vgl. Brenner/Subrahmanyam (1988), S. 81–82.

[503] Vgl. Brenner/Subrahmanyam (1988), S. 81; Corrado/Miller (1996), S. 596; Chance (1996), S. 860.

[504] Vgl. Brenner/Subrahmanyam (1988), S. 83, Fn. 6.

Während (4.58) bzw. (4.59) unter der Voraussetzung, dass $E^\circ = S_t$ bzw. $E^\circ = S_t^\circ$ gilt, hinreichend genaue Ergebnisse für die implizite Volatilität liefern kann, wird die praktische Anwendbarkeit dieses analytischen Approximationsverfahrens dadurch eingeschränkt, dass der diskontierte Ausübungspreis vermutlich nur selten dem aktuellen (diskontierten) Aktienkurs entspricht.[505] Um die implizite Volatilität auch aus Marktpreisen von Aktienoptionen, die aus dem Geld liegen, vereinfachend analytisch ermitteln zu können, erarbeiteten Corrado/Miller (1996) ebenfalls unter Verwendung einer quadratischen Approximation der Normalverteilungsfunktion ein Verfahren zur Ermittlung der impliziten Volatilität, das durch

$$\hat{\sigma} = \frac{\sqrt{2\pi}}{\left(S_t^\circ + E^\circ\right)\sqrt{T-t}}\left(C_{mkt,t} - \frac{S_t^\circ - E^\circ}{2} + \sqrt{\left(C_{mkt,t} - \frac{S_t^\circ - E^\circ}{2}\right)^2 - \frac{\left(S_t^\circ - E^\circ\right)^2}{\pi}}\right) \quad (4.60)$$

beschrieben wird.[506] Daneben existiert ein von Chance (1996) entwickeltes Verfahren zur vereinfachenden analytischen Ermittlung der impliziten Volatilität aus Marktpreisen von Calls, die aus dem Geld liegen. Dazu wird die Kenntnis der impliziten Volatilität eines am Geld liegenden Calls benötigt, mit deren Hilfe die implizite Volatilität aus Calls, die aus dem Geld liegen, ermittelt wird.[507] Damit gelingt mit dem von Chance (1996) erarbeiteten Verfahren wie auch mit (4.60) die Schätzung der impliziten Volatilität aus Marktpreisen von Calls, deren abgezinster Ausübungspreis nicht dem aktuellen Aktienkurs entspricht.

Mit den analytischen Approximationsverfahren kann eine vereinfachte Ermittlung der impliziten Volatilität ohne Verwendung eines numerischen Näherungsverfahrens vorgenommen werden, wobei die Verfahren von Brenner/Subrahmanyam (1988) und Corrado/Miller (1996)

---

[505] Dies liegt häufig daran, dass auf einem real existierenden Kapitalmarkt nur Optionen mit bestimmten Ausübungspreisen gehandelt werden. Vgl. EUREX (2006), S. 37 zu den Ausübungspreisintervallen für Optionen an der EUREX. Alternativ schlagen Brenner/Subrahmanyam (1988) ein weiteres Vereinfachungsverfahren mit Hilfe einer Optionsposition bestehend aus einer Put- und einer Calloption (*straddle*) vor, deren Ausübungspreise unterschiedlich sind, aber nahe beieinander liegen. In diesem Fall kann (4.57) analog für den Preis des *straddle* angewendet und aufgelöst werden. Vgl. Brenner/Subrahmanyam (1988), S. 81; zu einer Analyse des Schätzfehlers des Brenner-Subrahmanyam-Verfahrens Chance (1993), S. 60–61; zum *straddle* Malkiel/Quandt (1969), S. 46, 53–54.

[506] Vgl. mit ausführlicher Herleitung Corrado/Miller (1996), S. 597–599.

[507] Vgl. bereits Chance (1993), S. 60–62. Vgl. Chance (1996), S. 861–862. Dabei verwundert, dass die Schätzung der impliziten Volatilität einen Unterschied zwischen der impliziten Volatilität zweier Calls mit unterschiedlichen Ausübungspreisen verwendet. Damit berücksichtigt das Verfahren explizit Unterschiede in der impliziten Volatilität, obwohl ein solcher Unterschied bei Gültigkeit des BSM-Modells, das von einer konstanten Volatilität ausgeht, nicht existiert. Zur empirischen Beobachtung unterschiedlicher impliziter Volatilitäten für Optionen mit verschiedenen Ausübungspreisen, die ansonsten identisch sind, vgl. auch Kapitel 4.4.3.

zudem ohne explizite Kenntnis des Vegas der Aktienoption auskommen. Für die praktische Anwendbarkeit dieser Verfahren ist indes entscheidend, mit welcher Genauigkeit die mit einem numerischen Näherungsverfahren ermittelte implizite Volatilität approximiert werden kann. Dazu stellen Brenner/Subrahmanyam (1988) die Genauigkeit ihres Verfahrens in Abhängigkeit von $\sigma\sqrt{T-t}$ und des Verhältnisses $S_t/E^{\circ}$ dar. Sie kommen zu dem Ergebnis, dass der Schätzfehler ihres Verfahrens bezogen auf die implizite Volatilität bei Werten von 15 % für $\sigma\sqrt{T-t}$ und in einem Bereich von 0,95 bis 1,03 für $S_t/E^{\circ}$ unter 0,5 Prozentpunkten liegt.[508] Dagegen können Corrado/Miller (1996) für Aktienoptionen einerseits zeigen, dass die Genauigkeit der Schätzung von Brenner/Subrahmanyam (1988) stark davon abhängt, ob der abgezinste Ausübungspreis der Option tatsächlich dem aktuellen Aktienkurs entspricht. Andererseits liefert ihr Schätzverfahren gemäß (4.60) für Restlaufzeiten der Optionen größer drei Monate und für Ausübungspreise in einem Intervall von ±10 % um $E^{\circ}$ nahezu identische Schätzungen für die implizite Volatilität wie das numerische Näherungsverfahren nach der Newton-Raphson-Methode.[509] Der Verdacht einer mit abnehmender Restlaufzeit der Option einhergehenden geringeren Genauigkeit der Verfahren wird auch von Chance (1996) geäußert, dessen Verfahren mit zunehmender Restlaufzeit der Option genauere Ergebnisse zu liefern scheint.[510]

Zusammenfassend lässt sich feststellen, dass alle analytischen Approximationsverfahren für am Geld liegende Aktienoptionen gute Schätzungen für die implizite Volatilität liefern. Der wesentliche Vorteil dieser Approximationsverfahren, der in einem geringeren Rechenaufwand zur schnelleren Ermittlung der impliziten Volatilität zu sehen ist, wird vermutlich erst bei der Ermittlung von impliziten Volatilitäten aus einer Vielzahl von Aktienoptionen spürbar. Daher wird die empirische Schätzung einer impliziten Volatilität aus Marktpreisen von Aktienoptionen im Folgenden anhand des numerischen Näherungsverfahrens nach der Newton-Raphson-Methode vorgestellt, das regelmäßig bereits nach wenigen Iterationsläufen zu einer hinreichend genauen impliziten Volatilität gelangt.

---

[508] Vgl. Brenner/Subrahmanyam (1988), S. 81–82.

[509] Bei kürzeren Optionslaufzeiten, z.B. einem Monat, reduzieren die Autoren die Genauigkeit ihres Verfahrens auf einen Bereich von ±5 % um den diskontierten Ausübungspreis. Vgl. Corrado/Miller (1996), S. 599.

[510] Vgl. Chance (1996), S. 863–864.

### 4.4.3 Möglichkeiten der praktischen Ermittlung einer impliziten Volatilität

An der Terminbörse EUREX werden unter einer Vielfalt an Derivaten auch Aktienoptionen auf derzeit 169 verschiedene Aktien internationaler Gesellschaften sowie Optionen auf 46 Aktien- und Branchenindices gehandelt.[511] Da für Zwecke der zukunftsorientierten Schätzung des Betafaktors einer bestimmten Aktie u.a. die implizite Volatilität der erwarteten Rendite dieser Aktie und der Rendite eines das Marktportfolio repräsentierenden Aktienindexes (Marktindex) benötigt wird, wird aus theoretischer Sicht der Marktpreis mindestens einer Option auf die betreffende Aktie und der Marktpreis mindestens einer Option auf den entsprechenden Marktindex benötigt.

Wie bereits in Kapital 4.3.3 diskutiert wurde, handelt es sich an der EUREX bei den Indexoptionen um Optionen europäischen Typs und bei den Aktienoptionen um Optionen amerikanischen Typs. Damit ist die Anwendung der Verfahren zur Ermittlung impliziter Volatilitäten, die auf der Gültigkeit des BSM-Modells beruhen, nur für die europäischen Indexoptionen zulässig. Aus Vereinfachungsgründen wird im Folgenden jedoch auch zur Ermittlung impliziter Volatilitäten aus den Marktpreisen amerikanischer Aktienoptionen auf das BSM-Modell zurückgegriffen.[512] Damit wird ein gegebenenfalls vorhandener positiver Wert eines vorzeitigen Ausübungsrechts bei der Ermittlung der impliziten Volatilität vernachlässigt, was indes nur zu einem geringfügigen Bewertungsfehler führt.[513] Um diesen Fehler dennoch weitgehend zu vermeiden, empfiehlt es sich, bei der Ermittlung der impliziten Volatilität auf die Marktpreise von Calls zurückzugreifen. Der Grund hierfür besteht darin, dass amerikanische Calls im Gegensatz zu amerikanischen Puts nur dann einen Wert des vorzeitigen Ausübungsrechts beinhalten, falls während der Optionslaufzeit eine Dividende gezahlt wird, während es hingegen im BSM-Modell unerheblich ist, ob die implizite Volatilität aus dem Marktpeis eines Calls oder eines Puts ermittelt wird. Da die Ermittlung der impliziten Volatilität aus Aktien- und Indexoptionen nach demselben Verfahren möglich ist, wird nachfolgend die Ermittlung der impliziten Volatilität nur anhand von Aktienoptionen erläutert.[514]

---

[511] Zu einem aktuellen Überblick über die Spezifikationen der Optionskonstrakte vgl. EUREX (2006), S. 22–23.

[512] Diese Vereinfachung der Ermittlung impliziter Volatilitäten aus Marktpreisen amerikanischer Optionen mit Hilfe des BSM-Modells findet sich regelmäßig auch in der Literatur. Vgl. z.B. Day/Lewis (1988), S. 105–106; Day/Lewis (1992), S. 272–273; Resnick/Sheikh/Song (1993), S. 410.

[513] Siehe Kapitel 4.3.3.

[514] Vgl. zur Ermittlung der impliziten Volatilität aus dem Marktpreis einer Option auf einen Aktienindex z.B. Schäfer (1997), S. 291-293; Rudolph/Schäfer (2005), S. 269–270.

Exemplarisch werden im Folgenden die implizite Volatilitäten aus den Marktpreisen von Optionen auf die Aktie der Allianz AG (ALV)[515] und Optionen auf die Aktie der DaimlerChrysler AG (DCX)[516] ermittelt. Da als Stichtag für die Ermittlung der impliziten Volatilitäten der 10.10.2006 gewählt wird, sind alle für die Bewertung der Optionen relevanten Parameter beider Basiswerte zu diesem Zeitpunkt zu bestimmen. Als Preise der Aktien der Allianz AG und der DaimlerChrysler AG wird der jeweilige Schlusskurs im XETRA-System der Deutschen Börse AG verwendet, der am 10.10.2006 für eine Aktie der Allianz AG $S_{ALV} = 143{,}32\ €$ und für eine Aktie der DaimlerChrysler AG $S_{DCX} = 39{,}83\ €$ betrug.[517] Wird, wie im BSM-Modell unterstellt, von einer im Zeitablauf konstanten stetigen Dividendenrendite ausgegangen, kann die stetige Dividendenrendite der beiden Wertpapiere auf der Grundlage der im Kalenderjahr 2006 für das Geschäftsjahr 2005 ausgeschütteten Dividende ermittelt werden. Die Allianz AG hat für das Geschäftsjahr 2005 eine Dividende von 2,00 € und die DaimlerChrysler AG eine Dividende von 1,50 € ausgeschüttet. Am jeweiligen Tag vor der Dividendenzahlung betrug der Schlusskurs der Allianz AG 131,60 € (4.5.2006) und der DaimlerChrysler AG 47,44 € (13.4.2006).[518] Damit ergibt sich für die Aktie der Allianz AG eine stetige Dividendenrendite von

$$r_{Dc,ALV} = \ln\left(\frac{2{,}00\ €}{131{,}60\ €} + 1\right) \approx 1{,}50832\ \%$$

und für die DaimlerChrysler AG

$$r_{Dc,DCX} = \ln\left(\frac{1{,}50\ €}{47{,}44\ €} + 1\right) \approx 3{,}11293\ \%.$$

Ausgehend von den jeweiligen Aktienkursen werden Calls mit Ausübungspreisen in einem Bereich von $\pm 10\ \%$ um den Schlusskurs am 10.10.2006 für unterschiedliche Restlaufzeiten

515 Die Aktien der Allianz AG mit Sitz in München werden im XETRA-System der Deutsche Börse AG unter der ISIN DE0008404005 mit dem Börsenkürzel ALV gehandelt. Bei den Aktien der Allianz AG handelt es sich um vinkulierte Namensaktien (Stammaktien) ohne Nennwert. Mit Wirkung zum 13.10.2006 wurde die Umwandlung der Allianz AG in die Rechtsform der Europäischen Gesellschaft (Societas Europaea, SE) abgeschlossen. Vgl. Allianz SE (2006). Seither werden daher die Aktien der Allianz SE im XETRA-System der Deutsche Börse AG gehandelt.

516 Die Aktien der DaimlerChrysler AG mit Sitz in Stuttgart werden im XETRA-System der Deutsche Börse AG unter der ISIN DE0007100000 gehandelt. Bei den Aktien der DaimlerChrysler AG handelt es sich um Namensaktien (Stammaktien), die ebenfalls ohne Nennwert ausgestellt sind.

517 Quelle: Datastream (letzte Abfrage vom 29.11.2006, 18:05 Uhr).

518 Quelle: Datastream (letzte Abfrage vom 29.11.2006, 18:05 Uhr).

betrachtet.[519] Es werden Calls mit Fälligkeit in den Monaten November 2006, Dezember 2006, März 2007 und Juni 2007 betrachtet.[520] Da nach den Regularien der EUREX grundsätzlich der dritte Freitag im Fälligkeitsmonat dem letzten Handelstag der Optionen entspricht, stellen der 17.11.2006, der 15.12.2006, der 16.3.2007 und der 15.6.2007 die entsprechenden letzten Handelstage der Optionen dar. Ausgehend vom 10.10.2006 ergeben sich daraus bei kalenderechter Ermittlung der Tage folgende jahresanteilige Restlaufzeiten der nachstehenden Tabelle 15.[521]

| letzter Handelstag | jahresanteilige Restlaufzeit |
|---|---|
| 17.11.2006 | 38/365-stel[522] |
| 15.12.2006 | 66/365-stel[523] |
| 16.3.2007 | 157/365-stel[524] |
| 15.6.2007 | 248/365-stel[525] |

Tabelle 15: Jahresanteilige Restlaufzeit der Optionen mit Fälligkeitsmonat Nov. 2006, Dez. 2006, Mrz. 2007 und Jun. 2007

[519] Damit werden für die Allianz AG alle Calls mit Ausübungspreisen zwischen 128,99 € und 157,65 € betrachtet. Für die DaimlerChrysler AG werden somit alle Calls mit Ausübungspreisen zwischen 35,85 € und 43,81 € in die Untersuchung einbezogen. Grund für die Einschränkung auf Optionen, deren Ausübungspreis nahe am aktuellen Aktienkurs des Basiswerts liegt, ist die empirische Beobachtung, dass das Handelsvolumen dieser Optionen besonders hoch ist und daher davon ausgegangen werden kann, dass die Marktpreise dieser Optionen nicht durch einen zu geringen Handel verzerrt sind. So zeigen in einer Untersuchung von 697.733 Aktienoptionstransaktionen an der CBOE, dass ca. 41 % aller Transaktionen auf Optionen mit einem Ausübungspreis im Bereich von ±5 % um den aktuellen Aktienkurs entfallen. In einem Bereich von ±10 % um den aktuellen Aktienkurs sind es hingegen bereits 67 %. Vgl. Barone-Adesi/Whaley (1986), S. 96. Stephan/Whaley (1990) zeigen anhand von 950.346 Aktienoptionstransaktionen an der CBOE, dass ca. 58 % auf einen Bereich von ±5 % um den aktuellen Aktienkurs und ca. 85 % auf einen Bereich von ±10 % um den aktuellen Aktienkurs entfallen. Vgl. Stephan/Whaley (1990), S. 197.

[520] Die aus Sicht des 10.10.2006 nur noch bis zum 20.10.2006 laufenden Calls mit Fälligkeit Oktober 2006 werden in die Untersuchung aufgrund der besonders kurzen Restlaufzeit nicht einbezogen.

[521] Da im Weiteren die Schlusskurse am 10.10.2006 zur Ermittlung der impliziten Volatilität herangezogen werden, wird in der kalenderechten Berechnung bis zum Ende der Optionslaufzeit der 10.10.2006 nicht mitgezählt. Der letzte Handelstag wird jedoch in die Berechnung einbezogen, da der Verfalltag einer Aktienoption an der EUREX der auf den letzten Handelstag folgende Börsentag ist. Vgl. EUREX (2006), S. 41.

[522] Diese Summe von 38 Tagen ergibt sich aus 21 Tagen im Oktober 2006 und 17 Tagen im November 2007. Daraus folgt: 21+17=38.

[523] Diese Summe von 66 Tagen ergibt sich aus 21 Tagen im Oktober 2006, 15 Tagen im Dezember 2007 und der kalenderechten Summe der Tage des Monats November 2006. Daraus folgt: 21+30+15=66.

[524] Diese Summe von 157 Tagen ergibt sich aus 21 Tagen im Oktober 2006, 16 Tagen im März 2007 und der kalenderechten Summe der Tage der Monate November 2006 bis (einschließlich) Februar 2007. Daraus folgt: 21+30+31+31+28+16=157.

[525] Diese Summe von 248 Tagen ergibt sich aus 21 Tagen im Oktober 2006, 15 Tagen im Juni 2007 und der kalenderechten Summe der Tage der Monate November 2006 bis (einschließlich) Mai 2007. Daraus folgt: 21+30+31+31+28+31+30+31+15=248.

Mit der kalenderechten Ermittlung der Restlaufzeit wird bei der Ermittlung der impliziten Volatilität davon ausgegangen, dass die Aktienkursschwankungen allein durch neue Informationen ausgelöst werden, die auch an Kalendertagen, die nicht Handelstage sind, eintreffen können.[526] Wird dagegen vermutet, dass ein Großteil der Volatilität bereits durch den Handel an sich ausgelöst wird, so dürfte lediglich die Zahl der Handelstage der Ermittlung der impliziten Volatilität zugrunde gelegt werden.[527] Da die Ermittlung der Restlaufzeit auf Basis von Kalender- oder Handelstagen lediglich bei der Bewertung von Optionen mit sehr kurzer Restlaufzeit von Bedeutung ist und diese Optionen hier ausgeschlossen wurden, wird eine in Kalendertagen gemessene Restlaufzeit zur Ermittlung der impliziten Volatiltät verwendet.

Wird darüber hinaus vereinfachungsbedingt davon ausgegangen, dass auch für innerhalb eines Jahres fällige Optionen der risikolose Zinssatz von Null-Kuponanleihen mit einer Restlaufzeit von einem Jahr eine hinreichend genaue Bewertung der Optionen erlaubt, kann unter Verwendung des von der Deutschen Bundesbank geschätzten diskreten risikolosen Zinssatzes einer (hypothetischen) Null-Kuponanleihe mit einer Restlaufzeit von einem Jahr mit (3.4) ein stetiger risikoloser Zinssatz $r_{fc,1}$ mit

$$r_{fc,1} = \ln\left(1 + r_{f,1}\right) = \ln\left(1{,}0362\right) \approx 3{,}55602\,\%$$

berechnet werden.[528] Die nachstehende Tabelle 16 zeigt auf der Basis dieser Parameter die ermittelten impliziten Volatilitäten aus den entsprechenden Aktienoptionen per 10.10.2006:

---

526 Vgl. Wallmeier (2003), S. 172; Hull (2003), S. 251.

527 Hierfür sprechen die Untersuchungen von French (1980) zum sog. *weekend effect* und von French/Roll (1986). Daher schlägt French (1984) die Bewertung von Optionen auf Basis von zwei unterschiedlichen Restlaufzeiten vor. Vgl. French (1984), S. 550; Hull (2003), S. 252.

528 Alternativ könnte mit Hilfe der von der Deutschen Bundesbank angegebenen Parameter zur Schätzung der Zinsstruktur versucht werden, einen risikolosen Zinssatz für Anlagen mit einer Restlaufzeit von unter einem Jahr zu approximieren. Da die Zinsstrukutur am 10.10.2006 im sehr kurzfristigen Bereich mit Restlaufzeiten von bis zu ca. drei Jahren ohnehin sehr flach verläuft, wird auf die Schätzung eines sehr kurzfristigen risikolosen Zinssatzes von Null-Kuponanleihen mit einer Restlaufzeit von unter einem Jahr vereinfachungsbedingt verzichtet. Zu den von der Deutschen Bundesbank am 10.10.2006 geschätzten risikolosen Zinssätzen der Zinsstruktur siehe Tabelle 1.

| | Allianz AG | | | DaimlerChrysler AG | | |
|---|---|---|---|---|---|---|
| Fälligkeits-monat | Ausübungs-preis in € | Options-preis in € | Implizite Volatilität | Ausübungs-preis in € | Options-preis in € | Implizite Volatilität |
| Nov. 2006 | 130 | 14,20 | 0,25631 | 36 | 4,08 | 0,28877 |
| | 135 | 9,78 | 0,23179 | 37 | 3,18 | 0,26313 |
| | 140 | 5,99 | 0,21570 | 38 | 2,36 | 0,24558 |
| | 145 | 3,19 | 0,20729 | 39 | 1,65 | 0,23335 |
| | 150 | 1,48 | 0,20458 | 40 | 1,09 | 0,22739 |
| | 155 | 0,63 | 0,20725 | 41 | 0,67 | 0,22267 |
| | | | | 42 | 0,39 | 0,22115 |
| | | | | 43 | 0,22 | 0,22265 |
| Dez. 2006 | 130 | 15,14 | 0,25419 | 36 | 4,31 | 0,27675 |
| | 135 | 11,02 | 0,23629 | 37 | 3,46 | 0,25748 |
| | 140 | 7,46 | 0,22287 | 38 | 2,69 | 0,24360 |
| | 144,78 | 4,76 | 0,21418 | 39 | 2,01 | 0,23244 |
| | 145 | 4,64 | 0,21330 | 40 | 1,45 | 0,22557 |
| | 150 | 2,66 | 0,20798 | 41 | 1,00 | 0,21990 |
| | 153,83 | 1,64 | 0,20536 | 42 | 0,67 | 0,21736 |
| | 155 | 1,40 | 0,20468 | 43 | 0,43 | 0,21515 |
| Mrz. 2007 | 130 | 17,89 | 0,25289 | 36 | 5,08 | 0,28056 |
| | 135 | - | - | 38 | 3,63 | 0,25777 |
| | 140 | 10,87 | 0,22984 | 40 | 2,43 | 0,24076 |
| | 145 | 8,07 | 0,22189 | 42 | 1,54 | 0,23086 |
| | 150 | 5,82 | 0,21655 | 42,5 | - | - |
| Jun. 2007 | 130 | 19,49 | 0,23440 | 34 | 6,87 | 0,26654 |
| | 140 | 12,79 | 0,21813 | 36 | 5,28 | 0,24357 |
| | 150 | 7,73 | 0,20792 | 38 | 3,90 | 0,22799 |
| | | | | 40 | 2,75 | 0,21649 |
| | | | | 42 | 1,88 | 0,21061 |
| | | | | 44 | 1,23 | 0,20594 |

Tabelle 16: Implizite Volatilitäten aus ausgewählten Aktienoptionen[529]

Die Ergebnisse der Ermittlung der impliziten Volatilität in Tabelle 16 stehen jedoch im Widerspruch zu der zentralen Annahme des BSM-Modells, wonach eine konstante Volatilität unterstellt wird.[530] Infolgedessen müsste sich bei Gültigkeit des BSM-Modells aus den Marktpreisen aller Optionen auf denselben Basiswert auch bei unterschiedlichen Ausübungspreisen ein und dieselbe implizite Volatilität ergeben.[531] Die empirische Beobachtung unterschiedlicher impliziter Volatilitäten bei unterschiedlichen Ausübungspreisen der ansonsten identischen Optionen wird als *volatility smile* bezeichnet und beschreibt, wie die implizite Volatilität aus Optionen eines einheitlichen Fälligkeitszeitpunkts mit dem Ausübungspreis der Optio-

[529] Für den Call auf die Aktie der Allianz AG mit Fälligkeit März 2007 und Ausübungspreis 135 € sowie den Call auf die Aktie der DaimlerChrysler AG mit Fälligkeit März 2007 und Ausübungspreis 42,50 € liegen zum 10.10.2006 keine Schlusskurse vor, so dass aus diesen beiden Calls keine implizite Volatilität ermittelt werden kann.

[530] Siehe AM 7 in Kapitel 4.3.1.

[531] Vgl. Latané/Rendleman (1976), S. 370–371; Campbell/Lo/MacKinley (1997), S. 378.

nen schwankt.[532] Daneben ist anhand der Ergebnisse aus Tabelle 16 auch erkennbar, dass die aus den Marktpreisen von Optionen mit identischem Ausübungspreis ermittelte implizite Volatilität mit der Restlaufzeit der Option variiert. Diese Beobachtung wird als *term structure of volatility* bezeichnet und steht ebenfalls im Widerspruch zu der Annahme einer konstanten Volatilität.[533] Bei Gültigkeit des BSM-Modells müsste aus den Marktpreisen aller Optionen auf denselben Basiswert auch über unterschiedliche Restlaufzeiten hinweg eine identische implizite Volatilität ermittelt werden können.

Als Ursachen für diese Beobachtungen kommen einerseits die auf real exisiterenden Kapitalmärkten bestehenden Marktunvollkommenheiten (z.B. Transaktionskosten, Steuern und Leerverkaufsbeschränkungen) in Betracht, die verhindern könnten, dass sich der nach dem BSM-Modell ergebende Optionspreis auf dem Kapitalmarkt auch tatsächlich einstellt.[534] Andererseits ist denkbar, dass der Preis einer Aktie nicht dem im BSM-Modell unterstellten stochastischen Prozess, sondern einem komplexeren stochastischen Prozess folgt.[535] Zwar wurde die Existenz von *volatility smiles* in zahlreichen empirischen Untersuchungen nachgewiesen und untersucht, jedoch scheint keine eindeutige Aussage über die Ursache für deren Existenz zu bestehen. Im Ergebnis führt die Existenz von *volatility smiles* zu einer Skepsis hinsichtlich der Gültigkeit des BSM-Modells.[536]

Da in Abhängigkeit des Ausübungspreises und der Restlaufzeit der Optionen regelmäßig unterschiedliche implizite Volatilitäten ermittelt werden, wird weiterhin diskutiert, wie ein möglichst repräsentativer Wert als Punktschätzung für die implizite Volatilität ermittelt werden kann.[537] Neben einer einfachen Durchschnittsbildung, die sämtlichen impliziten Volatilitäten aus den Optionen mit identischem Fälligkeitszeitpunkt einheitliche Gewichte zuordnet,[538] wird vorgeschlagen, die impliziten Volatilitäten mit der Sensitivität des Optionspreises bezüglich der Volatilität zu gewichten, da bei einer einheitlichen Gewichtung der impliziten Volatilitäten vernachlässigt wird, dass die Preise der Optionen unterschiedlich stark auf Änderungen

---

532 Vgl. Chriss (1997), S. 341; Chance (1996), S. 860; Rudolph/Schäfer (2005), S. 267, 269; Dupire (1994), S. 18; Wallmeier (2003), S. 54–56; mit graphischer Darstellung für S&P 500 Indexoptionen Rubinstein (1994), S. 777 und auch Barle/Cakici (1995), S. 76.

533 Vgl. Canina/Figlewski (1993), S. 665–667; Derman/Kani (1994), S. 32–33.

534 Vgl. Wallmeier (2003), S. 62–63.

535 Vgl. Campbell/Lo/MacKinley (1997), S. 378–379; Wallmeier (2003), S. 56–62.

536 Vgl. Gemmill (1986), S. 535.

537 Vgl. Mayhew (1995), S. 9.

538 Vgl. z.B. Schmalensee/Trippi (1978), S. 132.

der Volatilität reagieren.[539] Ein mit den Optionsvegas gewichteter Mittelwert als Punktschätzung für die implizite Volatilität unterliegt indes der Kritik, dass sich die Gewichte einerseits nicht zu eins summieren und andererseits nur die absolute Höhe der Änderung des Optionspreises bei einer Änderung der Volatilität berücksichtigt wird. Die absolute Höhe des Optionspreises hat jedoch unter den Annahmen des BSM-Modells keinen Einfluss auf die Höhe der Volatilität, weshalb eine Gewichtung der impliziten Volatilitäten auf Basis der (relativen) Volatilitätselastizität des Optionspreises vorgeschlagen wird.[540] Nicht zuletzt existieren neben weiteren Ansätzen, die das Handelsvolumen der Optionen berücksichtigen auch Ansätze, die eine Minimierung der gewichteten quadratischen Abweichung zwischen dem beobachteten Marktpreis und dem Optionspreis nach dem BSM-Model verfolgen.[541]

Die Frage, welche der genannten Methoden zur Ableitung einer Punktschätzung die beste Schätzung für die Volatilität der unsicheren zukünftigen Rendite darstellt, wurde in zahlreichen empirischen Untersuchungen analysiert. Auf Basis der Schlusskurse von 6.179 Optionen der CBOE im Zeitraum vom 13.10.1975 bis 23.1.1976 und unter Berücksichtigung von Dividendenzahlungen zeigen die Ergebnisse von Beckers (1981), dass die mit der Methode der Minimierung der quadratischen Abweichungen ermittelte implizite Volatilität eine bessere Schätzung für die Volatilität darstellt, als ein mit den Optionsvegas gewichteter Mittelwert der impliziten Volatilitäten.[542] Für den Zeitraum von 17.1.1975 bis 3.2.1978 gelangt Whaley (1982) auf der Grundlage der amerikanischen Calls auf 91 Dividenden zahlende Aktien an der CBOE zu ähnlichen Ergebnissen und stellt ebenfalls fest, dass die mit der Methode der Minimierung der quadratischen Abweichungen ermittelte implizite Volatilität als Schätzung für die Volatilität allen anderen Punktschätzungen auf Basis irgendeines Gewichtungsschemas vorzuziehen ist.[543] Gemmill (1986) untersucht Optionen von 13 Aktien auf dem London Traded Options Market anhand monatlicher Schlusskurse im Zeitraum von Mai 1978 bis Juli 1983 und kommt zu dem Ergebnis, dass die nahe am Geld liegenden Optionen die größte Menge an relevanten Informationen zur Schätzung der Volatilität enthalten.[544] Zu einem ähnlichen Ergebnis kommt auch Beckers (1981), womit der Schluss nahe liegt, dass die

539 Dabei wird davon ausgegangen, dass Fehler bei der Schätzung der impliziten Volatilität aus Optionen, deren Preis in Bezug auf die Volatiltität weniger sensitiv ist, vermutlich höher sind, als bei Optionen mit hohen Optionsvegas. Vgl. Latané/Rendleman (1976), S. 371; Mayhew (1995), S. 9.

540 Vgl. Chiras/Manaster (1978), S. 218.

541 Vgl. Rudolph/Schäfer (2005), S. 268; zu einer Gewichtungsmethode in Abhängigkeit des Handelsvolumens Day/Lewis (1988), S. 109–111.

542 Vgl. Beckers (1981), S. 367, 380.

543 Vgl. Whaley (1982), S. 57.

544 Vgl. Gemmill (1986), S. 545.

nahe am Geld bzw. knapp im Geld liegende Option anscheinend als Schätzung der Volatilität mindestens genauso gut geeignet ist, wie irgendeiner der gewichteten Durchschnitte.[545]

Obwohl Brenner/Galai (1984) anhand umsatzstarker Optionen auf die IBM Aktie im Zeitraum vom 3.6.1977 bis 21.10.1977 zeigen, dass der Durchschnitt der mehrmals innerhalb eines Tages ermittelten impliziten Volatilitäten als ein zuverlässigeres Maß zur Schätzung der Volatilität angesehen werden kann,[546] wird im Folgenden zur Schätzung der Volatilität die implizite Volatilität einer nahe am oder knapp im Geld liegenden Option herangezogen.[547] Unterstützt wird diese Vorgehensweise von der als *„consensus opinion"* [548] bezeichneten Auffassung, wonach das BSM-Modell für Optionen nahe am Geld ein hinreichend gutes Bewertungsmodell darstellt und die implizite Volatilität aus diesen Optionen zur Schätzung der Volatilität der unsicheren zukünftigen Rendite einer Aktie geeignet ist.[549]

### 4.4.4 Würdigung der impliziten Volatiliät als Schätzung für die Volatilität der unsicheren zukünftigen Rendite

Bevor Aussagen hinsichtlich der Eignung einer impliziten Volatilität als zukunftsorientierte Schätzung der Volatilität der unsicheren zukünftigen Rendite getroffen werden können, sind mit Blick auf die vorherrschenden Kapitalmarktverhältnisse nochmals zwei Aspekte der in Kapitel 4.4.3 vorgenommenen Ermittlung der impliziten Volatilität zu verdeutlichen. Erstens handelt es sich bei den Optionen auf einzelne Aktien, die an der EUREX gehandelt werden, um Optionen amerikanischen Typs. Zwar kann mit Hilfe des BSM-Modells eine sichere und konstante stetige Divdendenrendite des Basiswerts berücksichtigt werden, jedoch wird ein gegebenenfalls vorhandener positiver Wert des vorzeitigen Ausübungsrechts nicht berücksichtigt. In diesem Fall wird bei der Bewertung mit Hilfe des BSM-Modells ein Bewertungsfehler gemacht, der mit Blick auf empirische Untersuchungen zwar gering ist, jedoch Einfluss auf die Höhe der geschätzten impliziten Volatilität nimmt. Zweitens wurden für die in Kapi-

---

545 Vgl. Beckers (1981), S. 380; Mayhew (1995), S. 10.

546 Als Hauptgrund hierfür wird angeführt, dass die an einem bestimmten Tag beobachteten Schlusskurse für den Basiswert und die betreffende Option nicht notwendigerweise zum gleichen Zeitpunkt beobachtet werden konnten. Vgl. Brenner/Galai (1984), S. 404.

547 Einen breiteren Überblick über die empirischen Untersuchungsergebnisse der unterschiedlichen Gewichtungsmöglichkeiten der impliziten Volatilitäten z.B. auch aus Währungs- und Rohstoffoptionen bietet Mayhew (1995), S. 10–11.

548 Mayhew (1995), S. 14 (ohne Hervorhebung im Original).

549 Vgl. Wallmeier (2003), S. 154; Corrado/Miller (1996), S. 602; mit einem guten Literaturüberblick Mayhew (1995), S. 10, 14.

tel 4.4.3 vorgenommene Schätzung der impliziten Volatilität in Bezug auf die Schätzung der konstanten Dividendenrendite, des risikolosen Zinssatzes, der Ermittlung der jahresanteiligen Restlaufzeit und mit der Verwendung der Schlusskurse der Optionen Vereinfachungen vorgenommen, die die Höhe der impliziten Volatilität ebenfalls beeinflussen können.

Die Würdigung der impliziten Volatilität hängt letztlich davon ab, ob die implizite Volatilität eine bessere Schätzung für die Volatilität der unsicheren zukünftigen Rendite eines riskanten Wertpapiers darstellt, als eine Schätzung auf Basis historischer Renditen (Prognosegüte). Die Ergebnisse zahlreicher empirischer Untersuchungen hierzu liefern jedoch kein klares Bild.[550] So weisen die frühen empirischen Untersuchungen überwiegend darauf hin, dass die implizite Volatilität eine bessere Schätzung der Volatilität der unsicheren zukünftigen Rendite darstellt, als eine historische Volatilität auf Basis der Renditen aus historischen Schlusskursen.[551] Mit der Erarbeitung verbesserter Schätzverfahren z.B. unter Einbezug von Eröffnungs-, Hoch-, Tief- und Schlusskursen oder eines GARCH-Modells ergibt sich bereits ein gemischteres Bild über die Prognosegüte der impliziten Volatilität.[552] Eine extreme Position vertreten indes Canina/Figlewski (1993), die anhand einer Untersuchung von über 17.000 S&P 100-Indexoptionen im Zeitraum vom 15.3.1983 bis 28.3.1987 zu dem Ergebnis kommen, dass die implizite Volatilität eine ineffiziente und verzerrte Schätzung der anschließend über die verbleibende Restlaufzeit einer Option realisierten Volatilität der Rendite des Basiswerts darstellt und darüber hinaus nicht über den Informationsgehalt einer historischen Volatilität verfügt.[553] Dagegen kommen Christensen/Prabhala (1998) in ihrer Untersuchung der S&P 100-Indexoptionen über einen ähnlichen Zeitraum von November 1983 bis Mai 1995 zu den Ergebnissen, dass die historische Volatilität einen deutlich geringeren bzw. bisweilen keinen zusätzlichen Erklärungsgehalt gegenüber der impliziten Volatilität aufweist.[554] Darüber hinaus stellen die Autoren fest, dass die implizite Volatilität allein oder in Kombination mit einer historischen Volatilität, die anschließend realisierte Volatilität der Rendite des Basiswerts prognos-

---

[550] Vgl. auch Wallmeier (2003), S. 154–155.

[551] Vgl. z.B. Latané/Rendleman (1976); Schmalensee/Trippi (1978); Chiras/Manaster (1978) und Beckers (1983).

[552] Einen guten Überblick über die empirischen Ergebnisse auch aus der Untersuchung von Aktienindexoptionen, Optionen auf amerikanische und deutsche Staatsanleihen oder Währungsoptionen gibt Mayhew (1995), S. 11–13.

[553] Vgl. Canina/Figlewski (1993), S. 660, 664.

[554] Vgl. Christensen/Prabhala (1998), S. 127–128. Die Autoren begründen ihr Ergebnis damit, dass sie im Gegensatz zu Canina/Figlewski keine überlappenden Zeitperioden in ihre Untersuchung einbeziehen. So kommen Christensen/Prabhala u.a. auch zu dem Schluss, dass „the apparent inefficiency of implied volatility reported by CF [Canina/Figlewski (1993)] seems to be an artifact of their overlapping sampling method." Christensen/Prabhala (1998), S. 128.

tizieren kann.[555] In einer neueren Untersuchung von Christensen/Hansen (2002) können die Ergebnisse von Christensen/Prabhala (1998), wonach die implizite Volatilität eine unverzerrte und effiziente Schätzung der Volatilität der unsicheren zukünftigen Rendite des Basiswerts darstellt, für S&P 100-Indexoptionen bestätigt werden.[556] Dagegen kommt Fleming (1998) in einer Untersuchung von S&P 100-Indexoptionen im Zeitraum von Oktober 1985 bis April 1992 zu dem Ergebnis, dass die implizite Volatilität zwar eine verzerrte Schätzung für die Volatilität der unsicheren zukünftigen Rendite liefert, die Stärke der Verzerrung jedoch gering ist.[557]

Bereits die vorgestellte Auswahl der Ergebnisse empirischer Untersuchungen zeigt, dass die Frage, ob die implizite Volatilität zur Schätzung der Volatilität der unsicheren zukünftigen Rendite des Basiswerts geeignet ist, nicht abschließend beantwortet werden kann. Daher finden sich über die Eignung der impliziten Volatilität z.B. Aussagen wie: „It has become almost an article of faith in the academic finance profession that the implied volatility is the “market's” volatility forecast, and that it is a better estimate than historical volatility”[558]. Dennoch lässt sich den empirischen Studien überwiegend entnehmen, dass die implizite Volatilität zur Schätzung der Volatilität der unsicheren zukünftigen Rendite tendenziell geeigneter ist, als eine historische Volatilität.[559] Nicht zuletzt erscheint die Verwendung stichtagsbezogener Marktpreise zur zukunftsorientierten Schätzung der Volatilität der unsicheren zukünftigen Rendite des Basiswerts mit Hilfe einer impliziten Volatilität aus Optionen konzeptionell überzeugender, als die auf historischen Renditen basierende Schätzung, mit der eine Übertragung vergangenheitsbezogener Kapitalmarktverhältnisse auf die Zukunft einhergeht.

## 4.5 Ermittlung einer impliziten Korrelation

### 4.5.1 Ansatz zur Ermittlung der impliziten Korrelation mit Hilfe der Portfoliotheorie

Wird an der Verwendung einer impliziten Volatilität als zukunftsorientierte Schätzung der Volatilität der unsicheren zukünftigen Rendite eines riskanten Wertpapiers (z.B. einer Aktie)

---

[555] Vgl. Christensen/Prabhala (1998), S. 148.
[556] Vgl. Christensen/Hansen (2002), S. 203.
[557] Vgl. Fleming (1998), S. 323, 341, der explizit die Beobachtungen während des Crashs im Oktober 1987 aus der Untersuchung ausklammert.
[558] Canina/Figlewski (1993), S. 660.
[559] Vgl. Mayhew (1995), S. 13; Whaley (1982), S. 34.

$S_l$ mit $l \neq 0$ festgehalten, bedarf es zur zukunftsorientierten Schätzung des Betafaktors einer bestimmten Aktie ebenfalls der zukunftsorientierten Schätzung der Korrelation zwischen der unsicheren zukünftigen Rendite dieser Aktie und der unsicheren zukünftigen Rendite des Marktindexes. Grundsätzlich kann die Schätzung der Korrelation wiederum unter Verwendung historischer Renditen der Aktie und des Marktindexes vorgenommen werden.[560] Ziel ist es hingegen, mit der impliziten Korrelation die in den Marktpreisen von Optionen zum Ausdruck kommende Erwartungen der Kapitalmarktteilnehmer über die Korrelation der unsicheren zukünftigen Renditen als Schätzung für die Korrelation zu verwenden.[561]

Die Ermittlung der impliziten Korrelation $\rho_{l,M}$ zwischen den unsicheren zukünftigen Renditen $\tilde{r}_l$ und $\tilde{r}_M$ könnte aus dem beobachtbaren Marktpreis einer Option auf ein Portofolio, das ausschließlich aus der Aktie $S_l$ und dem Marktindex $S_M$ besteht, gewonnen werden, sofern die impliziten Volatilitäten $\hat{\sigma}_l$ und $\hat{\sigma}_M$ z.B. aus Standardoptionen bekannt sind. Ist der Marktpreis einer Option auf ein solches Portfolio auf dem Kapitalmarkt beobachtbar, kann in einem ersten Schritt mit Hilfe der in Kapitel 4.4.2 vorgestellten Verfahren die implizite Volatilität der Rendite dieses Portfolios $\hat{\sigma}_{PF}$ ermittelt werden.

In einem zweiten Schritt kann der aus der Portfoliotheorie bekannte allgemeine Zusammenhang für die Varianz der Rendite eines Portfolios $\sigma_{PF}^2$, das aus einer beliebigen Anzahl von $L+1<\infty$ unterschiedlichen Wertpapieren besteht, verwendet werden. Demnach gilt:

$$\sigma_{PF}^2 = \sum_{l=0}^{L} \sum_{m=0}^{L} x_l \cdot x_m \cdot \operatorname{cov}(\tilde{r}_l, \tilde{r}_m) \tag{4.61}$$

mit $l, m = 0, 1, 2, ..., L$, wobei $x_l$ bzw. $x_m$ den Marktwertanteil des jeweiligen Wertpapiers am Gesamtmarktwert des Portofolios bezeichnet.[562] Unter Verwendung von

$$\operatorname{cov}(\tilde{r}_l, \tilde{r}_m) = \rho_{l,m} \sigma_l \sigma_m$$

lässt sich (4.61) zu

560 Da hierzu im Wesentlichen dieselben Methoden und Modelle wie zur Schätzung der Volatilität auf Basis historischer Renditen zur Verfügung stehen, wird diesbezüglich auf die Literatur verwiesen. Vgl. z.B. Hull (2003), S. 372–388; Poddig/Dichtl/Petersmeier (2000), S. 64–70.

561 Daher werden im Rahmen der Ermittlung der impliziten Korrelation nur die $L$ riskanten Wertpapiere mit $l = 1, 2, ..., L$ ohne das risikolose Wertpapier $l = 0$ betrachtet.

562 Vgl. Markowitz (1952), S. 81; Sharpe (1970), S. 42–43; Haley/Schall (1973), S. 118.

$$\sigma_{PF}^2 = \sum_{l=0}^{L} x_l^2 \sigma_l^2 + \sum_{l=0}^{L} \sum_{m=0, m \neq l}^{L} x_l x_m \rho_{l,m} \sigma_l \sigma_m \tag{4.62}$$

umformen.

Für den Fall, dass das Portfolio lediglich aus einer bestimmten Aktie $S_l$ und dem Aktienindex $S_M$ besteht, d.h. $x_l, x_M \neq 0$ gilt, folgt aus (4.62) für die Varianz der Rendite dieses Portfolios

$$\sigma_{PF}^2 = x_l^2 \sigma_l^2 + x_M^2 \sigma_M^2 + 2 x_l x_M \rho_{l,M} \sigma_l \sigma_M . \tag{4.63}$$

Wird (4.63) nach der Korrelation $\rho_{l,M}$ aufgelöst, gilt

$$\rho_{l,M} = \frac{\sigma_{PF}^2 - \left( x_l^2 \sigma_l^2 + x_M^2 \sigma_M^2 \right)}{2 x_l x_M \sigma_l \sigma_M} . \tag{4.64}$$

Werden die impliziten Volatilitäten $\hat{\sigma}_l$, $\hat{\sigma}_M$ und $\hat{\sigma}_{PF}$ in (4.64) eingesetzt, kann unter Verwendung der bekannten Marktwertanteile $x_l$ und $x_M$ eine implizite Korrelation $\hat{\rho}_{l,M}$ ermittelt werden.

Obwohl der Ansatz eine einfache Ermittlung der gesuchten impliziten Korrelation erlaubt, scheitert die praktische Anwendung dieses Ansatzes daran, dass auf einem real existierenden Kapitalmarkt keine Wertpapiere auf Portfolios gehandelt werden, die lediglich aus einer bestimmten Aktie und dem Marktindex bestehen und infolgedessen auch keine Optionen auf diese Portfolios existieren. Daher misslingt bereits die Schätzung der impliziten Volatilität der Rendite des Portfolios, womit die Ermittlung einer impliziten Korrelation unter Verwendung von (4.64) ebenfalls unmöglich ist. Folglich werden andere Verfahren benötigt, die die Schätzung einer impliziten Korrelation erlauben.

### 4.5.2 Ansatz zur Ermittlung der impliziten Korrelation aus Austauschoptionen

#### 4.5.2.1 Definition und Eigenschaften von Austauschoptionen

Die bisherigen Überlegungen zur Schätzung der impliziten Korrelation zwischen der unsicheren zukünftigen Rendite einer bestimmten Aktie $\tilde{r}_l$ und der Rendite des Marktindexes $\tilde{r}_M$ lassen vermuten, dass hierzu ein auf dem Kapitalmarkt gehandeltes Derivat benötigt wird, das die beiden riskanten Wertpapiere $S_l$ und $S_M$ beinhaltet und dessen Preis von der Korrelation der zukünftigen unsicheren Renditen der beiden riskanten Wertpapiere abhängt. Ein solches

Derivat stellt z.B. eine Austauschoption (*exchange option*) dar, die das vertraglich vereinbarte Recht verkörpert, ein bestimmtes riskantes Wertpapier (Basiswert) während oder nur am Ende der Optionslaufzeit gegen Hingabe eines im Emissionszeitpunkt festgelegten anderen riskanten Wertpapiers, das den Ausübungspreis verkörpert, zu erwerben bzw. zu tauschen.[563] Kann die Austauschoption und damit das Recht auf Erwerb des Basiswerts im Tausch gegen ein anderes riskantes Wertpapier nicht nur am Ende der Optionslaufzeit ausgeübt werden, handelt es sich um eine Austauschoption amerikanischen Typs und andernfalls um eine europäische Austauschoption.[564]

Allgemein kann der Preis einer europäischen Kauf-Austauschoption (*european call exchange option*) auf den Erwerb eines bestimmten Basiswerts $S_l$ gegen Hingabe eines riskanten Wertpapiers $S_m$ (Ausübungspreis) in $t$ mit $C^{ex}_{l,m,t}$ bezeichnet werden, wobei $l,m=1,...,L$ und $l \neq m$ gilt. Am Ende der Optionslaufzeit in $T$ kann der Wert der Call-Austauschoption anhand der zustandsabhängigen Zahlungen gemäß

$$C^{ex}_{l,m,T} = \begin{Bmatrix} S_{l,T} - S_{m,T} & \text{falls } S_{l,T} > S_{m,T} \\ 0 & \text{sonst} \end{Bmatrix} \text{ bzw. } C^{ex}_{l,m,T} = \max\{0; S_{l,T} - S_{m,T}\} \quad (4.65)$$

beschrieben werden.[565] Ein rational handelnder Optionsinhaber wird gemäß (4.65) von dem Recht der Austauschoption nur dann Gebrauch machen, falls in $T$ der Preis des riskanten Wertpapiers $l$ über dem als Ausübungspreis zu interpretierenden Preis des riskanten Wertpapiers $m$ liegt, mithin $S_{l,T} > S_{m,T}$ gilt. Andernfalls, d.h. sofern $S_{l,T} \leq S_{m,T}$ gilt, wird der Optionsinhaber die Option nicht ausüben, so dass die Call-Austauschoption wertlos verfällt.[566]

Anhand von (4.65) kann bereits eine besondere Eigenschaft von Austauschoptionen festgestellt werden, die darin besteht, dass jede Call-Austauschoption auch als Put-Austauschoption und umgekehrt interpretiert werden kann.[567] Um diese Identität zu verdeutlichen, wird die

---

563 Vgl. z.B. Hull (2003), S. 445.

564 Eine amerikanische Austauschoption (*american exchange option*) unterscheidet sich von einer ansonsten identischen europäischen Austauschoption lediglich durch das Recht der vorzeitigen Ausübung. Da das vorzeitige Ausübungsrecht der amerikanischen Austauschoption jedoch nur vor dem Ende der Optionslaufzeit einen positiven Wert aufweisen kann, weisen die europäische und die amerikanische Austauschoption am Ende der Optionslaufzeit identische Werte auf. Da für die weitere Untersuchung eine gesonderte Diskussion amerikanischer Austauschoptionen nicht erforderlich ist, wird diesbezüglich auf die Literatur verwiesen. Vgl. z.B. Bjerksund/Stensland (1993), S. 761–763; Margrabe (1978), S. 180–181.

565 Vgl. Hull (2003), S. 445.

566 Vgl. Margrabe (1978), S. 178.

567 Vgl. Margrabe (1978), S. 178.

folgende Definition der Put-Austauschoption in Zusammenhang mit (4.65) vorgenommen. Demnach kann der Preis einer europäischen Verkauf-Austauschoption (*european put exchange option*) auf den Verkauf des Basiswerts $S_m$ gegen Erhalt des riskanten Wertpapiers $S_l$ (Ausübungspreis) in $t$ mit $P^{ex}_{m,l,t}$ bezeichnet werden. Am Ende der Optionslaufzeit in $T$ kann der Preis einer Put-Austauschoption anhand der zustandsabhängigen Zahlungen gemäß

$$P^{ex}_{m,l,T} = \begin{Bmatrix} S_{l,T} - S_{m,T} & \text{falls } S_{l,T} > S_{m,T} \\ 0 & \text{sonst} \end{Bmatrix} \text{ bzw. } P^{ex}_{m,l,T} = \max\left\{0; S_{l,T} - S_{m,T}\right\} \quad (4.66)$$

beschrieben werden. Mit der Identität der zustandsabhängigen Zahlungen gemäß (4.65) und (4.66) zeigt sich, dass sich Call- und Put-Austauschoptionen lediglich in Bezug auf die Interpretation des Ausübungspreises unterscheiden und ineinander überführt werden können. In diesem Zusammenhang ist zudem festzustellen, dass die Höhe des Ausübungspreises, der durch den Preis eines riskanten Wertpapiers verkörpert wird, im Gegensatz zu den Standardoptionen auf eine einzelne Aktie oder einen Marktindex keine sichere Größe darstellt, sondern im Zeitablauf unsicher ist.

Die Put-Call-Parität für europäische Austauschoptionen kann mittels Vergleich der zustandsabhängigen Zahlungen zweier Portfolios G und H abgeleitet werden. Dabei wird in $t$ ein Portfolio G gebildet, das aus einer *long*-Position in einer Call-Austauschoption auf den Erwerb des riskanten Wertpapiers $S_l$ gegen Hingabe des riskanten Wertpapiers $S_m$ und einer *short*-Position in einer Put-Austauschoption auf den Verkauf des riskanten Wertpapiers $S_l$ gegen Erhalt des riskanten Wertpapiers $S_m$ besteht. Das Portfolio H enthält dagegen eine *long*-Position von einer Einheit von $S_l$ und eine *short*-Position von einer Einheit von $S_m$. Die Tabelle 17 zeigt die zustandsabhängigen Zahlungen der beiden Portfolios.

| Position | Zahlungen in $t$ | Zahlungen in $T$ | |
|---|---|---|---|
| | | $S_{l,T} > S_{m,T}$ | $S_{l,T} \leq S_{m,T}$ |
| Call-Austauschoption $C^{ex}_{l,m,t}$ (*long*) | $-C^{ex}_{l,m,t}$ | $+S_{l,T} - S_{m,T}$ | 0 |
| Put-Austauschoption $P^{ex}_{l,m,t}$ (*short*) | $+P^{ex}_{l,m,t}$ | | $-(S_{m,T} - S_{l,T})$ |
| Summe Portfolio G | $-C^{ex}_{l,m,t} + P^{ex}_{l,m,t}$ | $+S_{l,T} - S_{m,T}$ | $+S_{l,T} - S_{m,T}$ |
| | | | |
| riskantes Wertpapier $S_{l,t}$ (*long*) | $-S_{l,t}$ | $+S_{l,T}$ | $+S_{l,T}$ |
| riskantes Wertpapier $S_{m,t}$ (*short*) | $+S_{m,t}$ | $-S_{m,T}$ | $-S_{m,T}$ |
| Summe Portfolio H | $+S_{m,t} - S_{l,t}$ | $+S_{l,T} - S_{m,T}$ | $+S_{l,T} - S_{m,T}$ |

Tabelle 17: Put-Call-Parität für europäische Austauschoptionen

Am Ende der Laufzeit in $T$ stimmen die Zahlungen der beiden Portfolios G und H in jedem Zustand überein, weshalb beide Portfolios unter der Annahme der Arbitragefreiheit des Kapitalmarkts einen identischen Preis in $t$ aufweisen müssen. Für die Put-Call-Parität für Austauschoptionen folgt daher:

$$C^{ex}_{l,m,t} - P^{ex}_{l,m,t} = S_{l,t} - S_{m,t} .$$

Alternativ kann die Put-Call Partität aufgrund des Zusammenhangs zwischen Put- und Call-Austauschoptionen, der aus (4.65) und (4.66) resultiert, auch als Call-Call-Partität mit

$$C^{ex}_{l,m,t} - C^{ex}_{m,l,t} = S_{l,t} - S_{m,t}$$

formuliert werden.

### 4.5.2.2 Bewertung von europäischen Austauschoptionen

Die Ableitung des Optionspreismodells zur Bewertung von europäischen Austauschoptionen stammt von Margrabe und basiert auf denselben Annahmen, die zur Herleitung des BS-

Modells erforderlich sind.[568] Im Unterschied zur Bewertung von Standardoptionen muss allerdings nicht nur für den Preis des riskanten Wertpapiers, das den Basiswert verkörpert, sondern auch für das riskante Wertpapier, das den Ausübungspreis darstellt, ein stetiger stochastischer Prozess unterstellt werden. Dazu wird für jeden Preis der beiden riskanten Wertpapiere $S_l$ und $S_m$ ein stetiger stochastischer Prozess angenommen, der durch die stochastische Differentialgleichung

$$dS_{l,t} = \mu_l S_{l,t} dt + \sigma_l S_{l,t} dW_{l,t} \text{ bzw. } dS_{m,t} = \mu_m S_{m,t} dt + \sigma_m S_{m,t} dW_{m,t}$$

beschrieben wird.[569] Dabei sind $dW_{l,t}$ und $dW_{m,t}$ Wiener Prozesse, deren Korrelation $\rho_{l,m}$ im Zeitablauf als konstant angenommen wird.[570]

Zunächst wird eine Call-Austauschoption betrachtet und in $t$ ein risikoloses Portfolio gebildet, das aus einer *long*-Position in der Call-Austauschoption und zwei *short*-Positionen in Höhe von $\partial C^{ex}_{l,m,t} / \partial S_{l,t}$-Einheiten von $S_l$ und $\partial C^{ex}_{l,m,t} / \partial S_{m,t}$-Einheiten von $S_m$ besteht. Da der Preis einer Call-Austauschoption eine homogen lineare Funktion $C^{ex}_{l,m,t}(S_{l,t}, S_{m,t}, t)$ hinsichtlich der Preise der beiden riskanten Wertpapiere ist,[571] gilt nach dem Euler'schen Theorem

$$C^{ex}_{l,m,t} - \frac{\partial C^{ex}_{l,m,t}}{\partial S_{l,t}} S_{l,t} - \frac{\partial C^{ex}_{l,m,t}}{\partial S_{m,t}} S_{m,t} = 0, \tag{4.67}$$

womit das risikolose Portfolio im Zeitpunkt der Bildung $t$ einen Kapitaleinsatz von null erfordert.[572] Auf einem arbitragefreien Kapitalmarkt muss ein solches Portfolio über einen infinitesimalen Zeitraum eine Rendite von null aufweisen:

$$dC^{ex}_{l,m,t} - \frac{\partial C^{ex}_{l,m,t}}{\partial S_{l,t}} dS_{l,t} - \frac{\partial C^{ex}_{l,m,t}}{\partial S_{m,t}} dS_{m,t} = 0. \tag{4.68}$$

---

[568] Siehe hierzu die Annahmen AM 1–AM 8 in Kapitel 4.3.1. Die Ableitung des Optionspreismodells für Austauschoptionen wird an dieser Stelle nicht vollumfänglich präsentiert, sondern lediglich kurz skizziert, da Aktienoptionen letztlich als besondere Austauschoptionen interpretiert werden können. Zudem zeigt sich, dass Austauschoptionen nach geringfügiger Modifikation auch mit dem BS-Modell bewertet werden können, für das bereits eine kurze Ableitung in Kapitel 4.3.1 vorgestellt wurde. Vgl. ausführlich Margrabe (1978), S. 177–180. Zu einer Ableitung eines Optionspreismodells zur Bewertung von Optionen mit stochastischem Ausübungspreis, das äquivalent zu dem Modell von Margrabe ist, vgl. Fischer (1978), S. 170–174.

[569] Siehe hierzu Annahme AM 7, Kapitel 4.3.1.

[570] Vgl. Margrabe (1978), S. 178.

[571] Vgl. zur Erläuterung ausführlich Margrabe (1978), S. 178, Fn. 3.

[572] Vgl. Margrabe (1978), S. 178.

Wird auf $C^{ex}_{l,m,t}\left(S_{l,t},S_{m,t},t\right)$ das Lemma von Itô angewendet, so ergibt sich unter Verwendung von (4.67) und (4.68) eine partielle Differentialgleichung, die keine stochastischen Größen enthält und deren Lösung unter Berücksichtigung der Randbedingungen für den arbitragefreien Preis einer Call-Austauschoption die Bewertungsgleichung für eine Call-Austauschoption auf die riskanten Wertpapiere $S_l$ und $S_m$ liefert.[573]

Die Bewertungsgleichung lässt sich analog zum BS-Modell insoweit verallgemeinern, dass eine konstante stetige Dividendenrendite für jedes riskante Wertpapier durch eine wertpapierspezifische *cost of carry rate* $b_l$ und $b_m$ berücksichtigt werden kann.[574] Für den Preis einer Call-Austauschoption gilt somit allgemein:

$$C^{ex}_{l,m,t}=S_{l,t}\cdot e^{\left(b_l-r_{fc}\right)}\cdot N\left(d\right)-S_{m,t}\cdot e^{\left(b_m-r_{fc}\right)}\cdot N\left(d-\sigma_{l,m}\sqrt{T-t}\right) \tag{4.69}$$

mit

$$d=\frac{\ln\left(S_{l,t}/S_{m,t}\right)+\left(b_l-b_m+\sigma^2_{l,m}/2\right)\left(T-t\right)}{\sigma_{l,m}\sqrt{T-t}} \tag{4.70}$$

und

$$\sigma_{l,m}=\sqrt{\sigma_l^2+\sigma_m^2-2\rho_{l,m}\sigma_l\sigma_m}\,. \tag{4.71}$$ [575]

Dabei bezeichnet $\rho_{l,m}$ die Korrelation zwischen den beiden Wiener Prozessen $dW_{l,t}$ und $dW_{m,t}$, die folglich die Korrelation zwischen den zukünftigen Renditen der beiden Wertpapiere $\tilde{r}_l$ und $\tilde{r}_m$ widerspiegelt.

Die Bewertung von europäischen Austauschoptionen kann auf die Bewertung europäischer Standardoptionen nach dem BSM-Modell zurückgeführt und daher vereinfacht werden. Wird eine Call-Austauschoption betrachtet,[576] so gilt aufgrund der homogenen Linearität der Preisfunktion hinsichtlich der Preise der riskanten Wertpapiere

---

573 Vgl. Margrabe (1978), S. 179.

574 Siehe Kapitel 4.3.2.1.

575 Vgl. Haug (1997), S. 52. Das Margrabe-Modell kann analog zur Bewertung europäischer Optionen auf die Differenz zwischen einem kurz- und einem langfristigen Zinssatz angewendet werden. Vgl. Fu (1996), S. 646–647.

576 Aus Gründen der Übersichtlichkeit wird auf eine Berücksichtigung der *cost of carry rates* der beiden riskanten Wertpapiere an dieser Stelle verzichtet.

$$C_{l,m,t}^{ex}\left(S_{l,t},S_{m,t},t\right)=\left(1/S_{m,t}\right)\cdot C_{l,m,t}^{ex}\left(S_{l,t},S_{m,t},t\right)=S_{m,t}\cdot C_{t}\left(S_{t}^{ex},1,t\right), \tag{4.72}$$

wobei $S_t^{ex}=S_{l,t}/S_{m,t}$ als ein riskantes Wertpapier auf das Preisverhältnis der beiden riskanten Wertpapiere interpretiert werden kann.[577] Mit $S_{m,t}\cdot C_t\left(S_t^{ex},1,t\right)$ handelt es sich jetzt allerdings um den mit $S_{m,t}$ multiplizierten Preis eines europäischen Calls auf das Wertpapier $S_t^{ex}$ mit einem festen Ausübungspreis $E=1$. Dieser Call kann unter Verwendung des BSM-Modells bewertet werden, wobei $S_t^{ex}$ den Basiswert mit der Standardabweichung der Rendite $\sigma_{l,m}$ darstellt und der risikolose Zinssatz auf den Ausübungspreis null[578] beträgt.

#### 4.5.2.3 Verfahren zur Ermittlung der impliziten Korrelation aus europäischen Austauschoptionen

Die implizite Korrelation zwischen der Rendite einer bestimmten Aktie $\tilde{r}_l$ und der Rendite des Marktindexes $\tilde{r}_M$ kann aus dem beobachtbaren Marktpreis einer Austauschoption auf die Aktie $S_l$ und den Marktindex $S_M$ ermittelt werden. Für die Höhe der impliziten Korrelation ist es aus theoretischer Sicht unerheblich, ob es sich um eine Call- oder Put-Austauschoption handelt und welches der beiden riskanten Wertpapiere den Basiswert bzw. den Ausübungspreis verkörpert.[579] Wird im Folgenden eine Call-Austauschoption auf den Erwerb einer bestimmten Aktie $S_l$ gegen Hingabe des Marktindexes $S_M$ betrachtet, deren beobachtbarer Marktpreis mit $C_{l,M,mkt}^{ex}$ bezeichnet wird, so hängt der Preis der Call-Austauschoption bei unterstellter Gültigkeit des Optionspreismodells von Margrabe von den Variablen $\left(S_{l,T},S_{M,t},T,r_{fc},\sigma_{l,M},b_l,b_M\right)$ ab. Mit Ausnahme der Volatilität der Rendite des fiktiven, riskanten Wertpapiers $\sigma_{l,M}$ sind analog zur Ermittlung der impliziten Volatilität aus dem Marktpreis einer Standardoption alle Variablen bekannt oder ermittelbar.

Zur Ermittlung der impliziten Korrelation ist daher zunächst die implizite Volatilität $\hat{\sigma}_{l,M}$ der Rendite des fiktiven Wertpapiers zu ermitteln, die den auf dem Kapitalmarkt beobachtbaren Marktpreis der Call-Austauschoption durch das Optionspreismodell von Margrabe gemäß

$$C_{l,M,mkt}^{ex}=C_{l,M}^{ex}\left(\hat{\sigma}_{l,M}\right)$$

---

577 Vgl. Siegel (1995), S. 126–127; Margrabe (1978), S. 179; Hull (2003), S. 446.

578 „A lender of one unit of asset two demands one unit of asset two back as repayment of principle. He charges no interest on the loan, because asset two's appreciation over the loan period is equilibrium compensation for investment and risk." Margrabe (1978), S. 180.

579 Dies gilt da nach dem in Kapitel 4.5.2.1 beschriebenen Zusammenhang jede Call-Austauschoption in eine Put-Austauschoption überführt werden kann.

erklärt.[580] Da das Optionspreismodell von Margrabe grundsätzlich nicht analytisch zur Ermittlung der impliziten Volatilität der Rendite des fiktiven Wertpapiers gelöst werden kann, wird die implizite Volatilität wiederum durch ein numerisches Näherungsverfahren ermittelt. Wird hierzu auf das numerische Näherungsverfahren nach der Newton-Raphson-Methode zurückgegriffen, wird analog zur Schätzung der impliziten Volatilität aus Standardoptionen gemäß (4.55) vorgegangen und ausgehend von einem Startwert $\hat{\sigma}_{l,M,0}$ gemäß

$$\hat{\sigma}_{l,M,i+1} = \hat{\sigma}_{l,M,i} - \frac{C_{l,M}^{ex}\left(\hat{\sigma}_{l,M,i}\right) - C_{l,M,mkt}^{ex}}{\Lambda_{l,M,i}^{ex}} \quad \text{mit } i = 0,1,... \tag{4.73}$$

eine Reihe von auf den Startwert folgenden Näherungswerten für die implizite Volatilität der Rendite des fiktiven Wertpapiers ermittelt. Für das Vega der Austauschoption $\Lambda_{l,M,i}^{ex}$ gilt

$$\Lambda_{l,M}^{ex} = \frac{\partial C_{l,M}^{ex}}{\partial \sigma_{l,M}} = S_l \cdot e^{\left(b_l - r_{fc}\right)\cdot(T-t)} \cdot n(d) \cdot \sqrt{T-t} \tag{4.74}$$

mit

$$d = \frac{\ln\left(S_{l,t}/S_{m,t}\right) + \left(b_l - b_m + \sigma_{l,m}^2/2\right)(T-t)}{\sigma_{l,m}\sqrt{T-t}}.$$ [581]

Wird bei einem vorgegebenen Genauigkeitsmaß $\delta$ mit (4.74) solange ein zusätzlicher Näherungswert ermittelt, bis

$$\left|C_{l,M,mkt}^{ex} - C_{l,M}^{ex}\left(\hat{\sigma}_{l,M,i}\right)\right| \leq \delta$$

gilt, kann der erreichte Näherungswert $\hat{\sigma}_{l,M,i}$ als hinreichend genauer Wert für die implizite Volatilität der Rendite des fiktiven Wertpapiers angesehen werden.[582]

---

580 Da die Ermittlung der impliziten Volatilität bzw. Korrelation zu einem bestimmten Zeitpunkt $t$ erfolgt, wird aus Gründen der Übersichtlichkeit auf die Angabe des Zeitindexes verzichtet.

581 Siehe zur Ableitung Anhang 1. Vgl. zu einer Vereinfachung unter der Annahme einer am Geld liegenden Austauschoption Siegel (1995), S. 127.

582 Tatsächlich könnte anstelle der hier vorgenommenen Vorgehensweise, bei der zunächst die implizite Volatilität des fiktiven Wertpapiers ermittelt wird, um unter Verwendung dieses Werts anschließend die implizite Korrelation zu ermitteln, auch eine direkte Ermittlung der impliziten Korrelation vorgenommen werden. Dazu müsste das numerische Näherungsverfahren nach der Newton-Raphson-Methode direkt auf die implizite Korrelation bezogen werden, was die Ermittlung der partiellen Ableitung der Preisfunktion für die Call-Austauschoption nach der Korrelation erfordert. Eine solche Vorgehensweise wird an dieser Stelle aufgrund der Möglichkeit, Austauschoptionen auch als Standardoptionen interpretieren zu können, nicht vorgenommen. Eine direkte Ermittlung der impliziten Korrelation mit Hilfe des numerischen Näherungsverfahrens nach der Newton-Raphson-Methode wird jedoch anhand von Minimumoptionen vorgestellt. Siehe Kapitel 4.5.3.3.

Dabei ist erkennbar, dass die Ermittlung der impliziten Volatilität der Rendite des fiktiven Wertpapiers aufgrund der in Kapitel 4.5.2.2 beschriebenen Möglichkeit, wonach Austauschoptionen durch die Modifkation des Basiswerts in Standardoptionen transformiert werden können, analog zur Schätzung der impliziten Volatilität der Rendite eines Basiswerts aus Standardoptionen unter Verwendung des BSM-Modells erfolgt. Folglich könnte die Ermittlung der impliziten Volatilität der Rendite des fiktiven Wertpapiers auch aus dem hypothetischen Marktpreis eines europäischen Calls auf das fiktive Wertpapier $S^{ex} = (S_l / S_M)$, der sich gemäß (4.72) als

$$C\left(S^{ex}, 1, t\right) = \frac{C^{ex}_{l,M,mkt}}{S_M}$$

ergibt, unter Verwendung der in Kapitel 4.4.2.1 beschriebenen Verfahren erfolgen.

Aus der geschätzten impliziten Volatilität $\hat{\sigma}_{l,M,i}$ kann die gesuchte implizite Korrelation $\hat{\rho}_{l,M}$ zwischen den Renditen $\tilde{r}_l$ und $\tilde{r}_M$ ermittelt werden, sofern die impliziten Volatilitäten $\hat{\sigma}_l$ und $\hat{\sigma}_M$ bereits aus den entsprechenden Standardoptionen geschätzt wurden. Liegen für $\hat{\sigma}_{l,M,i}$, $\hat{\sigma}_l$ und $\hat{\sigma}_M$ Näherungswerte vor, ergibt sich gemäß (4.71) für die implizite Korrelation

$$\hat{\rho}_{l,M} = \frac{\hat{\sigma}_l^2 + \hat{\sigma}_M^2 - \hat{\sigma}_{l,M}^2}{2\hat{\sigma}_l \hat{\sigma}_M}. \qquad (4.75)$$ [583]

Die Möglichkeit zur Schätzung der impliziten Korrelation besteht indes nur, sofern auf einem real existierenden Kapitalmarkt mindestens eine Austauschoption gehandelt wird, die neben der Aktie $S_l$ auch den für das Marktportfolio repräsentativen Marktindex $S_M$ umfasst. Da bislang auf real existierenden Kapitalmärkten keinerlei Austauschoptionen gehandelt werden, könnte versucht werden, die fehlenden Marktpreise von Austauschoptionen durch Duplikation der zustandsabhängigen Zahlungen der Austauschoptionen synthetisch zu ermitteln. Zwar kann in der Theorie eine Austauschoption mit Hilfe einer dynamischen Duplikationstrategie synthetisch erzeugt werden, jedoch ist hierzu bereits die genaue Kenntnis des eigentlich gesuchten Betafaktors erforderlich.[584] Da folglich weder Marktpreise für die benötigten Austauschoptionen auf real existerenden Kapitalmärkten beobachtbar, noch Duplikationsstrate-

583 Vgl. Siegel (1995), S. 127 und die Ausführungen bei Husmann (2006), S. 5–6.
584 Vgl. Siegel (1995), S. 125, Fn. 1.

gien ohne Kenntnis des Betafaktors umsetzbar sind, ist die praktische Anwendung dieses Ansatzes zur Ermittlung der gesuchten impliziten Korrelation derzeit nicht möglich.

#### 4.5.2.4 Würdigung des Ansatzes zur Ermittlung der impliziten Korrelation aus Austauschoptionen

Eine kritische Würdigung des Ansatzes zur Schätzung einer impliziten Korrelation aus dem Marktpreis einer Austauschoption ist angesichts der Tatsache, dass derzeit keine Austauschoptionen auf einem real existierenden Kapitalmarkt gehandelt werden, nur eingeschränkt möglich.[585] Allerdings lassen die zahlreichen Vorzüge, die ein Handel von Austauschoptionen mit sich bringen würde und die rasante Entwicklungsgeschwindigkeit im *financial engineering* in den vergangenen Jahren einen Handel von Austauschoptionen in der Zukunft nicht unrealistisch erscheinen.

Mit der Einführung des Handels von Austauschoptionen zwischen einer einzelnen Aktie und einem Aktienindex würden sich aufgrund der Verfügbarkeit zusätzlicher Informationen neue Handelsstrategien ergeben, die unter anderem eine schnellere und gezieltere Anpassung bestehender Portfolios an veränderte Informationen über die Höhe des systematischen Risikos einzelner Aktien ermöglichen würden.[586] Zudem könnten die Kapitalmarktteilnehmer die von Finanzanalysten häufig in Relation zu der erwarteten Entwicklung des gesamten Aktienmarkts (Marktindex) geäußerte Kauf- oder Verkaufsempfehlung für eine einzelne Aktie konsequent und mit geringem Kapitaleinsatz umsetzen. Empfiehlt z.B. eine Finanzanalyst eine bestimmte Aktie mit dem Urteil „*market outperform*" zum Kauf, so könnte ein Investor durch den Erwerb einer Call-Austauschoption auf den Erhalt einer bestimmten Anzahl der betreffenden Aktie gegen Hingabe des Marktindexes der Empfehlung des Finanzanalysten folgen.

Darüber hinaus ergäben sich mit der Einführung des Handels von Austauschoptionen Möglichkeiten zur Absicherung bestehender Positionen in Aktien (*hedging*) relativ zur Entwicklung eines Aktienindexes. Diese Art des *hedging* könnte z.B. für Fondsmanager, deren Erfolg (*performance*) häufig in Relation zu einem bestimmten Aktienindex gemessen wird, sinnvoll sein.[587] Allerdings könnte genau dieser Vorteil paradoxerweise auch einen Grund dafür lie-

---

[585] Vgl. Husmann (2006), S. 6.
[586] Vgl. Siegel (1995), S. 125.
[587] Vgl. Siegel (1995), S. 125.

fern, weshalb derzeit noch keine Austauschoptionen gehandelt werden, da ein Emittent bzw. Verkäufer einer Austauschoption unter anderem aufgrund des stochastischen Ausübungspreises keine exakte Absicherung seiner Position durchführen kann. Nicht zuletzt enthalten zahlreiche in der Realität übliche Vereinbarungen implizit Elemente einer Austauschoption wie z.B. die erfolgsabhängige Vergütung des Unternehmensmanagements in Abhängigkeit der relativen Entwicklung des Aktienkurses des Unternehmens zu der Entwicklung eines vorgegebenen Aktienindexes (*benchmark index*).[588] Ein Handel der Austauschoptionen und die damit verbundende Möglichkeit der Schätzung einer impliziten Korrelation könnte daher auch zur Vereinfachung der Bewertung individuell ausgestalteter Aktienoptionspläne beitragen.[589]

### 4.5.3 Ansatz zur Ermittlung der impliziten Korrelation aus Optionen auf das Minimum oder Maximum zweier riskanter Wertpapiere

#### 4.5.3.1 Definition und Eigenschaften von Minimum-/Maximumoptionen

Als Derivat auf zwei riskante Wertpapiere, das zur Schätzung einer impliziten Korrelation geeignet ist, kommt neben einer Austauschoption mit stochastischem Ausübungspreis eine Option auf das Minimum oder Maximum (Minimum-/Maximumoption) zweier riskanter Wertpapiere (*option on the minimum/maximum of two risky assets*) in Betracht.[590] Eine Minimum-/Maximumoption auf zwei riskante Wertpapiere verkörpert dabei das vertraglich vereinbarte Recht, während oder am Ende der Optionslaufzeit, das riskante Wertpapier, das den niedrigeren/höheren Preis aufweist, gegen Zahlung des (festen) Ausübungspreises zu erwerben (Call) oder zu veräußern (Put). Kann die Minimum-/Maximumoption und damit das Recht auf Erwerb oder Verkauf des niedrigeren/höheren riskanten Wertpapiers nicht nur am Ende, sondern auch während der Optionslaufzeit ausgeübt werden, handelt es sich um eine Minimum-/Maximumoption amerikanischen Typs und andernfalls um eine europäische Minimum-/Maximumoption. Im Weiteren wird die Untersuchung auf die Bewertung von europäischen Minimumoptionen eingeschränkt, da einerseits eine gesonderte Diskussion der Bewertung amerikanischer Minimum-/Maximumoptionen zur Schätzung einer impliziten Korrelation

[588] Vgl. zu weiteren Beispielen Margrabe (1978), S. 181–185. Zu einer ähnlichen Indexierung von Aktienoptionsprogrammen mit multivariaten Optionen vgl. Rudolph/Schäfer (2000), S. 55–56.

[589] Vgl. zu den Ausgestaltungsmöglichkeiten von Aktienoptionsplänen Dietz (2004), S. 78–128.

[590] Zwar können die Minimum-/Maximumoptionen auch mehr als zwei riskante Wertpapiere umfassen, jedoch lässt sich mit Hilfe einer solchen Option selbst bei Kenntnis des Marktpreises der Option keine eindeutige implizite Korrelation zwischen zwei bestimmten riskanten Wertpapieren ermitteln. Von einer Diskussion von Minimum-/Maximumoptionen auf mehr als zwei riskante Wertpapiere wird daher abgesehen. Vgl. hierzu z.B. Johnson (1987).

zwischen den Renditen der beiden riskanten Wertpapiere nicht erforderlich ist und es andererseits aus theoretischer Sicht unerheblich ist, ob zur Ermittlung dieser impliziten Korrelation der Marktpreis einer Minimum- oder Maximumoption verwendet wird.[591]

Allgemein kann der Preis einer europäischen Call-Minimumoption (*european call on the minimum of two risky assets*) auf den Erwerb des riskanten Wertpapiers, das am Ende der Optionslaufzeit den niedrigeren Preis aus $S_l$ und $S_m$ aufweist, gegen Zahlung des Ausübungspreises $E$ im Zeitpunkt $t$ mit $C_{l,m,t}^{\min}$ bezeichnet werden, wobei $l,m=1,...,L$ und $l \neq m$ gilt. Am Ende der Optionslaufzeit in $T$ kann der Preis der Call-Minimumoption anhand der zustandsabhängigen Zahlungen gemäß

$$C_{l,m,T}^{\min} = \begin{Bmatrix} S_{l,T}-E & \text{falls}\left(S_{l,T} \leq S_{m,T}\right)\cap\left(S_{l,T} > E\right) \\ S_{m,T}-E & \text{falls}\left(S_{l,T} \geq S_{m,T}\right)\cap\left(S_{m,T} > E\right) \\ 0 & \text{sonst} \end{Bmatrix} \text{ bzw.}$$

$$C_{l,m,T}^{\min} = \max\left\{0, \min\left\{S_{l,T}, S_{m,T}\right\} - E\right\} \tag{4.76}$$

beschrieben werden.[592] Ein rational handelnder Optionsinhaber wird von diesem Recht in $T$ nur dann Gebrauch machen, falls der niedrigere (minimale) Preis der beiden riskanten Wertpapiere in $T$ $S_T^{\min} = \min\left\{S_{l,T}, S_{m,T}\right\}$ über dem Ausübungspreis $E$ liegt, mithin $S_T^{\min} > E$ gilt. Andernfalls, d.h. sofern $S_T^{\min} \leq E$ gilt, wird der Optionsinhaber die Option nicht ausüben, so dass die Call-Minimumoption wertlos verfällt.

Der Preis einer europäischen Put-Minimumoption (*european put on the minimum of two risky assets*) auf den Verkauf des riskanten Wertpapiers aus $S_l$ und $S_m$, das am Ende der Optionslaufzeit den niedrigeren Preis aufweist, gegen Erhalt des Ausübungspreises $E$ im Zeitpunkt $t$ wird mit $P_{l,m,t}^{\min}$ bezeichnet. Am Ende der Optionslaufzeit in $T$ kann der Preis der Put-Minimumoption anhand der zustandsabhängigen Zahlungen gemäß

---

591 Vgl. daher zur Bewertung von Maximumoptionen Stulz (1982), S. 166–167; Haug (1997), S. 57–58. Eine amerikanische Minimum-/Maximumoption (*american option on the minimum/maximum of two risky assets*) unterscheidet sich von einer ansonsten identischen europäischen Minimum-/Maximumoption lediglich durch das Recht der vorzeitigen Ausübung. Da das vorzeitige Ausübungsrecht der amerikanischen Minimum-/Maximumoption nur vor dem Ende der Optionslaufzeit einen positiven Wert aufweisen kann, weisen die europäische und die amerikanische Minimum-/Maximumoption am Ende der Optionslaufzeit identische Werte auf.

592 Vgl. Stulz (1982), S. 163.

$$P_{l,m,T}^{\min} = \begin{cases} E - S_{l,T} & \text{falls} \left(S_{l,T} \leq S_{m,T}\right) \cap \left(S_{l,T} < E\right) \\ E - S_{m,T} & \text{falls} \left(S_{l,T} \geq S_{m,T}\right) \cap \left(S_{m,T} < E\right) \\ 0 & \text{sonst} \end{cases} \text{ bzw.}$$

$$P_{l,m,T}^{\min} = \max\left\{0, E - \min\left\{S_{l,T}, S_{m,T}\right\}\right\} \tag{4.77}$$

beschrieben werden. Ein rational handelnder Optionsinhaber wird von diesem Recht in $T$ nur dann Gebrauch machen, falls der niedrigere (minimale) Preis der beiden riskanten Wertpapiere in $T$ $S_T^{\min}$ unter dem Ausübungspreis $E$ liegt, mithin $S_T^{\min} < E$ gilt. Andernfalls, d.h. sofern $S_T^{\min} \geq E$ gilt, wird der Optionsinhaber die Option nicht ausüben, so dass die Put-Minimumoption wertlos verfällt.

Für die Bewertung von Call- und Put-Minimumoptionen ist die Put-Call-Parität für Minimumoptionen hilfreich, die aus dem Vergleich der zustandsabhängigen Zahlungen zweier Portfolios I und J abgeleitet werden kann. Dabei wird in $t$ ein Portfolio I gebildet, das lediglich aus einer *long*-Position in einer Put-Minimumoption auf die beiden riskanten Wertpapiere $S_l$ und $S_m$ mit Ausübungspreis $E$ besteht. Das Portfolio J enthält dagegen eine *long*-Position in einer Null-Kuponanleihe mit Nominalwert $F = E$, eine *short*-Position in einer Call-Minimumoption auf die beiden riskanten Wertpapiere $S_l$ und $S_m$ mit Ausübungspreis null und eine *long*-Postition in einer Call-Minimumoption auf die beiden riskanten Wertpapiere $S_l$ und $S_m$ mit Ausübungspreis $E$.[593] Die Tabelle 18 zeigt die zustandsabhängigen Zahlungen der beiden Portfolios, wobei zur Unterscheidung der beiden Call-Minimumoptionen mit unterschiedlichen Ausübungspreisen die Preise der Minimumoptionen mit $C_{l,m,t}^{\min}(0)$ und $C_{l,m,t}^{\min}(E)$ in Abhängigkeit des jeweiligen Ausübungspreises angegeben werden.

[593] Vgl. Stulz (1982), S. 167.

| Position | Zahlungen in $t$ | Zahlungen in $T$ | |
|---|---|---|---|
| | | $S_T^{\min} \geq E$ | $S_T^{\min} < E$ |
| Put-Minimumoption $P_{l,m,t}^{\min}$ (*long*) | $-P_{l,m,t}^{\min}$ | $0$ | $+E - S_T^{\min}$ |
| Summe Portfolio I | $-P_{l,m,t}^{\min}$ | $0$ | $+E - S_T^{\min}$ |
| | | | |
| Null-Kuponanleihe $B_t(T)$ mit $F = E$ (*long*) | $-E \cdot e^{-r_{fc} \cdot (T-t)}$ | $+E$ | $+E$ |
| Call-Minimumoption $C_{l,m,t}^{\min}(0)$ (*short*) | $+C_{l,m,t}^{\min}(0)$ | $-S_T^{\min} + 0$ | $-S_T^{\min} + 0$ [594] |
| Call-Minimumoption $C_{l,m,t}^{\min}(E)$ (*long*) | $-C_{l,m,t}^{\min}(E)$ | $+S_T^{\min} - E$ | $0$ |
| Summe Portfolio J | $-E \cdot e^{-r_{fc}(T-t)}$ $+C_{l,m,t}^{\min}(0)$ $-C_{l,m,t}^{\min}(E)$ | $0$ | $+E - S_T^{\min}$ |

Tabelle 18: Put-Call-Parität für europäische Minimumoptionen

Am Ende der Laufzeit in $T$ stimmen die Zahlungen der beiden Portfolios in jedem Zustand überein, weshalb beide Portfolios unter der Annahme der Arbitragefreiheit des Kapitalmarkts einen identischen Preis in $t$ aufweisen müssen. Für die Put-Call-Parität für Minimumoptionen gilt daher:

$$P_{l,m,t}^{\min} = E \cdot e^{-r_{fc} \cdot (T-t)} - C_{l,m,t}^{\min}(0) + C_{l,m,t}^{\min}(E). \quad (4.78)$$ [595]

### 4.5.3.2 Bewertung von Minimumoptionen

Die Ableitung des Optionspreismodells zur Bewertung von europäischen Minimumoptionen stammt von Stulz und basiert auf denselben Annahmen, die zur Herleitung des BS-Modells erforderlich sind.[596] Dazu wird für jeden Preis der beiden riskanten Wertpapiere $S_l$ und $S_m$

---

[594] Da die riskanten Wertpapiere aus Gründen der Arbitragefreiheit stets über einen nicht negativen Preis verfügen und diese Call-Minimumoption einen Ausübungspreis von null hat, weist diese Call-Minimumoption aus der Sicht des Inhabers stets einen nicht negativen inneren Wert auf.

[595] Vgl. Haug (1997), S. 57.

[596] Vgl. Stulz (1982), S. 162–166. Siehe hierzu die Annahmen AM 1–AM 8 in Kapitel 4.3.1.

ein stetiger stochastischer Prozess angenommen, der durch die stochastische Differentialgleichung

$$dS_{l,t} = \mu_l S_{l,t} dt + \sigma_l S_{l,t} dW_{l,t} \text{ bzw. } dS_{m,t} = \mu_m S_{m,t} dt + \sigma_m S_{m,t} dW_{m,t}$$

beschrieben wird.[597] Dabei sind $dW_{l,t}$ und $dW_{m,t}$ Wiener Prozesse, deren Korrelation $\rho_{l,m}$ im Zeitablauf als konstant angenommen wird.[598] Im Unterschied zu Austauschoptionen stellt jedoch keines der beiden riskanten Wertpapiere einen stochastischen Ausübungspreis dar, da dieser bei Minimumoptionen in Höhe von $E$ fest vereinbart und folglich sicher ist.

Zur Bewertung der Call-Minimumoption wird ein Portfolio betrachtet, das im Zeitpunkt $T$ denselben Preis aufweist wie die zu bewertende Call-Minimumoption. Dieses Portfolio, dessen Marktwert im Zeitpunkt $t$ mit $Y_t$ bezeichnet wird, soll zu einem Marktwertanteil $x_l$ aus dem riskanten Wertpapier $S_{l,t}$, zu einem Marktwertanteil $x_m$ aus dem riskanten Wertpapier $S_{m,t}$ und zu einem Marktwertanteil $(1 - x_l - x_m)$ aus einer risikolosen Anlage bestehen.[599] Da für den Marktwertanteil $x_l$ eine Anzahl von $x_l Y_t / S_{l,t}$ -Einheiten des riskanten Wertpapiers $S_l$ und für den Marktwertanteil $x_m$ eine Anzahl von $x_m Y_t / S_{m,t}$ -Einheiten des riskanten Wertpapiers $S_m$ erworben werden können, kann der Preis des Portfolios in $t$ daher durch

$$Y_t = \frac{x_l Y_t}{S_{l,t}} S_{l,t} + \frac{x_m Y_t}{S_{m,t}} S_{m,t} + (1 - x_l - x_m) \cdot Y_t$$

formuliert werden. Die Veränderung des Marktwerts des Portfolios wird folglich durch

$$dY_t = \frac{x_l Y_t}{S_{l,t}} dS_{l,t} + \frac{x_m Y_t}{S_{m,t}} dS_{m,t} + (1 - x_l - x_m) \cdot Y_t r_{fc} dt \tag{4.79}$$

beschrieben. Werden die Marktwertanteile der beiden riskanten Wertpapiere so gewählt, dass

$$x_l = \frac{\partial Y_t}{\partial S_{l,t}} \cdot \frac{S_{l,t}}{Y_t} \text{ und } x_m = \frac{\partial Y_t}{\partial S_{m,t}} \cdot \frac{S_{m,t}}{Y_t}$$

gilt, kann (4.79) unter Verwendung dieser Marktwertanteile zu

---

[597] Siehe hierzu Annahme AM 7, Kapitel 4.3.1.
[598] Vgl. Stulz (1982), S. 163.
[599] Vgl. Stulz (1982), S. 163–164.

$$\begin{aligned}dY_t &= \frac{\partial Y_t}{\partial S_{l,t}} \cdot \frac{S_{l,t}}{Y_t} \cdot \frac{Y_t}{S_{l,t}} dS_{l,t} + \frac{\partial Y_t}{\partial S_{m,t}} \cdot \frac{S_{m,t}}{Y_t} \cdot \frac{Y_t}{S_{m,t}} dS_{m,t} \\ &+ \left(1 - \frac{\partial Y_t}{\partial S_{l,t}} \cdot \frac{S_{l,t}}{Y_t} - \frac{\partial Y_t}{\partial S_{m,t}} \cdot \frac{S_{m,t}}{Y_t}\right) \cdot Y_t r_{fc} dt \\ &= \frac{\partial Y_t}{\partial S_{l,t}} dS_{l,t} + \frac{\partial Y_t}{\partial S_{m,t}} dS_{m,t} + \left(1 - \frac{\partial Y_t}{\partial S_{l,t}} \cdot \frac{S_{l,t}}{Y_t} - \frac{\partial Y_t}{\partial S_{m,t}} \cdot \frac{S_{m,t}}{Y_t}\right) \cdot Y_t r_{fc} dt\end{aligned} \tag{4.80}$$

umformuliert werden. Wird auf das Portfolio $Y_t\left(S_{l,t}, S_{m,t}, t\right)$ das Lemma von Itô angewendet, so ergibt sich unter Verwendung der Zusammenhänge (4.80) eine partielle Differentialgleichung, die keine stochastischen Größen enthält und deren Lösung unter Berücksichtigung der Randbedingungen für den arbitragefreien Preis einer Call-Minimumoption die Bewertungsgleichung für eine Call-Minimumoption auf die riskanten Wertpapiere $S_l$ und $S_m$ liefert.[600]

Die Bewertungsgleichung kann analog zum BSM-Modell wiederum insoweit verallgemeinert werden, als eine konstante kontinuierliche Dividendenrendite für jedes riskante Wertpapier durch eine wertpapierspezifische *cost of carry rate* $b_l$ und $b_m$ berücksichtigt werden kann.[601] Demnach gilt für den Preis einer Call-Minimumoption allgemein:

$$\begin{aligned}C_{l,m,t}^{\min} &= S_{l,t} \cdot e^{\left(b_l - r_{fc}\right)\cdot(T-t)} \cdot M\left(y_l, -d; -\rho_1\right) \\ &+ S_{m,t} \cdot e^{\left(b_m - r_{fc}\right)\cdot(T-t)} \cdot M\left(y_m, d - \sigma\sqrt{T-t}; -\rho_2\right) \\ &- E \cdot e^{-r_{fc}\cdot(T-t)} \cdot M\left(y_l - \sigma_l\sqrt{T-t}, y_m - \sigma_m\sqrt{T-t}; \rho_{l,m}\right)\end{aligned} \tag{4.81}$$

mit

$$d = \frac{\ln\left(S_{l,t}/S_{m,t}\right) + \left(b_l - b_m + \sigma_{l,m}^2/2\right)(T-t)}{\sigma_{l,m}\sqrt{T-t}}, \tag{4.82}$$

$$y_l = \frac{\ln\left(S_{l,t}/E\right) + \left(b_l + \sigma_l^2/2\right)(T-t)}{\sigma_l\sqrt{T-t}},\ y_m = \frac{\ln\left(S_{m,t}/E\right) + \left(b_m + \sigma_m^2/2\right)(T-t)}{\sigma_m\sqrt{T-t}},$$

$$\sigma_{l,m} = \sqrt{\sigma_l^2 + \sigma_m^2 - 2\rho_{l,m}\sigma_l\sigma_m} \tag{4.83}$$

---

600 Vgl. Stulz (1982), S. 164.

601 Siehe Kapitel 4.3.2.1.

$$\text{und } \rho_l = \frac{\sigma_l - \rho_{l,m}\sigma_m}{\sigma_{l,m}},\ \rho_m = \frac{\sigma_m - \rho_{l,m}\sigma_l}{\sigma_{l,m}}.$$ [602]

Dabei bezeichnet $M(a,b,\rho)$ den Wert der kumulierten bivariaten Normalverteilung, der die Wahrscheinlichkeit angibt, mit der eine erste Zufallsvariable kleiner als $a$ und eine zweite Zufallsvariable kleiner als $b$ bei einer Korrelation der beiden Zufallsvariablen von $\rho$ ist.[603]

Unter Verwendung von (4.81) und mit der Put-Call-Parität für Minimumoptionen aus (4.78) folgt für den Preis einer Put-Minimumoption:

$$P_{l,m,t}^{\min} = E \cdot e^{-r_{fc}\cdot(T-t)} - C_{l,m,t}^{\min}(0) + C_{l,m,t}^{\min}(E),$$

wobei

$$\begin{aligned} C_{l,m,t}^{\min}(0) = S_l \cdot e^{(b_l - r_{fc})\cdot(T-t)} - S_l \cdot e^{(b_l - r_{fc})\cdot(T-t)} \cdot N(d) \\ + S_m \cdot e^{(b_m - r_{fc})\cdot(T-t)} \cdot N\left(d - \sigma_{l,m}\sqrt{T-t}\right) \end{aligned} \tag{4.84}$$

mit

$$d = \frac{\ln\left(S_{l,t}/S_{m,t}\right) + \left(b_l - b_m + \sigma_{l,m}^2/2\right)(T-t)}{\sigma_{l,m}\sqrt{T-t}} \quad \text{und } \sigma_{l,m} = \sqrt{\sigma_l^2 + \sigma_m^2 - 2\rho_{l,m}\sigma_l\sigma_m}$$

gilt.[604]

### 4.5.3.3 Verfahren zur Ermittlung der impliziten Korrelation

Die implizite Korrelation zwischen der unsicheren zukünftigen Rendite einer bestimmten Aktie $\tilde{r}_l$ und der unsicheren zukünftigen Rendite des Marktindexes $\tilde{r}_M$ könnte aus dem beobachtbaren Marktpreis einer Minimumoption auf die Aktie $S_l$ und den Marktindex $S_M$ ermittelt werden. Für die Höhe der impliziten Korrelation ist es aus theoretischer Sicht unerheblich, ob es sich um eine Call- oder Put-Minimumoption handelt. Wird im Folgenden eine Call-Minimumoption auf den Erwerb des Minumums aus $S_l$ und $S_M$ gegen Zahlung des festen Ausübungspreises $E$ betrachtet, deren beobachtbarer Marktpreis mit $C_{l,M,mkt}^{\min}$ bezeichnet

---

602 Vgl. Haug (1997), S. 57.

603 Zur Ermittlung der bivariaten Normalverteilungswerte kann z.B. ein Approximationsverfahren von Drezner (1978), S. 277–279 eingesetzt werden.

604 Vgl. Haug (1997), S. 57.

wird, so hängt der Preis der Call-Minimumoption bei unterstellter Gültigkeit des Optionspreismodells von Stulz von den Variablen $\left(S_{l,T}, S_{M,t}, E, T, r_{fc}, \sigma_l, \sigma_M, \rho_{l,M}, b_l, b_M\right)$ ab. Werden für die Volatilitäten der unsicheren zukünftigen Renditen der beiden riskanten Wertpapiere $\sigma_l$ und $\sigma_M$ die geschätzten impliziten Volatilitäten aus Standardoptionen $\hat{\sigma}_l$ und $\hat{\sigma}_M$ verwendet, sind alle weiteren Variablen mit Ausnahme der Korrelation zwischen den zukünftigen unsicheren Renditen der beiden riskanten Wertpapiere entweder bekannt oder ermittelbar.

Mit der Ermittlung der impliziten Korrelation wird folglich die Korrelation zwischen den zukünftigen unsicheren Renditen $\tilde{r}_l$ und $\tilde{r}_M$ gesucht, für die der dem Kapitalmarkt beobachtbare Marktpreis der Call-Minimumoption durch das Optionspreismodell von Stulz gemäß

$$C_{l,M,mkt}^{\min} = C_{l,M}^{\min}\left(\hat{\rho}_{l,M}\right)$$

erklärt wird.[605] Da das Optionspreismodell von Stulz nicht analytisch nach der impliziten Korrelation zwischen den Renditen der riskanten Wertpapiere aufgelöst werden kann, muss die implizite Korrelation durch ein numerisches Näherungsverfahren ermittelt werden. Bei Rückgriff auf das numerische Näherungsverfahren nach der Newton-Raphson-Methode wird analog zur Schätzung der impliziten Volatilität aus Standardoptionen oder Austauschoptionen vorgegangen.[606] Ausgehend von einem gegriffenen Startwert für die implizite Korrelation $\hat{\rho}_{l,M,0}$ wird gemäß

$$\hat{\rho}_{l,M,i+1} = \hat{\rho}_{l,M,i} - \frac{C_{l,M}^{\min}\left(\hat{\rho}_{l,M,i}\right) - C_{l,M,mkt}^{\min}}{\dfrac{\partial C_{l,M}^{\min}\left(\hat{\rho}_{l,M,i}\right)}{\partial \hat{\rho}_{l,M,i}}} \quad \text{mit } i = 0,1,\ldots \tag{4.85}$$

eine Reihe von auf den Startwert folgenden Näherungswerten für die implizite Korrelation ermittelt. Die partielle Ableitung der Call-Minimumoption nach der Korrelation ergibt sich nach einigen Vereinfachungen zu

605 Da die Ermittlung der impliziten Volatilität bzw. Korrelation zu einem bestimmten Zeitpunkt $t$ erfolgt, wird aus Gründen der Übersichtlichkeit auf die Angabe des Zeitindexes verzichtet.

606 Allerdings wird im Gegensatz zur Ermittlung der impliziten Korrelation aus dem Marktpreis einer Austauschoption nicht zuerst die implizite Volatilität eines fiktiven riskanten Wertpapiers ermittelt, sondern eine direkte Ermittlung der impliziten Korrelation mit Hilfe eines numerischen Näherungsverfahrens vorgenommen.

$$\frac{\partial C_{l,m}^{\min}(E)}{\partial \rho_{l,m}} = -S_l \cdot N \cdot n(d) \cdot \frac{\sigma_l \sigma_m}{\sigma_{l,m}^2} \cdot \left(d - \sigma_{l,m}\sqrt{T-t}\right) + S_m \cdot N \cdot n(d) \cdot \frac{S_l}{S_m} \cdot \frac{\sigma_l \sigma_m}{\sigma_{l,m}^2} \cdot d$$

$$= S_l \cdot N \cdot n(d) \cdot \frac{\sigma_l \sigma_m}{\sigma_{l,m}^2} \cdot \left(\sigma_{l,m}\sqrt{T-t}\right),$$

mit

$$N = N\left(\frac{y_l - \rho_l \cdot d}{\sqrt{1-\rho_l^2}}\right) = N\left(\frac{y_m - \rho_m \cdot d}{\sqrt{1-\rho_m^2}}\right),$$

$$y_l = \frac{\ln\left(S_{l,t}/E\right) + \left(b_l + \sigma_l^2/2\right)(T-t)}{\sigma_l\sqrt{T-t}}, \quad y_m = \frac{\ln\left(S_{m,t}/E\right) + \left(b_m + \sigma_m^2/2\right)(T-t)}{\sigma_m\sqrt{T-t}},$$

$$d = \frac{\ln\left(S_{l,t}/S_{m,t}\right) + \left(b_l - b_m + \sigma_{l,m}^2/2\right) \cdot (T-t)}{\sigma_{l,m}\sqrt{T-t}}, \quad \sigma_{l,m} = \sqrt{\sigma_l^2 + \sigma_m^2 - 2\rho_{l,m}\sigma_l\sigma_m},$$

$$\rho_l = \frac{\sigma_l - \rho_{l,m}\sigma_m}{\sigma_{l,m}} \text{ und } \rho_m = \frac{\sigma_m - \rho_{l,m}\sigma_l}{\sigma_{l,m}}.$$ [607]

Bei einem vorgegebenen Genauigkeitsmaß $\delta$ wird solange ein zusätzlicher Näherungswert für die implizite Korrelation mit (4.85) ermittelt, bis

$$\left|C_{l,M,mkt}^{\min} - C_{l,M}^{\min}\left(\rho_{l,M,i+1}\right)\right| \leq \delta \tag{4.86}$$

gilt.[608] Folglich stellt der zuletzt ermittelte Näherungswert eine in Bezug auf das festgelegte Genauigkeitsmaß hinreichend genaue Ermittlung der gesuchten impliziten Korrelation dar.

### 4.5.3.4 Möglichkeiten einer praktischen Ermittlung der impliziten Korrelation

#### 4.5.3.4.1 Definition und Eigenschaften einer Doppel-Aktienanleihe

Wie in Kapitel 4.5.3.3 am Beispiel einer Call-Minimumoption gezeigt wurde, kann die implizite Korrelation zwischen den zukünftigen unsicheren Renditen zweier riskanter Wertpapiere mit Hilfe eines numerischen Näherungsverfahrens aus dem beobachtbaren Marktpreis einer Call-Minimumoption ermittelt werden. Voraussetzungen zur Ermittlung der impliziten Korre-

[607] Siehe hierzu ausführlich Anhang 3.
[608] Vgl. Haug (1997), S. 169.

lation zwischen der unsicheren zukünftigen Rendite einer bestimmten Aktie $\tilde{r}_l$ und der unsicheren zukünftigen Rendite des Marktindexes $\tilde{r}_M$ sind der Handel und die Beobachtbarkeit des Marktpreises einer Option auf das Minimum aus der Aktie $S_l$ und dem Aktienindex $S_M$ auf einem real existierenden Kapitalmarkt. Derzeit ist der explizite Handel von Minimumoptionen auf einem real existierenden Kapitalmärkt nicht beobachtbar. Allerdings hat die rasante Entwicklung innovativer Finanzderivate in den letzten Jahren ein riskantes Wertpapier unter dem Namen „Doppel-Aktienanleihe" (DAA) hervorgebracht, dessen zustandsabhängige Zahlungen im Wege der Duplikation durch ein Portfolio nachgebildet werden können, das eine *short*-Position in einer europäischen Put-Minimumoption beinhaltet.[609]

Bei der Doppel-Aktienanleihe handelt es sich um eine Anleihe, deren Tilgung am Ende der Laufzeit entweder durch Rückzahlung des Nominalwerts $F_{DAA}$ in Geld oder durch Lieferung einer festgelegten Anzahl einer der beiden zugrunde liegenden Aktien $S_l$ oder $S_m$ erfolgt. Neben der Tilgung und unabhängig von der Art der Tilgung erhält der Investor eine Kuponzinszahlung in Höhe von $c_{DAA}$ auf den Nominalwert der Doppel-Aktienanleihe. Zu einem festgelegten Referenztag wird festgestellt, ob die Tilgung der Doppel-Aktienanleihe in Geld oder in Aktien erfolgt. Dazu werden drei unterschiedliche Zustände am Referenztag hinsichtlich der Tilgung unterschieden:

1. Notieren am Referenztag beide Aktien über ihrem jeweiligen Ausübungspreis, erfolgt die Tilgung der Doppel-Aktienanleihe durch Rückzahlung des Nominalwerts.
2. Notiert am Referenztag nur eine der beiden Aktien über ihrem jeweiligen Ausübungspreis, erfolgt die Tilgung der Doppel-Aktienanleihe durch Lieferung der festgelegten Anzahl der Aktie, die am Referenztag unter ihrem Ausübungspreis notiert.
3. Notieren am Referenztag beide Aktien unter ihrem jeweiligen Ausübungspreis, erfolgt die Tilgung der Doppel-Aktienanleihe durch Lieferung der festgelegten Anzahl der Aktie, deren Kurs am Referenztag relativ zu ihrem Ausübungspreis am stärksten gefallen ist.

Für die mit $X_{DAA,T}$ bezeichnete zustandsabhängige Zahlung einer Doppel-Aktienanleihe am Ende der Laufzeit in $T$ gilt folglich:

609 Siehe hierzu Kapitel 4.5.3.4.2.

$$X_{DAA,T} = \begin{cases} F_{DAA} + c_{DAA} & \text{falls} \left( S_{l,T} \geq E_l \cap S_{m,T} \geq E_m \right) \\ n_l S_{l,T} + c_{DAA} & \text{falls} \left( S_{l,T} < E_l \cap S_{m,T} \geq E_m \right) \\ n_m S_{m,T} + c_{DAA} & \text{falls} \left( S_{l,T} \geq E_l \cap S_{m,T} < E_m \right) \\ n_l S_{l,T} + c_{DAA} & \text{falls} \left( S_{l,T} < E_l \cap S_{m,T} < E_m \cap \frac{S_{l,T}}{E_l} < \frac{S_{m,T}}{E_m} \right) \\ n_m S_{m,T} + c_{DAA} & \text{falls} \left( S_{l,T} < E_l \cap S_{m,T} < E_m \cap \frac{S_{l,T}}{E_l} \geq \frac{S_{m,T}}{E_m} \right), \end{cases} \tag{4.87}$$

wobei $n_l$ bzw. $n_m$ die jeweilige Anzahl der zur Tilgung der Doppel-Aktienanleihe zu liefernden Aktie bezeichnet und $E_l$ bzw. $E_m$ den Ausübungspreis für die jeweilige Aktie angibt. Erkennbar erhält ein Erwerber einer Doppel-Aktienanleihe in jedem Zustand die minimal mögliche Rendite auf seinen Kapitaleinsatz, da der Erwerber am Ende der Laufzeit stets die geringstmögliche Zahlung bzw. die Aktien mit der schlechtesten Wertentwicklung erhält. Aus (4.87) sind daher bereits die Grundzüge einer in der Doppel-Aktienanleihe enthaltenen Minimumoption erkennbar.

Zur Ermittlung einer impliziten Korrelation zwischen den unsicheren zukünftigen Renditen einer bestimmten Aktie und des Marktindexes kann eine einzelne DoppelAktienanleihe hingegen nicht eingesetzt werden. Vielmehr erlaubt eine Doppel-Aktienanleihe letztlich nur die Ermittlung einer impliziten Korrelation zwischen den zukünftigen unsicheren Renditen zweier Aktien und somit keine Ermittlung der benötigten impliziten Korrelation zwischen der Rendite einer bestimmten Aktie und der Rendite des Marktindexes. Dennoch wird im Folgenden ein Verfahren zur Ermittlung der impliziten Korrelation zwischen der Rendite zweier Aktien mit Hilfe von Minimumoptionen aus Doppel-Aktienanleihen erarbeitet. Der Grund hierfür besteht in der Möglichkeit, dass jederzeit die Emission und der Handel einer Anleihe denkbar ist, deren Rückzahlung z.B. in Abhängigkeit der Kursentwicklung einer bestimmten Aktie und eines Aktienindexes (z.B. DAX®) erfolgt und ansonsten wie die beschriebene Doppel-Aktienanleihe ausgestaltet ist. Angesichts der Innovationsgeschwindigkeit im Bereich derivativer Finanzinstrumente erscheint zukünftig ein Handel einer „Index-Aktien-Anleihe“ nicht unwahrscheinlich.

#### 4.5.3.4.2 Duplikation einer Doppel-Aktienanleihe und arbitragefreier Preis einer Put-Minimumoption

Das Ziel der Duplikation der Doppel-Aktienanleihe ist die Ermittlung des Marktpreises einer implizit in der Doppel-Aktienanleihe enthaltenen Minimumoption. Die Duplikation einer Doppel-Aktienanleihe gelingt durch die Konstruktion eines Portfolios, das in jedem zukünftig möglichen Zustand jedes Zahlungszeitpunkts der Doppel-Aktienanleihe dieselbe zustandsabhängige Zahlung leistet wie die Doppel-Aktienanleihe. Um den impliziten Marktpreis der Minimumoption ermitteln zu können, darf das Duplikationsportfolio mit Ausnahme der Minimumoption nur aus Wertpapieren bestehen, deren Marktpreise beobachtbar bzw. ermittelbar sind. Da unter der Arbitragefreiheitsbedingung die Summe der Marktpreise aller im Duplikationsportfolio enthaltenen Wertpapiere mit dem Marktpreis der Doppel-Aktienanleihe auf dem Kapitalmarkt übereinstimmen muss, kann der Marktpreis der implizit in der Doppel-Aktienanleihe enthaltenen Minimumoption bestimmt werden und im Folgenden zur Ermittlung einer impliziten Korrelation zwischen den unsicheren zukünftigen Renditen der beiden Aktien herangezogen werden.

Bei der Duplikation einer konkreten Doppel-Aktienanleihe sind die konkreten Zusammenhänge zwischen den Ausübungspreisen der beiden riskanten Wertpapiere und dem Nominalwert zu berücksichtigen. Um zeigen zu können, welche Schritte zur Duplikation einer Doppel-Aktienanleihe erforderlich sind, wird exemplarisch auf die von der ING BHF-Bank AG unter der ISIN DE000BHF6713 emittierte und börsengehandelte Doppel-Aktienanleihe zurückgegriffen und der in ihr enthaltene Marktpreis einer Minimumoption durch Duplikation der zustandsabhängigen Zahlung ermittelt.[610]

Die Doppel-Aktienanleihe bezieht sich auf die Aktien der Allianz AG (ALV) $S_{ALV}$ und die Aktien der DaimlerChrysler AG (DCX) $S_{DCX}$ und ist auf einen Nominalwert $F_{DAA}$ in Höhe von 5.000 € ausgestellt. Die Doppel-Aktienanleihe ist mit einem Kuponzins in Höhe von 12 % auf den Nominalwert ausgestattet, wobei während der Laufzeit der Doppel-Aktienanleihe keine Zinszahlungstermine existieren und folglich am Ende der Laufzeit in $T$ eine Kuponzahlung in Höhe von $c_{DAA}$ erfolgt. Da die Rückzahlung des Nominalwerts auch durch Lieferung einer der beiden Aktien erfolgen kann und beide Aktien im Emissionszeitpunkt nicht notwendigerweise einen Kurs in derselben Höhe aufweisen, muss für Zwecke der Tilgung der Anlei-

[610] Eine detaillierte Beschreibung dieser Doppel-Aktienanleihe findet sich im Anhang 2.

he durch Lieferung einer der beiden Aktien neben dem jeweiligen Ausübungspreis $E_{ALV}$ und $E_{DCX}$ auch die zu liefernde Anzahl $n_{ALV}$ und $n_{DCX}$ der jeweiligen Aktie im Emissionszeitpunkt festgelegt werden. Mithin ergeben sich für die Tilgung des Nominalwerts durch Aktien folgende Aktienpakete, deren festgelegter Wert mit $EP_{ALV}$ und $EP_{DCX}$ bezeichnet wird und jeweils als Paket-Ausübungspreis für die Tilgung der Doppel-Aktienanleihe durch Lieferung des jeweiligen Aktienpakets angesehen werden kann. Mit der vertraglich vereinbarten Anzahl von $n_{ALV} = 36$ Allianz-Aktien und $n_{DCX} = 106$ DaimlerChrysler-Aktien ergeben sich für die bei der Tilgung der Doppel-Aktienanleihe durch Aktien zu liefernden Aktienpakete die folgenden Werte:

$$EP_{ALV} = n_{ALV} E_{ALV} = 36 \cdot 138{,}89 \text{ €} = 5.000{,}04 \text{ €}$$

und

$$EP_{DCX} = n_{DCX} E_{DCX} = 106 \cdot 47{,}17 \text{ €} = 5.000{,}02 \text{ €},$$

die mit geringfügigen Abweichungen jeweils dem Nominalwert der Doppel-Aktienanleihe entsprechen. Wird aus Vereinfachungsgründen auf eine Berücksichtigung dieser Differenz, die hier maximal 0,04 € beträgt, verzichtet, gilt folglich:

$$F_{DAA} = n_{ALV} E_{ALV} = EP_{ALV} = n_{DCX} E_{DCX} = EP_{DCX} = EP_{DAA}. \tag{4.88}$$

Unter Verwendung von (4.88) lässt sich für Zwecke der Duplikation der Doppel-Aktienanleihe die zustandsabhängige Zahlung analog zu (4.87) unter Berücksichtigung der maßgeblichen Zustände und der Paket-Ausübungspreise formulieren:

$$X_{DAA,T} = \begin{cases} F_{DAA} + c_{DAA} & \text{falls } \left( n_{ALV} S_{ALV,T} \geq EP_{DAA} \cap n_{DCX} S_{DCX,T} \geq EP_{DAA} \right) \\ n_{ALV} S_{ALV,T} + c_{DAA} & \text{falls } \left( n_{ALV} S_{ALV,T} < EP_{DAA} \cap n_{DCX} S_{DCX,T} \geq EP_{DAA} \right) \\ n_{DCX} S_{DCX,T} + c_{DAA} & \text{falls } \left( n_{ALV} S_{ALV,T} \geq EP_{DAA} \cap n_{DCX} S_{DCX,T} < EP_{DAA} \right) \\ n_{ALV} S_{ALV,T} + c_{DAA} & \text{falls } \left( \begin{array}{l} n_{ALV} S_{ALV,T} < EP_{DAA} \cap n_{DCX} S_{DCX,T} < EP_{DAA} \\ \cap n_{ALV} S_{ALV,T} < n_{DCX} S_{DCX,T} \end{array} \right) \\ n_{DCX} S_{DCX,T} + c_{DAA} & \text{falls } \left( \begin{array}{l} n_{ALV} S_{ALV,T} < EP_{DAA} \cap n_{DCX} S_{DCX,T} < EP_{DAA} \\ \cap n_{ALV} S_{ALV,T} > n_{DCX} S_{DCX,T} \end{array} \right). \end{cases}$$

Anzumerken ist, dass in den beiden letzten Zuständen der zustandsabhängigen Zahlung als Teilbedingung dieser Zustände jeweils eine Ungleichung der Form

$$n_{ALV} S_{ALV,T} \lesseqgtr n_{DCX} S_{DCX,T}$$

aufgestellt wurde, die der Formulierung in (4.87) entspricht, da aus (4.88) mit $n_{ALV}E_{ALV} = n_{DCX}E_{DCX}$

$$\frac{S_{ALV,T}}{E_{ALV}} \lesseqgtr \frac{S_{DCX,T}}{E_{DCX}} \Leftrightarrow \frac{n_{ALV}S_{ALV,T}}{n_{ALV}E_{ALV}} \lesseqgtr \frac{n_{DCX}S_{DCX,T}}{n_{DCX}E_{DCX}} \Leftrightarrow n_{ALV}S_{ALV,T} \lesseqgtr n_{DCX}S_{DCX,T}$$

folgt.[611] Für die zustandsabhängige Zahlung der Doppel-Aktienanleihe ist diese Formulierung äquivalent zu der Aussage, dass im Fall der Tilgung der Doppel-Aktienanleihe durch Aktien stets das Aktienpaket mit dem niedrigsten Wert in $T$ geliefert wird.

Damit können die Zahlungen der Doppel-Aktienanleihe in jedem möglichen Zustand durch ein Portfolio bestehend aus einer *long*-Position in einer Null-Kuponanleihe mit Nominalbetrag $F_{DAA} + c_{DAA}$ und einer *short*-Position in einer europäischen Put-Minimumoption auf die beiden riskanten Wertpaiere $S_{ALV}$ und $S_{DCX}$ nachgebildet werden. Bei der Bildung des Duplikationsportfolios wird zunächst aus Vereinfachungsgründen unterstellt, dass die *long*-Position in einer Null-Kuponanleihe des Schuldners ING BHF-Bank AG ausfallrisikolos sei. Die Duplikation gelingt somit unter Verwendung der Beziehung $F_{DAA} = EP_{DAA}$ aus (4.88) gemäß Tabelle 19 und durch Ausgestaltung der Put-Minimumoption auf die entsprechende Anzahl an Aktien der beiden Basiswerte.

[611] Der (unwahrscheinliche) Fall, dass die beiden Aktienpakete am maßgeblichen Referenztag über exakt denselben Wert verfügen, wird in den Bedingungen der Doppel-Aktienanleihe nicht geregelt. Für Zwecke der korrekten Bewertung der Doppel-Aktienanleihe ist dieser Fall aufgrund der Identität der Preise beider Aktienpakete jedoch unerheblich und wird daher nicht weiter betrachtet.

| | Zahlungen in $t$ | Zahlungen in $T$ | | | | |
|---|---|---|---|---|---|---|
| Position | | $S_{ALV,T} \geq E_{ALV} \cap S_{DCX,T} \geq E_{DCX}$ | $S_{ALV,T} < E_{ALV} \cap S_{DCX,T} \geq E_{DCX}$ | $S_{ALV,T} \geq E_{ALV} \cap S_{DCX,T} < E_{DCX}$ | $S_{ALV,T} < E_{ALV} \cap S_{DCX,T} < E_{DCX}$ | |
| | | | | | $n_{ALV} S_{ALV,T} > n_{DCX} S_{DCX,T}$ | $n_{ALV} S_{ALV,T} < n_{DCX} S_{DCX,T}$ |
| **Doppelaktienanleihe** | | | | | | |
| Doppelaktienanleihe $B_{ALV,DCX,t}$ (*long*) | $-B_{ALV,DCX,t}$ | $+F_{DAA}$ $+c_{DAA}$ | $+n_{ALV} S_{ALV,T}$ $+c_{DAA}$ | $+n_{DCX} S_{DCX,T}$ $+c_{DAA}$ | $+n_{DCX} S_{DCX,T}$ $+c_{DAA}$ | $+n_{ALV} S_{ALV,T}$ $+c_{DAA}$ |
| **Duplikationsportfolio** | | | | | | |
| Null-Kuponanleihe $B_t(T)$ mit $F = F_{DAA}$ (*long*) | $-\frac{F_{DAA}}{\left(1+r_{f,T}\right)^{T-t}}$ | $+F_{DAA}$ | $+F_{DAA}$ | $+F_{DAA}$ | $+F_{DAA}$ | |
| Null-Kuponanleihe $B_t(T)$ mit $F = c_{DAA}$ (*long*) | $-\frac{c_{DAA}}{\left(1+r_{f,T}\right)^{T-t}}$ | $+c_{DAA}$ | $+c_{DAA}$ | $+c_{DAA}$ | $+c_{DAA}$ | |
| Put-Minimumoption $P^{\min}_{ALV,DCX,t}$ (*short*) | $+P^{\min}_{ALV,DCX,t}$ | 0 | $-EP_{DAA}$ $+n_{ALV} S_{ALV,T}$ | $-EP_{DAA}$ $+n_{DCX} S_{DCX,T}$ | $-EP_{DAA}$ $+n_{DCX} S_{DCX,T}$ | $-EP_{DAA}$ $+n_{ALV} S_{ALV,T}$ |
| Summe | $-\frac{F_{DAA}+c_{DAA}}{\left(1+r_{f,T}\right)^{T-t}}$ $+P^{\min}_{ALV,DCX,t}$ | $+F_{DAA}+c_{DAA}$ | $\underbrace{+F_{DAA}-EP_{DAA}}_{=0}$ $+n_{ALV} S_{ALV,T}$ $+c_{DAA}$ | $\underbrace{+F_{DAA}-EP_{DAA}}_{=0}$ $+n_{DCX} S_{DCX,T}$ $+c_{DAA}$ | $\underbrace{+F_{DAA}-EP_{DAA}}_{=0}$ $+n_{DCX} S_{DCX,T}$ $+c_{DAA}$ | $\underbrace{+F_{DAA}-EP_{DAA}}_{=0}$ $+n_{ALV} S_{ALV,T}$ $+c_{DAA}$ |

Tabelle 19: Duplikationsportfolio der Doppel-Aktienanleihe (ISIN DE000BHF6713)

Folglich muss für den aktuellen Marktpreis der Doppel-Aktienanleihe in $t$, der mit $B_{DAA,t}$ bezeichnet wird, unter der Bedingung der Arbitragefreiheit eines vollkommenen Kapitalmarkts

$$B_{DAA,t} = \frac{F_{DAA} + c_{DAA}}{\left(1 + r_{f,T}\right)^{T-t}} - P_{ALV,DCX,t}^{\min}$$

gelten. Für den Marktpreis der europäischen Put-Minimumoption folgt daher:

$$P_{ALV,DCX,t}^{\min} = \frac{F_{DAA} + c_{DAA}}{\left(1 + r_{f,T}\right)^{T-t}} - B_{DAA,t}. \tag{4.89}$$

Obwohl mit (4.89) der arbitragefreie Preis einer Put-Minimumoption auf die beiden Aktien $S_{ALV}$ und $S_{DCX}$ unter Berücksichtigung der jeweiligen Anzahl an Aktien, die im Fall einer Tilgung in Aktien zu liefern sind, aus theoretischer Sicht unschwer zu ermitteln ist, bestehen bei der praktischen Ermittlung zahlreiche Schwierigkeiten, die im Folgenden zu analysieren sind.

#### 4.5.3.4.3 Ermittlung des Marktpreises der in einer Doppel-Aktienanleihe enthaltenen Put-Minimumoption

Dazu wird als Bewertungsstichtag $t = 0$ exemplarisch der 10.10.2006 gewählt. Da die Doppel-Aktienanleihe noch bis zum 10.4.2007 läuft, beträgt die Restlaufzeit der Doppel-Aktienanleihe in diesem Zeitpunkt noch ein halbes Jahr. Wird zur Ermittlung des Marktpreises der Put-Minimumoption zunächst der Preis der Null-Kuponanleihe mit Nominalbetrag $F_{DAA} + c_{DAA}$ ermittelt,[612] ist gemäß den Bedingungen der Doppel-Aktienanleihe eine taggenaue Ermittlung der Anzahl der Zinstage bis zum Fälligkeitszeitpunkt der Doppel-Aktienanleihe und eine kalenderechte Ermittlung der Zinstage einer Zinsperiode vorzunehmen.[613] Dabei endet die Verzinsung mit dem Ablauf des Tages, der dem Fälligkeitstag vorausgeht, wobei die Zinszahlung am 10.4.2007 fällig ist.[614] Folglich wird der erste Tag (10.10.2006) im Gegensatz zum letzten Tag der Restlaufzeit in die Anzahl der Zinstage ein-

[612] Damit werden die beiden laufzeitidentischen Null-Kuponanleihen aus dem Duplikationsportfolio aus Gründen einer übersichtlicheren Darstellung zusammengefasst. Daher kann im Folgenden eine Null-Kuponanleihe mit einem Nominalwert betrachtet werden, der sowohl den Nominalbetrag der Doppel-Aktienanleihe als auch die Kuponzinszahlung am Ende der Laufzeit der Doppel-Aktienanleihe umfasst.

[613] Vgl. BHF-Bank AG (2006), S. 51–52; vgl. auch ING BHF-Bank AG (2002), S. 49.

[614] Vgl. BHF-Bank AG (2006), S. 8.

bezogen, die sich somit auf 182 Tage beläuft.[615] Daraus ergibt sich ein Jahresanteil von 182/365-stel.

Wird nun versucht, den Marktpreis der Put-Minimumoption zu ermitteln, so muss beachtet werden, dass bei dem Erwerb der Doppel-Aktienanleihe während ihrer Laufzeit zum 10.10.2006 neben dem Preis der Doppel-Aktienanleihe auch die seit dem Emissionszeitpunkt aufgelaufenen Stückzinsen zu entrichten sind. Daher sind in (4.89) die Stückzinsen $StZ_{DAA,t}$ in $t$ zu berücksichtigen, so dass

$$P_{ALV,DCX,t}^{\min} = \frac{F_{DAA} + c_{DAA}}{\left(1 + r_f\right)^{T-t}} - \left(B_{DAA,t} + StZ_{DAA,t}\right) \tag{4.90}$$

gilt. Konkret sind seit der Emission der Doppel-Aktienanleihe am 10.4.2006 bis zum 10.10.2006 genau 183 Tage vergangen,[616] womit sich die Höhe der Stückzinsen $StZ_{DAA,t}$ in $t$ auf

$$\begin{aligned} StZ_{DAA,t} &= c_{DAA} \frac{(T-t)}{365} \\ &= 600\,€ \cdot \frac{183}{365} = 300{,}82\,€ \end{aligned}$$

beläuft. Unter Verwendung des am Bewertungsstichtag (10.10.2006) gültigen, auf den Nominalwert bezogenen Kurses der Doppel-Aktienanleihe im XETRA-System der Deutsche Börse AG in Höhe von 89,86 % ergibt sich ein Preis der Doppel-Aktienanleihe $B_{DAA,t}$ ohne Stückzinsen in Höhe von

$$B_{DAA,t} = 5.000\,€ \cdot 0{,}8986 = 4.493\,€\,.$$ [617]

Wird trotz einer aus Sicht des 10.10.2006 geringeren Restlaufzeit der Doppel-Aktienanleihe vereinfachungsbedingt von einem risikolosen Zinssatz in Höhe des einjährigen risikolosen Zinssatzes einer Null-Kuponanleihe gemäß der Schätzung der Deutschen Bundesbank vom 10.10.2006 von 3,62 % ausgegangen, ergibt sich durch Einsetzen aller Werte insbesondere für

---

[615] Diese Summe ergibt sich aus 22 Tagen im Oktober 2006, 9 Tagen im April 2007 und der kalenderechten Summe der Tage der Monate November 2006 bis (einschließlich) März 2007. Daraus folgt: 22+30+31+31+28+31+9=182.

[616] Diese Summe ergibt sich aus 21 Tagen im April 2006, 9 Tagen im Oktober 2006 und der kalenderechten Summe der Tage der Monate Mai 2006 bis (einschließlich) September 2006. Daraus folgt: 21+31+30+31+31+30+9=183.

[617] Quelle: Datastream (letzte Abfrage vom 29.11.2006, 18:05 Uhr).

$StZ_{DAA,t}$, $B_{DAA,t}$ und der bereits taggenau ermittelten Restlaufzeit der Doppel-Akienanleihe von 182 Tagen in (4.90) ein Marktpreis für die europäische Put-Minimumoption von

$$P^{\min}_{ALV,DCX,t} = \frac{5.000\,€ + 600\,€}{(1+0,0362)^{182/365}} - (4.493\,€ + 300,82\,€) = 707,75\,€.$$

Unter der Voraussetzung eines arbitragefreien Kapitalmarkts und der Annahme, dass es sich bei der BHF-Bank um einen Schuldner bester Bonität handelt, der als ausfallrisikolos angesehen werden kann, kann der Marktpreis einer in der Doppel-Aktienanleihe enthaltenen Put-Minimumoption im Weiteren zur Ermittlung der impliziten Korrelation zwischen den zukünftigen unsicheren Renditen der Aktien der Allianz AG und der DaimlerChrysler AG eingesetzt werden.

#### 4.5.3.4.4 Ermittlung der impliziten Korrelation aus einer Put-Minimumoption

Da durch Duplikation der zustandsabhängigen Zahlungen der Doppel-Aktienanleihe nur der Marktpreis einer Put-Minimumoption bestimmt werden kann, muss zur Ermittlung der impliziten Korrelation zwischen den unsicheren zukünftigen Renditen der beiden Aktien das in Kapitel 4.5.3.3 vorgestellte Verfahren zur Ermittlung der impliziten Korrelation aus dem Marktpreis einer Call-Minimumoption auf eine Put-Minimumoption übertragen werden.

Allgemein wird mit der Ermittlung der impliziten Korrelation zwischen den unsicheren zukünftigen Renditen zweier riskanter Wertpapiere $\tilde{r}_l$ und $\tilde{r}_m$ der Wert für die Korrelation gesucht, bei der der auf dem Kapitalmarkt beobachtbare Marktpreis einer Put-Minimumoption durch das Optionspreismodell von Stulz gemäß

$$P^{\min}_{l,m,mkt} = P^{\min}_{l,m}\left(\hat{\rho}_{l,m}\right)$$

erklärt wird. Wird (4.85) für Put-Minimumoptionen formuliert, kann ausgehend von einem gegriffenen Startwert für die implizite Korrelation $\hat{\rho}_{l,m,0}$ gemäß

$$\hat{\rho}_{l,m,i+1} = \hat{\rho}_{l,m,i} - \frac{P^{\min}_{l,m}\left(\hat{\rho}_{l,m,i}\right) - P^{\min}_{l,m,mkt}}{\frac{\partial P^{\min}_{l,M}\left(\hat{\rho}_{l,m,i}\right)}{\partial \hat{\rho}_{l,m,i}}} \quad \text{mit } i = 0,1,... \tag{4.91}$$

bei einem mit

$$\left| P_{l,m,mkt}^{\min} - P_{l,m}^{\min}\left(\rho_{l,m,i+1}\right)\right| \le \delta \tag{4.92}$$

vorgegebenen Genauigkeitsmaß $\delta$ eine hinreichend genaue Ermittlung der impliziten Korrelation vorgenommen werden.[618] Hierfür wird allerdings die partielle Ableitung der Funktion für den Preis der Put-Minimumoption nach der Korrelation benötigt, die durch

$$\frac{\partial P_{l,m}^{\min}}{\partial \rho_{l,m}} = -S_l \cdot e^{\left(b_l - r_{fc}\right)\cdot(T-t)} \cdot n(d) \cdot \frac{\sigma_l \sigma_m}{\sigma_{l,m}} \cdot \sqrt{T-t} \cdot (1-N) < 0$$

mit

$$N = N\left(\frac{y_l - \rho_l \cdot d}{\sqrt{1-\rho_l^2}}\right) = N\left(\frac{y_m - \rho_m \cdot d}{\sqrt{1-\rho_m^2}}\right),$$

$$y_l = \frac{\ln\left(S_l/E\right) + \left(b_l + \sigma_l^2/2\right)(T-t)}{\sigma_l\sqrt{T-t}}, \; y_m = \frac{\ln\left(S_m/E\right) + \left(b_m + \sigma_m^2/2\right)(T-t)}{\sigma_m\sqrt{T-t}},$$

$$d = \frac{\ln\left(S_l/S_m\right) + \left(b_l - b_m + \sigma_{l,m}^2/2\right)\cdot(T-t)}{\sigma_{l,m}\sqrt{T-t}}, \; \sigma_{l,m} = \sqrt{\sigma_l^2 + \sigma_m^2 - 2\rho_{l,m}\sigma_l\sigma_m},$$

$$\rho_l = \frac{\sigma_l - \rho_{l,m}\sigma_m}{\sigma_{l,m}} \text{ und } \rho_m = \frac{\sigma_m - \rho_{l,m}\sigma_l}{\sigma_{l,m}}$$

gegeben ist.[619]

Zur Durchführung der Schätzung der impliziten Korrelation aus dem Marktpreis der in der Doppel-Aktienanleihe enthaltenen Put-Minimumoption, kann zunächst auf die bereits in Kapitel 4.4.3 ermittelten Parameter zur Bewertung der Aktienoptionen der Allianz AG und der DaimlerChrysler AG zurückgegriffen werden. Daneben wird die Schätzung der Volatilität der unsicheren zukünftigen Rendite der Aktie der Allianz AG und der Aktie der DaimlerChrysler AG benötigt. Mit Blick auf die in Kapitel 4.4.4 vorgestellten empirischen Ergebnisse hinsichtlich der Prognosegüte der impliziten Volatilität wird als Schätzung für die Volatilität jeweils die aus dem Marktpreis einer nahe am Geld liegenden Aktienoption ermittelte implizite Volatilität verwendet. Da die Ermittlung impliziter Volatilitäten in Kapitel 4.4.3 auch gezeigt hat, dass die Höhe der impliziten Volatilität von der Restlaufzeit der Aktienoption abhängt,

618 Vgl. Haug (1997), S. 169.
619 Zur Herleitung siehe Anhang 3.

wird empfohlen, die impliziten Volatilitäten aus Aktienoptionen zu ermitteln, deren Restlaufzeiten mit der Restlaufzeit der Doppel-Aktienanleihe übereinstimmen. Allerdings können keine impliziten Volatilitäten aus den Marktpreisen von Aktienoptionen mit einer zu der Doppel-Aktienanleihe identischen Laufzeit ermittelt werden, da zum Bewertungsstichtag keine Aktienoptionen mit Fälligkeitsmonat April 2007 an der EUREX gehandelt werden. Die in Tabelle 20 dargestellten impliziten Volatilitäten aus den Aktienoptionen, die am nächsten am Geld liegen, weisen zumindest keine allzu großen Schwankungen für die unterschiedlichen Restlaufzeiten auf.

| | 10.10.2006 | Nov. 2006 | | Dez. 2006 | |
|---|---|---|---|---|---|
| | Aktienkurs in € | Ausübungspreis in € | Implizite Volatilität | Ausübungspreis in € | Implizite Volatilität |
| **Allianz AG** | 143,32 | 145 | 0,20729 | 144,78 | 0,21418 |
| **DaimlerChrysler AG** | 39,83 | 40 | 0,22739 | 40 | 0,22557 |

| | 10.10.2006 | Mrz. 2007 | | Jun. 2007 | |
|---|---|---|---|---|---|
| | Aktienkurs in € | Ausübungspreis in € | Implizite Volatilität | Ausübungspreis in € | Implizite Volatilität |
| **Allianz AG** | 143,32 | 145 | 0,22189 | 140 | 0,21813 |
| **DaimlerChrysler AG** | 39,83 | 40 | 0,24076 | 40 | 0,21649 |

Tabelle 20: Implizite Volatilitäten aus den Marktpreisen der am nächsten am Geld liegenden Optionen unterschiedlicher Restlaufzeiten auf die Allianz AG und die DaimlerChrysler AG

Wird vereinfachungsbedingt davon ausgegangen, dass die für den Fälligkeitsmonat März 2007 ermittelten impliziten Volatilitäten aus den am nächsten am Geld liegenden Aktienoptionen eine geeignete Schätzung der Volatiliäten der unsicheren zukünftigen Renditen der beiden riskanten Wertpapiere darstellen, stehen neben dem Marktpreis alle notwendigen Parameter zur Bewertung der Put-Minimumoption zur Verfügung.

Aus theoretischer Sicht ist damit eine Ermittlung der impliziten Korrelation aus dem Marktpreis der Put-Minimumoption mit Hilfe des numerischen Näherungsverfahrens nach der Newton-Raphson-Methode nach (4.91) möglich. Tatsächlich zeigt sich jedoch, dass die Schätzung der impliziten Korrelation misslingt, denn bei einem strikt negativen Vorzeichen der partiellen Ableitung der Funktion des Preises der Put-Minimumoption nach der Korrelation, müsste die Put-Minimumoption bei einer Korrelation bzw. einem Korrelationskoeffizienten im Bereich zwischen -1 und +1 einen Marktpreis zwischen 992,19 € und 821,27 € aufweisen. Dies wird durch die Abbildung 3 bestätigt, die den Preis der in der Doppel-Aktienanleihe enthaltenen Put-Minimumoption in Abhängigkeit der Korrelation zeigt. Offensichtlich existiert kein

Wert für die Korrelation im Bereich zwischen -1 und +1, der den niedrigen Marktpreis der Put-Minimumoption erklären kann.[620]

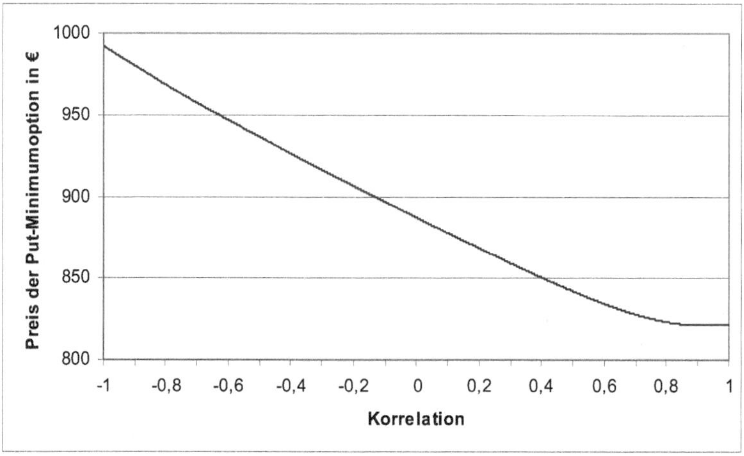


Abbildung 3: Arbitragefreier Marktpreis der in der Doppel-Aktienanleihe (ISIN DE000BHF6713) enthaltenen Put-Minimumoption in Abhängigkeit von der Korrelation

Mit dem in Kapitel 4.5.3.4.3 ermittelten Preis von ca. 707,75 € wird der Preis der Put-Minimumoption deutlich unterschätzt. Es liegt die Vermutung nahe, dass der Kapitalmarkt die Doppel-Aktienanleihe nicht arbitragefrei bewertet. Dies geht zu Lasten des Erwerbers der Doppel-Aktienanleihe, da dieser eine *short*-Position in der Put-Minimumoption eingeht und vom Emittenten bzw. Veräußerer der Doppel-Aktienanleihe einen zu geringen Preis für das Eingehen der Stillhalterposition in der Put-Minimumoption erhält. Anders ausgedrückt, erhält der Emittent bzw. Veräußerer der Doppel-Aktienanleihe die Put-Minimumoption für einen zu günstigen Preis, da die Put-Minimumoption selbst bei einer Korrelation von +1 über einen deutlich höheren Preis, nämlich ca. 821,27 €, verfügen würde. Tatsächlich kann kein Wert für die Korrelation im Definitionsbereich zwischen -1 und +1 gefunden werden, bei dem das Optionspreismodell von Stulz den Marktpreis der aus der Doppel-Aktienanleihe ermittelten Put-Minimumoption erklären kann. Darüber hinaus kann aufgrund der großen absoluten Differenz zwischen dem minimalen Preis der Put-Minimumoption bei einer Korrelation von +1 in Höhe von 821,27 € und dem durch Duplikation ermittelten Preis der Put-Minimumoption in Höhe

[620] Der maßgebliche Bereich für den Preis der Put-Minimumoption würde sich auch bei Verwendung der impliziten Volatilitäten mit Fälligkeitsmonat Juni 2007 aus Tabelle 20 nicht so wesentlich ändern, dass dieser den in Kapitel 4.5.3.4.3 ermittelten Preis der Put-Minimumoption umschließt.

von 707,75 € weitgehend ausgeschlossen werden, dass die getroffenen Vereinfachungen bei der Ermittlung des Put-Minimumpreises zu diesem Ergebnis geführt haben.[621]

Um dennoch zeigen zu können, dass das mit (4.91) vorgestellte numerische Näherungsverfahren nach der Newton-Raphson-Methode in der Lage ist, die implizite Korrelation aus dem Marktpreis einer Put-Minimumoption zu ermitteln, wird abweichend von dem im Wege der Duplikation der Doppel-Aktienanleihe ermittelten Preis für die Put-Minimumoption exemplarisch ein Wert von 824,24 € angenommen. Ausgehend von einem Startwert für die implizite Korrelation von 0,6 gelangt das Verfahren bei einem Genauigkeitsmaß $\delta = 0,0001$ bereits nach vier Iterationsläufen zu einer hinreichend genauen impliziten Korrelation, wie die nachstehende Tabelle 21 zeigt.

[621] Dies gilt vor allem da angommen wurde, dass es sich bei der BHF-Bank um einen ausfallrisikolosen Schuldner handelt. Würde stattdessen eine Risikoprämie auf den risikolosen Zinssatz bei der Bewertung der im Duplikationsportfolio enthaltenen Null-Kuponanleihen der BHF-Bank berücksichtigt werden, so ergäbe sich ein noch geringerer Preis für die in der Doppel-Aktienanleihe enthaltene Put-Minimumoption. Siehe Kapitel 4.5.3.4.3.

| Näherungs-wert | implizite Korrelation | Wert der partiellen Ableitung | diskontierter Ausübungspreis in € | Preis einer Call-Minimumoption mit $E=0$ in € | Preis einer Call-Minimumoption mit $E=EP_{DAA}$ in € | Preis einer Put-Minimumoption mit $E=EP_{DAA}$ in € |
|---|---|---|---|---|---|---|
| $i$ | $\hat{\rho}_{ALV,DCX,i}$ | $\frac{\partial P_{ALV,DCX}^{\min}}{\partial \hat{\rho}_{ALV,DCX,i}}$ | $EP_{DAA} \cdot e^{-r_{fc} \cdot (T-t)}$ | $C_{ALV,DCX}^{\min}(0)$ | $C_{ALV,DCX}^{\min}(EP_{DAA})$ | $P_{ALV,DCX}^{\min}$ |
| 0 | 0,60000 | -71,69326 | 4912,12450 | 4133,40866 | 55,59488 | 834,31073 |
| 1 | 0,74047 | -48,46464 | 4912,12450 | 4148,39688 | 61,96066 | 825,68829 |
| 2 | 0,77035 | -41,25809 | 4912,12450 | 4150,84815 | 63,06910 | 824,34546 |
| 3 | 0,77291 | -40,60058 | 4912,12450 | 4151,04162 | 63,15795 | 824,24084 |
| 4 | 0,77293 | -40,59524 | 4912,12450 | 4151,04317 | 63,15867 | 824,24000 |
| | | | | | | |
| 5 | 0,77293 | -40,59524 | 4912,12450 | 4151,04317 | 63,15867 | 824,24000 |

Tabelle 21: Ermittlung der impliziten Korrelation aus einem fiktiven Marktpreis einer Put-Minimumoption

#### 4.5.3.4.5 Würdigung des Ansatzes zur Ermittlung der impliziten Korrelation aus Maximum-/Minimumoptionen

Nachdem eine direkte Ermittlung der impliziten Korrelation zwischen der unsicheren zukünftigen Rendite einer bestimmten Aktie $\tilde{r}_l$ und der Rendite $\tilde{r}_M$ für Zwecke der zukunftsorientierten Schätzung des Betafaktors $\beta_l$ aufgrund eines fehlenden Marktpreises einer entsprechend ausgestalteten Minimumoption nicht möglich ist, misslingt auch der Versuch der Ermittlung der impliziten Korrelation zwischen den erwarteten zukünftigen Renditen zweier Aktien aus dem Marktpreis der in einer Doppel-Aktienanleihe implizit enthaltenen Put-Minimumoption. Während das zur Anwendung kommende numerische Näherungsverfahren nach der Newton-Raphson-Methode zur Ermittlung der impliziten Korrelation nach vorheriger Bestimmung der benötigten partiellen Ableitung in Bezug auf das gewünschte Genauigkeitsmaß hinreichend genaue Näherungswerte für die implizite Korrelation liefern kann, scheitert die Ermittlung einer impliziten Korrelation an dem offensichtlich nicht arbitragefreien Marktpreis der Doppel-Aktienanleihe. Der nicht arbitragefreie Marktpreis der Doppel-Aktienanleihe führt letztlich dazu, dass der im Wege der Duplikation ermittelte Marktpreis der Put-Minimumoption ebenfalls nicht arbitragefrei ist.

Als mögliche Ursache für die nicht arbitragefreie Bewertung der Doppel-Aktienanleihe und damit der Put-Minimumoption kann das sehr geringe Handelsvolumen der Doppel-Aktienanleihe angesehen werden, das zeigt, dass regelmäßig nur geringe oder keine Umsätze in der Doppel-Aktienanleihe zu verzeichnen sind. Als weitere Ursache für die nicht arbitragefreie Bewertung der Put-Minimumoption aus der Doppel-Aktienanleihe kann die fehlende Möglichkeit zur Ausnutzung der bestehenden Arbitragemöglichkeit angeführt werden, da hierzu eine entsprechende Put-Minimumoption gehandelt werden müsste. Das heißt, letztlich müsste ein Investor die Doppel-Aktienanleihe zu ihrem Marktpreis emittieren bzw. veräußern und mit dem erzielten Erlös die Positionen des Duplikationsportfolios aus Tabelle 19 eingehen. Da die Put-Minimumoption bei einer Korrelation im Bereich zwischen -1 und +1 in jedem Fall über einen höheren Preis verfügt, als in der Doppel-Aktienanleihe eingepreist ist, erzielt der Investor bei Eingehen der *short*-Postition in der Put-Minimumoption einen höhreren Erlös, als er dem Erwerber seiner Doppel-Aktienanleihe vergütet hat. Das Ausnutzen dieser Arbitragemöglichkeit scheitert indes daran, dass derzeit keine reinen Put-Minimumoptionen gehandelt werden und daher die Durchführung dieser Arbitragestrategie nicht ohne weiteres möglich ist.

Da aufgrund der nicht arbitragefreien Bewertung der Doppel-Aktienanleihe aus dem nicht arbitragefreien Preis der Put-Minimumoption keine implizite Korrelation ermittelt werden kann, entzieht sich die implizite Korrelation aus Minimumoptionen einer umfassenden Würdigung. Hierzu wären empirische Untersuchungen notwendig, um festzustellen, ob die implizite Korrelation aus Minimumoptionen eine geeignete Schätzung der anschließend realisierten Korrelation zwischen den zukünftigen Renditen zweier riskanter Wertpapiere darstellt. Letztlich bleibt diese Frage derzeit noch ungeklärt. Allerdings lassen die empirischen Ergebnisse hinsichtlich der Prognosegüte der impliziten Korrelation zwischen verschiedenen Wechselkursen aus Marktpreisen von Währungsoptionen vermuten, dass die implizite Korrelation gegenüber einer einfachen Schätzung der Korrelation anhand historischer Renditen überlegen ist.[622]

## 4.6 Ermittlung eines impliziten Betafaktors

### 4.6.1 Einperiodiges Modell

Wie in Kapitel 2.4.4.1 erläutert wurde, gilt für den Betafaktor $\beta_l$ des riskanten Wertpapiers $l$ (z.B. einer Aktie) mit $l \neq 0$ im einperiodigen Modell mit den Zeitpunkten $t = 0$ und $t = T$:

$$\beta_{l,T} = \frac{\operatorname{cov}\left(\tilde{r}_{l,T}, \tilde{r}_{M,T}\right)}{\operatorname{var}\left(\tilde{r}_{M,T}\right)} = \frac{\sigma_l \sigma_M \rho_{l,M}}{\sigma_M^2} = \frac{\sigma_l}{\sigma_M} \rho_{l,M}.$$

Die Umformung zeigt, dass der Betafaktor von den Volatilitäten der unsicheren zukünftigen Rendite der $l$-ten Aktie $\sigma_l$ und des Marktindexes $\sigma_M$ sowie der Korrelation zwischen diesen beiden Renditen $\rho_{l,M}$ abhängt. Wird im Folgenden davon ausgegangen, dass

- unter Verwendung der Marktpreise arbitragefrei bewerteter Standardoptionen die impliziten Volatilitäten der Rendite der $l$-ten Aktie $\hat{\sigma}_l$ und der Rendite des Marktindexes $\hat{\sigma}_M$ ermittelt werden können

und

- die implizite Korrelation $\hat{\rho}_{l,M}$ zwischen den Renditen dieser beiden riskanten Wertpapiere aus dem Marktpreis mindestens einer arbitragefrei bewerteten Austausch-, Maximum- oder Minimumoption ermittelbar ist,

so können die impliziten Volatilitäten und die implizite Korrelation zur Ermittlung eines impliziten Betafaktors im Bewertungszeitpunkt $t$ herangezogen werden. Da hierzu offensichtlich keine historischen Daten sondern ausschließlich stichtagsaktuelle Marktpreise benötigt

622 Vgl. z.B. Walter/Lopez (1997), S. 21–29; Campa/Chang (1997), S. 19–20; Siegel (1997), S. 383.

werden, kann die Ermittlung des impliziten Betafaktors als zukunftsorientierte Schätzung des Betafaktors interpretiert werden.

Wird der implizite Betafaktor der $l$-ten Aktie mit $\hat{\beta}_l$ bezeichnet wird, kann dieser unter Verwendung der impliziten Volatilitäten $\hat{\sigma}_l$, $\hat{\sigma}_M$ und der impliziten Korrelation $\hat{\rho}_{l,M}$ gemäß

$$\hat{\beta}_l = \frac{\hat{\sigma}_l \hat{\sigma}_M \hat{\rho}_{l,M}}{\hat{\sigma}_M^2} = \frac{\hat{\sigma}_l}{\hat{\sigma}_M} \hat{\rho}_{l,M} \tag{4.93}$$

bestimmt werden. Da für die implizite Korrelation aus dem Marktpreis einer Austausch-, Maximum- oder Minimumoption gemäß (4.71) bzw. (4.83) auch

$$\hat{\rho}_{l,M} = \frac{\hat{\sigma}_l^2 + \hat{\sigma}_M^2 - \hat{\sigma}_{l,M}}{2\hat{\sigma}_l \hat{\sigma}_M}$$

gilt,[623] lässt sich der implizite Betafaktor $\hat{\beta}_l$ auch durch

$$\hat{\beta}_l = \frac{\hat{\sigma}_l^2 + \hat{\sigma}_M^2 - \hat{\sigma}_{l,M}}{2\hat{\sigma}_M^2}$$

ermitteln.[624]

Vor einer Verwendung des impliziten Betafaktors als zukunftsorientierte Schätzung des Betafaktors, im Rahmen der zukunftsorientierten Schätzung des erwarteten Eigenkapitalkostensatzes auf der Grundlage des einperiodigen CAPM, ist zu beachten, dass sich der implizite Betafaktor gemäß (4.93) vollständig unter den Annahmen des BSM-Modells und der Optionspreismodelle von Margrabe oder Stulz ergibt. Folglich ist zunächst zu klären, ob die Annahmen dieser Optionspreismodelle mit den Annahmen des CAPM konfligieren und damit einer Verwendung des impliziten Betafaktors entgegenstehen.

Wie die Ausführungen zum CAPM und dem BSM-Modell gezeigt haben,[625] bestehen zwischen den Annahmenbündeln beider Modelle zwar Unterschiede, jedoch gehen beide Modelle von weitgehend identischen Annahmen, insbesondere von den Eigenschaften eines vollkommenen Kapitalmarkts, aus. Da die Optionspreismodelle von Margrabe und Stulz über die An-

---

[623] In Kapitel 4.5.3.2 wurde zwar nur die Bewertung von Minimumoptionen dargestellt, jedoch gilt (4.83) auch für die Bewertung von Maximumoptionen. Vgl. Stulz (1982), S. 166; Haug (1997), S. 57.

[624] Vgl. Siegel (1995), S. 127; Husmann (2006), S. 6.

[625] Siehe Kapitel 2.4.4.1 und 4.3.2.1.

nahmen des BSM-Modells lediglich eine im Zeitablauf konstante Korrelation zwischen den Renditen der beiden riskanten Wertpapiere der entsprechenden Austausch-, Maximum- oder Minimumoption erfordern, diese Annahme jedoch nicht mit dem CAPM in Konflikt steht, besteht zwischen den Annahmen des CAPM und der Optionspreismodelle lediglich ein zentraler Unterschied.

Während das CAPM voraussetzt, dass sich die Investoren bei ihren Entscheidungen am $\mu - \sigma$-Prinzip (AI 1a) orientieren, kommen die Optionspreismodelle ohne eine spezielle Annahme hinsichtlich der Präferenzen der Kapitalmarktteilnehmer aus, da diesbezüglich zur Sicherstellung der arbitragefreien Bewertung der Optionen die Annahme genügt, dass Geld für die Kapitalmarktteilnehmer stets über einen positiven Grenznutzen verfügt (AI 2). Damit wird deutlich, dass die Optionspreismodelle auch in dieser Hinsicht nicht mit dem CAPM in Konflikt stehen, da es im Rahmen der Optionspreismodelle einerseits unerheblich ist, nach welchem Kriterium die Investoren ihre Entscheidungen treffen. Andererseits ist die mit der Annahme AI 2 auf einem vollkommenen Kapitalmarkt sichergestellte Arbitragefreiheit des Kapitalmarkts ohnehin eine Voraussetzung für die Existenz eines Gleichgewichts auf dem Kapitalmarkt und damit für die Gültigkeit des CAPM. Im Ergebnis stehen die Annahmen der zur Ermittlung des impliziten Betafaktors verwendeten Optionspreismodelle einer Verwendung des impliziten Betafaktors als zukunftsorientierte Schätzung des Betafaktors für Zwecke der zukunftsorientierten Schätzung des erwarteten Eigenkapitalkostensatzes im Rahmen des einperiodigen CAPM nicht entgegen.

Darüber hinaus ist zu prüfen, ob der implizite Betafaktor auch laufzeitäquivalent, d.h. in Übereinstimmung mit dem einperiodigen Planungshorizont des CAPM ermittelt werden kann. Bei Gültigkeit des BSM-Modells, das eine im Zeitablauf konstante Standardabweichung (Volatilität) der Rendite des riskanten Basiswerts annimmt, sowie bei Gültigkeit der Optionspreismodelle von Margrabe und Stulz, die eine im Zeitablauf konstante Korrelation zwischen den Renditen der beiden riskanten Wertpapiere annehmen, ist es aus theoretischer Sicht unerheblich, über welche Restlaufzeit die Optionen verfügen, aus denen die impliziten Volatilitäten und die implizite Korrelation ermittelt werden.[626] Folglich ist der implizite Betafaktor un-

[626] Bei Gültigkeit des entsprechenden Optionspreismodelle könnten die Optionen sogar über unterschiedliche Restlaufzeiten verfügen, da sich theoretisch aus allen Optionen auf denselben Basiswert dieselbe implizite Volatilität und aus allen Optionen auf dieselben zwei riskanten Wertpapiere dieselbe implizite Korrelation ergibt.

abhängig von der Restlaufzeit der Optionen aus theoretischer Sicht stets laufzeitäquivalent. Die empirische Ermittlung impliziter Volatilitäten aus Standardoptionen hat indes gezeigt, dass die implizite Volatilität in Abhängigkeit von der Restlaufzeit der ansonsten identischen Optionen variiert.[627] Für die praktische Ermittlung eines impliziten Betafaktors wird daher empfohlen, die impliziten Volatilitäten und die implizite Korrelation aus Marktpreisen von Optionen zu ermitteln, die über eine zum Planungshorizont des CAPM identische Restlaufzeit verfügen. Damit kann der empirischen Beobachtung einer mit der Restlaufzeit von ansonsten indentischen Optionen schwankenden impliziten Volatilität Rechnung getragen und eine laufzeitäquivalente Ermittlung der impliziten Volatilitäten und Korrelation sichergestellt werden.

Eine vollständige Laufzeitäquivalenz im beschriebenen Sinne wird in der Praxis regelmäßig jedoch nicht zu erreichen sein, da an der EUREX nur standardisierte Optionskontrakte mit festgelegten Fälligkeitsmonaten gehandelt werden.[628] Damit kann die laufzeitäquivalente Ermittlung der impliziten Volatilität grundsätzlich nur monatsgenau durchgeführt werden. Allerdings hat bereits der Versuch der Ermittlung der impliziten Korrelation aus einer Put-Minimumoption auf zwei Aktien mit einer Restlaufzeit bis zum 10.4.2007 gezeigt,[629] dass aus der Sicht des Bewertungsstichtags (10.10.2006) die zur Ermittlung der impliziten Korrelation benötigten impliziten Volatilitäten der Renditen der beiden Aktien nicht aus Standardoptionen mit einer Fälligkeit im April 2007 ermittelt werden können, da solche Optionen zum 10.10.2006 (noch) nicht gehandelt werden. In diesem Fall muss hilfsweise auf die Marktpreise gehandelter Standardoptionen z.B. mit Fälligkeit im März 2007 zurückgegriffen werden. Folglich hängt die Möglichkeit zu einer zukunftsorientierten Schätzung eines laufzeitäquivalenten Betafaktors maßgeblich von dem Restlaufzeitenspektrum der auf dem real existierenden Kapitalmarkt gehandelten Optionen ab.

### 4.6.2 Mehrperiodiges Modell

Wie in Kapitel 2.4.4.2 erläutert wurde, werden zur Bewertung eines mehrperiodigen Cashflowstroms des Unternehmens die periodenspezifischen erwarteten Eigenkapitalkostensätze benötigt.[630] Unter dem Ziel der zukunftsorientierten Schätzung der periodenspezifischen er-

---

[627] Siehe Kapitel 4.4.3.

[628] An der EUREX werden die Index- und Aktienoptionen nur mit bestimmten Fälligkeitsmonaten gehandelt. Vgl. ausführlich EUREX (2006), S. 31–32, 36.

[629] Siehe Kapitel 4.5.3.4.4.

[630] Siehe auch Kapitel 2.5.

warteten Eigenkapitalkostensätze ist zu untersuchen, ob eine Ermittlung periodenspezifischer impliziter Betafaktoren vorgenommen werden kann. Wie bereits in Kapitel 4.6.1 ausgeführt wurde, ergibt sich unter den Annahmen der Optionspreismodelle, die der Ermittlung eines impliziten Betafaktors zugrunde liegen, für alle Restlaufzeiten der Optionen ein einheitlicher und damit konstanter impliziter Betafaktor. In diesem Fall sind jedoch auch alle periodenspezifischen implizten Betafaktoren identisch. Gleichwohl hat die empirische Ermittlung der impliziten Volatilitäten gezeigt, dass sich aus den Marktpreisen von Standardoptionen, die mit Ausnahme der Restlaufzeit identisch sind, verschiedene implizite Volatilitäten ergeben. Aus dieser als *term structure of volatility* bezeichneten Beobachtung kann die über einen zukünftigen Zeitraum erwartete implizite Volatilität ermittelt werden.

Bezeichnen $u$ und $s$ mit $u,s \geq t+1$ und $u < s$ zwei, aus der Sicht des Bewertungsstichtags $t$ zukünftige, Zeitpunkte zu denen mindestens je eine Standardoption auf die Aktie $l$ fällig wird, folgt allgemein für die im Zeitpunkt $t$ erwartete implizite Volatilität der Rendite der $l$-ten Akite $\hat{\sigma}_{l,u,s}$ über den zukünftigen Zeitraum zwischen $u$ und $s$:

$$\hat{\sigma}_{l,u,s} = \sqrt{\frac{\hat{\sigma}_{l,s}^2(s-t) - \hat{\sigma}_{l,u}^2(u-t)}{(s-t)-(u-t)}} = \sqrt{\frac{\hat{\sigma}_{l,s}^2(s-t) - \hat{\sigma}_{l,u}^2(u-t)}{s-u}},\text{[631]} \qquad (4.94)$$

wobei $\hat{\sigma}_{l,s}$ bzw. $\hat{\sigma}_{l,u}$ die implizite Volatilität aus dem Marktpreis der Optionen mit Fälligkeitszeitpunkt $s$ bzw. $u$ angibt. Da derzeit aufgrund fehlender (arbitragefreier) Marktpreise für Austausch-, Maximum- oder Minimumoptionen keine implizite Korrelation ermittelbar ist, kann nicht festgestellt werden, ob die implizite Korrelation der Rendite einer Aktie oder des Marktindexes ebenfalls von der Restlaufzeit der Option abhängig ist. Für den Fall, dass analog zur impliziten Volatilität eine *term structure of implied correlation* beobachtbar sein sollte, könnte (4.94) unter Verwendung der impliziten Korrelationen bzw. Kovarianzen über verschiedene Restlaufzeiten formuliert werden, um eine Ermittlung periodenspezifischer impliziter Betafaktoren vornehmen zu können.

Folglich kann die Ermittlung periodenspezifischer impliziter Betafaktoren dadurch erfolgen, dass die Fälligkeitszeitpunkte der Optionen, aus denen die impliziten Volatilitäten und die impliziten Korrelation(en) ermittelt werden, so gewählt werden, dass diese mit den Zahlungszeitpunkten der Cashflows des Bewertungsobjekts einhergehen. Wird zur Bewertung eines

---

[631] Vgl. Haug (1997), S. 173.

einzelnen Cashflows zum Zeitpunkt $s$ ein periodenspezifischer impliziter Betafaktor benötigt, der mit $\hat{\beta}_{l,s-1,s}$ bezeichnet wird, ist zunächst die erwartete implizite Volatilität $\hat{\sigma}_{l,s-1,s}$ der Rendite der Aktie $l$ über einen einperiodigen zukünftigen Zeitraum analog zu (4.94) durch

$$\hat{\sigma}_{l,s-1,s} = \sqrt{\frac{\hat{\sigma}_{l,s}^2 (s-t) - \hat{\sigma}_{l,s-1}^2 ((s-1)-t)}{(s-t)-((s-1)-t)}} = \sqrt{(s-t)\left(\hat{\sigma}_{l,s}^2 - \hat{\sigma}_{l,s-1}^2\right) + \hat{\sigma}_{l,s-1}^2} \tag{4.95}$$

zu ermitteln. Werden analog zu (4.95) die erwartete implizite Volatilität $\hat{\sigma}_{M,s-1,s}$ der Rendite des Marktindexes und die erwartete einperiodige implizite Korrelation $\hat{\rho}_{l,M,s-1,s}$ über einen einperiodigen zukünftigen Zeitraum ermittelt, folgt für den periodenspezifischen impliziten Betafaktor

$$\hat{\beta}_{l,s-1,s} = \frac{\hat{\sigma}_{l,s-1,s}}{\hat{\sigma}_{M,s-1,s}} \hat{\rho}_{l,M,s-1,s} \,. \tag{4.96}$$

Im Ergebnis gelingt mit (4.96) die Ermittlung periodenspezifischer impliziter Betafaktoren unter Berücksichtigung der empirisch zu beobachtenden *term structure of volatility* sowie einer gegebenenfalls auch von den Restlaufzeiten der Austausch-, Maximum- oder Minimumoptionen abhängigen impliziten Korrelation.

Vor einer Verwendung periodenspezifischer impliziter Betafaktoren zur zukunftsorientierten Schätzung erwarteter periodenspezifischer Eigenkapitalkostensätze, ist jedoch zu beachten, dass die mehrperiodige Anwendung des CAPM die Annahme eines im Zeitablauf deterministischen Marktpreises des Risikos erfordert. Wird der Marktpreis des Risikos analog zu (2.11) zunächst periodenspezifisch formuliert, gilt:

$$\lambda_{s-1,s} = \frac{\left(\mathbb{E}\left[\tilde{r}_{M,s-1,s}\right] - r_{f,s-1,s}\right)}{\operatorname{var}\left(\tilde{r}_{M,s-1,s}\right)} = \frac{\left(\mathbb{E}\left[\tilde{r}_{M,s-1,s}\right] - r_{f,s-1,s}\right)}{\sigma_{M,s-1,s}^2} \,. \tag{4.97}$$

Aus (4.97) wird deutlich, dass der Marktpreis des Risikos dann als deterministisch angenommen werden kann, falls neben deterministischen, periodenspezifischen risikolosen Zinssätzen und erwarteten Renditen des Marktportfolios von einer im Zeitablauf deterministischen Volatilität der unsicheren zukünftigen Rendite des Marktportfolios ausgegangen wird. Diese Bedingung ist mit den verwendeten Optionspreismodellen ohnehin erfüllt, da neben dem BSM-Modell auch die Modelle von Margrabe und Stulz eine im Zeitablauf konstante Varianz bzw.

Volatilität unterstellen.[632] Die Verwendung der Optionspreismodelle zur Ermittlung impliziter Volatilitäten und der impliziten Korrelation und deren Einsatz zur zukunftsorientierten Schätzung periodenspezifischer impliziter Betafaktoren steht folglich einer mehrperiodigen Anwendung des CAPM nicht entgegen.

### 4.6.3 Würdigung

Die bisherigen Ausführungen haben gezeigt, dass mit der Ermittlung impliziter Betafaktoren eine zukunftsorientierte Schätzung des Betafaktors eines riskanten Wertpapiers gelingen kann, sofern arbitragefreie Marktpreise der hierfür benötigten Optionen auf einem real existierenden Kapitalmarkt beobachtbar sind. Darüber hinaus konnte die Untersuchung zeigen, dass periodenspezifische implizite Betafaktoren ermittelt werden können, falls auf dem real existierenden Kapitalmarkt die erforderlichen Optionen über ein hinreichend breites Restlaufzeitenspektrum gehandelt werden, um die zeitliche Länge des mehrperiodigen Cashflowstroms abdecken zu können. Diese werden benötigt, um alle zu einer laufzeitäquivalenten Bewertung des mehrperiodigen Cashflowstroms benötigten periodenspezifischen erwarteten Eigenkapitalkostensätze zukunftsorientiert schätzen zu können.

Die Ermittlung aller erforderlichen periodenspezifischen impliziten Betafaktoren kann jedoch nur gelingen, sofern an jedem zukünftigen Zahlungszeitpunkt eines Cashflows des Bewertungsobjekts jeweils mindestens eine Standardoption auf die Aktie und den Marktindex sowie mindestens eine Austausch-, Maximum- oder Minimumoption auf die betreffende Aktie und den Marktindex fällig wird, deren stichtagsaktuelle Marktpreise arbitragefrei und beobachtbar sind. Sofern eine derartige Vielfalt und Breite an arbitragefrei gehandelten Optionen auf einem real existierenden Kapitalmarkt tatsächlich vorliegt, gelingt zu jedem beliebigen Bewertungsstichtag die zukunftsorientierte Schätzung aller zu einer laufzeitäquivalenten Bewertung mehrperiodiger Cashflowstöme benötigten periodenspezifischen Betafaktoren. Damit erlaubt dieser Ansatz im Gegensatz zur Schätzung eines einzelnen Betafaktors durch eine Regressionsanalyse historischer Renditezeitreihen der Aktie und des Marktindexes einerseits eine zukunftsorientierte Schätzung des Betafaktors, da ausschließlich stichtagsaktuelle Marktpreise benötigt werden, die auf einem informationseffizienten Kapitalmarkt die zukünftigen Erwartungen der Kapitalmarktteilnehmer zutreffend reflektieren. Andererseits kann mit Hilfe dieses

[632] Siehe AM 7 in Kapitel 4.3.1.

Ansatzes auch eine laufzeitäquivalente Bewertung der zukünftigen Cashflows gelingen, da periodenspezifische Betafaktoren zukunftsorientiert geschätzt werden können.

Der praktischen Anwendung dieses Ansatzes zur Ermittlung periodenspezifischer impliziter Betafaktoren stehen derzeit jedoch unüberwindbare Hindernisse aufgrund fehlender Marktpreise der benötigten Optionen entgegen. So wird die zur Ermittlung der impliziten Korrelation benötigte Austausch-, Maximum-, oder Minimumoption auf dem deutschen Kapitalmarkt derzeit (noch) nicht gehandelt. Gegen die ersatzweise Verwendung der ermittelbaren Marktpreise von Minimumoptionen, die in anderen kapitalmarktgehandelten Derivaten enthalten sind, spricht, dass diese nicht notwendigerweise arbitragefrei sind. Letztlich fehlen zur praktischen Umsetzung dieses Ansatzes arbitragefreie Marktpreise der erforderlichen Austausch-, Maximum-, oder Minimumoptionen. Darüber hinaus werden selbst die zur Ermittlung aller periodenspezifischen impliziten Betafaktoren benötigten Standardoptionen nicht für ein hinreichend breites Restlaufzeitenspektrum zur Verfügung stehen, um den gesamten, gegebenenfalls unendlich langen Cashflowstrom des Bewertungsobjekts abdecken zu können. Zwar umfasst das Restlaufzeitenspektrum von Indexoptionen an der EUREX bis zu neun Jahre und elf Monate, jedoch stehen Aktienoptionen lediglich mit einer Restlaufzeit von bis zu 24 Monaten zur Verfügung.[633]

Aufgrund der fehlenden Marktpreise von Austausch-, Maximum-, oder Minimumoptionen zur Ermittlung der impliziten Korrelation versucht Husmann (2006) den impliziten Betafaktor unmittelbar aus dem Marktpreis einer Standardoption zu ermitteln. Hierfür ist die Annahme eines unvollkommenen Kapitalmarkts erforderlich, auf dem der zustandsabhängige Zahlungsanspruch einer Standardoption nicht durch ein Portfolio aus Zahlungsansprüchen der auf dem Kapitalmarkt verfügbaren Wertpapiere dupliziert werden kann. Andernfalls ließe sich die Standardoption wiederum mit Hilfe der risikoneutralen Bewertung bzw. dem BSM-Modell bewerten. In diesem Falle wäre der theoretische Preis der Standardoption jedoch unabhängig von der Korrelation zwischen der unsicheren zukünftigen Rendite des Basiswerts und dem Marktportfolio. Folglich könnte allein aus dem Marktpreis einer Standardoption kein impliziter Betafaktor ermittelt werden.[634] Unter der Voraussetzung, dass der zustandsabhängige Zahlungsanspruch einer Standardoption jedoch nicht duplizierbar ist, kann ein Optionspreismo-

[633] Vgl. ausführlich EUREX (2006), S. 31–32, 36.
[634] Vgl. Husmann (2006), S. 5.

dell, das auf ähnlichen Annahmen wie das CAPM basiert,[635] genutzt werden, um in einem zweistufigen Verfahren die zur Ermittlung des impliziten Betafaktors benötigten Parameter zu schätzen.[636] Zwar gelingt unter den getroffenen Annahmen die Ermittlung eines impliziten Betafaktors aus Standardoptionen, jedoch widerspricht diese Vorgehensweise der Erkenntnis, dass die zustandsabhängigen Zahlungsansprüche von Standardoptionen tatsächlich duplizierbar sind und folglich unabhängig von den individuellen Präferenzen der Kapitalmarktteilnehmer und unabhängig von der Korrelation zwischen der unsicheren zukünftigen Rendite des Basiswerts und dem Marktportfolio bewertet werden können. Überdies hängt die Güte eines aus Standardoptionen ermittelten impliziten Betafaktors als zukunftsorientierte Schätzung des Betafaktors von der Fähigkeit des verwendeten Optionspreismodells ab, die beobachtbaren Marktpreise von Standardoptionen erklären zu können.[637] Allerdings weist der Ansatz von Husmann (2006) derzeit den Vorteil auf, dass er zumindest einer empirischen Untersuchung zugänglich ist.

Der hier beschriebene Ansatz zur Ermittlung impliziter Betafaktoren aus den Marktpreisen von Standardoptionen und dem Marktpreis mindestens einer Austausch-, Maximimum- oder Minimumoption beruht hingegen ausschließlich auf einer präferenzfreien Bewertung dieser Optionen. Zwar werden die hierzu erforderlichen Optionen auf einem real existierenden Kapitalmarkt derzeit noch nicht gehandelt, jedoch existieren bereits erste Derivate, die z.B. Minimumoptionen beinhalten.

---

[635] Das von Husmann (2006) verwendete Optionspreismodell stammt von Jarrow/Madan (1997) und basiert unter anderem auf der Annahme, dass sich die Investoren bei ihren Entscheidungen am $\mu, \sigma$ -Prinzip orientieren. Vgl. Jarrow/Madan (1997), S. 19.

[636] Vgl. Husmann (2006), S. 6–7.

[637] Allerdings zeigen Jarrow/Madan (1997), dass sich bei der Bewetung von Calls mit Hilfe ihres Optionspreismodells negative und daher nicht arbitragefreie Preise ergeben können. Vgl. Jarrow/Madan (1997), S. 15, 28–29.

# 5 Zukunftsorientierte Schätzung von Marktrisikoprämien

## 5.1 Einleitung

Unter dem Begriff der Marktrisikoprämie wird die Differenz zwischen der erwarteten Rendite des Marktportfolios und dem risikolosen Zinssatz verstanden.[638] Die Marktrisikoprämie wird bisweilen als „perhaps the single most important number in financial economics"[639] bezeichnet. Diese Aussage deutet bereits an, dass zur Schätzung der Marktrisikoprämie häufig angenommen wird, dass die Marktrisikoprämie im Zeitablauf konstant ist und daher laufzeit- und periodenunabhängig nur ein Wert für die Marktrisikoprämie geschätzt wird.[640] Hinsichtlich der verwendeten Datengrundlage, die zur Schätzung der Marktrisikoprämie herangezogen wird, lassen sich drei Vorgehensweisen unterscheiden. Im häufigsten Fall erfolgt die Schätzung der Marktrisikoprämie auf Basis historischer Zeitreihen.[641] Als alternative Schätzverfahren werden dagegen Verfahren bezeichnet, die ohne Rückgriff auf historische Zeitreihen auskommen.[642] Dazu zählen insbesondere die Schätzverfahren auf Basis der Prognosen von Finanzanalysten[643] und die Befragung von Finanzexperten.[644]

Obwohl die alternativen Verfahren zu einer Schätzung der Marktrisikoprämie ohne die Verwendung historischer Daten gelangen, gelingt es diesen Verfahren nicht, die Marktrisikoprämie ausschließlich aus den am Bewertungsstischtag beobachtbaren Marktpreisen riskanter Wertpapiere oder Derivate abzuleiten. Eine zukunftsorientiere Schätzung der Marktrisikoprämie in dem hier definierten Sinne ist daher mit Hilfe der genannten Verfahren nicht möglich. Angesichts der Möglichkeit zur zukunftsorientierten Schätzung der periodenspezifischen risikolosen Zinssätze ist indes fraglich, ob überhaupt eine zukunftsorientierte Schätzung der Marktrisikoprämie erforderlich ist. Wird davon ausgegangen, dass zukunftsorientierte Schätzungen der periodenspezifischen risikolosen Zinssätze anhand der einperiodigen impliziten Terminzinssätze aus der am Bewertungsstichtag geschätzten Zinsstruktur bereits vorliegen, könnte es lediglich auf die zukunftsorientierte Schätzung der erwarteten periodenspezifischen

[638] Vgl. Fama/French (2002), S. 637.

[639] Welch (2000), S. 501. Wird im Rahmen der Unternehmensbewertung ein konstanter erwarteter Eigenkapitalkostensatz verwendet, kann der Einfluss einer Änderung der Marktrisikoprämie auf die Höhe des Marktwerts des Unternehmens mit Hilfe der in Kapitel 3.3.3 abgeleiteten modifizierten Duration und Konvexität des Marktwerts des Unternehmens geschätzt werden.

[640] Vgl. z.B. Stehle/Hausladen (2004), S. 928.

[641] Vgl. zu einem Überblick z.B. Ballwieser (2004), S. 95–97; Daske/Gebhardt (2006), S. 533.

[642] Vgl. Stehle (2004), S. 917.

[643] Vgl. z.B. Claus/Thomas (2001), S. 1633–1661; Gebhardt/Lee/Swaminathan (2001), S. 139–174; Daske/Gebhardt (2006), S. 536–548; zu einem aktuellen Überblick Ballwieser (2005), S. 326–328.

[644] Vgl. Welch (2000), S. 508–522; Graham/Harvey (2003), S. 5–17.

Renditen des Marktportfolios ankommen. Daher ist zu untersuchen, ob eine zukunftsorientierte Schätzung der erwarteten Rendite des Marktportfolios ausschließlich aus den stichtagsaktuellen Marktpreisen von kapitalmarktgehandelten Wertpapieren oder Derivaten überhaupt gelingen kann.

## 5.2 Notwendigkeit und Unmöglichkeit der zukunftsorientierten Schätzung der erwarteten Rendite des Marktportfolios

Nachdem die Kapitel 3 und 4 gezeigt haben, welche Möglichkeiten zu einer zukunftsorientierten Schätzung der periodenspezifischen risikolosen Zinssätze und Betafaktoren bestehen, fehlt zu einer zukunftsorientierten Schätzung der periodenspezifischen Eigenkapitalkostensätze scheinbar die zukunftsorientierte Schätzung der periodenspezifischen Marktrisikoprämien. Allerdings zeigt eine einfache Umformung der als erwarteten Renditen eines riskanten Wertpapiers gemäß (2.18) definierten erwarteten Eigenkapitalkostensätze, dass

$$\begin{aligned} \mathbb{E}\left[\tilde{r}_{i,u-1,u}\right] &= r_{f,u-1,u} + \beta_{l,u-1,u}\left(\mathbb{E}\left[\tilde{r}_{M,u-1,u}\right] - r_{f,u-1,u}\right) \\ &= r_{f,u-1,u}\cdot\left(1-\beta_{l,u-1,u}\right) + \beta_{l,u-1,u}\cdot\mathbb{E}\left[\tilde{r}_{M,u-1,u}\right] \end{aligned} \tag{5.1}$$

gelten muss.[645] Die Umformung in (5.1) macht insbesondere deutlich, dass ein historischer Durchschnittswert für die Marktrisikoprämie und die Annahme der Stabilität der Marktrisikoprämie im Zeitablauf nicht notwendigerweise mit der am Bewertungsstichtag geschätzten Zinsstruktur in Einklang stehen muss. Zudem zeigt sich, dass die Vorschläge zur Berücksichtigung einer stichtagsaktuellen Zinsstruktur zu einer stärkeren Zukunftsorientierung in der Unternehmensbewertung bei mehrperiodiger Anwendung des CAPM einen möglichen Einfluss der Zinsstruktur auf die Höhe der Marktrisikoprämien bislang nicht diskutieren.[646]

Zwar können unter Verwendung der einperiodigen impliziten Terminzinssätze, die in der Zinsstruktur enthaltenen Informationen abgebildet werden, allerdings muss dann bei mehrperiodiger Anwendung des CAPM konsequenterweise auch über die zukunftsorientierte Schätzung der (einperiodgen) Marktrisikoprämien nachgedacht werden. Wird vorausgesetzt, dass die zur zukunftsorientierten Schätzung periodenspezifischer risikoloser Zinssätze und Betafaktoren erforderlichen Marktpreise von Wertpapieren und Derivaten vorliegen, verbleibt ge-

[645] Siehe Kapitel 2.5.
[646] Vgl. bereits kritisch Jonas/Wieland-Blöse/Schiffarth (2005), S. 651–652.

mäß (5.1) als einzige noch zu schätzende Größe eines erwarteten Eigenkapitalkostensatzes die periodenspezifische erwartete Rendite des Marktportfolios. Im Ergebnis wird unter dieser Voraussetzung keine zukunftsorientierte Schätzung periodenspezifischer Marktrisikoprämien, sondern der periodenspezifischen erwarteten Renditen des Marktportfolios benötigt.[647]

Aufgrund der Unbeobachtbarkeit des Marktportfolios muss zur Schätzung der erwarteten periodenspezifischen Renditen des Marktportfolios wiederum auf das Hilfskonstrukt eines repräsentativen Marktindexes zurückgegriffen werden.[648] Sind der Preis eines solchen Marktindexes und der Derivate auf diesen Index auf einem real existierenden Kapitalmarkt beobachtbar, könnte vermutet werden, dass die stichtagsaktuellen Marktpreise der Derivate unterschiedlicher Laufzeit eine Schätzung der periodenspezifischen erwarteten Rendite des Marktindexes zulassen. Allerdings haben die Ausführungen zur Bewertung von Standardoptionen gezeigt, dass der Wert einer Standardoption auf ein riskantes Wertpapier (Marktindex) auf einem arbitragefreien Kapitalmarkt ohne Kenntnis und damit unabhängig von der in der Driftrate zum Ausdruck kommenden erwarteten Rendite des Basiswerts (Marktindex) ermittelt werden kann.[649] Ursache hierfür ist, dass ein duplizierbarer zustandsabhängiger Zahlungsanspruch (z.B. Standardoption) auf einem arbitragefreien Kapitalmarkt mit Hilfe der risikoneutralen Bewertungsgleichung bewertet werden kann. Unter dem risikoneutralen Martingalmaß entspricht die Driftrate des Basiswerts jedoch genau dem risikolosen Zinssatz.[650] Daher wird die Kenntnis der Driftrate bzw. die erwartete Rendite des Marktindexes zur Bewertung der Optionen auf den Marktindex nicht benötigt, woraus folgt, dass aus dem Marktpreis einer Option auf den Marktindex keine erwartete Rendite des Marktindexes als zukunftsorientierte Schätzung der erwarteten Rendite des Marktportfolios abgeleitet werden kann, da der Marktpreis des Risikos in einer risikoneutralen Welt null beträgt.[651]

Im Ergebnis kann daher keine zukunftsorientierte Schätzung der erwarteten Rendite des Marktportfolios allein aus den stichtagsaktuellen Marktpreisen von Derivaten auf einen repräsentativen Marktindex vorgenommen werden. Damit stößt der Ansatz, der versucht, die Bestandteile der erwarteten Eigenkapitalkostensätze ausschließlich aus den am Bewertungsstich-

647 Hinsichtlich der Schätzverfahren ergeben sich daraus jedoch keine Unterschiede, da die Schätzung der Marktrisikoprämie ohnehin als „Nebenprodukt" einer direkten Schätzung der erwarteten Rendite des Marktportfolios oder auch direkt erfolgen kann. Vgl. Stehle (2004), S. 916.

648 Siehe hierzu bereits Kapitel 4.2.1.

649 Siehe Kapitel 4.3.1.

650 Vgl. Branger/Schlag (2004), S. 119; Husmann (2006), S. 4.

651 Vgl. Husmann (2006), S. 4.

tag beobachtbaren Marktpreisen zukunftsorientiert zu schätzen, auf (derzeit) unüberwindbare Grenzen. Festzuhalten ist daher, dass die Schätzung der erwarteten Rendite des Marktportfolios damit weiterhin entweder auf der Basis historischer Zeitreihen der Rendite eines Marktindexes oder anhand der bereits genannten alternativen Schätzverfahren vorgenommen werden muss.

Die Untersuchung der Möglichkeiten eines zukunftsorientierten Ansatzes zur Schätzung der erwarteten Eigenkapitalkosten hat jedoch gezeigt, dass der Einbezug der Zinsstruktur in den Unternehmensbewertungskalkül mit Hilfe der einperiodigen impliziten Terminzinssätze dazu führt, dass anstatt einer Schätzung der Marktrisikoprämie eine Schätzung der periodenspezifischen erwarteten Renditen des Marktportfolios erforderlich ist, um eine laufzeitäquivalente Bewertung der einzelnen Cashflows eines mehrperiodigen Cashflowstroms vornehmen zu können. Soweit nicht von einer im Zeitablauf konstanten erwarteten Rendite des Marktportfolios ausgegangen werden kann, sollte im Rahmen der bestehenden Schätzverfahren versucht werden, dies zu berücksichtigen.

# 6 Thesenförmige Zusammenfassung

(1) Die zweckadäquate und stichtagsbezogene Bewertung unsicherer zukünftiger Cashflows des Unternehmens (Bewertungsobjekt) erfolgt mit Hilfe der auf der Kapitalwertmethode beruhenden Gesamtbewertungsverfahren durch Vergleich der unsicheren Cashflows des Bewertungsobjekts mit der besten verdrängten alternativen Mittelverwendung des Investors (Vergleichsobjekt). Um im Sinne des dominierenden Bewertungszwecks, der in der Ermittlung des Grenzpreises des Investors besteht, sachgerechte Unternehmenswerte zu ermitteln, sind bei der Durchführung des Vergleichs zahlreiche Äquivalenzgrundsätze einzuhalten, die die Vergleichbarkeit zwischen dem Bewertungs- und dem Vergleichsobjekt sicherstellen. Dabei sind die Grundsätze der Risiko- und Laufzeitäquivalenz von zentraler Bedeutung, die im Lichte des Zukunfsbezogenheitsprinzips der Unternehmensbewertung zukunftsorientiert zu interpretieren sind.

(2) Aus theoretischer Sicht wird daher ein Untersuchungsrahmen benötigt, mit dessen Hilfe die Ableitung des Kalkulationszinsfußes gelingt, der das bewertungsrelevante Risiko der zukünftigen Cashflows sachgerecht berücksichtigt und die zeitliche Struktur des mehrperiodigen Cashflowstroms laufzeitäquivalent abbildet. Neben den gegebenenfalls erforderlichen, weiteren Zu- oder Abschlägen ergibt sich der sachgerechte Kalkulationszinsfuß additiv aus der risikolosen Verzinsung einer risikolosen Anlage und einem Risikozuschlag für das bewertungsrelevante Risiko.

(3) Die Höhe der Risikozuschläge kann im Rahmen eines subjektiven (individualistischen) Unternehmensbewertungsansatzes aus den periodenspezifischen Bernoulli-Sicherheitsäquivalenten des Investors gewonnen werden. Allerdings wird die Diskontierung der periodenspezifischen Bernoulli-Sicherheitsäquivalente mit den risikolosen Zinssätzen (Sicherheitsäquivalentmethode) bzw. die Verwendung der aus diesen Sicherheitsäquivalenten abgeleiteten Risikozuschläge (Risikozuschlagsmethode) teilweise heftig kritisiert. Obwohl diese Kritik zu einer Reihe alternativer Ansätze geführt hat, scheitert die praktische Anwendung dieser subjektiven Ansätze an der üblicherweise nicht bekannten bzw. nur schwer ermittelbaren, bisweilen mehrattributiven Nutzenfunktion des Investors. Als Ausweg aus diesem Dilemma wird ein kapitalmarktorientierter Unternehmensbewertungsansatz zur Ermittlung der benötigten Risikozuschläge gewählt, der ohne die explizite Kenntnis der Nutzenfunktion des Investors auskommt.

(4) Um einen Zusammenhang zwischen den auf einem Kapitalmarkt beobachtbaren Marktpreisen der gehandelten Wertpapiere und der Höhe des bewertungsrelevanten Risikos zur Ermittlung des Risikozuschlags herstellen zu können, wird eine Theorie oder ein Modell über die Preisbildung auf dem Kapitalmarkt benötigt. Auf der Grundlage der Arbitragetheorie existiert mit der risikoneutralen Bewertung ein Ansatz zur kapitalmarktorientierten Ermittlung von Sicherheitsäquivalenten, wobei die subjektiven Eintrittswahrscheinlichkeiten des risikoaversen Investors in risikoneutrale Wahrscheinlichkeiten zu transformieren sind. Dabei ist allerdings unklar, wie die praktische Ermittlung der benötigten risikoneutralen Wahrscheinlichkeiten für Zwecke der Unternehmensbewertung gelingen kann. Überdies setzt die kapitalmarktorientierte Bewertung des unsicheren zukünftigen Cashflowstroms des Bewertungsobjekts mit Hilfe der risikoneutralen Bewertung die Annahme voraus, dass der mehrperiodige Cashflowstrom des Bewertungsobjekts durch die auf dem Kapitalmarkt gehandelten zustandsabhängigen Zahlungsansprüche duplizierbar ist. Im Ergebnis ist die risikoneutrale Bewertung daher ein aus theoretischer Sicht überzeugender Ansatz, der jedoch für die praktische Unternehmensbewertung kaum geeignet ist.

(5) Alternativ kann zur Ermittlung von Risikozuschlägen auf das CAPM zurückgegriffen werden. Unter restriktiven Annahmen kann mit Hilfe des CAPM ein linearer Zusammenhang zwischen der erwarteten Rendite eines riskanten Wertpapiers und der Menge des bewertungsrelevanten (systematischen) Risikos auf einem sich im Gleichgewicht befindenden Kapitalmarkt über einen einperiodigen Planungshorizont hergestellt werden. Die erwartete Rendite eines riskanten Wertpapiers ergibt sich im CAPM als Summe aus dem risikolosen Zinssatz und einem Risikozuschlag (Risikoprämie), wobei die Risikoprämie das Produkt aus dem unternehmensindividuellen Betafaktor und der Marktrisikoprämie darstellt. Im Rahmen der Unternehmensbewertung kann die erwartete Rendite eines zum Bewertungsobjekt risikoäquivalenten Wertpapiers als erwarteter Eigenkapitalkostensatz des Bewertungsobjekts interpretiert werden, der zur Diskontierung des zukünftigen Cashflows verwendet werden darf.

(6) Die mehrperiodige Anwendung des einperiodigen CAPM zur Bewertung des mehrperiodigen Cashflowstroms des Bewertungsobjekts erfordert indes die Annahmen, dass der risikolose Zinssatz, der Marktpreis des Risikos sowie die Kovarianz zwischen der Rendite des Marktportfolios und einer die Erwartungsänderungen hinsichtlich der zukünfti-

gen Cashflows ausdrückenden (Zufalls-)Variablen im Zeitablauf deterministisch sind. Unter diesen Annahmen, die allesamt als realitätsfern einzustufen sind, kann der mehrperiodige Cashflowstrom des Bewertungsobjekts mit den (einperiodigen) periodenspezifischen erwarteten Eigenkapitalkostensätzen des Bewertungsobjekts diskontiert werden. Obwohl das CAPM seit langem Gegenstand umfangreicher Kritik ist, besteht der zentrale Vorteil des Modells in seiner Geschlossenheit und der Möglichkeit die auf einem real existierenden Kapitalmarkt nicht unmittelbar beobachtbaren Bestandteile der erwarteten Eigenkapitalkostensätze zumindest im Wege der Schätzung ermitteln zu können. Das CAPM ist daher einer praktischen Anwendung zur Ermittlung des Marktwerts des Unternehmens grundsätzlich zugänglich.

(7) Während die mehrperiodige Anwendung des CAPM mit periodenspezifischen erwarteten Eigenkapitalkostensätzen eine laufzeitäquivalente Bewertung des mehrperiodigen Cashflowstroms des Bewertungsobjekts sicherstellen kann, bestehen bei gleichzeitiger Beachtung des Zukunftsbezogenheitsprinzips umfangreiche Probleme bei der Schätzung der Bestandteile der erwarteten Eigenkapitalkostensätze. Bislang verfügbare Ansätze zur Schätzung der erwarteten Eigenkapitalkostensätze beruhen fast ausnahmslos auf einer konzeptionell unbefriedigenden Übertragung historischer Kapitalmarktverhältnisse auf die Zukunft. Nach dem Zukunftsbezogenheitsprinzip sind die zukünftigen Cashflows des Bewertungsobjekts nicht mit historischen Renditen zu vergleichen bzw. zu diskontieren, sondern mit den am Bewertungsstichtag erwarteten (zukünftigen) Renditen eines risikoäquivalenten Wertpapiers. Daher müssen die erwarteten Eigenkapitalkostensätze zwingend zukunftsorientert aus den am Bewertungsstichtag beobachtbaren Marktpreisen von Wertpapieren und Derivaten geschätzt werden, die auf einem informationseffizienten Kapitalmarkt alle für den Wert eines Wertpapiers relevanten Informationen widerspiegeln und damit die Erwartungen der Kapitalmarktteilnehmer über die künftige Preisentwicklung der Wertpapiere zum Ausdruck bringen.

(8) Aus den stichtagsaktuellen Marktpreisen „quasisicherer" festverzinslicher Wertpapiere von Schuldnern der öffentlichen Hand kann das nicht existierende theoretische Ideal einer vollkommen risikolosen Verzinsung geschätzt werden. Eine Differenzierung zwischen Null-Kupon- und Kuponanleihen der öffentlichen Hand zeigt, dass die risikolosen Zinssätze von Null-Kuponanleihen stets eindeutig sind, während die Renditen von Kuponanleihen mit identischer Restlaufzeit bei nicht flacher Zinsstruktur von der Höhe der

Kuponzahlungen abhängen (theoretischer Kuponeffekt). Da die Zinsstruktur, d.h. die Menge der risikolosen Zinssätze von Null-Kuponanleihen, in Abhängigkeit von der Restlaufzeit regelmäßig nicht flach verläuft (laufzeitspezifische risikolose Zinssätze) und es sich bei den auf dem deutschen Kapitalmarkt umlaufenden Anleihen der öffentlichen Hand überwiegend um Kuponanleihen handelt, bestimmt die Wahl der Kuponanleihe die Höhe des geschätzten risikolosen Zinssatzes und damit auch die Höhe des Marktwerts des Unternehmens. Die Höhe eines möglichen Bewertungsfehlers lässt sich nicht allgemeingültig bestimmen, jedoch können mit Hilfe der Übertragung der Duration und Konvexität festverzinslicher Wertpapiere auf den Marktwert des Unternehmens Maße für die Sensitivität des Marktwerts des Unternehmens bezüglich einer marginalen Änderung des risikolosen Zinssatzes bzw. des erwarteten Eigenkapitalkostensatzes erarbeitet werden.

(9) Infolgedessen sind zur zukunftsorientierten Schätzung der risikolosen Zinssätze die laufzeitspezifischen risikolosen Zinssätze von Null-Kuponanleihen zu verwenden, um mögliche Bewertungsfehler zu vermeiden. In Ermangelung einer ausreichenden Vielfalt an umlaufenden Null-Kuponanleihen auf dem deutschen Kapitalmarkt müssen die risikolosen Zinssätze von Null-Kuponanleihen im Wege der Schätzung ermittelt werden. Hierzu stehen neben dem von der Deutschen Bundesbank eingesetzten Verfahren weitere Verfahren zur Verfügung, denen das Problem gemein ist, die risikolosen Zinssätze nicht für einen unendlich langen Zeitraum zur Bewertung des Cashflowstroms eines gegebenenfalls unendlich lang lebenden Bewertungsobjekts schätzen zu können. Während die Schätzung sehr langfristiger risikoloser Zinssätze im Wege der Extrapolation der von der Deutschen Bundesbank geschätzten Zinsstruktur intensiv diskutiert wird, kann anhand der Ermittlung einperiodiger impliziter Terminzinssätze aus der Zinsstruktur gezeigt werden, wie die laufzeitspezifischen risikolosen Zinssätze konsistent in die mehrperiodige Anwendung des CAPM eingebunden werden können. Dabei zeigt sich, dass die arbitragefreie Prognose erwarteter risikoloser Zinssätze zukünftiger Perioden zwar für die Höhe des Marktwerts des Unternehmens irrelevant ist, aber zur zukunftsorientierten Schätzung der periodenspezifischen erwarteten Eigenkapitalkostensätze und damit zur laufzeitäquivalenten Bewertung mehrperiodiger Cashflowströme mit Hilfe des CAPM benötigt wird.

(10) Zur zukunftsorientierten Schätzung des Betafaktors eines riskanten Wertpapiers wird neben einer zukunftsorientierten Schätzung der Volatilität der unsicheren zukünftigen Rendite des riskanten Wertpapiers und der Volatilität der unsicheren zukünftigen Rendite des Marktportfolios eine zukunftsorientierte Schätzung der Korrelation zwischen diesen beiden Renditen benötigt. Die in den stichtagsaktuellen Marktpreisen von Standardoptionen auf das riskante Wertpapier bzw. auf den Marktindex enthaltenen impliziten Volatilitäten können ohne Rückgriff auf historische Renditen bei unterstellter Gültigkeit des um die Berücksichtigung von Dividendenzahlungen erweiterten BSM-Modells ermittelt werden. Da die auf dem deutschen Kapitalmarkt verfügbaren Aktienoptionen lediglich amerikanischen Typs sind, wird ein Fehler bei der Ermittlung impliziter Volatilitäten begangen, der angesichts seiner geringen Höhe und der Komplexität alternativer Optionspreismodelle in Kauf genommen werden kann. Obwohl im Rahmen des BSM-Modells von einer im Zeitablauf konstanten Volatiltiät der unsicheren zukünftigen Rendite des Basiswerts ausgegangen werden muss, zeigt sich, dass die impliziten Volatilitäten von der Höhe des Ausübungspreises und der Restlaufzeit der Optionen abhängen. Diese Beobachtung lässt Zweifel an der Gültigkeit des BSM-Modells aufkommen und mahnt zur Vorsicht bei der Verwendung der impliziten Volatilitäten. Dennoch wird der aus dem Marktpreis einer am Geld liegenden Standardoption ermittelten impliziten Volatilität in empirischen Untersuchungen regelmäßig ein höherer Erklärungsgehalt der anschließend tatsächlich realisierten Volatilität zugesprochen wird, als einer Schätzung der Volatilität auf Basis historischer Renditen.

(11) Die Ermittlung einer impliziten Korrelation erfordert dagegen die Kenntnis mindestens eines Marktpreises einer Austausch-, Maximum- oder Minimumoption auf das riskante Wertpapier und den Marktindex sowie eines zur Bewertung der entsprechenden Option geeigneten Optionspreismodells. Dabei greifen das von Margrabe zur Bewertung von Austauschoptionen und das von Stulz zur Bewertung von Maximum-/Minimumoptionen erarbeitete Verfahren auf dieselben Annahmen wie das BS-Modell zurück, wobei beide Optionspreismodelle ebenfalls um die Berücksichtigung von Dividendenzahlungen erweitert werden können. Die Ermittlung einer impliziten Korrelation aus den Marktpreisen dieser Optionen wird in der Literatur bislang kaum bzw. lediglich anhand von am Geld liegenden Austauschoptionen diskutiert. Dagegen kann gezeigt werden, dass die implizite Korrelation mit Hilfe eines numerischen Näherungsverfahrens nach der Newton-Raphson-Methode auch aus dem Marktpreis einer nicht am Geld liegenden Aus-

tausch-, Maximum- oder Minimumoptionen ermittelt werden kann. Damit liegen aus theoretischer Sicht die notwendigen Ansätze zu einer Ermittlung der impliziten Korrelation vor, die sich jedoch weitgehend einer empirischen Überprüfung entziehen, da derzeit keine Austausch-, Maximum- oder Minimumoptionen auf einem real exisiterenden Kapitalmarkt gehandelt werden.

(12) Allerdings wird auf dem deutschen Kapitalmarkt seit kurzer Zeit ein derivatives Finanzinstrument unter dem Namen „Doppel-Aktienanleihe" gehandelt, wobei es sich im Kern um eine Anleihe mit Tilgungswahlrecht seitens des Emittenten handelt. Die Tilgung der Doppel-Aktienanleihe erfolgt am Ende der Laufzeit durch die Zahlung des entsprechenden Nominalwerts oder durch die Lieferung einer festgelegten Anzahl von Aktien, wobei der Emittent aus zwei verschiedenen Aktien diejenigen Aktien andient, deren relative Wertentwicklung in Bezug zu ihrem Ausübungspreis am geringsten ist. Die Duplikation des zustandsabhängigen Zahlungsanspruchs aus der Doppel-Aktienanleihe zeigt, dass das Duplikationsportfolio eine *short*-Position in einer Put-Minimumoption enthält. Unter der Annahme der arbitragefreien Bewertung der Doppel-Aktienanleihe kann der in der Doppel-Aktienanleihe enthaltene Preis für die Put-Minimumoption ermittelt werden und für Zwecke der Ermittlung einer impliziten Korrelation zwischen den unsicheren zukünftigen Renditen der beiden Aktien eingesetzt werden. Zwar kann damit keine Ermittlung der impliziten Korrelation zwischen der unsicheren zukünftigen Rendite eines riskanten Wertpapiers und der unsicheren zukünftigen Rendite des Marktindexes gelingen, jedoch würde mit einer Ausgestaltung der Doppel-Aktienanleihe als (Markt-) Index-Aktienanleihe eine Möglichkeit zur Ermittlung der benötigten impliziten Korrelation bestehen.

(13) Der Versuch, die implizite Korrelation aus dem im Wege der Duplikation ermittelten Marktpreis der Put-Minimumoption anhand des numerischen Näherungsverfahrens nach der Newton-Raphson-Methode zu ermitteln, offenbart jedoch, dass die Doppel-Aktienanleihe auf dem Kapitalmarkt nicht arbitragefrei bewertet wird. Anhand eines hypothetischen Marktpreises für die Put-Minimumoption kann dagegen gezeigt werden, dass das numerische Näherungsverfahren nach der Newton-Raphson-Methode nach wenigen Iterationsläufen zu einem in Bezug auf das gewählte Genauigkeitsmaß hinreichend genauen Ergebnis führt. Damit misslingt derzeit auch die praktische Ermittlung einer implizi-

ten Korrelation zwischen den unsicheren zukünftigen Renditen zweier Aktien aus dem Marktpreis einer Doppel-Aktienanleihe.

(14) Aus theoretischer Sicht können die ermittelten impliziten Volatilitäten und die implizite Korrelation verwendet werden, um einen impliziten Betafaktor zu ermitteln, der als zukunftsorientierte Schätzung des Betafaktors im Rahmen der zukunftsorientierten Schätzung der erwarteten Eigenkapitalkostensätze herangezogen werden kann. Da die Optionspreismodelle allesamt von einer konstanten Volatilität bzw. einer konstanten Korrelation im Zeitablauf ausgehen, kann theoretisch auch nur ein konstanter impliziter Betafaktor ermittelt werden. Der konstante implizite Betafaktor stellt damit zugleich den zur Schätzung der periodenspezifischen erwarteten Eigenkapitalkostensätze benötigten periodenspezifischen impliziten Betafaktor dar. Allerdings hat die Ermittlung der impliziten Volatilität bei angenommener Gültigkeit des BSM-Modells offenbart, dass die Höhe der impliziten Volatilität von der Restlaufzeit der Option abhängig ist. Diese empirische Beobachtung kann bei einer Ermittlung periodenspezifischer Betafaktoren berücksichtigt werden, um periodenspezifische implizite Betafaktoren zur zukunftkunftsorientierten Schätzung von periodenspezifischen erwarteten Eigenkapitalkostensätzen ermitteln zu können.

(15) Mit der zukunftsorientierten Schätzung risikoloser Zinssätze offenbart sich, dass zu einer zukunftsorientierten Schätzung der erwarteten Eigenkapitalkostensätze keine zukunftsorientierte Schätzung der Marktrisikoprämie benötigt wird, sondern lediglich eine zukunftsorientierte Schätzung der erwarteten Rendite des Marktportfolios. Die Bemühungen, eine implizit in den Marktpreisen von Optionen oder allgemeiner in den Marktpreisen von Derivaten auf den Marktindex enthaltene erwartete Rendite des Marktindexes ermitteln zu wollen, sind hingegen dann vergeblich, falls der zustandabhängige Zahlungsanspruch des Derivats auf einem arbitragefreien Kapitalmarkt dupliziert werden kann. In diesem Falle kann zur Bewertung der Option bzw. des Derivats die risikoneutrale Bewertung angewendet werden, unter der der Marktpreis des Risikos null beträgt bzw. die erwartete Rendite des Marktindexes dem risikofreien Zinssatz entspricht.

(16) Abschließend kann festgehalten werden, dass die Möglichkeiten zu einer zukunftsorientierten Schätzung der erwarteten Eigenkapitalkostensätze hinsichtlich der Bestandteile der Eigenkapitalkostensätze differenziert zu beurteilen sind. Gute Möglichkeiten zur zu-

kunftsorientierten Schätzung bestehen für risikolose Zinssätze, die mit der täglichen Schätzung der Zinsstruktur durch die Deutsche Bundesbank über ein Laufzeitenspektrum von zehn Jahren bereits weitgehend verfügbar sind und ohne größere Schwierigkeiten in die benötigten periodenspezifischen risikolosen Zinssätze (implizite Terminzinssätze) transformiert werden können. Dagegen bestehen zur zukunftsorientierten Schätzung von Betafaktoren durch die Ermittlung impliziter Betafaktoren aus theoretischer Sicht mehrere Möglichkeiten, die derzeit aufgrund fehlender Marktpreise von Austausch-, Maximum- oder Minimumoptionen allerdings einer praktischen Umsetzung nicht zugänglich sind. Dennoch werden erste derivative Finanzinstrumente auf dem Kapitalmarkt gehandelt, die eine Ermittlung der impliziten Korrelation in der Zukunft möglich erscheinen lassen. Insoweit stößt der Ansatz zur zukunftsorientierten Schätzung von erwarteten Eigenkapitalkostensätzen aus stichtagsaktuellen Marktpreisen an dieser Stelle auf Grenzen hinsichtlich der praktischen Ermittlung impliziter Betafaktoren. Aus theoretischer Sicht ist dagegen die zukunftsorientierte Schätzung der erwarteten Rendite des Marktportfolios aus dem Marktpreis eines Derivats auf den Marktindex unmöglich, da der Preis eines duplizierbaren zustandsabhängigen Zahlungsanspruchs auf einem arbitragefreien Kapitalmarkt nicht von der erwarteten Rendite des Marktindexes der Kapitalmarktteilnehmer abhängt. Daher muss die erwartete Rendite des Marktportfolios weiterhin mit Hilfe alternativer Verfahren geschätzt werden. Im Ergebnis sind daher alle Bestandteile des erwarteten Eigenkapitalkostensatzes mit Ausnahme der erwarteten Rendite des Marktportfolios einer zukunftsorientierten Schätzung aus den stichtagsaktuellen Marktpreisen von Wertpapieren und Derivaten zugänglich.

## Anhang 1: Ableitung des Vegas einer Call-Austauschoption

Die Ableitung des Vegas einer Call-Austauschoption erfolgt analog zu der Ableitung des Vegas einer Standardoption. Aus Gründen einer übersichtlicheren Darstellung wird zunächst mit $d = d_1^{ex}$ und $d - \sigma_{l,m} = d_2^{ex}$ eine von (4.69) geringfügig abweichende Notation verwendet. Damit gilt für das Vega einer Call-Austauschoption:

$$\begin{aligned}\Lambda_{l,m}^{ex} &= \frac{\partial C_{l,m}}{\partial \sigma_{l,m}} \\ &= S_l \cdot e^{(b_l - r_{fc})\cdot(T-t)} \frac{\partial N(d_1^{ex})}{\partial \sigma_{l,m}} - S_m \cdot e^{(b_m - r_{fc})\cdot(T-t)} \frac{\partial N(d_2^{ex})}{\partial \sigma_{l,m}} \\ &= S_l \cdot e^{(b_l - r_{fc})\cdot(T-t)} \cdot n(d_1^{ex}) \frac{\partial d_1^{ex}}{\partial \sigma_{l,m}} - S_m \cdot e^{(b_m - r_{fc})\cdot(T-t)} \cdot n(d_2^{ex}) \frac{\partial d_2^{ex}}{\partial \sigma_{l,m}}\end{aligned} \quad . \qquad (6.1)$$

Unter Verwendung der Ableitung der kumulativen Standardnormalverteilung gemäß

$$n(d_1^{ex}) = \frac{1}{\sqrt{2\pi}} e^{-(d_1^{ex})^2/2} \quad \text{und} \quad n(d_2^{ex}) = \frac{1}{\sqrt{2\pi}} e^{-(d_2^{ex})^2/2}$$

kann wegen $d_2^{ex} = d_1^{ex} - \sigma\sqrt{T-t}$ für $(d_2^{ex})^2$

$$\begin{aligned}(d_2^{ex})^2 &= \left(d_1^{ex} - \sigma_{l,m}\sqrt{T-t}\right)^2 \\ &= (d_1^{ex})^2 - 2d_1^{ex}\sigma_{l,m}\sqrt{T-t} + \sigma_{l,m}^2 \cdot (T-t) \\ &= (d_1^{ex})^2 - 2\left(\frac{\ln\left(\frac{S_l}{S_m}\right) + \left(\left(b_l - b_m + \frac{1}{2}\sigma_{l,m}^2\right)\cdot(T-t)\right)}{\sigma_{l,m}\sqrt{T-t}}\right)\sigma_{l,m}\sqrt{T-t} + \sigma_{l,m}^2 \cdot (T-t) \\ &= (d_1^{ex})^2 - 2\left(\ln\left(\frac{S_l}{S_m}\right) + \left(\left(b_l - b_m + \frac{1}{2}\sigma_{l,m}^2\right)\cdot(T-t)\right)\right) + \sigma_{l,m}^2 \cdot (T-t) \\ &= (d_1^{ex})^2 - 2\left(\ln\left(\frac{S_l}{S_m}\right) + (b_l - b_m)\cdot(T-t)\right) \\ &= (d_1^{ex})^2 - 2\left(\ln\left(\frac{S_l}{S_m}\right) + \ln\left(e^{b_l\cdot(T-t)}\right) - \ln\left(e^{b_m\cdot(T-t)}\right)\right) \\ &= (d_1^{ex})^2 - 2\ln\left(\frac{S_l \cdot e^{b_l\cdot(T-t)}}{S_m \cdot e^{b_m\cdot(T-t)}}\right)\end{aligned}$$

und damit für $n(d_2^{ex})$

$$
\begin{aligned}
n\left(d_2^{ex}\right) &= \frac{1}{\sqrt{2\pi}} \cdot e^{-\frac{1}{2}\left(\left(d_1^{ex}\right)^2 - 2\ln\left(\frac{S_l \cdot e^{b_l \cdot (T-t)}}{S_m \cdot e^{b_m \cdot (T-t)}}\right)\right)} = \frac{1}{\sqrt{2\pi}} \cdot e^{-\frac{1}{2}\left(d_1^{ex}\right)^2 + \ln\left(\frac{S_l \cdot e^{b_l \cdot (T-t)}}{S_m \cdot e^{b_m \cdot (T-t)}}\right)} \\
&= \frac{1}{\sqrt{2\pi}} \cdot e^{-\frac{1}{2}\left(d_1^{ex}\right)^2} \cdot e^{\ln\left(\frac{S_l \cdot e^{b_l \cdot (T-t)}}{S_m \cdot e^{b_m \cdot (T-t)}}\right)} = n\left(d_1^{ex}\right) \cdot \left(\frac{S_l \cdot e^{b_l \cdot (T-t)}}{S_m \cdot e^{b_m \cdot (T-t)}}\right)
\end{aligned} \tag{6.2}
$$

geschrieben werden. Wird (6.2) in (6.1) eingesetzt, folgt für das Vega der Austauschoption zunächst

$$
\begin{aligned}
\Lambda_{l,m}^{ex} &= S_l \cdot e^{\left(b_l - r_{fc}\right) \cdot (T-t)} \cdot n\left(d_1^{ex}\right) \frac{\partial d_1^{ex}}{\partial \sigma_{l,m}} \\
&\quad - S_m \cdot e^{\left(b_m - r_{fc}\right) \cdot (T-t)} \cdot n\left(d_1^{ex}\right) \cdot \left(\frac{S_l \cdot e^{b_l \cdot (T-t)}}{S_m \cdot e^{b_m \cdot (T-t)}}\right) \frac{\partial d_2^{ex}}{\partial \sigma_{l,m}} \\
&= S_l \cdot e^{\left(b_l - r_{fc}\right) \cdot (T-t)} \cdot n\left(d_1^{ex}\right) \frac{\partial d_1^{ex}}{\partial \sigma_{l,m}} - n\left(d_1^{ex}\right) \cdot S_l \cdot e^{\left(b_l - r_{fc}\right) \cdot (T-t)} \frac{\partial d_2^{ex}}{\partial \sigma_{l,m}} \\
&= S_l \cdot e^{\left(b_l - r_{fc}\right) \cdot (T-t)} \cdot n\left(d_1^{ex}\right) \cdot \left(\frac{\partial d_1^{ex}}{\partial \sigma_{l,m}} - \frac{\partial d_2^{ex}}{\partial \sigma_{l,m}}\right).
\end{aligned} \tag{6.3}
$$

Da für

$$
\frac{\partial d_1^{ex}}{\partial \sigma_{l,m}} = \frac{\ln\left(\frac{S_l}{S_m}\right)}{\sigma_{l,m}^2 \sqrt{T-t}} + \frac{b_l - b_m}{\sigma_{l,m}^2 \sqrt{T-t}} + \frac{1}{2}\sqrt{T-t} = \frac{\ln\left(\frac{S_l \cdot e^{b_l \cdot (T-t)}}{S_m \cdot e^{b_m \cdot (T-t)}}\right)}{\sigma_{l,m}^2 \sqrt{T-t}} + \frac{1}{2}\sqrt{T-t}
$$

und für

$$
\frac{\partial d_2^{ex}}{\partial \sigma_{l,m}} = \frac{\ln\left(\frac{S_l \cdot e^{b_l \cdot (T-t)}}{S_m \cdot e^{b_m \cdot (T-t)}}\right)}{\sigma_{l,m}^2 \sqrt{T-t}} - \frac{1}{2}\sqrt{T-t}
$$

gilt, folgt für den Ausdruck

$$
\begin{aligned}
\frac{\partial d_1^{ex}}{\partial \sigma_{l,m}} - \frac{\partial d_2^{ex}}{\partial \sigma_{l,m}} &= \frac{\ln\left(\frac{S_l \cdot e^{b_l \cdot (T-t)}}{S_m \cdot e^{b_m \cdot (T-t)}}\right)}{\sigma_{l,m}^2 \sqrt{T-t}} + \frac{1}{2}\sqrt{T-t} - \left(\frac{\ln\left(\frac{S_l \cdot e^{b_l \cdot (T-t)}}{S_m \cdot e^{b_m \cdot (T-t)}}\right)}{\sigma_{l,m}^2 \sqrt{T-t}} - \frac{1}{2}\sqrt{T-t}\right) \\
&= \sqrt{T-t}.
\end{aligned} \tag{6.4}
$$

Wird zuletzt (6.4) in (6.3) eingesetzt, folgt für das Vega einer Call-Austauschoption

$$\Lambda_{l,m}^{ex} = S_l \cdot e^{\left(b_l - r_{fc}\right)\cdot(T-t)} \cdot n\left(d_1^{ex}\right) \cdot \sqrt{T-t}$$

und wegen $d_1^{ex} = d$

$$\Lambda_{l,m}^{ex} = S_l \cdot e^{\left(b_l - r_{fc}\right)\cdot(T-t)} \cdot n(d) \cdot \sqrt{T-t}.$$

## Anhang 2: Doppel-Aktienanleihe (Allianz AG/DaimlerChrysler AG)

| | |
|---|---|
| Emittentin | BHF-BANK AG |
| Produkttyp | Doppel-Aktienanleihe |
| WKN | BHF671 |
| ISIN | DE000BHF6713 |
| Valorennummer | CH2508557 |
| Basiswert 1 | Allianz AG, vinkulierte Namens-Stammaktien, ISIN DE0008404005 |
| Basiswert 2 | DaimlerChrysler AG, Namens-Stammaktien, ISIN DE0007100000 |
| Emissionstag | 4.4.2006 |
| Laufzeit | 10.4.2006 - 10.4.2007 |
| Zinssatz (Kupon) | 12,00 % p.a. |
| Beginn Zinslauf | 10.4.2006 |
| Zinstermin(e) | 10.4.2007 |
| Nennwert | 5.000 € |
| Anzahl Aktien je Basiswert 1 | 36 |
| Ausübungspreis 1 | 138,89 € |
| Anzahl Aktien je Basiswert 2 | 106 |
| Ausübungspreis 2 | 47,17 € |
| Referenztag | 30.3.2007 |
| Referenzkurs | XETRA®-Schlusskurs |
| Börsenhandel | Frankfurt und Stuttgart; XETRA®-Handel |
| Letzter Börsenhandelstag | 6.4.2007 |

Tabelle 22: Eigenschaften der Doppel-Aktienanleihe (Allianz AG/DaimlerChrysler AG)[652]

[652] In Anlehung an: https://www.bhf-bank.com/w3/jsp/formulare/investmentprodukte/DoppelAktienAnleihen/index.de.jsp?isin=DE000BHF6713&action=DoppelAktienAnleihe, letzter Abruf: 02.08.2006, 9:43 Uhr.

## Anhang 3: Partielle Ableitung der Preisfunktion einer Put-Minimumoption nach der Korrelation

Die partielle Ableitung der Preisfunktion der Put-Minimumoption nach der Korrelation kann unter Verwendung der bereits vorliegenden partiellen Ableitung der Preisfunktion der Call-Minimumoption nach der Korrelation[653] mit Hilfe der Put-Call-Parität für Minimumoptionen ermittelt werden. Nach der Put-Call-Parität für Minimumoptionen gilt:

$$P_{l,m}^{\min} = E \cdot e^{-r_{fc} \cdot (T-t)} - C_{l,m}^{\min}(0) + C_{l,m}^{\min}(E).$$ [654]

Damit folgt für die partielle Ableitung der Preisfunktion der Put-Minimumoption nach der Korrelation:

$$\frac{\partial P_{l,m}^{\min}}{\partial \rho_{l,m}} = -\frac{\partial C_{l,m}^{\min}(0)}{\partial \rho_{l,m}} + \frac{\partial C_{l,m}^{\min}(E)}{\partial \rho_{l,m}}, \tag{6.5}$$

die nachfolgend in vier Schritten erarbeitet wird:

1. Vereinfachung der in der Literatur bereits vorliegenden partiellen Ableitung der Preisfunktion der Call-Minimumoption mit Ausübungspreis $E$ nach der Korrelation,
2. Ermittlung der Ableitung der partiellen Ableitung der Preisfunktion der Call-Minimumoption mit Ausübungspreis null nach der Korrelation,
3. Ermittlung der Differenz zwischen den beiden partiellen Ableitungen aus Ziffer eins und zwei bzw. Ermittlung der partiellen Ableitung der Preisfunktion der Put-Minimumoption mit Ausübungspreis $E$ nach der Korrelation und
4. Erweiterung der partiellen Ableitung der Preisfunktion der Put-Minimumoption mit Ausübungspreis $E$ nach der Korrelation um wertpapierspezifische, konstante und kontinuierliche Dividendenrenditen.

Anhand von Ziffer vier wird deutlich, dass die Schritte eins bis drei aus Gründen einer besseren Übersichtlichkeit und Nachvollziehbarkeit mit der Literatur auf der Annahme von zwei dividendenlosen riskanten Wertpapieren beruhen.

[653] Siehe Kapitel 4.5.3.3.

[654] Siehe Kapitel 4.5.3.1. Aus Gründen einer besseren Übersichtlichkeit der folgenden Ableitung wird auf die explizite Angabe des Zeitindexes verzichtet.

**Schritt 1: Vereinfachung von $\partial C_{l,m}^{\min}(E)/\partial\rho_{l,m}$**

Die partielle Ableitung der Preisfunktion der Call-Minimumoption nach der Korrelation $\partial C_{l,m}^{\min}(E)/\partial\rho_{l,m}$ wurde bereits von Stulz für den Fall zweier dividendenloser riskanter Wertpapiere erarbeitet und lautet in der hier verwendeten Notation:[655]

$$\frac{\partial C_{l,m}^{\min}(E)}{\partial\rho_{l,m}} = S_l \cdot N\left(\frac{y_l-\rho_l\cdot d}{\sqrt{1-\rho_l^2}}\right)\cdot\frac{e^{-\frac{1}{2}d^2}}{\sqrt{2\pi}}\cdot\underbrace{\left[\frac{\sigma_l\sigma_m\sqrt{T-t}}{\sigma_{l,m}}-\frac{\sigma_l\sigma_m}{\sigma_{l,m}^2}\cdot d\right]}_{(1)}$$
$$+S_m\cdot N\left(\frac{y_m-\rho_m\cdot d}{\sqrt{1-\rho_m^2}}\right)\cdot\frac{e^{-\frac{1}{2}\left(d-\sigma_{l,m}\cdot(T-t)\right)^2}}{\sqrt{2\pi}}\tag{6.6}$$
$$\cdot\underbrace{\left[\frac{\sigma_l\sigma_m\sqrt{T-t}}{\sigma_{l,m}}+\frac{\sigma_l\sigma_m}{\sigma_{l,m}^2}\cdot\left(d-\sigma_{l,m}\sqrt{T-t}\right)\right]}_{(2)},$$

wobei zu beachten ist, dass (6.6) für den Fall zweier dividendenloser riskanter Wertpapiere abgeleitet wurde und folglich für $d$ nicht (4.82), sondern

$$d=\frac{\ln\left(\frac{S_l}{S_m}\right)+\frac{\sigma_{l,m}^2}{2}(T-t)}{\sigma_{l,m}\sqrt{T-t}}\tag{6.7}$$

gilt.[656] Unter dieser Voraussetzung wird zuerst der Ausdruck in der eckigen Klammer (1) aus (6.6) vereinfacht. Unter Verwendung von (6.7) folgt für den zweiten Summanden der eckigen Klammer (1) zunächst:

$$\frac{\sigma_l\sigma_m}{\sigma_{l,m}^2}\cdot d=\frac{\sigma_l\sigma_m}{\sigma_{l,m}^2}\left[\frac{\ln\left(\frac{S_l}{S_m}\right)+\frac{\sigma_{l,m}^2}{2}\cdot(T-t)}{\sigma_{l,m}\sqrt{T-t}}\right]=\frac{\sigma_l\sigma_m}{\sigma_{l,m}}\sqrt{T-t}\cdot\left[\frac{\ln\left(\frac{S_l}{S_m}\right)+\frac{\sigma_{l,m}^2}{2}(T-t)}{\sigma_{l,m}^2\cdot(T-t)}\right].$$

Damit gilt für den gesamten Ausdruck der eckigen Klammer (1) aus (6.6):

[655] Vgl. Stulz (1982), S. 184.

[656] Die Erweiterung um eine wertpapierspezifische, konstante kontinuierliche Dividendenrendite erfolgt in Schritt vier dieser Herleitung.

$$\frac{\sigma_l\sigma_m\sqrt{T-t}}{\sigma_{l,m}}-\frac{\sigma_l\sigma_m}{\sigma_{l,m}^2}\cdot d=\frac{\sigma_l\sigma_m}{\sigma_{l,m}}\sqrt{T-t}\cdot\left[1-\frac{\ln\left(\frac{S_l}{S_m}\right)+\frac{\sigma_{l,m}^2}{2}\cdot(T-t)}{\sigma_{l,m}^2\cdot(T-t)}\right]$$

$$=-\frac{\sigma_l\sigma_m}{\sigma_{l,m}}\sqrt{T-t}\cdot\left[\frac{\ln\left(\frac{S_l}{S_m}\right)-\frac{\sigma_{l,m}^2}{2}\cdot(T-t)}{\sigma_{l,m}^2\cdot(T-t)}\right]$$

$$=-\frac{\sigma_l\sigma_m}{\sigma_{l,m}^2}\cdot\left[\frac{\ln\left(\frac{S_l}{S_m}\right)-\frac{\sigma_{l,m}^2}{2}\cdot(T-t)}{\sigma_{l,m}\sqrt{T-t}}\right] \tag{6.8}$$

$$=-\frac{\sigma_l\sigma_m}{\sigma_{l,m}^2}\cdot\left[d-\sigma_{l,m}\sqrt{T-t}\right].$$

Der Ausdruck in der eckigen Klammer (2) aus (6.6) kann zu

$$\frac{\sigma_l\sigma_m\sqrt{T-t}}{\sigma_{l,m}}+\frac{\sigma_l\sigma_m}{\sigma_{l,m}^2}\cdot\left(d-\sigma_{l,m}\sqrt{T-t}\right)=\frac{\sigma_l\sigma_m}{\sigma_{l,m}^2}\cdot d \tag{6.9}$$

vereinfacht werden. Durch Einsetzen der vereinfachten Ausdrücke (6.8) und (6.9) in (6.6) ergibt sich zunächst

$$\frac{\partial C_{l,m}^{\min}(E)}{\partial\rho_{l,m}}=S_l\cdot N\left(\frac{y_l-\rho_l\cdot d}{\sqrt{1-\rho_l^2}}\right)\cdot\frac{e^{-\frac{1}{2}d^2}}{\sqrt{2\pi}}\cdot\left[-\frac{\sigma_l\sigma_m}{\sigma_{l,m}^2}\left[d-\sigma_{l,m}\sqrt{T-t}\right]\right]$$
$$+S_m\cdot N\left(\frac{y_m-\rho_m\cdot d}{\sqrt{1-\rho_m^2}}\right)\cdot\frac{e^{-\frac{1}{2}\left(d-\sigma_{l,m}\sqrt{T-t}\right)^2}}{\sqrt{2\pi}}\cdot\left[\frac{\sigma_l\sigma_m}{\sigma_{l,m}^2}d\right]$$

und mit

$$n(d)=\frac{e^{-\frac{1}{2}d^2}}{\sqrt{2\pi}}$$

folgt

$$\frac{\partial C_{l,m}^{\min}(E)}{\partial \rho_{l,m}} = S_l \cdot N\left(\frac{y_l - \rho_l \cdot d}{\sqrt{1-\rho_l^2}}\right) \cdot n(d) \cdot \left[-\frac{\sigma_l \sigma_m}{\sigma_{l,m}^2}\left[d - \sigma_{l,m}\sqrt{T-t}\right]\right]$$
$$+ S_m \cdot N\left(\frac{y_m - \rho_m \cdot d}{\sqrt{1-\rho_m^2}}\right) \cdot n\left(d - \sigma_{l,m}\sqrt{T-t}\right) \cdot \left[\frac{\sigma_l \sigma_m}{\sigma_{l,m}} \cdot d\right]. \tag{6.10}$$

Da weiterhin gezeigt werden kann, dass

$$\left(\frac{y_l - \rho_l \cdot d}{\sqrt{1-\rho_l^2}}\right) = \left(\frac{y_m - \rho_m \cdot d}{\sqrt{1-\rho_m^2}}\right)$$

gilt,[657] sind auch die Werte der kumulierten Standardnormalverteilung mit

$$N\left(\frac{y_l - \rho_l \cdot d}{\sqrt{1-\rho_l^2}}\right) = N\left(\frac{y_m - \rho_m \cdot d}{\sqrt{1-\rho_m^2}}\right) = N \tag{6.11}$$

identisch, wobei $N$ vereinfachend den entsprechenden kumulierten Standardnormalverteilungswert angibt.

In einem letzten Vereinfachungsschritt kann für $n\left(d - \sigma_{l,m}\sqrt{T-t}\right)$ in (6.10) mit

$$d - \sigma_{l,m}\sqrt{T-t} = \frac{\ln\left(\frac{S_l}{S_m}\right) - \frac{\sigma_{l,m}}{2} \cdot (T-t)}{\sigma_{l,m}\sqrt{T-t}}$$

zunächst

$$\begin{aligned}\left(d - \sigma_{l,m}\sqrt{T-t}\right)^2 &= d^2 - 2d \cdot \sigma_{l,m}\sqrt{T-t} + \sigma_{l,m}^2 \cdot (T-t)\\ &= d^2 - 2\ln\left(\frac{S_l}{S_m}\right) - 2\frac{\sigma_{l,m}^2}{2} \cdot (T-t) + \sigma_{l,m}^2 \cdot (T-t)\\ &= d^2 - 2\ln\left(\frac{S_l}{S_m}\right)\end{aligned}$$

ermittelt werden und schließlich ergibt sich für

$$n\left(d - \sigma_{l,m}\sqrt{T-t}\right) = \frac{1}{\sqrt{2\pi}} e^{-\left(d^2/2 - \ln(S_l/S_m)\right)} = \frac{e^{-d^2/2}}{\sqrt{2\pi}} \cdot e^{\ln(S_l/S_m)} = n(d) \cdot \frac{S_l}{S_m}. \tag{6.12}$$

---

[657] Vgl. Stulz (1982), S. 184.

Unter Verwendung von (6.11) und (6.12) kann die partielle Ableitung der Preisfunktion der Call-Minimumoption mit Ausübungspreis $E$ aus (6.10) zu

$$\begin{aligned}\frac{\partial C_{l,m}^{\min}(E)}{\partial \rho_{l,m}} &= -S_l \cdot N \cdot n(d) \cdot \frac{\sigma_l \sigma_m}{\sigma_{l,m}^2} \cdot \left(d - \sigma_{l,m}\sqrt{T-t}\right) \\ &\quad + S_m \cdot N \cdot n(d) \cdot \frac{S_l}{S_m} \cdot \frac{\sigma_l \sigma_m}{\sigma_{l,m}^2} \cdot d \\ &= S_l \cdot N \cdot n(d) \cdot \frac{\sigma_l \sigma_m}{\sigma_{l,m}^2} \cdot \left(\sigma_{l,m}\sqrt{T-t}\right)\end{aligned} \tag{6.13}$$

vereinfacht werden.

**Schritt 2: Ermittlung von $\partial C_{l,m}^{\min}(0) / \partial \rho_{l,m}$**

Für den Preis einer Call-Minimumoption mit Ausübungspreis null gilt:

$$C_{l,m}^{\min}(0) = S_l - S_l \cdot N(d) + S_m \cdot N\left(d - \sigma_{l,m}\sqrt{T-t}\right).$$ [658]

Für die partielle Ableitung der Funktion des Preises einer Call-Minimumoption mit Ausübungspreis null folgt daher:

$$\frac{\partial C_{l,m}^{\min}(0)}{\partial \rho_{l,m}} = -S_l \cdot n(d) \cdot \frac{\partial d}{\partial \rho_{l,m}} + S_m \cdot n\left(d - \sigma_{l,m}\sqrt{T-t}\right) \cdot \left(\frac{\partial d}{\partial \rho_{l,m}} - \frac{\partial \sigma_{l,m}}{\partial \rho_{l,m}}\sqrt{T-t}\right). \tag{6.14}$$

Mit

$$\frac{\partial \sigma_{l,m}}{\partial \rho_{l,m}} = \frac{1}{2} \cdot \left(\sigma_l^2 + \sigma_m^2 - 2\sigma_l \sigma_m \rho_{l,m}\right)^{-0,5} \cdot (-2\sigma_l \sigma_m) = \frac{-\sigma_l \sigma_m}{\sigma_{l,m}}$$

und

[658] Vgl. Stulz (1982), S. 165.

$$\begin{aligned}
\frac{\partial d}{\partial \rho_{l,m}} &= \frac{1}{2}(T-t)\cdot(-2\sigma_l\sigma_m)\cdot\frac{\sigma_{l,m}\sqrt{T-t}}{\sigma_{l,m}^2\cdot(T-t)} \\
&\quad -\left(\ln\left(\frac{S_l}{S_m}\right)+\frac{\sigma_{l,m}^2}{2}(T-t)\right)\cdot\frac{\sqrt{T-t}}{\sigma_{l,m}^2\cdot(T-t)}\cdot\frac{1}{2}\left(\frac{-2\sigma_l\sigma_m}{\sigma_{l,m}}\right) \\
&= -\frac{\sqrt{T-t}}{\sigma_{l,m}^2\cdot(T-t)}\cdot\frac{2\sigma_l\sigma_m}{2\sigma_{l,m}}\cdot\sigma_{l,m}^2(T-t) \\
&\quad +\frac{1}{2}\cdot\left(\frac{2\sigma_l\sigma_m}{\sigma_{l,m}}\right)\cdot\frac{\sigma_{l,m}^2(T-t)}{\sigma_{l,m}^2\cdot(T-t)}\cdot\sqrt{T-t} \qquad (6.15)\\
&\quad +\ln\left(\frac{S_l}{S_m}\right)\cdot\frac{\sigma_l\sigma_m}{\sigma_{l,m}}\cdot\frac{\sqrt{T-t}}{\sigma_{l,m}^2\cdot(T-t)} \\
&= \frac{\sigma_l\sigma_m}{\sigma_{l,m}\sqrt{T-t}}\cdot\frac{1}{\sigma_{l,m}^2}\cdot\left(\ln\left(\frac{S_l}{S_m}\right)-\frac{1}{2}\sigma_{l,m}^2\cdot(T-t)\right) \\
&= \frac{\sigma_l\sigma_m}{\sigma_{l,m}}\cdot\left(d-\sigma_{l,m}\sqrt{T-t}\right)
\end{aligned}$$

ergibt sich zunächst für

$$\frac{\partial d}{\partial \rho_{l,m}}-\frac{\partial \sigma_{l,m}}{\partial \rho_{l,m}}=\frac{\sigma_l\sigma_m}{\sigma_{l,m}^2}\cdot\left(d-\sigma_{l,m}\sqrt{T-t}\right)+\frac{\sigma_l\sigma_m}{\sigma_{l,m}}\cdot\sqrt{T-t}=\frac{\sigma_l\sigma_m}{\sigma_{l,m}^2}\cdot d\,. \qquad (6.16)$$

Durch Einsetzen von (6.15) und (6.16) in (6.14) ergibt sich:

$$\begin{aligned}
\frac{\partial C_{l,m}^{\min}(0)}{\partial \rho_{l,m}} &= -S_l\cdot n(d)\cdot\frac{\sigma_l\sigma_m}{\sigma_{l,m}^2}\cdot\left(d-\sigma_{l,m}\sqrt{T-t}\right) \\
&\quad +S_m\cdot n\left(d-\sigma_{l,m}\sqrt{T-t}\right)\cdot\frac{\sigma_l\sigma_m}{\sigma_{l,m}^2}\cdot d,
\end{aligned} \qquad (6.17)$$

wobei (6.17) mit (6.12) zu

$$\begin{aligned}
\frac{\partial C_{l,m}^{\min}(0)}{\partial \rho_{l,m}} &= -S_l\cdot n(d)\cdot\frac{\sigma_l\sigma_m}{\sigma_{l,m}^2}\cdot\left(d-\sigma_{l,m}\sqrt{T-t}\right) \\
&\quad +S_m\cdot n(d)\cdot\frac{S_l}{S_m}\cdot\frac{\sigma_l\sigma_m}{\sigma_{l,m}^2}\cdot d \\
&= S_l\cdot n(d)\cdot\frac{\sigma_l\sigma_m}{\sigma_{l,m}}\sqrt{T-t}
\end{aligned} \qquad (6.18)$$

vereinfacht werden kann.

**Schritt 3: Ermittlung von $\partial P_{l,m}^{\min} / \partial \rho_{l,m}$**

Die partielle Ableitung der Funktion für den Preis einer Put-Minimumoption nach der Korrelation ergibt sich durch Einsetzen von (6.13) und (6.18) in (6.5)

$$\begin{aligned} \frac{\partial P_{l,m}^{\min}}{\partial \rho_{l,m}} &= -\frac{\partial C_{l,m}^{\min}(0)}{\partial \rho_{l,m}} + \frac{\partial C_{l,m}^{\min}(E)}{\partial \rho_{l,m}} \\ &= -S_l \cdot n(d) \cdot \frac{\sigma_l \sigma_m}{\sigma_{l,m}} \cdot \sqrt{T-t} + S_l \cdot N \cdot n(d) \cdot \frac{\sigma_l \sigma_m}{\sigma_{l,m}^2} \cdot \sigma_{l,m} \cdot \sqrt{T-t} \\ &= -S_l \cdot n(d) \cdot \frac{\sigma_l \sigma_m}{\sigma_{l,m}} \cdot \sqrt{T-t} \cdot (1-N) < 0. \end{aligned} \tag{6.19}$$

**Schritt 4: Erweiterung um eine konstante kontinuierliche Dividendenrendite**

Wie in Kapitel 4.3.2.1 gezeigt wurde, gelingt der Einbezug einer wertpapierspezifischen, konstanten kontinuierlichen Dividendenrendite durch Verwendung eines mit der konstanten kontinuierlichen Dividendenrendite diskontierten Preises des riskanten Wertpapiers. Da die konstante kontinuierliche Dividendenrendite eines riskanten Wertpapiers unabhängig von der Korrelation einbezogen werden kann, bleibt durch den Einbezug die Struktur der partiellen Ableitung der Preisfunktion einer Minimumoption nach der Korrelation unverändert. Insofern kann die partielle Ableitung in (6.19) mit den wertpapierspezifischen *cost of carry rates* $b_l = r_{fc} - r_{Dc,l}$ und $b_m = r_{fc} - r_{Dc,m}$ so verallgemeinert werden, dass

$$\frac{\partial P_{l,m}^{\min}}{\partial \rho_{l,m}} = -S_l \cdot e^{(b_l - r_{fc}) \cdot (T-t)} \cdot n(d) \cdot \frac{\sigma_l \sigma_m}{\sigma_{l,m}} \cdot \sqrt{T-t} \cdot (1-N) < 0$$

mit

$$N = N\left(\frac{y_l - \rho_l \cdot d}{\sqrt{1-\rho_l^2}}\right) = N\left(\frac{y_m - \rho_m \cdot d}{\sqrt{1-\rho_m^2}}\right), \ y_l = \frac{\ln(S_{l,t}/E) + (b_l + \sigma_l^2/2)(T-t)}{\sigma_l \sqrt{T-t}},$$

$$y_m = \frac{\ln(S_{m,t}/E) + (b_m + \sigma_m^2/2)(T-t)}{\sigma_m \sqrt{T-t}},$$

$$d = \frac{\ln(S_{l,t}/S_{m,t}) + (b_l - b_m + \sigma_{l,m}^2/2) \cdot (T-t)}{\sigma_{l,m}\sqrt{T-t}}, \ \sigma_{l,m} = \sqrt{\sigma_l^2 + \sigma_m^2 - 2\rho_{l,m}\sigma_l\sigma_m},$$

$$\rho_l = \frac{\sigma_l - \rho_{l,m}\sigma_m}{\sigma_{l,m}} \text{ und } \rho_m = \frac{\sigma_m - \rho_{l,m}\sigma_l}{\sigma_{l,m}}$$

gilt.

## Literaturverzeichnis

Die nicht ausgeschriebenen ersten Vornamen konnten nicht ermittelt werden.

**Adler/Düring/Schmaltz (2006)**: Rechnungslegung nach Internationalen Standards, Kommentar, Loseblattwerk, (5. Teillieferung, Stand: Dezember 2006), Stuttgart.

**Arbeitskreis Unternehmensbewertung des IDW e.V (Hrsg.) (1997)**: Berichterstattung über die 57. bis 61. Sitzung des Arbeitskreises Unternehmensbewertung, in: FN-IDW, o. Jg. (1997), S. 33–34.

**Allianz SE (Hrsg.) (2006)**: Verschmelzung RAS auf Allianz eingetragen – Allianz wird Europäische Gesellschaft, Investor-Relations-Mitteilungen 2006, einzusehen im Internet: http://www.allianz.com/azcom/dp/cda/0,,1264241-49,00.html, letzter Abruf: 13.12.2006, 17:15 Uhr.

**Baetge, Jörg/Krause, Clemens (1994)**: Die Berücksichtigung des Risikos bei der Unternehmensbewertung. Eine empirisch gestützte Betrachtung des Kalkulationszinses, in: BFuP, 46. Jg. (1994), S. 433–456.

**Baetge, Jörg/Niemeyer, Kai/Kümmel, Jens (2005)**: Darstellung der Discounted-Cashflow-Verfahren (DCF-Verfahren) mit Beispiel, in: Peemöller, Volker H. (Hrsg.): Praxishandbuch der Unternehmensbewertung, Herne/Berlin 2005, S. 265–362.

**Ballwieser, Wolfgang (1981)**: Die Wahl des Kalkulationszinsfußes bei der Unternehmensbewertung unter Berücksichtigung von Risiko und Geldentwertung, in: BFuP, 33. Jg. (1981), S. 97–114.

**Ballwieser, Wolfgang (1988)**: Unternehmensbewertung bei unsicherer Geldentwertung, in: zfbf, 40. Jg. (1988), S. 798–812.

**Ballwieser, Wolfgang (1990)**: Unternehmensbewertung und Komplexitätsreduktion, 3., überarbeitete Auflage, Wiesbaden 1990.

**Ballwieser, Wolfgang (1993)**: Methoden der Unternehmensbewertung, in: Gebhardt, Günther/Gerke, Wolfgang/Steiner, Manfred (Hrsg.): Handbuch des Finanzmanagements: Instrumente und Märkte der Unternehmensfinanzierung, München 1993, S. 151–176.

**Ballwieser, Wolfgang (1997)**: Kalkulationszinsfuß und Steuern, in: DB, 50. Jg. (1997), S. 2393–2396.

**Ballwieser, Wolfgang (2001)**: Unternehmensbewertung, Marktorientierung und Ertragswertverfahren, in: Wagner, Udo (Hrsg.): Zum Erkenntnisstand der Betriebswirtschaftslehre am Beginn des 21. Jahrhunderts, Festschrift für Erich Loitlsberger zum 80. Geburtstag, Berlin 2001, S. 17–31.

**Ballwieser, Wolfgang (2002)**: Der Kalkulationszinsfuß in der Unternehmensbewertung: Komponenten und Ermittlungsprobleme, in: WPg, 55. Jg. (2002), S. 736–743.

**Ballwieser, Wolfgang (2003)**: Zum risikolosen Zins für die Unternehmensbewertung, in: Richter, Frank/Schüler, Andreas/Schwetzler, Bernhard (Hrsg.): Kapitalgeberansprüche, Marktwertorientierung und Unternehmenswert, Festschrift für Prof. Dr. Dr. h.c. Jochen Drukarczyk zum 65. Geburtstag, München 2003, S. 19–35.

**Ballwieser, Wolfgang (2003)**: Unternehmensbewertung durch Rückgriff auf Marktdaten, in: Heintzen, Markus/Kruschwitz, Lutz (Hrsg.): Unternehmen bewerten, Berlin 2003, S. 13–30.

**Ballwieser, Wolfgang (2004)**: Unternehmensbewertung, Prozeß, Methoden und Probleme, Stuttgart 2004.

**Ballwieser, Wolfgang (2005)**: Die Ermittlung impliziter Eigenkapitalkosten aus Gewinnschätzungen und Aktienkursen: Ansatz und Probleme, in: Schneider, Dieter/Rückle, Dieter/Küpper, Hans-Ulrich/Wagner, Franz W. (Hrsg.): Kritisches zu Rechnungslegung und Unternehmensbesteuerung, Festschrift zur Vollendung des 65. Lebensjahres von Theodor Siegel, Berlin 2005, S. 321–337.

**Ballwieser, Wolfgang/Coenenberg, Adolf G./Schultze, Wolfgang (2002)**: Unternehmensbewertung, erfolgsorientierte, in: Ballwieser, Wolfgang/Coenenberg, Adolf G./Wysocki, Klaus von (Hrsg.): Handwörterbuch der Rechnungslegung und Prüfung, Stuttgart 2002, Sp. 2412–2432.

**Ballwieser, Wolfgang/Leuthier, Rainer (1986)**: Grundprinzipien, Verfahren und Probleme der Unternehmensbewertung, in: DStR, 24. Jg. (1986), S. 545–551 (Teil I) und S. 604–610 (Teil II).

**Bamberg, Günter/Dorfleitner, Gregor/Krapp, Michael (2004)**: Zur Bewertung risikobehafteter Zahlungsströme mit intertemporaler Abhängigkeitsstruktur, in: BFuP, 56. Jg. (2004), S. 101–118.

**Bank, Matthias/Gerke, Wolfgang (2005)**: Finanzierung II. Grundlegende Theorien, Modelle und Konzepte der neoklassischen Finanzierungstheorie, Stuttgart 2005.

**Barle, Stanko/Cakici, Nurset (1995)**: Growing a smiling tree, in: RISK, Vol. 8 (Oct. 1995), S. 76–81.

**Barone-Adesi, Giovanni/Whaley, Robert E. (1986)**: The valuation of american call options and the expected ex-dividend stock price decline, in: JFE, Vol. 17 (1986), S. 91–111.

**Barone-Adesi, Giovanni/Whaley, Robert E. (1987)**: Efficient analytic approximation of american option values, in: JF, Vol. 42 (1987), S. 301–320.

**Baxter, Martin/Rennie, Andrew (1996)**: Financial calculus, Cambridge 1996.

**Beckers, Stan (1981)**: Standard deviations implied in option prices as predictors of future stock price variability, in: Journal of Banking and Finance, Vol. 5 (1981), S. 363–381.

**Beckers, Stan (1983)**: Variances of security price returns based on high, low, and closing prices, in: JB, Vol. 56 (1983), S. 97–112.

**Bergman, Yaacov Z. (1985)**: Pricing path contingent claims, in: Research in Finance, Vol. 5 (1985), S. 229–241.

**Berner, Christian/Rojahn, Joachim/Kiel, Olaf/Dreimann, Michael (2005)**: Die Berücksichtigung des unternehmensindividuellen Risikos in der Unternehmensbewertung, in: FB, 7. Jg. (2005), S. 711–718.

**Bernoulli, Daniel (1738, 1996)**: Entwurf einer neuen Theorie zur Bewertung von Lotterien, Specimen teoriae novae de mensura sortis, in: Commentarii Academiae Scientarum Imperialis Petropolitanae, 1738, S. 175–192, Aus dem Lateinischen übersetzt von Lutz Kruschwitz und Peter Kruschwitz, in: DBW, 56. Jg. (1996), S. 733–742.

**BHF-Bank AG (Hrsg.) (2006)**: Informationsmemorandum für Doppel-Aktien-Anleihen der BHF Bank Aktiengesellschaft von April 2006/April 2007 zugleich Nachtrag Nr. 176 vom 4. April 2006 gemäß § 10 Wertpapier-Verkaufsprospektgesetz zum unvollständigen Verkaufsprospekt vom 12. Oktober 2002, einzusehen im Internet: https://www.bhfbank.com/w3/jsp/satframe/index.de.jsp?url=/w3/BlobDeliverer%3FfactoryName%3DProduktProspektFactory%26blobId%3D1360, letzter Abruf: 12.10.2006, 18:47 Uhr.

**Bierwag, G. O. (1977)**: Immunization, duration, and the term structure of interest rates, in: JFQA, Vol. 12 (1977), S. 725–742.

**Bierwag, G. O./Kaufman, George G./Khang, Chulsoon (1978)**: Duration and bond portfolio analysis: An overview, in: JFQA, Vol. 13 (1978), S. 671–681.

**Bjerksund, Petter/Stensland, Gunnar (1993)**: American exchange options and a put-call transformation: A note, in: Journal of Business Finance & Accounting, Vol. 20 (1993), S. 761–764.

**Black, Fischer (1972)**: Capital market equilibrium with restricted borrowing, in: JB, Vol. 45 (1972), S. 444–455.

**Black, Fischer (1975)**: Fact and fantasy in the use of options, in: Financial Analysts Journal, Vol. 31 (July-August, 1975), S. 36–41 und 61–72.

**Black, Fischer (1976)**: The pricing of commodity contracts, in: JFE, Vol. 3 (1976), S. 167–179.

**Black, Fischer/Scholes, Myron (1973)**: The pricing of options and corporate liabilities, in: Journal of Political Economy, Vol. 81 (1973), S. 637–659.

**Blaufus, Kay (2002)**: Unternehmensbewertung und Probleme mit der Unendlichkeit?, – Anmerkungen zu den Beiträgen von Kruschwitz/Löffler, DB 1998 S. 1041, Matschke/Hering, DB 1999 S. 920 und Siegel, FS Brönner, S. 392 –, in: DB, 55. Jg. (2002), S. 1517–1519.

**Blocher, Edward/Stickney, Clyde (1978)**: Duration and risk assessments in capital budgeting, in: AR, Vol. 54 (1979), S. 180–188.

**Böcking, Hans-Joachim (2003)**: Zur Bedeutung des Börsenkurses für die angemessene Barabfindung, in: Richter, Frank/Schüler, Andreas/Schwetzler, Bernhard (Hrsg.): Kapitalgeberansprüche, Marktwertorientierung und Unternehmenswert, Festschrift für Prof. Dr. Dr. h.c. Jochen Drukarczyk zum 65. Geburtstag, München 2003, S. 59–91.

**Böcking, Hans-Joachim/Nowak, Karsten (1998)**: Der Beitrag der Discounted Cash Flow-Verfahren zur Lösung der Typisierungsproblematik bei Unternehmensbewertungen – Eine Warnung vor einer „naiven" Übertragung modelltheoretischer Erkenntnisse auf die Bewertungspraxis –, in: DB, 51. Jg. (1998), S. 685–690.

**Bodie, Zvi/Merton, Robert C. (2000)**: Finance, Upper Saddle River, New Jersey 2000.

**Bollerslev, Tim (1986)**: Generalized autoregressive conditional heteroscedasticity, in: Journal of Econometrics, Vol. 31 (1986), S. 307–327.

**Boquist, John A./Racette, George A./Schlarbaum, Gary G. (1975)**: Duration and risk assessment for bonds and common stocks, in: JF, Vol. 30 (1975), S. 1360–1365.

**Branger, Nicole/Schlag, Christian (2004)**: Zinsderivate, Heidelberg 2004.

**Braun, Inga (2005)**: Discounted Cashflow-Verfahren und der Einfluss von Steuern. Der Unternehmenswert unter Beachtung von Bewertungsnormen, Wiesbaden 2005.

**Brealey, Richard A./Myers, Stewart C. (2003)**: Principles of corporate finance, 7th edition, New York 2003.

**Breeden, Douglas T. (1979)**: An intertemporal asset pricing model with stochastic consumption and investment opportunities, in: JFE, Vol. 7 (1979), S. 265–296.

**Brennan, Micheal J. (1970)**: Taxes, market valuation and corporate financial policy, in: National Tax Journal, Vol. 23 (1970), S. 417–427.

**Brennan, Michael J./Schwartz, Eduardo S. (1977)**: The valuation of american put options, in: JF, Vol. 32 (1977), S. 449–462.

**Brenner, Menachem/Galai, Dan (1984)**: On measuring the risk of common stocks implied by options prices: A note, in: JFQA, Vol. 19 (1984), S. 403–412.

**Brenner, Menachem/Subrahmanyam, Marti G. (1988)**: A simple formula to compute the implied standard deviation, in: FAJ, Vol. 44 (Sepember, 1988), S. 80–83.

**Bühler, Wolfgang (1983)**: Anlagestrategien zur Begrenzung des Zinsänderungsrisikos von Portfeuilles aus festverzinslichen Titeln, in: Gessner, Peter/Schneider, Dieter/Zink, Achim (Hrsg.): Kapitalanlageplanung mit Hilfe der Finanzierungstheorie bei Versicherungen und Bausparkassen, zfbf-Sonderheft 16, Wiesbaden 1983, S. 82–137.

**Bühler, Alfred/Hies, Michael (1995)**: Zinsrisiken und Key-Rate-Duration, in: Die Bank, o. Jg. (1995), S. 112–118.

**Bühler, Wolfgang/Uhrig-Homburg, Marliese (2003)**: Unternehmensbewertung mit Realoptionen, in: Börsig, Clemens/Coenenberg, Adolf G. (Hrsg.): Bewertung von Unternehmen: Strategie – Markt – Risiko, Stuttgart 2003, S. 123–152.

**Bunch, David S./Johnson, Herb (1992)**: A simple and numerically efficient valuation method for american puts using a modified Geske-Johnson approach, in: JF, Vol. 47 (1992), S. 809–816.

**Campa, José M./Chang, Kevin P.H. (1997)**: The forecsting ability of correlations implied in foreign exchange options, NBER Working Paper No. 5974, March 1997.

**Campbell, John Y./Lo, Andrew W./MacKinley, Craig A. (1997)**: The econometrics of financial markets, Princeton, New Jersey 1997

**Canina, Linda/Figleweski, Stephan (1993)**: The informational content of implied volatility, in: The Review of Financial Studies, Vol. 6 (1993), S. 659–681.

**Chance, Don M. (1990)**: Default risk and the duration of zero cupon bonds, in: JF, Vol. 45 (1990), S. 265–274.

**Chance, Don M. (1993)**: Leap into the unkwon, in: RISK, Vol. 5 (May, 1993), S. 60–66.

**Chance, Don M. (1996)**: A generalized simple formula to compute the implied volatility, in: The Financial Review, Vol. 31 (1996), S. 859–867.

**Chiras, Donald P./Manaster, Steven (1978)**: The information content of option prices and a test of market efficiency, in: JFE, Vol. 6 (1978), S. 213–234.

**Chriss, Neil (1997)**: Black-Scholes and beyond. Option pricing models, Chicago/ London/Singapore 1997.

**Christensen, Bent Jesper/Hansen, Charlotte Strunk (2002)**: New evidence on the implied-realized volatility relation, in: The European Journal of Finance, Vol. 8 (2002), S. 187–205.

**Christensen, Bent Jesper/Prabhala, Nagpurnanand R. (1998)**: The relation between implied and realized volatility, in: JFE, Vol. 50 (1998), S. 125–150.

**Claus, James/Thomas, Jacob (2001)**: Equity premia as low as three percent? Evidence from analysts' earnings forecasts for domestic and international stock markets, in: JF, Vol. 56 (2001), S. 1629–1666.

**Clewlow, Les/Strickland, Chris (1998)**: Implementing derivatives models, Chichester et al. 1998.

**Coenenberg, Adolf G. (1970)**: Unternehmensbewertung mit Hilfe der Monte-Carlo-Simulation, in: ZfB, 40. Jg. (1970), S. 793–804.

**Coenenberg, Adolf G./Schultze, Wolfgang (2002)**: Unternehmensbewertung: Konzeptionen und Perspektiven, in: DBW, 62. Jg. (2002), S. 597–621.

**Cooper, I. A. (1977)**: Asset values, interest-rate changes, and duration, in: JFQA, Vol. 12 (1977), S. 701–723.

**Corrado, Charles J./Miller, Thomas W. (1996)**: A note on a simple, accurate formula to compute implied standard deviations, in: Journal of Banking and Finance, Vol. 20 (1996), S. 595–603.

**Cox, John C./Ross, Stephen A./Rubinstein, Mark (1979)**: Option pricing: A simplified approach, in: JFE, Vol. 7 (1979), S. 229–263.

**Cox, John C./Rubinstein, Mark (1985)**: Options Markets, Englewood Cliffs, New Jersey 1985.

**Daske, Holger (2005)**: Internationale Rechnungslegung und Kapitalkosten: Zum Stand der empirischen Rechnungswesenforschung, in: BFuP, 57. Jg. (2005), S. 455–473.

**Daske, Holger/Gebhardt, Günther (2006)**: Zukunftsorientierte Bestimmung von Risikoprämien und Eigenkapitalkosten für die Unternehmensbewertung, in: zfbf, 58. Jg. (2006), S. 530–551.

**Daske, Holger/Gebhardt, Günter/Klein, Stefan (2006)**: Estimating the expected cost of capital using analysts' consensus forecasts, in: sbr, Vol. 58 (2006), S. 2–36.

**Daske, Holger/Wiesenbach, Kai (2005)**: Praktische Probleme der zukunftsorientierten Schätzung von Eigenkapitalkosten am deutschen Kapitalmarkt, in: FB, 7. Jg. (2005), S. 407–419.

**Day, Theodore E./Lewis, Craig M. (1988)**: The behavior of the volatility implicit in the prices of stock index options, in: JFE, Vol. 22 (1988), S. 103–122.

**Day, Theodore E./Lewis, Craig M. (1992)**: Stock market volatility and the information content of stock index options, in: Journal of Econometrics, Vol. 52 (1992), S. 267–287.

**Derman, Emanuel/Kani, Iraj (1994)**: Riding on a smile, in: RISK, Vol. 7 (Feb. 1994), S. 32–39.

**Deutsch, Hans-Peter (2004)**: Derivate und Interne Modelle, 3., überarbeitete und erweiterte Auflage, Stuttgart 2004.

**Deutsche Bundesbank (Hrsg.) (1991)**: Zinsentwicklung und Zinsstruktur seit Anfang der achtziger Jahre, in: Deutsche Bundesbank Monatsbericht, Juli 1991, S. 31–42.

**Deutsche Bundesbank (Hrsg.) (1996)**: Die Entwicklung der Kapitalmarktzinsen seit Anfang der neunziger Jahre, in: Deutsche Bundesbank Monatsbericht, November 1996, S. 17–32.

**Deutsche Bundesbank (Hrsg.) (1997)**: Schätzung von Zinsstrukturkurven, in: Deutsche Bundesbank Monatsbericht, Oktober 1997, S. 61–66.

**Deutsche Bundesbank (Hrsg.) (1997a)**: Stripping von Bundesanleihen, in: Deutsche Bundesbank Monatsbericht, Juli 1997, S. 17–22.

**Deutsche Bundesbank (Hrsg.) (2006)**: Bestimmungsgründe der Zinsstruktur – Ansätze zur Kombination arbitragefreier Modelle und monetärer Makroökonomik, in: Deutsche Bundesbank Monatsbericht, April 2006, S. 15–29.

**Deutsche Bundesbank (Hrsg.) (2006a)**: Kapitalmarktstatistik, Statistisches Beiheft zum Monatsbericht 2, September 2006, im Internet einzusehen unter: http://www.bundesbank.de/download/volkswirtschaft/kapitalmarktstatistik/2006/kapitalmarktstatistik092006.pdf, letzter Abruf: 30.11.2006, 17:02 Uhr.

**Diedrich, Ralf (2003)**: Die Sicherheitsäquivalentmethode der Unternehmensbewertung: Ein (auch) entscheidungstheoretisch wohlbegründbares Verfahren. Anmerkungen zu dem Beitrag von Wolfgang Kürsten in der zfbf (März 2002, S. 128–144), in: zfbf, 55. Jg. (2003), S. 281–286.

**Dietz, Stephanie (2004):** Aktienoptionsprogramme und Corporate Governance. Ausgestaltung vergütungshalber gewährter Stock Options und die Berichterstattung in der externen Rechnungslegung, Wiesbaden 2004.

**Dinstuhl, Volkmar (2002)**: Discounted-Cash-flow-Methoden im Halbeinkünfteverfahren, in: FB, 4. Jg. (2002), S. 79–90.

**Dombret, Andreas/Mager, Ferdinand/Reinschmidt, Timo (2006)**: Übernahmeprämien bei M&A-Transaktionen: Länder- vs. Brancheneinfluss, in: FB, 8. Jg. (2006), S. 764–768.

**Drezner, Z. (1978)**: Computation of bivariate normal integral, in: Mathematics of Computation, Vol. 32 (1978), S. 277–279.

**Drukarczyk, Jochen (1995)**: DCF-Methoden und Ertragswertmethode – einige klärende Anmerkungen, in: WPg, 48. Jg. (1995), S. 329–334.

**Drukarczyk, Jochen (2001)**: Discounted Cash Flow-Methoden, in: Achleitner, Ann-Kristin/Thoma, Georg F. (Hrsg.): Handbuch Corporate Finance, Loseblattwerk, 2. Auflage, Köln 2001, Kapitel 6.6.5., S. 1–31.

**Drukarczyk, Jochen (2003)**: Unternehmensbewertung, 4., überarbeitete und erweiterte Auflage, München 2003.

**Drukarczyk, Jochen/Lobe, Sebastian (2002)**: Unternehmensbewertung und Halbeinkünfteverfahren – Probleme individueller und marktorientierter Bewertung steuerlicher Vorteile, in: Betriebswirtschaft spezial, Betriebs-Berater für Unternehmensbewertung, Betriebs-Berater-Beilage 6 zu Heft 38/2002, S. 2–9.

**Duffie, Darrell (1988)**: Security markets. Stochastic models, San Diego et al., 1988.

**Dupire, Bruno (1994)**: Pricing with a smile, in: RISK, Vol. 7 (Jan. 1994), S. 18–20.

**Durand, David (1974)**: Payout period, time spread, and duration: Aids to judgment in capital budgeting, in: The Journal of Bank Research, Vol. 5 (Spring, 1974), S. 20–34.

**Dyckhoff, Harald (2003)**: Subjektive Unternehmensbewertung aus entscheidungs- und messtheoretischer Sicht: Much ado about nothing?, Working Paper, RWTH Aachen, September 2003.

**Ehnert, Toralf (2006)**: Subjektive Verfahren der Risikoadjustierung – Status Quo und Ausblick, Working Paper, Technische Universität Dresden, Nr. 118/06, 2006.

**Eisenführ, Franz/Weber, Martin (2003)**: Rationales Entscheiden, 4., neu bearbeitete Auflage, Berlin et al. 2003.

**Eller, Roland (1991)**: Modified Duration und Convexity – Analyse des Zinsrisikos, in: Die Bank, o. Jg. (1991), S. 322–326.

**Engle, Robert T. (1982)**: Autoregressive conditional heteroscedasticity with estimates of the variance of United Kingdom inflation, in: Econometrica, Vol. 50 (1982), S. 987–1008.

**EUREX Frankfurt AG (Hrsg.) (2006)**: Kontraktspezifikationen für Futures-Kontrakte und Optionskontrakte an der Eurex Deutschland und der Eurex Zürich, Stand: 20.2.2006, im Internet einzusehen unter: http://www.eurexchange.com/download/rules/rules_specs_download_de.pdf, letzter Abruf: 4.3.2006, 14:24 Uhr.

**Ewert, Ralf (1996)**: Fixkosten, Kapitalmarkt und Entscheidungsrechnungen bei Risiko, in: BFuP, 48. Jg. (1996), S. 528–556.

**Ewert, Ralf (1999)**: Rechnungslegung, Globalisierung und Kapitalkosten, in: Männel, Wolfgang/Küpper, Hans-Ulrich (Hrsg.): Integration der Unternehmensrechnung – Harmonisierung, Internationale Rechnungslegung, Shareholder Value, Investitionsrechnung, krp-Sonderheft, Wiesbaden 1999, S. 39–46.

**Ewert, Ralf/Wagenhofer, Alfred (2005)**: Interne Unternehmensrechnung, 6., überarbeitete Auflage Berlin/Heidelberg 2005.

**Fama, Eugene F. (1977)**: Risk-adjusted discount rates and capital budgeting under uncertainty, in: JFE, Vol. 5 (1977), S. 3–24.

**Fama, Eugene F./French, Kenneth R. (2002)**: The equity premium, in: JF, Vol. 57 (2002), S. 637–659.

**Ferschl, Franz (1976)**: Wahrscheinlichkeitstheorie, in: Grochla, Erwin/Wittmann, Waldemar (Hrsg.): Handwörterbuch der Betriebswirtschaft, 4., völlig neu gestaltete Auflage, Stuttgart 1976, Sp. 4318–4328.

**Fischer, Stanley (1978)**: Call option pricing when the exercise price is uncertain, and the valuation of index bonds, in: JF, Vol. 33 (1978), S. 169–176.

**Fisher, Irving (1930)**: The theory of interest, Reprint 1974, New York 1930, 1974.

**Fisher, Lawrence (1966):** An algorithm for finding the exact rates of return, in: JB, Vol. 39 (1966), S. 111–118.

**Fisher, Lawrence/Weil, Roman L. (1971):** Coping with the risk of interest-rate fluctuations: Returns to bondholders from naive and optimal strategies, in: JB, Vol. 44 (1971), S. 408–431.

**Fleming, Jeff (1998)**: The quality of market volatility forecasts implied by S&P 100 index option prices, in: Journal of Empirical Finance, Vol. 5 (1998), S. 317–345.

**Francis, Jennifer/Olsson, Per/Oswald, Dennis R. (2000)**: Comparing the accuracy and explainability of dividend, free cash flow, and abnormal earnings equity value estimates, in: Journal of Accounting Research, Vol. 38 (2000), S. 45–70.

**Franke, Günter/Hax, Herbert (2004)**: Finanzwirtschaft des Unternehmens und Kapitalmarkt, 5. Auflage, Berlin et al. 2004.

**French, Dan W. (1984)**: The weekend effect on the distribution of stock prices: Implications for option pricing, in: JFE, Vol. 13 (1984), S. 547–559.

**French, Kenneth R. (1980)**: Stock returns and the weekend effect, in: JFE, Vol. 8 (1980), S. 55–69.

**French, Kenneth R./Roll, Richard (1986)**: Stock return variances: The arrival of information and the reaction of traders, in: JFE, Vol. 17 (1986), S. 5–26.

**Fu, Qiang (1996)**: On the valuation of an option to exchange one interest rate for another, in: Journal of Banking & Finance, Vol. 20 (1996), S. 645–653.

**Füser, Karsten (1994)**: Untersuchung der Prognosequalität eines synergetischen Kapitalmarktmodells – unter besonderer Berücksichtigung von neuronalen Netzen zur Präferenz-Pattern-Bestimmung und der Parallelverarbeitung auf Transputer-Basis zur allgemeinen Performance-Verbesserung, Ludwigsburg/ Berlin 1994.

**Garman, Mark B./Klass, Michael J. (1980)**: On the estimation of security price volatilities from historical data, in: JB, Vol. 53 (1980), S. 67–78.

**Garman, M. B./Kohlhagen, S. W. (1983)**: Foreign currency option values, in: Journal of International Money and Finance, Vol. 2 (1983), S. 231–237.

**Gebhardt, Günther/Daske, Holger (2005)**: Kapitalmarktorientierte Bestimmung von risikofreien Zinssätzen für die Unternehmensbewertung, in: WPg, 58. Jg. (2005), S. 649–655.

**Gebhardt, William R./Lee, Charles M. C./Swaminathan, Bhaskaran (2001)**: Toward an implied cost of capital, in: Journal of Accounting Research, Vol. 39 (2001), S. 135–176.

**Gemmill, Gordon (1986)**: The forecasting performance of stock options on the London Traded Options Market, in: Journal of Business Finance and Accounting, Vol. 13 (1986), S. 535–546.

**Geske, Robert (1978)**: The pricing of options with stochastic dividend yield, in: JF, Vol. 33 (1978), S. 617–625.

**Geske, Robert (1979)**: A note on an analytical valuation formula for unprotected american call options on stocks with known dividends, in: JFE, Vol. 7 (1979), S. 375–380.

**Geske, Robert/Johnson, H. E. (1984)**: The american put option valued analytically, in: JF, Vol. 39 (1984), S. 1511–1524.

**Gordon, Myron J./Shapiro, Eli (1956)**: Capital equipment analysis: The required rate of profit, in: Management Science, Vol. 3 (1956), S. 102–110.

**Gorny, Christian/Rosenbaum, Dirk (2004)**: Die methodische Berücksichtigung von Ertragsteuern in der Unternehmensbewertung – Aktuelle Probleme und Lösungsvorschläge –, in: WPg, 57. Jg. (2004), S. 861–868.

**Graham, John R./Harvey, Campbell R. (2003)**: Expectations of equity risk premia, volatility and asymmetry, Working Paper, Fuqua School of Business, Duke University, July 2003.

**Großfeld, Bernhard (2002)**: Unternehmens- und Anteilsbewertung im Gesellschaftsrecht, 4., völlig neu überarbeitete Auflage, Köln 2002.

**Großfeld, Bernhard/Stöver, Rüdiger/Tönnes, Achim (2005)**: Neue Unternehmensbewertung, in: Betriebs-Berater-Special 7/2005, 60. Jg. (2005), S. 2–13.

**Günther, Rolf (1998)**: Unternehmensbewertung: Kapitalisierungszinssatz nach Einkommensteuer bei Risiko und Wachstum im Phasenmodell, in: BB, 53. Jg. (1998), S. 1834–1842.

**Hachmeister, Dirk (2000)**: Der Discounted Cash Flow als Maß der Unternehmenswertsteigerung, 4., durchgesehene Auflage, Frankfurt et al. 2000.

**Haffner, Ralf (1989)**: Grenzpreisermittlung bei mehrfacher Zielsetzung – ein Beitrag zur Bewertung strategischer Unternehmensakquisitionen, Bergisch Gladbach/Köln 1989.

**Haley, Charles W./Schall, Lawrence D. (1973)**: The theory of financial decisions, New York et al. 1973.

**Harrison, Michael J./Kreps, David M. (1979)**: Martingales and arbitrage in multiperiod securities markets, in: Journal of Economic Theory, Vol. 20 (1979), S. 381–408.

**Hartmann-Wendels, Thomas/Pfingsten, Andreas/Weber, Martin (2004):** Bankbetriebslehre, 3., überarbeitete Auflage, Berlin/Heidelberg/New York 2004.

**Harvey, Campbell R./Whaley, Robert E. (1992)**: Market volatility prediction and the efficiency of the S&P 100 index option market, in: JFE, Vol. 31 (1992), S. 43–73.

**Haug, Espen G. (1997)**: The complete guide to option pricing formulas, New York 1997.

**Haugen, Robert A. (2001)**: Modern investment theory, 5th edition, Upper Saddle River, New Jersey 2001.

**Helmis, Sven/Timmreck, Christian/Richter, Frank (2002)**: Ein alternativer Ansatz zur Bestimmung der Risikoprämie im Rahmen der Bewertung von Investitionsprojekten, in: WiSt, 31. Jg. (2002), S. 302–308

**Hering, Thomas (2006)**: Unternehmensbewertung, 2., vollständig überarbeitete und stark erweiterte Auflage, München/Wien 2006.

**Hetzel, Heiko (1988)**: Stichtagszins oder zukünftiger Zins zur Ertragswertermittlung im Rahmen der modernen Unternehmensbewertung, in: BB, 43. Jg. (1988), S. 725–728.

**Hicks, John R. (1946):** Value and capital, 2nd edition, Oxford 1946.

**Ho, Thomas. S. Y. (1992)**: Key rate durations: Measures of interest rate risks, in: The Journal of Fixed Income, Vol. 2 (1992), S. 29–44.

**Hopewell, Michael H./Kaufman, George G. (1973):** Bond price volatility and term to maturity: A generalized respecification, in: AER, Vol. 63 (1973), S. 749–753.

**Hull, John C. (2003)**: Options, futures, & other derivatives, 5th edition, Upper Saddle River, New Jersey 2003.

**Hull, John/White, Alan (1987)**: The pricing of options on assets with stochastic volatilities, in: JF, Vol. 42 (1987), S. 281–300.

**Husmann, Sven (2006)**: On estimating an asset's implicit beta, European University Viadrina Frankfurt (Oder), Department of Business Administration and Economics (Hrsg.), Discussion Paper No. 238, June 2005.

**Husmann, Sven/Kruschwitz, Lutz/Löffler, Andreas (2002)**: Unternehmensbewertung unter deutschen Steuern, in: DBW, 62. Jg. (2002), S. 24–42.

**ING BHF-Bank AG (Hrsg.) (2002):** Unvollständiger Verkaufsprospekt vom 12. Oktober 2002 für [Diskont-]Aktien-Anleihen, [Diskont-]Doppel-Aktien-Anleihen, [Doppel-]Aktien-Discount-Zertifikate, einzusehen im Internet unter: https://www.bhf-bank.com/w3/jsp/satframe/index.de.jsp?url=/w3/BlobDelivrer%3FfactoryName%3DProduktProspektFactory%26blobId%3D7, letzter Abruf: 12.10.2006, 18:06 Uhr.

**Ingersoll, Jonathan E. Jr. (1987)**: Theory of financial decision making, Savage 1987.

**Ingersoll, Jonathan E./Skelton, Jeffrey/Weil, Roman L. (1978)**: Duration fourty years later, in: JFQA, Vol. 13 (1978), S. 627–650.

**Institut der Wirtschaftsprüfer in Deutschland e.V. (Hrsg.) (2005)**: Arbeitskreis Unternehmensbewertung – Eckdaten zur Bestimmung des Kapitalisierungszinssatzes bei der Unternehmensbewertung – Basiszinssatz, in: FN-IDW, o. Jg. (2005), S. 555–556.

**Institut der Wirtschaftsprüfer in Deutschland e.V. (Hrsg.) (2005):** IDW Standard S 1: Grundsätze zur Durchführung von Unternehmensbewertungen (IDW S 1), Stand: 18.10.2005, in: FN-IDW, o. Jg. (2005), S. 690–718.

**Institut der Wirtschaftsprüfer in Deutschland e.V. (Hrsg.):** Wirtschaftsprüfer-Handbuch 2002. Handbuch für Rechnungslegung, Prüfung und Beratung, Band II, 12. Auflage, Düsseldorf 2002.

**Irle, Albrecht (2003)**: Finanzmathematik. Die Bewertung von Derivaten, 2., überarbeitete und erweiterte Auflage, Wiesbaden 2003.

**Jarrow, Robert A./Madan, Dilip B. (1997)**: Is mean-variance analysis vacuous: Or was beta still born?, in: European Finance Review, Vol. 1 (1997), S. 15-30.

**Johnson, Herb (1987)**: Options on the maximum or the minimum of several risky assets, in: JFQA, Vol. 22 (1987), S. 277–283.

**Jonas, Martin (2006):** Die Ermittlung von Kapitalkosten, in: Baetge, Jörg/Kirsch, Hans-Jürgen (Hrsg.): Besonderheiten der Bewertung von Unternehmensteilen sowie von kleinen und mittleren Unternehmnen. Vorträge und Diskussionen zum 21. Münterischen Tagesgespräch des Münsteraner Gesprächskreises Rechnungslegung und Prüfung e.V. am 13. Mai 2005, Düsseldorf 2006, S. 77–95.

**Jonas, Martin/Löffler, Andreas/Wiese, Jörg (2004)**: Das CAPM mit deutscher Einkommensteuer, in: WPg, 57. Jg. (2004), S. 898–906.

**Jonas, Martin/Wieland-Blöse, Heike/Schiffarth, Stefanie (2005)**: Basiszinssatz in der Unternehmensbewertung, in: FB, 7. Jg. (2005), S. 647–653.

**Keiber, Karl (2004)**: Stochastische Modelle der Unternehmensbewertung, in: Richter, Frank/Timmreck, Christian (Hrsg.): Unternehmensbewertung. Moderne Instrumente und Lösungsansätze, Stuttgart 2004, S. 421–443.

**Klein, Klaus-Günter/Jonas, Martin (2002)**: Due Dilligence und Unternehmensbewertung, in: Berens, Wolfgang/Brauner, Hans U./Strauch, Joachim (Hrsg.): Due Dilligence bei Unternehmensakquisitionen, 3. überarbeitete und erweiterte Auflage, Stuttgart 2002, S. 173–192.

**Kruschwitz, Lutz (2002):** Finanzierung und Investition, 3., überarbeitete Auflage, München/Wien 2002.

**Kruschwitz, Lutz (2002a)**: Aktuelle Fragen der Unternehmensbewertung, Diskussionsbeiträge des Fachbereichs Wirtschaftswissenschaft der Freien Universität Berlin, Betriebswirtschaftliche Reihe, Nr. 2002/9.

**Kruschwitz, Lutz (2004)**: Investitionsbeurteilung (mit und) ohne Nutzenfunktionen, in: Döring, Ulrich/Kußmaul, Heinz (Hrsg.): Spezialisierung und Internationalisierung. Entwicklungstendenzen der deutschen Betriebswirtschaftslehre. Festschrift für Prof. Dr. Dr. h.c. mult. Günter Wöhe zum 80. Geburtstag am 2. Mai 2004, München 2004, S. 286–304.

**Kruschwitz, Lutz (2005)**: Investitionsrechnung, 10., überarbeitete und erweiterte Auflage, München/Wien 2005.

**Kruschwitz, Lutz/Fischer, Joachim (1978)**: Konflikte zwischen Endwert- und Entnahmemaximierung, in: zfbf, 30. Jg. (1978), S. 752–782.

**Kruschwitz, Lutz/Löffler, Andreas (2003)**: Zur Bewertung ewig lebender Unternehmen mit Hilfe von DCF-Verfahren, in: DB, 56. Jg. (2003), S. 1401–1402.

**Kruschwitz, Lutz/Löffler, Andreas (2003a)**: Semi-subjektive Bewertung, in: ZfB, 73. Jg. (2003), S. 1335–1345.

**Kruschwitz, Lutz/Löffler, Andreas (2004)**: Mehr Fragen als Antworten im Zusammenhang mit Steuervorteilen bei der Unternehmensbewertung, in: Dirrigl, Hans/Wellisch, Dietmar/Wenger, Ekkehard (Hrsg.): Steuern, Rechnungslegung und Kapitalmarkt, Festschrift für Franz W. Wagner zum 60. Geburtstag, Wiesbaden 2004, S. 85–100.

**Kruschwitz, Lutz/Löffler, Andreas (2005)**: Ein neuer Zugang zum Konzept des Discounted Cashflow, in: Journal für Betriebswirtschaft, 55. Jg. (2005), S. 21–36.

**Kruschwitz, Lutz/Löffler, Andreas (2005)**: Unternehmensbewertung und Einkommensteuer aus der Sicht von Theoretikern und Praktikern, in: WPg, 58. Jg. (2005), S. 73–79.

**Kruschwitz, Lutz/Löffler, Andreas (2006):** Discounted cash flow. A theory of the valuation of firms, Chichester 2006.

**Kruschwitz, Lutz/Schöbel, Rainer (1986):** Duration – Grundlagen und Anwendungen eines einfachen Risikomaßes zur Beurteilung festverzinslicher Wertpapiere, in: WISU, 15. Jg. (1986), S. 550–554 (Teil I) und S. 603–608 (Teil II).

**Kürsten, Wolfgang (2002)**: „Unternehmensbewertung unter Unsicherheit", oder: Theoriedefizit einer künstlichen Diskussion über Sicherheitsäquivalent- und Risikozuschlagsmethode, Anmerkungen (nicht nur) zu dem Beitrag von Bernhard Schwetzler in der zfbf (August 2000, S. 469–486), in: zfbf, 54. Jg. (2002), S. 128–144.

**Kuhner, Christoph/Maltry, Helmut (2006)**: Unternehmensbewertung, Berlin/Heidelberg/New York 2006.

**Kutner, George W. (1988)**: Black-Scholes revisited: Some important details, in: The Financial Review, Vol. 23 (1988), S. 95–104.

**Kutner, George W. (1998)**: Determining the implied volatility for american options using the QAM, in: The Financial Review, Vol. 33 (1998), S. 119–130.

**Lai, T. Y./Lee, C. F./Tucker, A. L. (1992)**: An alternative method for obtaining the implied standard deviation, in: Journal of Financial Engineering, Vol. 1 (1992), S. 369–375.

**Laitenberger, Jörg (2004)**: Semi-subjektive Bewertung und intertemporales Hedging. Eine Anmerkung zum Beitrag „Semi-subjektive Bewertung" von Lutz Kruschwitz und Andreas Löffler in der Zeitschrift für Betriebswirtschaft, 73. Jahrgang (2003), S. 1335–1345, in: ZfB, 74. Jg. (2004), S. 1103–1112.

**Langenkämper, Christof (2000)**: Unternehmensbewertung. DCF-Methoden und simulativer VOFI-Ansatz, Wiesbaden 2000.

**Latané, Henry A./Rendleman, Richard J. (1976)**: Standard deviations of stock price ratios implied in option prices, in: JF, Vol. 31 (1976), S. 369–381.

**Lausterer, Martin (1997)**: Unternehmensbewertung zwischen Betriebswirtschaftslehre und Rechtsprechung, Baden-Baden 1997.

**Laux, Helmut (1971)**: Unternehmensbewertung bei Unsicherheit, in: ZfB, 41. Jg. (1971), S. 525–540.

**Laux, Helmut (2005)**: Enscheidungstheorie, 5. verbesserte Auflage, Berlin/Heidelberg/New York 2005.

**Laux, Helmut (2006)**: Wertorientierte Unternehmenssteuerung und Kapitalmarkt, 2. vollständig neu bearbeitete Auflage, Berlin/Heidelberg/New York 2006.

**Lintner, John (1965)**: The valuation of risk assets and the selection of risky investments in stock portfolios and capital budgets, in: The Review of Economics and Statistics, Vol. 47 (1965), S. 13–37.

**Livingston, Miles/Caks, John (1977)**: A "duration" fallacy, in: JF, Vol. 32 (1977), S. 185–187.

**Macaulay, Frederick R. (1938):** Some theoretical problems suggested by the movements of interest rates, bond yields and stock prices in the United States since 1856, Reprint London 1999.

**Malkiel, Burton G./Quandt, Richard E. (1969)**: Strategies and rational decisions in the securities options market, Cambridge et al. 1969.

**Manaster, Steven/Koehler, Gary (1982)**: The calculation of implied variances from the Black-Scholes model: A note, in: JF, Vol. 37 (1982), S. 227–230.

**Margrabe, William (1978):** The value of an option to exchange one asset for another, in: JF, Vol. 33 (1978), S. 177–186.

**Markowitz, Harry M. (1952)**: Portfolio selection, in: JF, Vol. 7 (1952), S. 77–91.

**Marsh, Terry A./Rosenfeld, Eric R. (1986)**: Non-trading, market making, and estimates of stock price volatility, in: JFE, Vol. 15 (1986), S. 359–372.

**Matschke, Manfred J. (1993)**: Einige grundsätzliche Bemerkungen zur Ermittlung mehrdimensionaler Entscheidungswerte der Unternehmung, in: BFuP, 45. Jg. (1993), S. 1–38.

**Mayhew, Stewart (1995)**: Implied volatility, in: FAJ, Vol. 51 (July-August, 1995), S. 8–20.

**McNulty, James J./Yeh, Tony D./Schulze, William S./Lubatkin, Michael H. (2002)**: What's your real cost of capital?, in: Harvard Business Review, October 2002, S. 114–121.

**Merton, Robert C. (1973)**: Theory of rational option pricing, in: The Bell Journal of Economics and Management Science, Vol. 4 (1973), S. 141–183.

**Merton, Robert C. (1973a)**: An intertemporal capital asset pricing model, in: Econometrica, Vol. 41 (1973), S. 867–887.

**Miles, James A./Ezzell, John R. (1980)**: The weighted average cost of capital, perfect capital markets, and project life: A clarification, in: JFQA, Vol. 40 (1980), S. 719–730.

**Modigliani, Franco/Miller, Merton H. (1958)**: The cost of capital, corporation finance and the theory of investment, in: AER, Vol. 48 (1958), S. 268–271.

**Modigliani, Franco/Miller, Merton H. (1963)**: Corporate income taxes and the cost of capital: A correction, in: AER, Vol. 53 (1963), S. 433–443.

**Mossin, Jan (1966)**: Equilibrium in a capital asset market, in: Econometrica, Vol. 34 (1966), S. 768–783.

**Moxter, Adolf (1961)**: Die Bestimmung des Kalkulationszinsfußes bei Investitionsentscheidungen, in: ZfhF, 13. Jg. (1961), S. 186–200.

**Moxter, Adolf (1983)**: Grundsätze ordnungsmäßiger Unternehmensbewertung, 2. Auflage, Wiesbaden 1983.

**Münstermann, Hans (1970)**: Wert und Bewertung der Unternehmung, 3. Auflage, Wiesbaden 1970.

**Neftci, Salih N. (2000)**: An introduction to the mathematics of financial derivatives, 2nd edition, San Diego et al. 2000.

**Nelson, Charles R./Siegel, Andrew F. (1987)**: Parsimonious modeling of yield curves, in: JB, Vol. 60 (1987), S. 473–489.

**Neumann, John von/Morgenstern, Oskar (1973)**: Spieltheorie und wirtschaftliches Verhalten, 3., unveränderte Auflage, Würzburg 1973.

**Nowak, Karsten (2003)**: Marktwertorientierte Unternehmensbewertung, 2., aktualisierte Auflage, Wiesbaden 2003.

**Obermaier, Robert (2004)**: Unternehmensbewertung bei Auszahlungsüberschüssen – Risikozu- oder -abschlag?, in: DB, 57. Jg. (2004), S. 2761–2766.

**Obermaier, Robert (2005)**: Unternehmensbewertung, Basiszinssatz und Zinsstruktur. Kapitalmarktorientierte Bestimmung des risikolosen Basiszinssatzes bei nicht-flacher Zinsstruktur, in: Universität Regensburg, Wirtschaftswissenschaftliche Falkultät (Hrsg): Regensburger Diskussionsbeiträge zur Wirtschaftswissenschaft, Nr. 408, November 2005, S. 1–40.

**Obermaier, Robert (2006)**: Marktzinsorientierte Bestimmung des Basiszinssatzes in der Unternehmensbewertung, in: FB, 8. Jg. (2006), S. 472–479.

**Oehler, Andreas/Unser, Matthias (2001)**: Finanzwirtschaftliches Risikomanagement, Berlin et al. 2001.

**Parkinson, Michael (1980)**: The extreme value method for estimating the variance of the rate of return, in: JB, Vol. 53 (1980), S. 61–65.

**Perridon, Louis/Steiner, Manfred (2003)**: Finanzwirtschaft der Unternehmung, 12., verbesserte Auflage München 2003.

**Piltz, Detlev (1994)**: Die Unternehmensbewertung in der Rechtsprechung, 3., neu bearbeitete Auflage, Düsseldorf 1994

**Poddig, Thorsten/Dichtl, Hubert/Petersmeier, Kerstin (2000)**: Statistik, Ökonometrie, Optimierung, Methoden und ihre praktischen Anwendungen in Finanzanalyse und Portfoliomanagement, Bad Soden/Ts. 2000.

**Pratt, Shannon P (1998)**: Cost of capital. Estimations and applications, New York et al. 1998.

**Rapp, Marc Steffen (2005)**: Discounted Cashflow-Bewertung mit stochastischen Diskontierungssätzen und Renditen, Working Paper, Handelshochschule Leipzig, Juli 2005.

**Reese, Raimo/Wiese, Jörg (2006)**: Die kapitalmarktorientierte Ermittlung des Basiszinses für die Unternehmensbewertung, – Operationalisierung, Schätzverfahren und Anwendungsprobleme –, Ludwig-Maximilians-Universität München, Working Paper, 2006-16, 9.10.2006.

**Resnick, Bruce G./Sheikh, Aamir M./Song, Yo-Shin (1993)**: Time varying volatilities and calculation of the weighted implied standard deviation, in: JFQA, Vol. 28 (1993), S. 417–430.

**Richter, Frank (2001)**: Simplified discounting rules in binomial models, in: sbr, Vol. 53 (2001), S. 136–147.

**Richter, Frank (2002)**: Kapitalmarktorientierte Unternehmensbewertung. Konzeption, finanzwirtschaftliche Bewertungsprämissen und Anwendungsbeispiel, Frankfurt/Main 2002.

**Richter, Frank (2002a)**: Simplified Discounting Rules, Variable Growth and Leverage, in: sbr, Vol. 54 (2002), S. 136–147.

**Richter, Frank (2003)**: Logische Wertgrenzen und subjektive Punktschätzungen – Zur Anwendung der risikoneutralen (Unternehmens-)Bewertung, in: Heintzen, Markus/Kruschwitz, Lutz (Hrsg.): Unternehmen bewerten, Berlin 2003, S. 59–73.

**Richter, Frank (2004)**: Valutation with or without personal income taxes?, in: sbr, Vol. 56 (2004), S. 20–45.

**Röder, Klaus/Müller, Sarah (2001)**: Mehrperiodige Anwendung des CAPM im Rahmen von DCF-Verfahren, in: FB, 3. Jg. (2001), S. 225–233.

**Rolfes, Bernd (2003)**: Moderne Investitionsrechnung. Einführung in die klassische Investitionstheorie und Grundlagen marktorientierter Investitionsentscheidungen, München/Wien 2003.

**Roll, Richard (1977)**: An analytic valuation formula for unprotected american call options on stocks with known dividends, in: JFE, Vol. 5 (1977), S. 251–258.

**Roll, Richard (1977a)**: A critique of the asset pricing theory's tests. Part I: On past and potential testability of the theory, in: JFE, Vol. 4 (1977), S. 129–176.

**Ross, Stephan A./Westerfield, Randolph W./Jaffe, Jeffrey (2002)**: Corporate finance, Bosten et al. 2002.

**Rubinstein, Mark (1976)**: The valuation of uncertain income streams and the pricing of options, in: The Bell Journal of Economics, Vol. 7 (1976), S. 407–425.

**Rubinstein, Mark (1994)**: Implied binomial trees, in: JF, Vol. 49 (1994), S. 771–818.

**Rudolph, Bernd (1979)**: Kapitalkosten bei unsicheren Erwartungen, Berlin/Heidelberg/New York 1979.

**Rudolph, Bernd (1979a)**: Zinsänderungsrisiken und die Strategie der durchschnittlichen Selbstliquidationsperiode, in: KuK, 12. Jg. (1979), S. 181–206.

**Rudolph, Bernd (1981)**: Eine Strategie zur Immunisierung der Portfeuilleentnahmen gegen Zinsänderungsrisiken, in: zfbf, 33. Jg. (1981), S. 22–35.

**Rudolph, Bernd (1981a)**: Duration: Kennzahl zur Beurteilung der Zinsempfindlichkeit von Vermögensanlagen, in: Zeitschrift für das gesamte Kreditwesen, 34. Jg. (1981), S. 137–140.

**Rudolph, Bernd/Schäfer, Klaus (2000)**: Elemente exotischer Optionen in der Ausgestaltung neuer Aktienoptionsprogramme für Führungskräfte, in: Frese, Erich/Hax, Herbert (Hrsg.): Unternehmen im Spannungsfeld von Planung und Marktkontrolle, zfbf-Sonderheft 44, Düsseldorf/Frankfurt 2000, S. 39–65.

**Rudolph, Bernd/Schäfer, Klaus (2005)**: Derivative Finanzmarktinstrumente. Eine anwendungsbezogene Einführung in Märkte, Strategien und Bewertung, Berlin et al. 2005.

**Sandmann, Klaus (2001)**: Einführung in die Stochastik der Finanzmärkte, 2., verbesserte und erweiterte Auflage, Berlin et al. 2001.

**Schäfer, Klaus (1997)**: Implizite Volatilität, in: WiSt, 26. Jg. (1997), S. 290–294.

**Schildbach, Thomas (1998)**: Ist die Kölner Funktionenlehre der Unternehmensbewertung durch die Discounted Cash-flow-Verfahren überholt?, in: Matschke, Manfred Jürgen/Schildbach, Thomas (Hrsg.): Unternehmensberatung und Wirtschaftsprüfung, Festschrift für Prof. Dr. Günter Sieben zum 65. Geburtstag, Stuttgart 1998, S. 301–322.

**Schmalensee, Richard/Trippi, Robert (1978)**: Common stock volatility expectations implied by option premia, in: JF, Vol. 33 (1978), S. 129–147.

**Schmidt, Johannes G. (1997)**: Unternehmensbewertung mit Hilfe strategischer Erfolgsfaktoren, Frankfurt/Main et al. 1997.

**Schultze, Wolfgang (2003)**: Methoden der Unternehmensbewertung. Gemeinsamkeiten, Unterschiede, Perspektiven, 2., erweiterte und überarbeitete Auflage, Düsseldorf 2003.

**Schultze, Wolfgang (2005)**: Unternehmensbewertung und Halbeinkünfteverfahren, Steuervorteile aus der Finanzierung deutscher Kapitalgesellschaften, in: DBW, 65. Jg. (2005), S. 237–257.

**Schwetzler, Bernhard (1996)**: Zinsänderungsrisiko und Unternehmensbewertung: Das Basiszinsfuß-Problem bei der Ertragswertermittlung, in: ZfB, 66. Jg. (1996), S. 1081–1101.

**Schwetzler, Bernhard (2000)**: Unternehmensbewertung unter Unsicherheit – Sicherheitsäquivalent- oder Risikozuschlagsmethode?, in: zfbf, 52. Jg. (2002), S. 469–486.

**Schwetzler, Bernhard (2001)**: Bewertung von Wachstumsunternehmen, in: Achleitner, Ann-Kristin/Bassen, Alexander (Hrsg.): Investor Relations am Neuen Markt, Stuttgart 2001, S. 61–96.

**Sharpe, William F. (1964)**: Capital asset prices: A theory of market equilibrium under conditions of risk, in: JF, Vol. 10 (1964), S. 425–442.

**Sharpe, William F. (1970)**: Portfolio theory and capital markets, New York et al. 1970.

**Sieben, Günter (1976)**: Der Entscheidungswert in der Funktionenlehre der Unternehmensbewertung, in: BFuP, 28. Jg. (1976), S. 491–504.

**Sieben, Günter (1977)**: Die Beratungsfunktion in der Unternehmensbewertung, in: Goetzke, Wolfgang/Sieben, Günter (Hrsg.): Moderne Unternehmensbewertung und Grundsätze ihrer ordnungsmäßigen Durchführung. Bericht von der 1. Kölner BFuP-Tagung am 18. und 19. November 1976 in Köln, Köln 1977, S. 57–71.

**Sieben, Günter (1983)**: Funktionen der Bewertung ganzer Unternehmen und von Unternehmensteilen, in: WISU, 12. Jg. (1983), S. 539–542.

**Sieben, Günter/Schildbach, Thomas (1979)**: Zum Stand der Entwicklung der Lehre von der Bewertung ganzer Unternehmungen, in: Deutsches Steuerrecht, 17. Jg. (1979), S. 455–461.

**Siegel, Andrew F. (1995)**: Measuring systematic risk using implicit beta, in: Management Science, Vol. 41 (1995), S. 124–128.

**Siegel, Andrew F. (1997)**: International currency relationship information revealed by cross-option prices, in: Journal of Futures Markets, Vol. 17 (1997), S. 369–384.

**Siepe, Günter (1997)**: Die Berücksichtigung von Ertragsteuern bei der Unternehmensbewertung, in: WPg, 50. Jg. (1997), S. 1–10 (Teil I) und S. 37–44 (Teil II).

**Siepe, Günter (2003)**: Unternehmensbewertung und Rechtsprechung, in: Börsig, Clemens/Coenenberg, Adolf (Hrsg.): Bewertung von Unternehmen: Strategie – Markt – Risiko, Kongressdokumentation zum 56. Deutschen Betriebswirtschafter-Tag 2002, Stuttgart 2003, S. 81–92.

**Smith, Clifford W. (1976):** Option pricing. A review, in: JFE, Vol. 3 (1976), S. 3–51.

**Smithson, Charles W./Smith, Clifford W. Jr./Wilford, Sykes D. (1995)**: Managing financial risk. A guide to derivative products, financial engineering, and value maximization, Chicago/London/Singapore 1995.

**Stehle, Richard (2004)**: Die Festlegung der Risikoprämie von Aktien im Rahmen der Schätzung des Wertes von börsennotierten Kapitalgesellschaften, in: WPg, 57. Jg. (2004), S. 906–927.

**Stehle, Richard/Hausladen, Julie (2004)**: Die Schätzung der US-amerikanischen Risikoprämie auf Basis der historischen Renditezeitreihe, in: WpG, 57. Jg. (2004), S. 928–936.

**Steiner, Manfred/Bruns, Christoph (2000):** Wertpapiermanagement, 7. Auflage, Stuttgart 2000.

**Steiner, Manfred/Wallmeier, Martin (1999)**: Lineare Rendite-Risiko-Beziehung von Finanztiteln und das CAPM, in: WISU, 28. Jg. (1999), S. 704–710.

**Steiner, Peter/Uhlir, Helmut (2001):** Wertpapieranalyse, 4., vollständig überarbeitete und erweiterte Auflage, Heidelberg 2001.

**Stephan, Jens A./Whaley, Robert E. (1990)**: Intraday price change and trading volume relations in the stock and stock option markets, in: JF, Vol. 45 (1990), S. 191–220.

**Stoll, Hans R./Whaley, Robert E. (1993)**: Futures and options. Theory and applications, Cincinnati 1993.

**Stulz, René M. (1982)**: Options on the minimum or the maximum of two risky assets. Analysis and applications, in: JFE, Vol. 10 (1982), S. 161–185.

**Svensson, Lars E. O. (1994)**: Estimating and interpreting forward interest rates: Sweden 1992-1994, NBER Working Paper No. 4871, September 1994.

**Timmreck, Christian (2004)**: Bestimmung der Eigenkapitalkosten, in: Richter, Frank/Timmreck, Christian (Hrsg.): Unternehmensbewertung. Moderne Instrumente und Lösungsansätze, Stuttgart 2004, S. 61–75.

**Uhlir, Helmut/Sièvi, Friedemann (1990)**: Bewertung der DTB-Optionskontrakte, in: Die Bank, o. Jg. (1990), S. 84–92.

**Uhlir, Helmut/Sièvi, Friedemann (1990a)**: Ermittlung der Eingabeparameter für die Optionspreisberechnung, in: Die Bank, o. Jg. (1990), S. 396–399.

**Uhlir, Helmut/Steiner, Peter (1983)**: Analyse anleihespezifischer Risiken, in: ZfB, 53. Jg. (1983), S. 632–657.

**Wagner, Franz W. (1972)**: Der Einfluß der Einkommensteuer auf die Entscheidung über den Verkauf einer Unternehmung, in: DB, 25. Jg. (1962), S. 1637–1642.

**Wagner, Wolfgang/Jonas, Martin/Ballwieser, Wolfgang/Tschöpel, Andreas (2006)**: Unternehmensbewertung in der Praxis – Empfehlungen und Hinweise zur Anwendung von IDW S 1 –, in: WPg, 59. Jg. (2006), S. 1005–1028.

**Wagner, Franz W./Rümmele, Peter (1995)**: Ertragsteuern in der Unternehmensbewertung: Zum Einfluß von Steuerrechtsänderungen, in: WPg, 48. Jg. (1995), S. 433–441.

**Wagenhofer, Alfred/Ewert, Ralf (2003)**: Externe Unternehmensrechnung, Berlin/ Heidelberg 2003.

**Wallmeier, Martin (2003):** Der Informationsgehalt von Optionspreisen, Heidelberg 2003.

**Wallmeier, Martin (2005)**: Gewinnprognosen von Finanzanalysten: Ein europäischer Vergleich, in: FB, 7. Jg. (2005), S. 744–750.

**Walter, Christian/Lopez, Jose (1997)**: Is implied correlation worth calculating? Evidence from foreign exchange options and historical data, Federal Reserve Bank of New York, Research Paper No. 9730, September 1997.

**Weil, Roman L. (1973):** Macaulay's duration: An appreciation, in: JB, Vol. 46 (1973), S. 589–592.

**Welch, Ivo (2000)**: Views of financial economists on the equity premium and on professional controversies, in: JB, Vol. 73 (2000), S. 501–537.

**Wenger, Ekkehard (2003)**: Der unerwünscht niedrige Basiszins als Störfaktor bei der Ausbootung von Minderheiten, in: Richter, Frank/Schüler, Andreas/Schwetzler, Bernhard (Hrsg.): Kapitalgeberansprüche, Marktwertorientierung und Unternehmenswert, Festschrift für Prof. Dr. Dr. h.c. Jochen Drukarczyk zum 65. Geburtstag, München 2003, S. 475–495.

**Whaley, Robert E. (1981)**: On the valuation of american call options, in: JFE, Vol. 9 (1981), S. 207–211.

**Whaley, Robert E. (1982)**: Valuation of american call options on dividend-paying stocks, in: JFE, Vol. 10 (1982), S. 29–58.

**Widmann, Bernd/Schieszl, Sven/Jeromin, Axel (2003)**: Der Kapitalisierungszinssatz in der praktischen Unternehmensbewertung, in: FB, 6. Jg. (2003), S. 800–810.

**Wiese, Jörg (2006)**: Komponenten des Zinsfußes in Unternehmensbewertungskalkülen. Theoretische Grundlagen und Konsistenz, Frankfurt/Main et al. 2006.

**Wiese, Jörg (2006a)**: Unternehmensbewertung mit Nachsteuer-CAPM?, Working Paper, Ludwig-Maximilians-Universität München, Juli 2006.

**Wilmott, Paul (1998)**: Derivatives, the theory and practice of financial engineering, Chichester, West Sussex 1998.

**Zimmermann, Gebhard (2000)**: Investitionsrechnung. Fallorientierte Einführung, München/Wien 2000.

**Zimmermann, Peter (1997)**: Schätzung und Prognose von Betawerten. Eine Untersuchung am deutschen Aktienmarkt, Bad Soden/Ts. 1997.

**SPRINGER NATURE**

# GPSR Compliance

*The European Union's (EU) General Product Safety Regulation (GPSR) is a set of rules that requires consumer products to be safe and our obligations to ensure this.*

*If you have any concerns about our products, you can contact us on ProductSafety@springernature.com*

In case Publisher is established outside the EU, the EU authorized representative is:

Springer Nature Customer Service Center GmbH
Europaplatz 3
69115 Heidelberg, Germany

Kolibri 360 GmbH
Ferdinand-Jühlke-Straße 7
99095 Erfurt, Deutschland
produktsicherheit@kolibri360.de